HISTORIA DE LOS JUDÍOS ARGENTINOS

RICARDO FEIERSTEIN

HISTORIA DE LOS JUDÍOS ARGENTINOS

AMEGHINO
EDITORA

Diseño de Cubierta: Diego Linares

© 1993, 1999, Ricardo Feierstein

Derechos reservados para toda edición en castellano

ISBN: 987-9216-82-2

© 1999, Ameghino Editora S.A.,
Córdoba 1411, Rosario - Argentina
Venezuela 1820, Buenos Aires - Argentina

Hecho el depósito que prevé la Ley 11.723

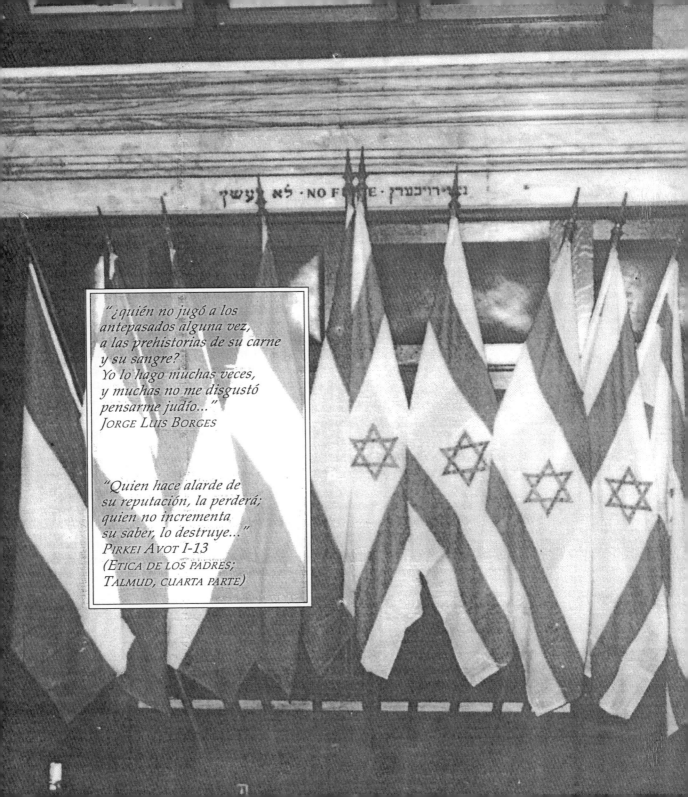

"¿quién no jugó a los
antepasados alguna vez,
a las prehistorias de su carne
y su sangre?
Yo lo hago muchas veces,
y muchas no me disgustó
pensarme judío..."
JORGE LUIS BORGES

"Quien hace alarde de
su reputación, la perderá;
quien no incrementa
su saber, lo destruye..."
PIRKEI AVOT I-13
(ETICA DE LOS PADRES;
TALMUD, CUARTA PARTE)

AGRADECIMIENTOS

Este libro no hubiera podido concretarse sin la colaboración de mi hijo, el sociólogo Daniel Feierstein, quien verificó la compatibilidad de cuadros y estadísticas, orientó entre la maraña de bibliografía parcial y de diverso valor y, sobre todo, clarificó con serenidad académica las confusiones que muchas veces hacen perder dimensión y escala a los que estamos inmersos en tareas polémicas internistas.

En distintos momentos del trabajo ayudaron con su comprensión, consejos y materiales parciales una lista de personas que seguramente excede a quienes menciono de memoria:

Diego Mileo, con quien fue planeada esta obra en su concepción general y desarrollo; Eleonora Noga Alberti, Mina Fridman Ruetter, Marcos Glauberman, Liliana Isod, José Menascé, Marta Nos, Guerszon Rabin, Tamara Scher, Pedro Szylman, Adolfo Weil, Ana Weinstein... A todos ellos, mi agradecimiento.

Se hace constar un especial reconocimiento al Archivo Gráfico de la Nación, al Centro de Documentación e Información sobre Judaísmo Argentino "Marco Turkow" (AMIA), a la revista *Raíces-Judaísmo Contemporáneo* y a la fotógrafa Alicia Segal por la cesión del material gráfico que ilustra la presente edición.

Un libro para leer con taquicardia

Hace poco más de cien años la República Argentina comenzó a ser vista como uno de los pocos sitios del planeta donde se podía alojar a los judíos perseguidos, darles seguridad, libertad y favorecer el desarrollo pleno de sus fuerzas creativas.

Por entonces se fundaban colonias en el litoral y la pampa, donde hirvió tanta expectativa que no se le prestó atención a contratiempos y frustraciones.

Los judíos que se radicaron en la Argentina no vinieron a "hacer la América" —como suele acusar el prejuicio—, porque no tenían adónde regresar; tampoco vinieron a forjar un hogar nacional para todos los judíos. Vinieron a salvar sus vidas y las de su descendencia. Vinieron a arraigarse.

*En las celebraciones del primer Centenario de la Revolución de Mayo apareció el libro de Alberto Gerchunoff titulado con irrefutable aspiración **Los gauchos judíos**. Se diferenciaban de los otros porque traían un deslumbrante acervo: su memoria de 3.500 años. En ella cabían tragedia y fantasía, leyes y literatura, canciones, sueños, valores.*

Fueron integrándose en todos los meandros de la sociedad general hasta tornar irreconocible, hoy por hoy, una Argentina sin judíos. Pese a resistencias xenófobas, la persistencia de prejuicios y otras calamidades, los judíos ya no se diferencian en la Argentina de los demás ciudadanos. Han aprendido a sentirse provistos de derechos y obligaciones como los descendientes de cualquier otra cultura.

Entre ellos siempre ha existido una alta dosis de solidaridad. Su origen se remonta a prolongadas aflicciones en las que hasta el tuétano de sus huesos aprendió que es necesario velar por el hermano. La solidaridad se expresó de muchas formas, inclusive con gestos, trabajo y donaciones que implicaban duros sacrificios. Es una de las más notables características de la

Prólogo

mentalidad judía que, en esta última década, se ha visto perturbada por la dominante cultura insolidaria que se ha extendido en nuestro país.

Este libro de Ricardo Feierstein concluye con un capítulo de actualización que traza un estremecedor fresco en el que hasta ese rasgo legendario —la solidaridad— comienza a resquebrajarse.

Pero aunque la búsqueda de la verdad es dolorosa, debo reconocer que este volumen es uno de los más completos, transparentes y lúcidos que se han escrito para dar cuenta de las vicisitudes protagonizadas por los judíos argentinos. El material acumulado es enorme y ha sido organizado con paciencia, amor y talento. Sirve para leerlo como un ensayo apasionante, para adquirir información profunda y para realizar consultas sobre aspectos puntuales.

Todo el libro —que he leído con taquicardia— es un viaje pleno de datos y reflexiones imperdibles que recomiendo entusiasmado.

Hace un considerable aporte a la bibliografía existente sobre el tema. Sirve para aprender, corregir preconceptos y tomar conciencia de éxitos, fracasos y desafíos. Es, en fin, lupa y atalaya.

MARCOS AGUINIS

La historia de los judíos argentinos resulta, por analogía, un espejo de la propia historia del país. Tradición cultural-religiosa y mimetismo con el entorno se combinan, en proporciones variables, para constituir un catalizador de tensiones y encuentros, particularidades y leyes históricas.

¿Cuál es la envergadura de esta colectividad? Lo cierto es que la cantidad de judíos argentinos nunca alcanzó a 300.000, y hoy es probable —según cálculos demográficos— que apenas supere los dos tercios de esa cifra. Sin embargo, los mismos publicistas de la comunidad hablaron durante años de 500.000 judíos, por no citar la paranoia de una extrema derecha —civil y militar— que, muy suelta de cuerpo, atribuye a la presencia de uno o dos millones de judíos en la Argentina la supuesta existencia de un "poderío sinárquico" que justificaría, a sus ojos, el sentimiento antisemita de algunos sectores del país.

¿Cuál fue el orden de llegada? Cuando se produce la primera inmigración masiva de judíos rusos hacia 1890-91, han terminado los años de bonanza del "gobernar es poblar" alberdiano, que trajo a millones de italianos, españoles y otros europeos al país. Nuevos grupos humanos seguirán desembarcando, pero también regresando a sus lugares de origen, muchos de ellos desengañados de la "nueva tierra". Los millares de judíos que llegan, sin posibilidades prácticas de volver a sus puntos de partida, contribuyen a hacer menos ostensible el saldo migratorio negativo de esos años. Por otra parte, el sueño de una nación joven y desprejuiciada acompañará sus periplos, fuertemente incorporado a un deseo de integración que Gerchunoff simbolizará en una figura emblemática: el "gaucho judío".

¿Cuál es su composición social? Cierto imaginario popular alimentado por los judeófobos los atrinchera tras el poder de las finanzas y el lujo consumista de las clases improductivas. Muy pocos conocen el origen rural de la primera etapa colonizadora, la enorme proporción de obreros y artesanos —que llegaron para "hacer la América" y "hacer la Revolución", a veces de manera simultánea—, el definitivo perfil de "clase media" que fue adquiriendo con los años. Hasta los mismos

Introducción

judíos —por ese complicado proceso psicológico que consiste en asumir "la mirada de los otros"— niegan la existencia de una enorme cantidad de pobres y marginales, aumentada por la polarización económica de los últimos años, que reciben ayuda, la mayor parte de las veces permanente, de las instituciones de acción social comunitaria.

Tampoco es fácil llegar a definir qué *es un judío argentino* y cómo contabilizarlos. Esta comunidad, que se inició como exogámica —a fines del siglo pasado el primer rabino (Joseph), el primer presidente de la *Congregación Israelita* y los dirigentes destacados, estaban todos casados con mujeres cristianas—, ha adquirido, quizá como reacción refleja, una inflexibilidad en la definición religiosa-halájica del judaísmo que es difícil de encontrar aun en comunidades más antiguas y ortodoxas. Pocos saben que la "conversión" al judaísmo prácticamente no tiene validez fuera de la Argentina —aunque se realice tomando todos los recaudos— y que para ser efectiva (por ejemplo, en Israel) debe estar firmada por ciento once rabinos, algo prácticamente imposible de lograr.

Esta disposición proviene de un "decreto" rabínico de la época de los *tmeim* (impuros), en las primeras décadas de este siglo, y estuvo dirigido no tanto a preservar la "pureza" de las conversiones religiosas, como a enfrentar a los tratantes de blancas de origen judío de Europa oriental que actuaban en el país.

Expulsados formalmente de las instituciones comunitarias, los proxenetas trataron de constituir, por su cuenta, una organización "separada", que incluía cementerio, rabino, casamientos y ceremonias religiosas. Este fragmento poco divulgado de la historia de los judíos argentinos oculta también episodios que la memoria debe rescatar, como el enfrentamiento, la lucha y finalmente el triunfo de los sectores honestos de la colectividad contra quienes ensuciaban su nombre. No hubo una acción similar de parte de otros grupos humanos que también aparecían involucrados con sus propios gángsters, como los franceses e italianos.

Esta comunidad judeoargentina se desperdiga por los barrios de la periferia porteña y se concentra en los "guetos abiertos" de Once o Villa Crespo. Produce bailarines de tango y poetas lunfardos, así como brillantes escritores en idish o una red escolar judía que resulta modelo en su género. Contribuye al desarrollo agrícola con una experiencia colonizadora única, y a la vez introduce un fermento ideológico libertario y progresista en los sindicatos de la gran urbe. Se hace notar tanto por las largas y enruladas patillas de los estudiantes talmudistas como por su abrumadora presencia entre psicoanalistas y profesoras de danza y expresión corporal.

Una sociología del judaísmo argentino no puede desligarse de una historia de la vida cotidiana. En la confluencia de ambos ejes se articula una comprensión de la Argentina que está hablando de todos nosotros, los protagonistas de un mestizaje cultural creativo y enriquecedor, naturalmente integrado en una experiencia única, que araña los límites de la utopía: acumular sin perder la identidad.

Hay una broma (¿broma?) que suele escucharse habitualmente en estos días, en que se cumplen los quinientos años del "encuentro de las culturas" europea y americana: *"Los mexicanos descienden de los aztecas; los guatemaltecos descienden de los mayas; los peruanos descienden de los incas. Y los argentinos descienden de los barcos".* Esta referencia oblicua y doble —al exterminio de una masa indígena dispersa y menos desarrollada que las antes nombradas; a la inmigración masiva, que configuró el perfil del país y de sus habitantes— puede entenderse, también, en un sentido positivo. Escenario de una confluencia de etnias, religiones y culturas, la "riqueza humana" de los argentinos reconoce, además de las facilidades de la tierra y el clima, las bondades de la mezcla, que han creado una identidad única y quizá privilegiada.

La historia de los judíos argentinos es parte del acontecer de esta extrema región austral del mundo. El recuento ordenado de sus tensiones, avances y enfrentamientos internos ayuda a entender quiénes somos. El dilema del equilibrio, la suma de opuestos y la búsqueda de síntesis, ese ser judío y ser argentino, ese transitar por el cuerpo y los afectos depositados en varios lugares: todo ello habla también de una identidad plural y rigurosamente contemporánea.

Escribir este libro comenzó con un plan de fecha cierta y finaliza como una aventura paradójicamente interminable. Como recomendaba Hemingway, queda un resto para comenzar el texto del día siguiente. Cada uno de los capítulos redondea su primera versión abriendo los caminos para volúmenes enteros dedicados a esos temas. En estos casos, las arbitrariedades en la elección de nombres y acontecimientos son inevitables (y hasta necesarias), si no se quiere convertir la obra en una guía telefónica.

Conscientemente estas páginas no se concibieron como "historias rosas" de perfecta armonía ni como un "libro negro" para contabilizar resentimientos y frustraciones. Tampoco se han omitido ni presentado sectores comunitarios con la visión tuerta y parcializada que acomoda el pasado al presente.

El eclecticismo no es absoluto: traté de delinear los ejes fundamentales que, desde mi propia perspectiva, articulan el devenir de los judíos en la Argentina, a través de un texto que combinara la aridez (seriedad) estadística con la concreta experiencia de la vida cotidiana. Si no siempre se ha alcanzado ese objetivo, habrá que volver a intentarlo.

Dice una antigua máxima judía: *"No eres tú quien debe concluir la obra, ni eres libre para desentenderte de ella"*.

R. F.
Buenos Aires, noviembre de 1992

Cementerio de la Recoleta, Buenos Aires.
La doble pertenencia judeo-cristiana es uno de los signos de una identidad
argentina todavía polémica.

Teorías sobre la época precolombina.
Indios y judíos: semejanzas de idioma,
costumbres y tradiciones. La conquista
española: expulsión de judíos de la
península Ibérica y llegada de los
portugueses al Río de la Plata.
Los conversos, la Inquisición y los
marranos. Algunos personajes notables.
Genealogía y apellidos.

LA ÉPOCA PRECOLOMBINA

¿Cuándo comienza la historia de los judíos en la Argentina? El interrogante transforma las presuntas huellas de la presencia hebraica en estas tierras en un objeto de la arqueología antes que de la historia. Si no existe una continuidad del grupo judío como tal y sólo hallamos individuos aislados que al desaparecer no dejan rastros específicos, el sentido articulador de la investigación resulta cuestionado. La respuesta es necesariamente abierta, dado el carácter de esta obra. Pero deja pendiente la inquietud.

La presencia de hebreos en la América precolombina mezcla datos sueltos y descubrimientos arqueológicos con especulaciones tan atractivas como aventuradas. Los primeros conquistadores poco se preocuparon por el asunto. Les importaba, sí, descubrir nuevas tierras, adquirir grandes riquezas y sojuzgar a los pueblos conquistados. El error general de considerar a los aborígenes americanos habitantes de la India resolvía muy satisfactoriamente la curiosidad de los rudos soldados de las expediciones iniciales.

Capítulo 1

Sin embargo, al ponerse en evidencia que las tierras a las que Colón había arribado pertenecían a un nuevo continente, la situación comenzó a cambiar. Ante los conquistadores, especialmente los clérigos —en cuyas manos estaba casi exclusivamente depositada la ciencia—, se presentó la necesidad imperiosa de encontrar una respuesta a las preguntas que con toda lógica el mundo comenzaba a formularse. ¿Cuál es el origen de esta extraña humanidad? ¿De dónde vienen realmente estos "indios"?[1]

Al arribar a estas tierras los españoles encontraron un continente totalmente poblado —con seres humanos que eran distintos entre sí, pero al mismo tiempo unificados como "los otros", los "indios", frente al imaginario de los recién llegados—. Este hecho desconcertó a la mirada europea y la inexistencia de disciplinas científicas —etnología, arqueología— multiplicó respuestas imaginarias.

El desembarco de Colón en versión escolar y en la de los grupos indigenistas: dos maneras de entender el encuentro entre españoles e indígenas americanos.

SE BUSCA

CRISTOBAL COLON

Gran Ladrón, Genocida, Racista Iniciador de la Destrucción de una Cultura, Violador, Torturador, y Opresor del Pueblo Indígena e Instigador de la Gran Mentira

Desde las fantasiosas elucubraciones sobre "el continente perdido" (la Atlántida) o los visitantes extraterrestres (tesis que causó furor en las décadas de los 60 y los 70 de este siglo), hasta la consulta de fuentes documentales y testimonios de época (el *Popol Vuh* de los mayas, las crónicas de los conquistadores), las preguntas se acumulan sin obtener una contestación satisfactoria. El sabio argentino Florentino Ameghino afirma que el hombre americano es aborigen de América, pero su teoría dista de ser compartida por muchos investigadores. "La unidad del género humano —dice Ricardo Rojas— era dogma científico y religioso, de suerte que a la sazón cualquier teoría debió fundarse en la hipótesis de inmigraciones anteriores."[2]

Las variadas respuestas ubican este origen inmigratorio tanto en el antiguo Egipto como entre los fenicios o cartagineses. Tratándose de pueblos navegantes, los vikingos escandinavos podrían haber arribado a estas playas antes que los españoles. También chinos y hebreos comparten esta posible primacía. Se han hallado caracteres hebraicos en documentos indígenas que datan del siglo II a.e.c.

En 1607 Fray Gregorio García recopiló los diversos orígenes atribuidos a los americanos: escitas, tártaros, egipcios, griegos, romanos, etíopes, celtas, galos, suecos, daneses, ingleses, galeses, irlandeses, germánicos, españoles, cananeos expulsados por Josué, fenicios, israelitas echados de Samaria en el siglo VIII a.e.c. "Todas estas hipótesis son compatibles", concluyó.

Las antiguas deducciones, descartadas en nuestros días, son a veces indispensables para completar los descubrimientos contemporáneos. La carencia de una respuesta precisa posibilita que tanto la ficción como el mito se conviertan en caminos para unir los eslabones "sueltos" de la historia que pretende reconstruirse.

Desde un punto de vista estrictamente arqueológico, los aborígenes americanos no serían autóctonos (ni extraterrestres): provendrían de Asia oriental, de donde arribaron hace más de 20.000 años. Contactos transpacíficos habrían aportado asimismo elementos australianos, melanesios y malayo-polinesios.[3]

La unidad del género humano era dogma científico y religioso. El conquistador europeo debía tener un origen común con el aborigen americano.

CÕTADORMAIORITE3ORERO
TAVANTISVIOOVIPOC
CVRACA-CON DOR-CHAVA

Los "quipus" de los incas no eran una escritura, sino un sistema para recordar cantidades mediante nudos de distintos colores. Los textos y relatos históricos tratan de demostrar que entre los primitivos pobladores de América existieron corrientes migratorias que procedían de las tribus perdidas de Israel.

Fray Bartolomé de las Casas (1474-1566) fue uno de los primeros en exponer la idea de que "los indios de las Indias isla e tierra firme del mar océano que son del presente señorío de la Corona R.I. destos Reinos de Castilla son Hebreos o gente de las diez tribus de Israel...", convicción que seguramente alimentó su acción en favor de los aborígenes americanos. Esto se probaría, a su juicio, basándose en la ruta de los exiliados hacia oriente —según Esdras—, donde los hijos de Israel se habrían multiplicado —de acuerdo con la profecía— como las arenas de la mar. Su lengua sería un hebreo corrompido, y las prácticas observadas por los indios (circuncisión, higiene, poligamia y levirato, entre otras) corroborarían esta tesis. Ioseph Acosta (1590) se ocupó, por su parte, de desmentir estas "conjeturas livianas."[4]

En 1650 el Gran Rabino Menasséh Ben Israel (Lisboa 1604-Amsterdam 1657), un pensador y dirigente sefaradí de Amsterdam y personaje extraordinario de su época, publicó *La piedra milagrosa o la esperanza de Israel*, uno de los libros más citados en esta controversia. Allí, sobre la base de textos históricos y relatos atribuidos a Aarón Levi (el criptojudío Antonio Montezinos) trata de demostrar que entre los primitivos pobladores de América hubo algunas corrientes migratorias que procedían de las diez tribus perdidas de Israel. Estas corrientes se habrían afincado en América, Tartaria, China, Media, Río Sabático y Etiopía, tesis que el autor trata de fundamentar con el libro cuarto de Esdras: "Las diez tribus... acordaron entre sí de pasarse a otra región remota donde nunca habitó el género humano, para guardar allí mejor su Ley...".

Ricardo Rojas calificó al trabajo de Menasséh Ben Israel de "libro nacionalista, cuyo propósito de restituir las diez tribus a la patria asoma desde el título" y agregó: "El estupendo hallazgo (que revela la publicación), así fuera una superchería de Montezinos, era coincidente con otros testimonios de conquistadores".

En su libro el Gran Rabino reproduce el relato que le hizo Antonio Montezinos de un viaje que realizara al interior de la provincia de Quito, guiado por un natural del lugar. Lejos del alcance de la Inquisición, a solas con el indio Francisco, se produce un insólito juego de espejos: Montezinos revela su verdadera identidad y el aborigen, a su vez, le confiesa per-

Quichua	Hebreo (según Adán Quiroga)	Hebreo (según A. Z. Hochman)
Auki (padre)	Av (padre)	Av o Ava (padre)
Kelka (escribir)	Kethav (escritura)	Katov (escribir)
Samana (descanso)	Zaman (tiempo de fiesta)	Zman (tiempo)
Chay (persona)	Chay (ser viviente)	Jai (ser viviente)
Chama (felicidad)	Schameh (regocijo)	Shamoaj (regocijar)
Chana (época)	Schana (año)	Shana (año)
Mayu (río)	Mayim (río)	Maim (aguas)
Taka (machucar)	Daka (machucar)	Dake (oprimir)

tenecer a la tribu hebrea de Rubén, instalada desde hacía miles de años en un valle escondido de los Andes. Conducido a ese lugar, Montezinos escuchó emocionantes narraciones de los indios que venían a saludarlo: se decían hijos de Abraham, de Isaac y de Jacob, recordaban confusamente el Exodo y recitaron el "Shemá Israel", la plegaria que constituye la clásica confesión de fe judía en el Dios único.

Existen tres campos de investigación en los que es posible encontrar huellas de la presencia judía precolombina: las analogías filológicas, las costumbres (culinarias y cotidianas) y los símbolos y tradiciones.

Las comparaciones lingüísticas analizan, con mayor o menor prolijidad, las semejanzas entre voces hebreas e indígenas. Ernesto Morales afirma que "muchas palabras del hebreo, y con su mismo significado, las hallamos en el idioma de los indios chapanecas", una rama de los mayas, tal vez la más antigua de la América central. Coincide en esta búsqueda el filólogo lord Kingsborough. El padre Gumilla, por su parte, en su obra *Orinoco ilustrado* descubre que la oración ritual que los indios del Orinoco dirigían diariamente al sol es la misma que dicen los hebreos y que figura en el *Deuteronomio*. El presbítero Miguel Angel Mossi asegura que, al traducir el drama *Ollantay*, encontró más de quinientas raíces comunes entre el quichua y el hebreo.

Ricardo Rojas señala que en la obra de Andrés Rocha (*Tratado único y singular del origen de los indios occidentales*, Lima, 1681) se resumen las pintorescas divagaciones de época junto con acertijos más atendibles: el nombre de México vendría del hebreo Mesías ; la palabra "Perú" tendría el mismo origen y significaría "tierra fértil", siendo derivada del verbo "pará" (fructificar), raíz de la que nacen nombres como Paraná, Paraguay o gran Pará. "El padre Bartolomé de las Casas fue el primero en advertir estas identidades y en llamar la atención sobre ellas", dice Morales.[5] Y Ulloa, un erudito del siglo XVIII, en su libro *Entretenimientos* agrega:

Lápida de una joven judía que murió como mártir en Europa (Speyer, segunda mitad del siglo XIV). Las inscripciones en piedra de la misma época, halladas en América, presentan similitudes notables.

> *Es opinión muy válida entre las personas eruditas, que poseen con perfección la lengua quichua, traer ésta algún origen de la hebrea, con la cual hallan mucha semejanza, por aquellas palabras que en la Sagrada Escritura se conservan de ésta; y siendo en la pronunciación y en el sonido iguales, no dejan de ser bastantes las que se notan con esta íntima semejanza, de suerte que, juzgándolo por este principio, no admite duda guardar entre sí mucha consonancia.*[6]

Ricardo Rojas menciona el testimonio del conquistador Fernando de Contreras, "que decía haber conocido en el Marañón indias que se llamaban Sara, Betzabé, Raquel, nombres hebreos...". Y Adán Quiroga se niega a admitir como "casual coincidencia" que entre las tribus aborígenes se encontrasen caciques llamados Jonaiso, Jonasetel, Jonapain (del profeta Jonás), ni mucho menos que entre los calchaquíes existiesen los nombres de David, Sansón, Salomón o Enoe (por Enoc).[7] Una segunda línea de coincidencias está relacionada con

las costumbres de la vida cotidiana. La práctica de la circuncisión religiosa entre los indios mexicanos fue descripta por
el padre Las Casas. Las vestimentas que utilizaba el Gran
Sacerdote al oficiar, encontradas en un templo de Tamazulapa
(México), son casi idénticas a las vestiduras del Sumo Sacerdote del Templo de Jerusalem. Los indios del Yucatán rompían
sus vestidos ante alguna infausta nueva o muerte. Se han
encontrado losas decoradas cuyos signos fueron asimilados a
letras hebreas. Estas y otras similitudes son ennumeradas por
Ben Israel en su trabajo, luego de una prolija comparación
entre algunas costumbres indígenas y las que surgen de antiguas
prescripciones bíblicas:

> ...de los Mexicanos y Totones se escribe que guardaban eter-
> namente fuego en sus altares, según lo que Dios manda en el
> Levítico, y lo mismo hacían los Peruanos en los Templos del
> Sol. Los de la Provincia de Nicaragua prohibían la entrada en
> sus Templos a las mujeres recién paridas hasta que se purifi-
> casen. Los de la Isla Española tenían por pecado grave tener
> ayuntamiento con la mujer parida... Daban también divorcio
> a las mujeres que hallaban comprendidas en algún acto des-
> honesto. Los peruanos casaban con sus cuñadas mujeres de
> sus hermanos difuntos y lo mismo hacían los de Nueva España
> y Guatemala...

Según el ya citado padre Gumilla, los indios del Orinoco
tenían horror a comer carne de cerdo, y sin embargo la aceptaban
junto con la fe cristiana. Esos mismos indios se lavaban el
cuerpo tres veces por día, una costumbre judaizante según
Gumilla. En México el día sábado era festivo, y durante esa
jornada era obligatorio asistir a las ceremonias y sacrificios en
los templos. Y la lista puede ampliarse con innumerables
ejemplos.

La tercera línea de argumentaciones se encuentra en los
textos religiosos y los mitos milenarios. Una tribu de indios
mexicanos hablaba de la existencia de la Torre de Cholula,
con la misma historia de la confusión de idiomas que cuenta
la Biblia respecto de la Torre de Babel. La leyenda del Diluvio
Universal, la catástrofe geológica que anegó tierras e hizo
sucumbir a grandes masas humanas, aparenta ser universal
y se relaciona con distintos cataclismos que destruyeron

Rúbrica de Cristóbal Colón, según la Enciclopedia Judaica *de Pablo Link. Lo que parece la clave de sol es abreviatura de Fidelitus. Sigue "A", que es Adonai, separada por puntos arameicos que indican palabra. Rodeada de "S.S.S.", o Santo, Santo, Santo o Kadosh, Kadosh, Kadosh. Luego "X.M.Y.": "Y" es la invocación sinaica de Shma en galaico, español y hebreo. Colón firmaba Colonis, que en arameo quiere decir "siervo de la tierra". Finalmente la gran palabra: "Anoki". (Véanse más datos en la obra de Bernardo Graiver* Cristóbal Colón, gallego y judío: *español.)*

continentes enteros, como la mítica Atlántida. Por ello no es de extrañar que aparezca puntualmente en la mitología indígena americana, por ejemplo el *Popol-Vuh*, donde se relata la creación del mundo "en frases casi mosaicas, se nos habla del diluvio universal que arrastró a los primeros hombres, se relata la creación del hombre inteligente después de dos tentativas frustradas de la Naturaleza y luego se nos habla de la llegada de los quichés desde 'la otra parte del mar de donde sale el sol...'".[8]

Esta relación, milenaria y todavía especulativa, entre los hebreos y el continente americano encuentra un último argumento en el propio texto bíblico. Según el *Libro Primero* de los *Reyes*, capítulos 9 y 10, los hebreos habrían conocido una tierra de la que extrajeron materiales de construcción como la madera de sándalo, el marfil y el oro. Esas expediciones marítimas se ubican en el reinado de Salomón y la tierra misteriosa recibe el nombre de "Ophir".

El descubridor Cristóbal Colón, en una carta dirigida a los reyes, identifica a este lugar con Veragua, en Venezuela, sitio que tocó en su cuarto viaje.[9] Para Ernesto Morales, en cambio, el mismo Colón habría afirmado en su tercer viaje que Ophir era la isla de Haití. Y Arias Montano, uno de los humanistas más famosos de los siglos XVI y XVII, asegura que el nombre "Perú" no es sino "Ophir" vuelto al revés, "Pir-o", habiendo cambiado luego los indígenas la "o" por la "u" para su mejor pronunciación: "Piru".

EL DESCUBRIMIENTO Y LA ÉPOCA COLONIAL

El origen judío de Colón —y de muchos de quienes lo acompañaron en su empresa— ha sido discutido hasta la saciedad. La celebración (o conmemoración) de los cinco siglos de la llegada del almirante genovés a estas tierras ha reavivado la polémica.

En su *Historia de los Marranos*, Cecil Roth anota la coincidencia cronológica del Edicto de Expulsión de los judíos españoles, fechado en 1492, con la partida de Cristóbal Colón ese mismo año en su expedición hacia las legendarias Indias. Es bastante razonable suponer que muchos de los integrantes de la tripulación, conminados a abandonar el país, formaran parte de la lista de aventureros que partían en busca de un lugar donde rehacer sus vidas en un medio donde no existían —al menos así lo imaginaban— distingos raciales o religiosos.

Importantes historiadores —entre ellos Celso García de la Riega, Rafael Calzada y Salvador de Madariaga— coinciden en esta argumentación, revelando nombres de criptojudíos reconocidos, como Luis de Santángel, los hermanos Pinzón, Gabriel Sánchez, Diego de Deza, Alfonso de la Caballería, Mestre Bernal, Luis de Torre, Rodrigo de Triana, Juan de Medina y otros que de una u otra forma participaron del proyecto, de su financiación, del asesoramiento o de la empresa misma que culminó con el descubrimiento. Y así llega al continente, en esa oleada de súbitos erradicados, la primera inmigración sefaradita que habría de entroncar históricamente en el proceso mismo de la Conquista.[10]

Las carabelas de Colón parten del puerto de Palos el 2 de agosto de 1492, fecha que coincide con el último plazo que el Decreto de Expulsión otorgó a los judíos españoles. Algunos historiadores señalan que este hecho refuerza las presunciones sobre el origen hebreo de gran parte de la tripulación.

Tomás de Torquemada, confesor de la reina Isabel la Católica, fanático enemigo de judíos y marranos, es designado Inquisidor General en 1483. La expulsión de los judíos de España fue, en gran medida, su responsabilidad.

PÁGINA SIGUIENTE:
El Arrabi Mor (Gran Rabino) de Portugal. Detalle de un cuadro de Nuño Gonçalves (Museo Nacional de Arte Antiguo, Lisboa). La Inquisición llegó a Portugal cincuenta años más tarde que a España.

Ciertas reconstrucciones de época relatan —y ésta es seguramente la anécdota más difundida— que en el curso del primer viaje de Colón se desató una impresionante tormenta que estuvo por echar a pique la nave principal. Desesperados, con la certeza de que estaban a las puertas de una muerte segura, muchos de los navegantes entonaron en voz alta la plegaria "Shemá Israel", reconociendo su oculta fe antes de despedirse de la vida.

Algunos son más prudentes con respecto a estas conclusiones. El historiador José Luis Lacave, director del Instituto "Arias Montano" del Consejo Superior de Investigaciones Científicas, en Madrid, aboga por una mayor precisión en los términos cuando se habla del Descubrimiento de América como una "empresa judía":

> *Habría que ver a quién llamamos judío. Si pensamos en los conversos, como Santángel, no podemos decir que era judío sino un "cristiano nuevo". Era persona de confianza de los Reyes Católicos (lo que no impidió que algunos familiares suyos fueran perseguidos). Es posible que algunos marineros que acompañaron a Colón fuesen conversos. Del propio Colón no sabría qué decir. Su vida es un misterio que encaja con todo lo que les pasaba a los judíos en España. Después de los primeros viajes, la Inquisición logró prohibir que hubiera judíos en América. También fueron perseguidos los conversos que judaizaban.*[11]

Otros se oponen terminantemente a estas especulaciones, como la profesora israelí Sharona Fredrick, especializada en historia sefaradí y del judaísmo español. Para ella, la coincidencia de que el 2 de agosto de 1492 Colón partiera del puerto de Palos y los judíos debieran salir de España como último plazo del Decreto de Expulsión no es más que eso: una coincidencia.

> *Yo parto de una base que está bastante bien establecida: Colón no era judío. El que empezó con esta estupidez fue un historiador y novelista, que es más novelista que lo primero, que se llama Salvador de Madariaga y que llamó a Colón "judío" por su afán de oro. Cosa que me hace detener y decir que, si esa es la prueba más consistente, yo necesito otra prueba. Además, la estirpe de Colón era católica italiana por siglos, mitad española, pero seguramente no judía.*

Y agrega:

> *El español inventó el tema de la 'pureza de sangre' y que el judío debía pasar cuatro generaciones hasta poder llegar a tomárselo como un "cristiano puro". Incluso en el siglo XVII el español estaba tan paranoico —no sólo por el hecho de la sangre judía, sino también por el de la sangre musulmana— que tampoco lo pudo aceptar (porque era vergonzoso tener sangre judía) y después de cien años seguían diferenciando entre cristianos "nuevos" y "viejos". Fernando el Católico, según la Halajá, habría sido judío, eso no es ningún secreto. Lo demostró muy bien el historiador Américo Castro, quien demostró que tenía antecedentes por el lado materno, por una mujer que se llamaba Paloma que se convirtió a la Iglesia Católica y se casó dentro de la familia real de Aragón. Fernando protegió a ciertos judíos conversos con los que mantenía una relación muy estrecha. El mismo Torquemada era de una familia judía conversa...*[12]

De los 600.000 judíos que habitaban el reino español en el siglo XV, un tercio fue asesinado, un tercio obligado a convertirse al cristianismo y el último tercio abandonó el país. Luego de la expulsión de España en 1492, los judíos se dispersaron en corrientes bien definidas. "Una de ellas, la que se instaló en el Imperio Otomano y el Asia Menor, fue acogida con benevolencia. Otra, la asentada en Portugal, no corrió igual suerte. Más de treinta mil familias se refugiaron en el país lusitano, no sólo por su proximidad, sino también por las promesas de sus monarcas Don Juan II y Manuel; les ofrecían amparo y protección a su fe. Pero esos acuerdos no fueron respetados y los judíos fueron sometidos a conversiones forzosas"[13], dando origen a los *christaos novos* (cristianos nuevos), marginados socialmente y obligados a desarrollar una doble vida, tradición secreta que se extendió de padres a hijos, dado que la Inquisición se introdujo en Portugal cincuenta años más tarde que en España.

Una vez establecida, las persecuciones del Santo Oficio hicieron que muchos huyeran hacia Castilla, protegidos por el conde-duque de Olivares. Pero la caída de éste en 1643 provocó profundos cambios, y los "portugueses", acusados de judaizantes, fueron objeto de represalias que los hicieron huir, una vez más, hacia distintos puntos del mapa: Turquía, Salónica y Holanda (donde se conectaron con otros asentamientos criptojudíos), y distintas partes de Europa y América.

Interrogatorio de prisioneros bajo tormento por el tribunal de la Inquisición. Entre los siglos XVI y XVII, muchos judíos portugueses llegaron clandestinamente al Río de la Plata huyendo de las persecuciones.

Desde finales del siglo XVI y durante todo el siglo XVII tuvo lugar la llegada clandestina al Río de la Plata de judíos portugueses que huían del Brasil. Las prohibiciones —el Estatuto de Limpieza de Sangre imponía que "ni judíos, ni moros, ni hereje, ni hijo o nieto de quemado, reconciliado o sambenitado podrá ingresar a las Indias"— fueron burladas de diferentes formas. Los "portugueses" ingresaban en las mismas naves en que llegaban los esclavos de los señores o con licencias falsificadas o protegidos por quienes realizaban excelentes negocios o directamente de manera ilegal.[14]

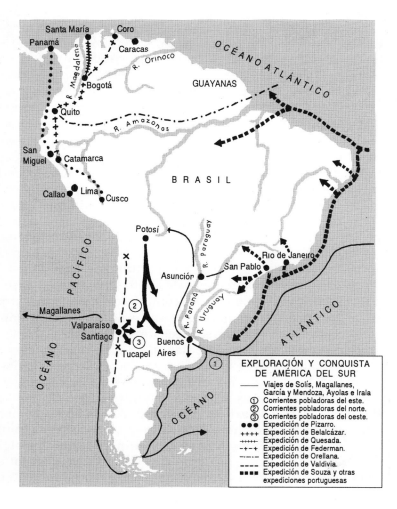

Principales itinerarios seguidos por los conquistadores en América del Sur. A la Argentina arribaron tres corrientes colonizadoras: desde el Paraguay, desde Chile y desde la quebrada de Humahuaca.

Judíos quemados en la pira, un espectáculo frecuente en la Edad Media (del Liber Chronicorum *de Schedel, Nuremberg, 1493)*

Del puerto se dirigían hacia las provincias y, mimetizados entre la escasa población del lugar, se afincaban y desarrollaban sus familias y actividades, incluso modificando sus apellidos para asimilarse más rápidamente, lo que complica las investigaciones posteriores. Ricardo Rojas escribe que el ingreso furtivo de hebreos "ocurrió desde los últimos años del siglo XVI y los primeros del XVII, prolongándose hasta las postrimerías de la época colonial", siendo Córdoba "la ciudad preferida por los conversos... sin duda por estar alejada de las cortes virreinales y los puertos marítimos, evitando así los refugiados mayores ocasiones de ser descubiertos en caso de haber falsificado sus nombres, como frecuentemente ocurría. Asimismo procuraban los conversos exagerar su adhesión al catolicismo para no ser sospechados de falsía y hasta se graduaban de clérigos, si podían, para disfrazarse mejor".

Esta dualidad entre ideológica y racial, desarrollada desde la misma llegada de los españoles a estas tierras —y aún antes, como ya hemos anotado—, confluye hacia la zona del Río de la Plata y se extiende durante toda la época colonial. Pero parece conveniente reducirla a su verdadera magnitud: la población de lo que hoy es Argentina durante los siglos que transcurren entre la Conquista y la Independencia, era muy escasa. En una extensión de 2.894.257 kilómetros cuadrados había aproximadamente 240.000 habitantes (indios) a la llegada de los europeos; en 1810, al terminar la época hispánica, había unos 400.000 indios mestizos, negros y blancos. Si a ello se le agrega la pobreza minera y la exigüidad de la mano de obra indígena, se comprende que el territorio bañado por el sistema hidrográfico del Plata —donde hoy está asentada la mayoría de la población del país y también de la judía— ofrecía muy pocos incentivos para los individuos que buscaban fortuna en las Indias.

A la Argentina arribaron tres corrientes colonizadoras. Una, desde el Paraguay hacia el litoral marítimo, fue la que fundó en 1580 la ciudad de Buenos Aires. Otra, desde Chile hacia la región andina, fundó Mendoza en 1560, San Juan en 1562 y San Luis en 1596, pero siguió dependiendo de la Audiencia santiaguina hasta el establecimiento del Virreinato del Río de la Plata. Y la tercera, desde la quebrada de Humahuaca hacia la precordillera, que fundó Santiago del Estero en 1560, Tucumán en 1565, Córdoba en 1573 y Salta en 1582. La mano de obra indígena en esta última región era más abundante que en el litoral, e incluso había pequeños establecimientos mineros. De ahí que el inmigrante se sintiera más atraído por ella que por las otras. Cabe imaginarse que también los "marranos", tanto los que fueran criptojudíos como aquellos que eran simplemente "cristianos nuevos", se dirigieron hacia allí con preferencia.[15]

El número de estos inmigrantes sefaraditas —cuya dispersión comienza con el Edicto de Expulsión de 1492 y culmina con la conversión forzosa de 1497— es difícil de determinar. "No podemos calcular cuántos de estos sefaradíes entraron en territorio argentino durante la época colonial —dice Ricardo Rojas—, ya vinieran directamente de Portugal o de España, o ya indirectamente después de haber pasado por el Brasil o el Perú. Lo que no cabe duda es que, a juzgar por los procesos de la Inquisición, que duraron hasta fines del siglo XVII, la inmigración judía tuvo importancia en la época, si bien no fue colectiva y libre como después de la enmancipación."

La sociedad colonial adoptó medidas contradictorias sobre este fenómeno, ya que uno de los objetivos declarados del Consejo de Indias y de la Casa de Contratación de Sevilla era evitar la introducción de extranjeros al Río de la Plata, pero a la vez se acordaron a los portugueses en los años 1662 y 1669 licencias especiales de varios años de duración para los

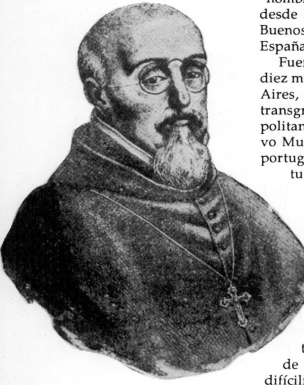

Juan de Mañozca, temible inquisidor americano, juez en los procesos de Tomás Treviño de Sobremonte y de Maldonado de Silva. Entre los siglos XVI y XVII, los "portugueses" constituyeron un importante porcentaje de la población rioplatense.

PÁGINA SIGUIENTE:
Proclama del Inquisidor de Valencia, fechada en 1512, invitando a todos los leales hijos de la Iglesia a denunciar personas sospechosas de observar en secreto ritos judíos o mahometanos.

"hombres de negocios" que extendieron sus asentamientos desde Europa hacia el Brasil, La Habana, Cartagena, Buenos Aires, Portobelo y los puertos de Perú y Nueva España.

Fuentes documentadas estiman que, sobre un total de diez mil habitantes que por aquel entonces tenía Buenos Aires, entre cuatro y seis mil eran "portugueses" que transgredían las rigurosas ordenanzas del poder metropolitano, por el que se prohibían su presencia en el Nuevo Mundo. Lewin insiste en que fueron *christaos novos* portugueses —no marranos españoles— los que constituyeron esta inmigración criptojudía: hacia los siglos XVI y XVII los portugueses ya son componente importante de la población blanca asentada en las posesiones españolas. Cuántos de ellos —¿la mayoría o todos?— eran criptojudíos constituye el centro de las polémicas que los investigadores de esa época mantienen al respecto.

La residencia de los portugueses en las colonias españolas durante la unificación temporaria de ambos reinos ibéricos (1580-1641) tiene cierta justificación legal, ya que son súbditos de un mismo monarca. Y este grupo humano, que difícilmente podía lograr concesiones mineras ni puestos oficiales dependientes de la metrópoli, se dedicó entonces a todas las ramas del comercio, a las profesiones liberales —sobre todo a la medicina— y a las ocupaciones artesanales.[16]

Generalmente los portugueses llegaban en gran número al puerto de Buenos Aires, que hasta 1776 (establecimiento del Virreinato) era poco vigilado por la Inquisición. Desde allí se dirigían al Alto Perú (hoy Bolivia), rico en minerales, y al Bajo Perú, centro administrativo y comercial. Los documentos de la época son muy expresivos acerca de la condición étnica de los portugueses que permanecían en Buenos Aires.[17] De todas maneras, a fin de evitar las exageraciones acerca de las características históricas de Buenos Aires y de su población, Lewin juzga útil citar el número de sus habitantes a lo largo de casi dos siglos: 1580, 300; 1600, 510; 1617, 1.100; 1638, 2.000; 1650, 2.783; 1679, 5.000; 1700, 6.908; 1731, 10.000; 1750, 13.800; 1765, 20.000.

¿Cuál es entonces el motivo de las actuales polémicas

genealógicas sobre los criptojudíos argentinos, dado que numéricamente fueron menos importantes que en otros lugares del continente americano? Pocos de ellos figuraban en los anales de los comisarios porteños del Santo Oficio. El único caso trágicamente memorable es el de Juan Rodríguez Estela, nacido en Lisboa en 1614 y residente en Buenos Aires desde 1634 hasta 1673, año en que el representante de la Inquisición lo envía detenido a Lima, donde no fue juzgado por el Tribunal de la Fe hasta 1675. Pero sucede que Juan Rodríguez Estela fue un antepasado de Juan Martín de Pueyrredón, el Director de las Provincias Unidas del Río de la Plata: uno de los más ilustres apellidos argentinos.

Aquí parece encontrarse la clave de las discusiones y los silencios periodísticos. El joven investigador Mario Javier Saban lo expresó con gran poder de síntesis en el título de su libro *Judíos conversos: los antepasados judíos de las familias tradicionales argentinas*. La gran mayoría de las más acaudaladas e influyentes figuras de la aristocracia vernácula —muchas de ellas famosas por su nacionalismo a ultranza, su férrea convicción cristiana y su acendrada actividad antijudía— pueden ser descendientes en cuarta, sexta u octava generación de esos "portugueses" de cepa hebraica que llegaron a estas tierras huyendo de la Inquisición y —quién lo diría— fueron en poco tiempo olvidados (y abjurados) por sus descendientes.

GENEALOGÍA Y APELLIDOS

Los judíos de España y Portugal residentes en América en cierto momento pasan a formar parte activa de la sociedad de la época —posiblemente influidos por situaciones socioeconómicas diferenciales— e introducen el fenómeno del "criptojudaísmo" como mecanismo de defensa ante el poder inquisitorial. Ello les impone un estilo de comportamiento —una vida pública y otra privada simultáneas— que deja impresas profundas huellas culturales, entre ellas una notoria simbiosis judeocristiana y la dificultad para establecer con precisión las genealogías familiares.

El tema aparece y desaparece en la historiografía argentina, desde los escritos de Vicente Fidel López hasta voces inmaculadamente cristianas como las de Lucas Ayarragaray, quien afirma:

> *Muchísimos artesanos, regatones, alarifes y usureros a hurtadillas fueron sefaraditas, habiendo constituido desde antiguo algunos hogares de los que hoy proceden ciertas familias de fortuna, tradición histórica y política, las cuales, gracias a la feliz despreocupación en que vivimos en materia de orígenes étnicos, son quizás, entre muchas, las que más presumen de linaje.*

Y agrega:

Calle en el antiguo barrio judío de Lisboa. De aquí provienen muchos de los apellidos de la sociedad porteña.

> *Los apellidos de origen israelita se conservaron más inalterables, merced al espíritu tradicionalista de esa casta. Sus patronímicos abundaron en la primera sociedad, como abundan todavía en la contemporánea, especialmente en las clases medias y también distinguidas. Temprano comenzó esa infiltración en América y luego en la Argentina. A Colón lo acompañaron ya en su empresa algunos hebreos. (...) La frecuencia de nombres bíblicos y las largas barbas de antaño, constituyeron y constituyen en algunas de nuestras destacadas familias, uno de los tantos índices de la difusión de la sangre semítica en la sociedad criolla.[18]*

También José Ingenieros señala la abundante inmigración de judíos portugueses como elemento decisivo en la constitución de la sociedad rioplatense:

> *En 1600 ya eran numerosos y fueron vanas las persecuciones intentadas por la autoridad civil y eclesiástica de Buenos Aires; adquirían la calidad de vecinos desposándose con mozas de la ciudad y muy luego ocupaban posiciones de primera fila en el comercio o en las estancias. A pesar de las dificultades opuestas por los españoles, un siglo después era descendiente de judíos portugueses buena parte de la "gente principal", según puede inferirse del análisis de los apellidos porteños de la época.[19]*

Con criterio pragmático, el genealogista Enrique de Gandia admite que "los inmigrantes 'prohibidos', entre los cuales no escaseaban por cierto los judíos, se mezclaban con los indios y con los negros, dando origen a una raza cuya 'limpieza de sangre' habría horrorizado a un linajista de la impoluta España, pero que en América era imprescindible para su formación".[20] E indica que uno de los más grandes tribunos argentinos, el doctor Leandro N. Alem, era de origen sefaradita ("Alem", plural "Ulema", en árabe es sabio; equivale a "jequih", jurisconsulto).

En la revista *Criterio* del 1º de junio de 1939, Monseñor Gustavo J. Franceschi insinúa: "Me sería sumamente fácil mencionar familias argentinas que remontan a la época colonial y entroncaron con judíos portugueses, entre ellas las muy vinculadas a la historia de la construcción nacional". Tenía presente, sin duda, los caminos por los cuales numerosos apellidos castellanos o de consonancia cristiana encubrían la presencia de judíos. Jorge Luis Borges rescata (y reivindica) algunos de esos apellidos en su conocido poema sobre la presencia sefaradí en América:

> *Abrabanel, Farías o Pinedo,*
> *arrojado de España por impía*
> *persecución, conservan todavía*
> *la llave de una casa de Toledo...*

En la onomástica judeoespañola era muy frecuente la adopción de apellidos que correspondían a pueblos o lugares de origen. Todavía hoy muchos judíos se siguen llamando Sevilla, Córdoba, Burgos, Toledo, Medina, Zaragoza o Santander, si son de origen español; o bien, Miranda, Almeida, Lisbona, Piñeiro, Olivera o Fonseca, si son de procedencia lusitana. Hay patronímicos sefaraditas que derivan del nombre del padre, de la profesión que se ejercía o de características físicas. Así Fernández era hijo de Fernando; González, de Gonzalo; Hernández, de Hernando. Los hay Bermejo o Rubio, por el color de sus cabellos, y Blanco o Moreno, por el de su tez. Ovejero, Herrero, Sastre o Cantero, por su ocupación. Y finalmente la inevitable fuente para alejar toda sospecha y destacar ostentativamente la índole confesional, la constituían los apellidos compuestos por San o Santa, como Santamarina, Santa María, Santana, Santa Coloma, Santángel, o Casadesús o Casasús —como contracción de "Casa de Jesús"—, o bien Aguado, como sinónimo de bautizado.[21]

Boleslao Lewin ha estudiado documentadamente las bio-

Una calle de la antigua Toledo. Los sefaradíes emigrados en América, señala J. L. Borges en su conocido poema, "conservan todavía / la llave de una casa de Toledo...".

grafías de muchos de estos criptojudíos, algunos de ellos relevantes, como el portugués Diego López de León o Lisboa, que a fines del siglo XVI se asentó en Córdoba y fue nombrado en 1608 regidor del Cabildo. Ese mismo año nació su hijo menor, Diego de León Pinelo (1608-1671), "la primera gloria literaria argentina". Estudió en Lima y en 1647 fue nombrado para la cátedra de teología escolástica, provocando la ira de la Inquisición. Un año después, a despecho del proceso abierto en su contra, don Diego emprendió la tarea de exaltar las glorias literarias y científicas del Nuevo Mundo en su obra *Alegato apologético en defensa de la Universidad limense*. Córdoba, su ciudad natal, lo honró a comienzos de este siglo bautizando con su nombre una de las calles que delineó su padre. Mas por un error en el estampado de la placa, su segundo

Dibujo que reconstruye un retrato de Diego de León Pinelo (1608-1671), "la primera gloria literaria argentina", que se conserva en la Universidad de San Marcos. El criptojudaísmo fue un fenómeno muy extendido en estas tierras.

apellido aparece escrito con una "d" (Pinedo, en vez de Pinelo)...

El hijo mayor y más célebre de don Diego, Antonio de León Pinelo, obtuvo el nombramiento de procurador de Buenos Aires ante la corte española el 9 de agosto de 1621. Allí expuso las dificultades del puerto y la necesidad de abrirlo al tráfico, en un texto que el padre Larrouy define como "el documento más importante para la historia primitiva del comercio rioplatense y el conocimiento del criterio antieconómico del gobierno español". La ciudad de Buenos Aires hizo justicia a sus méritos imponiendo su nombre a una de las calles del barrio de Mataderos.

Otras figuras estudiadas por Lewin son la del capitán Alvaro Rodríguez de Acevedo, en Córdoba, y la de Juan Acuña de Noronha, mercader portugués afincado en Santiago del Estero, quemado vivo en el Auto de Fe de 1625. Muchos criptojudíos se dedicaron a la medicina, entre ellos Alvaro Nuñez, a fines del siglo XVI en Tucumán, y Diego Nuñez de Silva, que se desempeñó profesionalmente durante años en Córdoba, La Rioja y Tucumán. Su hijo, Francisco Maldonado de Silva (1592-1639), que se autodenominó Eli el Hebreo, fue tal vez la más sublime víctima de la Inquisición americana.[22]

Entre los portugueses afincados en Buenos Aires se menciona al obispo santiagueño de ese origen fray Francisco de Vitoria. Pero respecto de ellos Lewin aclara:

> *Su calidad de judíos —salvo pocas excepciones— no está establecida fuera de duda. Se trataba ciertamente de lusitanos que en su gran mayoría fueron marranos, pero la dificultad consiste en que no lo eran todos, y no hay modo de establecer —cuando no intervenía la Inquisición— quiénes lo fueron y quiénes no. Algo similar acontece hoy con los polacos y rusos. Todos sabemos que la mayoría de las personas de esos orígenes (llegados en las primeras décadas de este siglo a la Argentina) son judíos; empero sería falso incluirlos a todos en el sector israelita.*[23]

De manera más audaz, el trabajo de Saban se interna en las arduas búsquedas de la genealogía. Su polémico ensayo incluye un resumen histórico de las fuentes y una muy útil reconstrucción cronológica de los acontecimientos judíos en el Río de la Plata entre 1580 y 1853. Pero más reveladoras resultan ser las partes cuarta y quinta, "Genealogía judía de los próceres y las familias tradicionales argentinas" y "Genealogías portuguesas de los próceres y las familias tradicionales argentinas" respectivamente.[24] Esta exhaustiva descripción de los "glóbulos judíos" tiñendo de manera pública la "sangre azul" de la aristocracia había provocado más de una discusión, desengaño de familia y crisis existencial.

Las críticas a esta investigación toman un variado rumbo. La mayoría coincide en que Saban exagera la importancia de la sangre judía entre los portugueses, en la ciudad de Buenos Aires en especial. "Hay una inmensa cantidad de portugueses que no son judíos. Según estadísticas del siglo XVI, el 80 por ciento de la población de Portugal no era judía. Parece entonces absolutamente arbitrario catalogar de judía a gente venida acá por el hecho de ser portuguesa", objeta Narciso Binayán Carmona. Y el genealogista Jorge Federico Lima, en el mismo debate, insiste en que las tesis de Saban se basan sobre suposiciones no demostrables:

> *Pudo haber influencia económica de los judeoconversos, pero no existió ninguna influencia en lo cultural (...) No podía mantenerse oculto el judaísmo más que el de la primera generación, en la segunda o tercera ya no eran judíos. Las mujeres católicas denunciaban ellas mismas a la Inquisición cuando se judaizaba...[25]*

¿CÓMO SE ENTIENDE QUE ALGÚN PARIENTE MÍO QUE SE LLAMA "BENGOLEA", ES DECIR, "HIJO DE GOLEA" EN HEBREO, PUEDA SER ANTISEMITA? ¿NO SERÁ QUE "ANTES-SEMITA", HOY "ANTI-SEMITA"?[26]

VICTORIA
OCAMPO

Con el sentido del humor y la fina prosa que la caracterizaba, Victoria Ocampo —fundadora de la revista *Sur* y figura emblemática de la cultura y la aristocracia argentinas— acepta con naturalidad la inclusión sefaradita en sus antepasados a través de los "Ocampo". Acerca datos sobre el linaje de su familia, venida del Cuzco, y culmina con una pregunta particularmente incisiva (al margen).

Alguna parte de esta dudosa aristocracia, sorprendida en falta y sin la grandeza y el humor de Borges o Sabato cuando fueron "acusados" de ser judíos, se ve perdida en su propio terreno. Invertido el código comunicacional del adversario, se encuentra sin respuesta. Quizás el ejemplo más grotesco de esta "paranoia genealógica" sea la solicitada que dio a conocer en 1964 la Guardia Restauradora Nacionalista —grupo de choque aristocrático y antisemita— titulada: "¿Quién es usted, padre Meinville?". La diatriba estaba dirigida al cura Julio

Meinville, mentor de Tacuara —otro grupo de ultraderecha, pero de tinte populista, de la misma época— y uno de los teóricos antijudíos más sanguinarios e inescrupulosos que conoció el país. Uno de los párrafos del mensaje público señalaba:

> *Nosotros los nacionalistas sin pasado sospechoso, con cinco o más generaciones detrás de nuestros apellidos, se lo podemos preguntar de una vez por todas: ¿quién es usted? Nunca aclaró bien el origen de su apellido ni sobre si Mein-Ville es o no la traducción por mitades del apellido judío Mein-Stadt en alemán o Mein-Ville en francés, en cualquiera de los dos casos "Mi ciudad" en español, un apellido tan judío como el del judío "Neu-Stadt" —Nueva Ciudad— que en el caso de sus abuelos se formó con dos idiomas, francés y alemán, a causa de que eran judíos alsacianos.[27]*

Este resumen de datos históricos y costumbres culturales permite comprender de otra manera estremecedoras anécdotas como las del cementerio de la Recoleta, donde familias cristianas de muchas décadas ocultaron sus antecedentes para acceder al lugar y donde hoy sus descendientes reivindican, en ciertos casos, esa doble pertenencia judeocristiana con monumentos funerarios que incluyen la cruz y el candelabro de siete brazos. Al mismo tiempo hay que dimensionar los antecedentes reseñados en este capítulo en la escala que corresponde: una curiosidad histórica que derrumba como castillo de naipes los prejuicios de muchos sectores de la sociedad argentina.

Todas estas especulaciones y los eslabones sueltos de la presencia hebrea en el continente sirven como adecuado pórtico de acceso a una historia de los judíos en la Argentina. La parte cercana y conocida de esta historia —que abarca algo más de un siglo, como parece reafirmarlo la celebración en 1989 del Centenario de la Inmigración Judía organizada al país— se analizará en detalle en los próximos capítulos. Pero los cuatro siglos anteriores, de manera indirecta y sutil, dejaron impresa una "huella" por la que, quizá sin saberlo, vuelven a transitar los actores de hoy.

NOSOTROS LOS NACIONALISTAS SIN PASADO SOSPECHOSO, CON CINCO O MÁS GENERACIONES DETRÁS DE NUESTROS APELLIDOS, SE LO PODEMOS PREGUNTAR DE UNA VEZ POR TODAS: ¿QUIÉN ES USTED?

GUARDIA
RESTAURADORA
NACIONALISTA

NOTAS:

[1] Pablo Schvartzman, *Judíos en América*, Buenos Aires, Instituto Amigos del Libro Argentino, 1963.

[2] Ricardo Rojas, *Blasón de plata*, Buenos Aires, Edit. Losada, 1954.

[3] Annette Laming-Emperaire, "Las grandes teorías sobre el poblamiento de América y el punto de vista de la arqueología", *Origens do Homem Americano*, São Paulo, Instituto de Pre-Historia da Universidade de São Paulo, UNESCO citado por Daniel Bargman, "Indios y judíos en el imaginario americano", *Raíces* Nº 2, Buenos Aires, diciembre de 1991.

[4] Bargman, op. cit.

[5] Ernesto Morales, *La Atlántida*, Buenos Aires, 1940, mencionado por Schvartzman, op.cit.

[6] Scharvtzman, op. cit. En el mismo libro, el autor transcribe una tabla de voces quichuas y hebreas para comparar sus raíces (pág. 60), partiendo del trabajo del americanista argentino Alfredo H. Coll (publicado en las revistas *Vida Nuestra* —octubre de 1937— y *Judaica* —septiembre/noviembre del mismo año—), quien a su vez las transcribe de una publicación de 1897, y de un vocabulario quichua-hebreo de Adán Quiroga. A ello le agrega voces del diccionario Español-Hebreo de A. Z. Hochman (1954). Algunos de los ejemplos citados, entre muchos otros, figuran en el cuadro en la página 21.

[7] Adán Quiroga, "Huellas judías en la civilización quichua", *Judaica*, Buenos Aires, diciembre de 1939.

[8] Eduardo Alfonso, *La Atlántida y América*, Madrid, s/f, citado por Schvartzman, op. cit. El párrafo finaliza así: "Balam-Quitzé, a quien hemos llamado el 'Moisés americano' a semejanza de su congénere levita, abrió paso a sus tribus 'separando las aguas del mar al tocarlas con su bastón' ("Título de Totonicapán", Cap. I), 'formó nubes, truenos, relámpagos, granizos y temblores' para amedrentar a sus enemigos (Cap. II) y aposentó a sus trece tribus 'descendientes de Israel' (Cap. I) en el cerro de Hacavitz- Chipal..."; lo que parece revelar coincidencias más que casuales. Si se deben a una traducción intencionada del original maya es un tema a debatir.

[9] Ana Biró de Stern, "Las teorías sobre los hebreos en la América prehispánica", *La Prensa*, Buenos Aires, 9 de agosto de 1959.

[10] Alberto Liamgot, *Criptojudíos en Hispanoamérica*, Buenos Aires, Congreso Judío Latinoamericano, 1991. En este trabajo, que constituye un buen resumen sobre el tema, Liamgot menciona numerosos casos puntuales: "¿Qué quedó de aquellos herméticos grupos de criptojudíos que vivieron en las islas antillanas a fines del siglo XV? ¿Y qué de esos hombres que acompañaron al licenciado Gonzalo Giménez de Quesada, fundador de Santa Fe de Bogotá, 'cuyo trazado comenzó con la construcción de doce ranchos en memoria de las doce tribus de Israel? ¿Y qué de los judaizantes de Lima que revistaron en el así llamado proceso de la 'Complicidad Grande'? ¿Y qué de los 'cristianos nuevos' que arribaron al Brasil integrando las expediciones de Gaspar de Gama y Fernando de Noronha?". También cita, entre otros datos, las inscripciones hebraicas halladas en San Juan de Puerto Rico, en el cementerio judío de Curazao y en el pueblo de Selendín, en Perú. El mismo autor ha realizado una muy prolija recopilación de los argumentos históricos y literarios sobre el origen judío de Colón en "Los enigmas de Cristóbal Colón", en *1492, quinientos años después*, Buenos Aires, Instituto Científico Judío-IWO, 1992, págs. 141-165. Por otra parte, a partir de la firma del célebre navegante —reproducida en la *Enciclopedia Judaica*, de Pablo Link— el investigador Bernardo Graiver, en su libro *Historia de la humanidad en la Argentina bíblica y babilónica*, editorial Albatros, Buenos Aires, 1980, ha analizado el sentido esotérico y hebraico de la complicada rúbrica.

[11] Reportaje a José Luis Lacave en *Raíces* Nº 2, Buenos Aires, diciembre de 1991.

[12] Reportaje a Sharona Fredrick en *Nueva Sión* Nº 757, Buenos Aires, 31 de julio de 1992.

[13] Matilde Gini de Barnatán, "Los criptojudíos y la Inquisición", en revista *Todo es Historia* Nº 216, abril de 1985.

[14] La investigadora Gini de Barnatán, op. cit., menciona el caso de

"Bernabé González Filiano, nacido en la isla de Tenerife y acusado de ser pasajero que entró sin licencia de su Majestad y sin tener ningún oficio", extraído de la Revista del Instituto Argentino de Ciencias Genealógicas.

[15] Boleslao Lewin *La colectividad judía en la Argentina*, Buenos Aires, Alzamor Editores, 1974.

[16] Lewin, op. cit. El profesor Boleslao Lewin fue el más importante investigador de este tema y publicó varios libros sobre el particular. Además del citado, pueden consultarse: *El judío en la época colonial*, Buenos Aires, 1939; *El Santo Oficio en América y el más grande proceso inquisitorial en el Perú*, Buenos Aires, 1950; *Mártires y conquistadores judíos en la América Hispana*, Buenos Aires, 1954; *Los judíos bajo la Inquisición en Hispanoamérica*, Buenos Aires, 1962; *La Inquisición en Hispanoamérica: judíos, protestantes y patriotas*, Buenos Aires, 1962; *Los criptojudíos: un fenómeno religioso y social*, Buenos Aires, 1987.

[17] Véanse: el informe del Visitador Antonio Gutiérrez de Ulloa al gobierno español, en 1597 —"los más de ellos (portugueses) son confesos y aún creo que se puede decir judíos en su ley"—; la cédula real del 17 de octubre de 1602, que ordena se "haga salir a los portugueses o extranjeros que hubiesen entrado

sin licencia"; la carta del Procurador General de las Provincias del Río de la Plata y Paraguay, capitán Manuel de Frías, fechada 1619-1621, donde señala que la Inquisición custodia la entrada al continente por Portobelo y Panamá y descuida el Río de la Plata, por donde ingresan los fugitivos para pasar al Brasil, y finalmente el memorial del sacerdote Pedro Logu (1754) solicitando el establecimiento de un tribunal de la Inquisición en Buenos Aires para controlar a los portugueses ("... y así ha sucedido vivir algunos judíos en esta ciudad muchos años sin saberse lo que eran, y amanecer en Londres o en Amsterdam como judíos..."). Véase Boleslao Lewin, op. cit.

[18] Lucas Ayarragaray *Estudios históricos, políticos y literarios*, tercera edición, Buenos Aires, 1936, pág. 293.

[19] José Ingenieros, *La evolución de las ideas argentinas*, Buenos Aires, Elmer Editor, 1956 Tomo I: "Introducción", pág. 19.

[20] Enrique de Gandia, *Del origen de los nombres y apellidos y de la ciencia genealógica*, Buenos Aires, Ediciones La Facultad, 1935, Capítulo X: "Los injertos extranjeros en el tronco de nuestra raza". Sobre este peculiar mestizaje —pero ya cultural, no racial— como eje vertebrador de la moderna Argentina volveremos al final del libro.

[21] Liamgot, op. cit. En las páginas 23-25 del ensayo, el autor reproduce una lista de apellidos de origen semita que fueron extraídos del *Libro Verde de Aragón*; de la *Historia de los marranos*, de Cecil Roth; de la Revista de la American Jewish

Historical Society y de la *Revista de Occidente*. Esta primera nómina, que incluye 174 apellidos, abarca a muchas de las familias patricias del Río de la Plata que a lo largo de las generaciones han desplazado paulatinamente su origen.

[22] La fascinante vida de este personaje constituye el eje de la novela de Marcos Aguinis, *La gesta del marrano*, Buenos Aires, Editorial Planeta, 1991.

[23] Boleslao Lewin, *La colectividad judía en la Argentina*, op. cit., pág. 25.

[24] Mario Javier Saban, *Judíos Conversos: los antepasados judíos de las familias tradicionales argentinas*, Buenos Aires, Distal Editores, 1990. El año siguiente el autor publicó otro tomo sobre la misma temática y realizó algunas actividades públicas sorprendentes, como la de entregarle al ingeniero Alvaro Alsogaray un estudio del árbol genealógico de este político conservador que incluía sus antepasados judíos.

[25] Debate sobre "El libro de historia del mes", publicado en *Todo es Historia*, 1991, págs. 78-85. La conceptualización de los "conversos", a la vez, es un asunto polémico: en un artículo publicado en el periódico *Amenu*, Buenos Aires, abril de 1992, Mario Saban diferencia diez escuelas diferentes, que abordaron la cuestión de los criptojudíos desde diversos puntos de vista.

[26] Victoria Ocampo, carta a Alberto Liamgot, op. cit.

[27] El apellido "Meinville", en efecto, figura en la lista recopilada por Liamgot, op. cit. Ironías de la historia.

*Judíos refugiados de Rusia pasando frente a la Estatua de la Libertad (grabado, 1892).
A finales del siglo XIX confluirán la necesidad de inmigrantes por parte de la Argentina
y la salida de los judíos europeos del continente.*

Fin de la Inquisición. El siglo XIX y la Revolución de Mayo. El período de Rosas (1829-1852). La Argentina de la inmigración masiva (1852-1889). Algunos personajes judíos de la época. Comienzos de la inmigración judía organizada. El decreto de 1881 y la llegada del vapor *Wesser*.

DE MAYO A ROSAS

El historiador Heinrich Graetz relata una anécdota, probablemente apócrifa, sobre el fin de la Inquisición en Portugal. Dice que el rey José Manuel I (1750-1777) decidió ordenar a todos sus súbditos de sangre judía que usasen sombreros verdes, a fin de distinguirlos de los fieles cristianos. Al día siguiente, Sebastião José de Carvalho é Mello, marqués de Pombal, quien debía supervisar la ejecución de la orden, apareció ante el rey llevando tres sombreros de ese tipo.

El monarca preguntó: "¿Para qué son esos sombreros?".

"Uno es para mí, uno es para el sacerdote confesor del palacio, y uno es para Su Majestad", respondió el marqués.

Lo cierto es que entre 1751 y 1754 el marqués de Pombal fue privando gradualmente al Santo Oficio de poder real, colocándolo bajo el control secular y restaurando los derechos civiles de los *christao novos*, es decir, los judíos obligados a bautizarse bajo presión y sus descendientes.

En 1791 tuvo lugar un último "auto de fe" (quema en la hoguera) y en 1821 la Inquisición fue abolida formalmente en Portugal. Durante los tres siglos de su actuación más de

30.000 personas fueron sentenciadas a autos de fe; en éstos, "29.000 personas fueron reconciliadas con la Iglesia, 600 quemadas en efigie y 1.200 quemadas en la hoguera", por el único "delito" de practicar el judaísmo.

En cuanto a España, invadida por Napoleón a comienzos del siglo XIX y prisionero el rey Fernando VII, se aceleran los movimientos enmancipadores en las colonias. Los aparatos administrativos se van derrumbando y cada virreinato debe afrontar sus problemas con distinta relación de fuerzas y factores de poder. También comienza a declinar el Santo Oficio de la Inquisición en América.

Entre 1811 y 1813 se suprime la Inquisición en México, Perú, Colombia, Uruguay y Paraguay. Pero en casi todos esos países vuelve a ser establecida oficial y solemnemente al retornar al trono de España el tristemente célebre Fernando VII, de quien se decía que "únicamente sonreía cuando asesinaba liberales, y estaba sonriendo siempre."[1]

Alrededor del año 1820 quedará suprimida definitivamente la Inquisición en las repúblicas hispanoamericanas, a medida que van proclamando su independencia. En la Argentina, contrariamente a la creencia generalizada, el Tribunal del Santo Oficio no se extinguió en forma automática con la Revolución del 25 de mayo de 1810.

Boleslao Lewin cita un documento de fecha 16 de julio de 1810 en el que Mariano Moreno, numen de la Revolución y secretario de la Primera Junta, se ve obligado a acceder al pedido del comisario del Santo Oficio en Buenos Aires y ordena que se dé "el auxilio de tres blandengues con un cabo" para conducir a Lima a un preso de la Inquisición. Un caso similar tuvo que afrontar en 1812 Bernardino Rivadavia, ya que las leyes vigentes así lo ordenaban.

Fue la Asamblea Constituyente de 1813 —que de hecho declaró la independencia de las Provincias Unidas del Río de la Plata, aprobó el texto del Himno, aceptó el escudo de las Provincias Unidas, mandó acuñar moneda, suprimió la esclavitud, los títulos de nobleza y el empleo de instrumentos de tortura— la que abolió la Inquisición. El decreto del 24 de marzo de 1813 dice:

Queda desde este día absolutamente extinguida la autoridad del Tribunal de la Inquisición en todos los pueblos del terri-

torio de las Provincias Unidas del Río de la Plata, y por consiguiente se declara devuelta a los ordinarios eclesiásticos su primitiva facultad de velar sobre la pureza de la creencia por los medios canónicos que únicamente puede conforme al espíritu de Jesucristo, guardando el orden y respetando el derecho de los ciudadanos. Firmado: Dr. Tomás Valle, presidente; Hipólito Vieytes, secretario.

Con la caída de Alvear y el ascenso de las fuerzas conservadoras hay un intento de restablecer la Inquisición, pero "declarada la Independencia —señala Lewin— por la propia fuerza de los hechos, la Inquisición dejó de existir. Esto explica el odio de los espíritus inquisitoriales de antaño y hogaño a la esencia más profunda de la enmancipación americana".

La ruptura de los ordenamientos feudales y el establecimiento de nuevas formas de convivencia más igualitarias no fueron instantáneos, por lo menos respecto de los judíos, debido al arraigo de los prejuicios coloniales contra este grupo humano. De todas maneras, a consecuencia de Mayo se elimina legalmente a la Inquisición, se establece la libertad inmigratoria y se otorga a los protestantes una "tolerancia" de su culto en la provincia de Buenos Aires.

Auto de fe presidido por San Domingo de Guzmán (cuadro de P. Berruguete, Museo del Prado, Madrid). La Asamblea Constituyente de 1813 abolió formalmente la Inquisición en las Provincias Unidas del Río de la Plata, pero los prejuicios coloniales contra los judíos proseguirían por décadas.

Los primeros años de vida independiente permiten asistir a una discusión —con atacantes y defensores— respecto de los judíos. El padre Guillermo Furlong (S.J.) acercó al historiador Boleslao Lewin algunos datos acerca del intento —fallido por causa del antisemitismo— de un grupo de judíos de establecerse en la Argentina a fines del segundo decenio del siglo XIX. Este hecho surge de un texto que publicó

Primera edición de The Jewish Chronicle *(12 de noviembre de 1841), el periódico judío más antiguo que aún existe. En sus páginas se discutía la conveniencia de la inmigración judía a la Argentina.*

el 26 de agosto de 1820 Francisco de Paula Castañeda (1776-1832), afamado fraile franciscano que fue el más ardoroso y extremo paladín de la ultraortodoxia católica en el Plata. El título del artículo era: "¿Podrá Sudamérica acoger benignamente en su seno la casa y familia del patriarca Abraham, sin faltar a las inviolables leyes de la religión y la política?".

Curiosamente, este violento enemigo del liberalismo y la cultura europeas, fiel a las contradicciones que caracterizaron toda su actividad pública, sale a la palestra para defender a los judíos de los ataques de la mojigatería colonial. Lewin reproduce buena parte de la nota, que contiene afirmaciones como ésta: "Años pasados significaron los judíos su deseo de establecerse en estas regiones, ofreciéndonos su protección, como también grandes sumas de dinero, con tal que les franqueásemos terreno y algún puerto para su tráfico y comercio con todas las naciones".

O bien: "Personas piadosas, apreciando como deben la religión de sus mayores y deseando conservarla en toda su pureza, se imaginaban que los judíos vendrían a crucificar de nuevo a Jesucristo. Este celo desde luego es muy loable, pero llevarlo hasta el extremo es hacerlo incompatible con la caridad y con muchas otras virtudes...". Y concluye: "Vengan, enhorabuena, los hebreos; establézcanse en América, como se han establecido en Roma, y, o adoren con nosotros a Jesucristo, o a lo menos aguarden con nosotros el día grande de nuestra común visitación, que será cuando haya muy poca fe en el cristianismo".[2]

Pese a este vehemente apoyo, la resistencia a la admisión de israelitas fue más fuerte y el proyecto fracasó. Sin embargo, algunos judíos, seguramente menos interesados en cuestiones confesionales, fueron estableciéndose de manera individual en el país. Entre ellos figura el "avezado marino Mr. Jacob" —que figura en una crónica del viajero inglés

Guillermo Parish Robertson[3], hacia 1813— y una curiosidad: los apellidos Levy y Halevy, indudablemente judíos, que aparecen en los años 40 del siglo pasado en el gremio de los plateros.

El espíritu progresista de los primeros decretos de las autoridades de Mayo, sobre todo en lo referido a la inmigración, fue resistido por las fuerzas clericales. En los cuatro textos constitucionales redactados entre 1815-1819 es evidente la inclinación cada vez más acentuada hacia el exclusivismo confesional. El tratado con Inglaterra (1825) concede por vez primera a los no católicos el derecho a ejercer legalmente su culto, pero se reduce a los súbditos británicos.

Durante esta época hubo oposición a la ley de libertad inmigratoria por parte de elementos retrógrados, general-

"Los domadores", dibujo de Y. Pranoshnikoff (1880). La Argentina se debatió durante casi todo el siglo XIX respecto de la inmigración, entre el espíritu progresista de los revolucionarios de Mayo y la resistencia de algunos grupos confesionales retrógrados.

mente ellos mismos hijos de inmigrantes. En 1824 se crea la
Comisión de Inmigración, integrada por ciudadanos y extranjeros residentes, pero poco después, en 1828, es disuelta por Rosas, que la integraba por nombramiento de Rivadavia.
En el propio recinto de la Legislatura, Tomás de Anchorena,
uno de los íntimos del "Restaurador de las Leyes" aun antes
de asumir éste la suma del poder, repitió un lugar común
característico en los xenófobos de todo del mundo:

> *Fuera de algunos extranjeros excepcionales, los demás han
> sido una plaga para el país, por ser viciosos corrompidos y
> aventureros que no sirven más que para estar en la ciudad
> y no para trabajar en el campo.*

Estas palabras fueron pronunciadas por un hijo de
inmigrantes cuando la República apenas sobrepasaba el medio
millón de habitantes y la agricultura prácticamente no existía
(como ocurrió hasta que llegó la inmigración a desarrollarla). Ello hace aún más ridícula la prevención de ciertos
círculos contra los nuevos habitantes, particularmente si
son judíos. Hasta el pensador más avanzado de aquella época,
Esteban Echeverría, todavía en 1844 instruía a la niñez en
que también el judío era su hermano (abajo).

Lewin señala que es muy poco lo que se sabe de los
judíos bajo el régimen de Juan Manuel de Rosas, que imperó —con un intervalo— desde 1829 hasta 1852. La solución
al problema de la libertad religiosa quedó diferido hasta
después de Caseros.

*NO OBSTANTE LAS OPINIONES DE ALGUNOS SACERDOTES
QUE NO COMPRENDEN LA DOCTRINA DE CRISTO, TODOS
SON IGUALMENTE VUESTROS HERMANOS.*[4]

ESTEBAN ECHEVERRÍA

La Argentina de la inmigración masiva

Caído Rosas y unificada la provincia de Buenos Aires con las provincias confederadas en 1860, la clase dirigente argentina traza una nueva estrategia para desarrollar las vastas extensiones de un país despoblado y no totalmente librado de los indios. Para ello decide abrir las puertas sin limitaciones a una política de inmigración masiva, que serviría como "fuerza de trabajo" para la élite terrateniente y al mismo tiempo ocuparía los territorios vírgenes o conquistados a las tribus indígenas.

La población del país, que apenas sobrepasaba las 900.000 almas al ser derrocado Rosas, comienza a crecer de manera vertiginosa al compás del lema de Juan B. Alberdi "Gobernar es poblar", que trasciende como consigna estratégica y resume la prédica de la generación del 80. En 1869 se efectúa el primer censo nacional y la Argentina declara 1.830.214 habitantes. En 1895, cuando se realiza el segundo censo, los pobladores saltan a 3.956.060. Y hacia 1914 hay 7.885.237 almas en estas tierras.

Este prodigioso crecimiento se verifica también en el gran puerto de acceso: los habitantes de Buenos Aires eran 286.700 en 1880, después de las luchas que terminan con su federalización. En 1890 ascienden a 526.900, y en 1900, con el comienzo del nuevo siglo, ya suman 815.680.

En el aspecto confesional el proceso fue bastante más lento. No se planteó esta cuestión para italianos o españoles, ambos pueblos de acendrada fe católica. Pero la supresión del Tribunal del Santo Oficio en 1813 no implicó en la práctica la inmediata "libertad de cultos", sino sólo que el Estado dejó de respaldar con su poderío represivo los castigos impuestos por la Iglesia. Aceptar a protestantes o judíos ya era otro asunto y llevaría su tiempo.

La "ola gringa" se extiende por todo el territorio, para convertir a un país atrasado y semifeudal en una nación civilizada y culta, como Inglaterra y Estados Unidos, según la visión de los "arquitectos" de esta política. Se produce entonces un malentendido: en lugar de las olas inmigratorias de escandinavos y centroeuropeos —sajones rubios, altos y de ojos celestes con los que soñaba Sarmiento para su país idealizado—, el grueso de los que llegan a "hacer la América" tienen otras procedencias y son empujados por la necesidad, el hambre y las ilusiones depositadas en un continente nuevo y rico.

Entre 1871 y 1880 el 58,28 por ciento de los ingresados a Buenos Aires son italianos, contra el 17,7 por ciento de españoles. Entre 1891 y 1900 los peninsulares itálicos representan el 65 por ciento: "Vinieron por la crisis agraria que se abatió sobre Europa a fines de siglo. Los campesinos no tienen cabida en las ciudades y, como Argentina era básicamente rural, eligieron este país".[5]

La economía modifica su eje a partir del aluvión poblacional: a mediados del siglo XIX todavía era un país pastoril en el que predominaba la cría primitiva del vacuno. Apenas cuarenta años después la agricultura abastecía el mercado interno y ya participaba en las exportaciones. En el litoral, particularmente en las colonias fundadas por agricultores europeos, se desarrolla el cultivo de cereales; en el norte, especialmente en Tucumán, progresa la producción de la caña de azúcar, que entre 1872 y 1899 se multiplica treinta y cinco veces.

En 1890 ya se cultivan 2.600.000 hectáreas en el país: 1.000.000 en la provincia de Buenos Aires, 600.000 en la de Santa Fe, 250.000 en la de Córdoba, 150.000 en la de Entre Ríos y 130.000 en la de Santiago del Estero.

Es entonces cuando se produce un quiebre esencial: la generación del 80 pedía "manos para labrar la tierra", pero sin aclarar que esas mismas tierras ya estaban repartidas entre los terratenientes. Para los inmigrantes, que llegaron soñando con una propiedad que les había sido negada en sus lugares de origen, quedaban sólo campos semiáridos, zonas impenetrables o completamente yermas; además, no poseían capital para invertir en maquinarias agrícolas que posibilitaran la explotación adecuada. La mayoría de las colonias no prospera. Los extranjeros regresan al punto de partida y se hacinan en los conventillos de las ciudades: en 1887 éstos suman 2.885, y en ellos viven más de 80.000 personas.[6]

De allí nació el "cocoliche"—mezcla de español e italiano— que será el idioma de los sainetes. En 1891 trabajaba como peón en el circo de los Podestá un calabrés llamado

Francisco Coccolicie o Coccoliche, cuyos esfuerzos por hablar en "argentino" al parecer no daban buen resultado: su lenguaje era una pintoresca mezcla de palabras del italiano y de su dialecto natal con voces y giros muy criollos. En sus ademanes y en su pinta había incorporado al compadre, al orillero. La manera en que se expresaba se hizo famosa dentro y fuera del circo. Muchos actores comenzaron a imitar esa forma característica de hablar, que recreaba en el teatro las torpezas idiomáticas de los inmigrantes. Al poco tiempo se le agregarán palabras del alemán, el francés y el idish para confluir hacia una mezcla altamente representativa de la época.[7]

Sátira que hizo El Mosquito *sobre el cambio de presidente en 1892: Sáenz Peña es Colón; los funcionarios salientes son los indios. La crisis inmigratoria llega a un punto de inflexión: desencantados, miles de extranjeros regresan al punto de partida o se hacinan en los conventillos de las ciudades.*

Interior de la sinagoga de la calle Piedras, que nuclea a judíos oriundos de Marruecos. Las primeras familias llegaron alrededor del año 1860; algunos se radicaron en el interior y otros en la Capital. En 1891 se fundó la asociación sinagogal Congregación Israelita Latina de Buenos Aires, mientras todavía resonaban los ecos de la trabajosa evolución de las ideas de tolerancia hacia quienes profesaban una fe distinta.

Por otra parte, la trabajosa evolución de las ideas de tolerancia hacia el que profesaba una fe distinta se extendió, con avances y retrocesos, hasta la novena década del siglo pasado. Cuando en la Asamblea Constituyente de 1853 se debatió acerca de la libertad religiosa —estrechamente vinculada con la inmigración— hubo fuertes resistencias a establecerla; pero se impuso gracias a dos personalidades: el liberal Juan María Gutiérrez y el padre católico Benjamín J. Lavaisse.

Un decreto de 1857 (en setiembre de ese año llegaron a la Argentina las primeras cien familias suizas, atraídas por la propaganda inmigratoria), inspirado por Vélez Sarsfield y firmado por Valentín Alsina y José Barros Pazos, legalizaba a los protestantes pero no mencionaba a los judíos. Y cuando se intentó contraer un matrimonio según el rito hebraico, el presidente del Superior Tribunal de Justicia Francisco de las Carreras (1809-1870) consideró que la libertad de creencias "se refería exclusivamente a los cristianos y no a una secta que aún espera la llegada del Mesías".

El 21 de octubre de 1860 la Constitución se convertía en Ley Básica con vigencia en todo el territorio de la Confederación Argentina y el 11 de noviembre del mismo año se celebraba el primer matrimonio judío en Buenos Aires. Hubo dificultades para realizarlo según el rito judío y legalizarlo oficialmente: los novios, Elizabeth y Salomón Levy, —ambos vivían aquí junto a sus padres— eran ciudadanos franceses, y la apelación ante la Corte Suprema sólo fue aceptada en segunda instancia. Miguel Navarro Viola, el abogado de la pareja, publicó una nota en *La Revista de Buenos Aires* (noviembre de 1868) describiendo el acontecimiento y la ceremonia nupcial. Pero que la discusión proseguía lo demuestra el hecho de que un pensador católico de la talla de Juan Manuel de Estrada haya escrito, en 1869, páginas crudamente antisemitas.

Singulares personajes judíos mezclaban, todavía de manera individual, sus historias con las del país. Antes de 1855 los investigadores lograron rastrear el recuerdo de seis judíos. Cada uno de ellos era una figura pintoresca, y todos pertenecían a un estrato elevado de la población extranjera procedente de Europa occidental y central y establecida en Buenos Aires. Por ejemplo, Henry Naftali Hart, un judío inglés, en 1850 era miembro del prestigioso Club de Residentes Extranjeros. Alexander Bernheim, judío francés, combatió como oficial de enlace de Sarmiento en el ejército de Urquiza que derrotó a Rosas, y fue el primer periodista judío del país y uno de los fundadores del diario en francés *Le Courier de La Plata*.[8] Ambrosio Crámer (1792-1839) luchó junto a San Martín y fue uno de los héroes de la Revolución del Sur contra Rosas.

Diferente fue el caso de las familias sefaradíes del interior del país. En 1859 el joven Mardoqueo (Mordejai) Navarro, por entonces de veinticinco años, entró a trabajar al servicio del general Juan José de Urquiza, el vencedor de Caseros, como su secretario y encargado de negocios. Reemplazó en esas tareas a Vicente Montero, cuñado del primer presidente constitucional de la nación, y permaneció junto al general hasta 1862, redactando y despachando una muy abundante correspondencia (llegó a escribir hasta veinte ó veinticinco cartas diarias).

Navarro solía estampar su nombre bíblico con la grafía fonéticamente hebraica de Mordejai, pero la mayor parte de las cartas copiadas están firmadas "Mardoqueo Navarro" o "M. Navarro".[9] Para Manuel E. Macchi, "Navarro fue, indudablemente, el más capaz de los colaboradores que tuvo el general Urquiza".

Mardoqueo (nombre bíblico) Navarro (apellido común entre los marranos) era originario de Catamarca y estaba emparentado con familias de arraigo en el país, especialmente en aquella provincia. Era sobrino del general Octaviano Navarro (1826-1884), militar y político, gobernador de Catamarca en dos oportunidades, introductor de la imprenta y el alumbrado en la provincia, fundador del periódico *El Ambato* y propulsor de la minería.

También estaba emparentado con Ramón Gil Navarro (1828-1883), —periodista, jurisconsulto, escritor, diputado y senador— y con Angel Aurelio Navarro (1810-1875), jurisconsulto escritor, senador de vasta actuación política. Un hermano de Mardoqueo, Samuel Navarro, trabajó también para el general Urquiza como encargado del saladero "11 de Setiembre", en Rosario. Y un dato singular: otro tío de Mardoqueo, monseñor Luis Gabriel Segura, fue obispo de Entre Ríos, lo que no es de extrañar ya que muchos altos dignatarios

*El Gral. Bartolomé Mitre y D. F.
Sarmiento, vistos por el caricaturista
Enrique Stein (1893). En un Buenos
Aires apenas repuesto del primer shock
inmigratorio, reaparecen las
tendencias xenófobas que surgen del
desencanto.*

eclesiásticos de España y América eran descendientes de
criptojudíos.

Cuando el joven sefaradí entra al servicio de Urquiza
—quien sin duda conocía su origen pero no tenía prejuicios
de caracter racial ni religioso, como revelan múltiples anécdotas de su pensamiento liberal—, es un apasionado
federalista culto e impetuoso, que tiempo después entrará
en desacuerdos con su jefe. Pero su historia personal, en esa
temprana época de la nación todavía está por investigarse,
al igual que tantas otras.

Mientras tanto, en un Buenos Aires apenas repuesto del
primer *shock* inmigratorio reaparecen las tendencias xenófobas y el resentimiento que surge del desencanto, comen-
zando tempranamente con Sarmiento, el mismo que había
alentado la inmigración: "En Norteamérica no hay extranjeros. Aquí el inmigrante prefiere seguir siendo extranjero",
escribe apesadumbrado.

Y esos miles de latinos, árabes y judíos desembarcados
en Buenos Aires fueron entonces "áspero tropel de extrañas
gentes y resaca humana" para Rafael Obligado; "italianos

con rapacidad de buitres" para Eugenio Cambaceres, quien se horroriza ante la contaminación étnica de la "Gran Aldea" y de su tranquilidad; "judíos invasores" para Julián Martel, que en su novela *La Bolsa* (inspirada en *La France Juive*, un libelo antisemita de Edouard Drumond publicado en París en 1886) los describe así:

> *Leoney, al casarse con la heredera en cuestión, no hizo sino seguir la costumbre judía que consiste en acaparar la riqueza por todos los medios, siendo el matrimonio uno de los principales y más explotados. Asegurábase que daba malos tratamientos a su mujer y se contaban horrores de su manera de proceder con los que caían en sus garras satánicas. Cobraba intereses infames y entre otras historias más o menos parecidas citábase la de una opulenta dama, muy generosa y dada a las prácticas devotas, a quien Leoney iba arruinando lentamente con sus préstamos en pacto de retroventa.*[10]

Del canto asombrado de Rubén Darío:

> *Argentina*
> *solar de hermanos*
> *diste por tus virtuales leyes*
> *hogar a todos los humanos*

se pasó a la contundencia de las cifras: casi la mitad de los cinco millones de extranjeros que llegaron al puerto de Buenos Aires entre 1880 y 1913 volvieron desencantados a su tierra. Y el proceso inmigratorio, que se extiende con saltos espasmódicos algunas décadas más, parece concluir en 1956, cuando el 93 por ciento de los europeos que ingresaron en ese año volvió a sus países de origen. Los "nuevos inmigrantes" de la Argentina serán paraguayos, chilenos, bolivianos, uruguayos, y en la última década coreanos y taiwaneses.

Comienzos de la inmigración judía organizada

Algunas decenas de judíos ashkenazíes, llegados individualmente o como representantes de casas de comercio ex-

Texto del decreto 12011 de 1881, que nombra a José María Bustos agente honorario en Europa para dirigir la inmigración israelita hacia la Argentina.

tranjeras, fundan en 1862 la primera entidad de su género en el país: la Congregación Israelita de Buenos Aires. Seis años después adoptan el nombre de Congregación Israelita de la República Argentina (CIRA) y nombran a su primera Comisión Directiva.

Cuenta uno de los testimonios que esa Congregación nació el Día del Perdón *(Iom Kipur)*, cuando dos judíos, provenientes de distintos países pasaron el día sentados en sendos bancos en el parque de la Recoleta, alejados uno del otro, cada cual enfrascado en su libro. Al darse a conocer descubrieron que, en su soledad, ambos habían tenido la misma idea: pasar el día santo al aire libre rezando las oraciones pertinentes. Sea ese testimonio auténtico o sólo una leyenda, el caso es que el primer *minián* se reunió en, 1862 y al cabo de pocos años se transformó en la institución CIRA.[11]

En 1862 fue electo Bartolomé Mitre como primer presidente de la república unificada. Exponente de esa "clase ilustrada" que favorecía la inmigración, tomó algunas medidas para fomentarla de manera "espontánea": exceptuó a los inmigrantes de impuestos aduaneros a sus enseres, se ampliaron las atribuciones de las comisiones de protección a los recién llegados y se les ofrecieron tierras a bajo precio.

En 1868 Domingo F. Sarmiento es elegido presidente de la Nación. Partidario de la inmigración "artificial" importada, ofrece "la protección de la bandera argentina a todas las nacionalidades de la tierra, cuyos hijos tocan estas playas en busca de un lugar para hacerse un domicilio y una patria...". Pero la sangrienta guerra con el Paraguay (1865-1870) anula los esfuerzos para promulgar las leyes correspondientes.

Durante la presidencia de Nicolás Avellaneda (1874-1880) se dicta la Ley 817 de Inmigración y Colonización, promulgada en 1876 como la más clara señal de la voluntad de las autoridades de atraer una corriente masiva de inmigrantes al país. Esta ley incluye la facultad de nombrar agentes en Europa para ejecutar los contratos y realizar propaganda, así como efectuar las múltiples tareas asociadas a la recepción e introducción de inmigrantes y su inserción laboral, para proteger al recién llegado de una virtual explotación.

Julio Argentino Roca, el presidente que sucede a Avellaneda y gobierna entre 1880 y 1886, dicta un decreto por el cual se invita específicamente a los judíos rusos a establecerse en el país. El 6 de agosto de 1881 se da a conocer la resolución que nombra al ciudadano argentino José María Bustos "agente honorario en Europa con especial encargo de dirigir hacia la República Argentina la inmigración israelita iniciada actualmente en el imperio ruso". De las instrucciones especiales remitidas a Bustos por el Comisario General de Inmigración surge que se pensaba básicamente en inmigración agrícola.

La actitud de Roca, identificado con la oligarquía ilustrada de su tiempo —positivista, masónica o católica liberal— que basaba las esperanzas de progreso argentino en la inmigración de manos y cerebros europeos, debió enfrentar los pre-

Los primeros inmigrantes judíos tomaron la sinagoga como centro de reunión comunitaria (1897). Con el paso de los años, estas instituciones asumirían funciones civiles y políticas.

juicios de una parte de la opinión pública y los medios de prensa, así como a los factores de poder clericales ultraortodoxos y a algunos intelectuales.

L'Union Francaise, el diario de la colectividad francesa en el país puso un énfasis singular en el ataque a los judíos. En su editorial del 22 de agosto de 1881 previene contra la posible inmigración judía con argumentos económicos que no ocultan el tufillo racista:

> *No sabemos quiénes habrán tenido la idea de enviar un intermediario al exterior, a recoger insectos nocivos, parásitos poderosos; no entendemos bien por qué un médico obligado a tratar un cuerpo en crecimiento y necesitado diariamente de sangre nueva, no sepa nada mejor que inyectarle, en cambio, sanguijuelas. De todos los inmigrantes, el judío sería, para la República Argentina, lo peor.*

El diario *La Nación,* aunque en un tono más moderado, denunciaba en su editorial del 26 de agosto de 1881 la política oficial, y concluía:

> *Traer a esta raza de hombres a nuestro suelo, con su constitución excéntrica de raza y de creencias, y aun de hábitos, es constituir un núcleo de población sin relación, sin incorporación, sin adherencia a la sociedad nacional.*

Por su parte *El Nacional,* periódico fundado por Sarmiento, contestó el 25 de agosto de 1881 a *L'Union Francaise* afirmando que "las calumnias e injurias contra los israelitas... indican el nivel moral del redactor". Pero la rectificación que hizo el periódico de la colectividad francesa el día 26 de agosto se motivó sobre todo por la protesta de la ya constituida Congregación Israelita, dos de cuyos integrantes —los señores Schnabel y Levy— además de la reacción formal retaron a duelo al director y al redactor del periódico.

La CIRA asumía de esta forma funciones civiles y políticas, sumadas a las confesionales, aunque todavía no hubiera concretado la erección de un templo propio. En los primeros tiempos, las solemnidades religiosas se celebraban en la residencia particular de Gabriel Krämer; a partir de

1875, se trasladan a un saloncito ubicado en la calle Artes 301 (hoy Carlos Pellegrini 351), que ya figura como lugar turístico en la *Guía de Forasteros* de 1882. Pero todavía faltan algunos años para construir la primera sinagoga.

Segismundo Auerbach, primer presidente de la Congregación Israelita de la República Argentina, se dirige el 12 de setiembre de 1877 a José María Gutiérrez, ministro de Culto del presidente Avellaneda, solicitando "autorización para llevar un registro de los nacimientos, matrimonios y defunciones de los hebreos". El Procurador General, luego de algunos cabildeos, aconseja el rechazo de la petición de Auerbach por razones formales. Pero como seguían suscitándose conflictos con los habitantes israelitas —que no eran aceptados en los registros civiles católicos y protestantes— se concede a la CIRA una autorización provisoria: el primer asiento de los mencionados registros está fechado el 6 de enero de 1879. Y en 1882, a pedido del presidente de la Congregación Israelita, el Gran Rabino del Consistorio Central de Francia, Lazar Isidor, designa a Henry Joseph como rabino de la República Argentina. Las necesidades empujan a las decisiones.

Algo similar sucede con los cementerios: las premuras de la realidad van logrando trabajosas concesiones. Los protestantes reciben el derecho a un camposanto propio en 1821. Los judíos forman la "Piadosa Compañía" (*Chevra Kedusha*) en el año 1885 e inician trabajosas gestiones para lograr una necrópolis particular, las que sólo fueron coordinadas el 27 de julio de 1894, cuando en el transcurso de una asamblea con ochenta y cinco asistentes quedó constituida la Piadosa Compañía Ashkenazí, bajo la presidencia honoraria del rabino Henry Joseph y la efectiva del capitán Luis H.Brie, al propio tiempo titular de la Congregación. Ambos son personajes singulares, que merecen algunos párrafos.[12]

Henry Joseph, el primer rabino de Buenos Aires, era un comerciante inglés arribado a estas playas a fines de la década de 1850. Fue nombrado en sus funciones confesionales en 1882, a la edad de cuarenta y cinco, y a fines de ese mismo año es presentado a las autoridades argentinas, que reconocen su investidura sacerdotal.[13] Entre el 16 de setiembre de 1883 y el 13 de junio de 1886 —según datos de Alberto Liamgot— el rabino Joseph registra ocho matrimonios,

"Verdad y mentira", dibujo de M. Lilien sobre el caso Dreyfuss en Francia: la lucha entre verdad y mentira continúa. Como un eco de esa ola prejuiciosa, el diario de la colectividad francesa en la Argentina puso un énfasis singular en el ataque a la posible inmigración judía a estas tierras.

veintiséis nacimientos y cinco defunciones entre la creciente población judía de la ciudad.

En la asamblea extraordinaria de la Congregación del 13 de junio de 1886, "el señor Rabí dijo que... aceptó el nombramiento con la condición expresa de que todos los miembros de la congregación le prestarían su cooperación para el bueno (sic) desempeño de sus sagradas funciones y para establecer en la República Argentina, sobre bases sólidas, el Culto Israelita, pero que hasta hoy esas promesas habían sido letras muertas y que si en adelante no lo ayudasen más eficientemente presentaría su renuncia del alto cargo que ocupa". A estos entredichos con su grey quizá no fuera ajeno el hecho de que Joseph, según sostienen algunas fuentes, participaba en celebraciones católicas de miembros de su familia. La esposa del rabino, de nacionalidad argentina y fe protestante, se convirtió al judaísmo el 16 de setiembre de 1883 a través de un ritual ajeno a la religión judía, con un protocolo en presencia de su esposo, un testigo y el presidente de la Congregación, Isaac Krämer. Más allá de las formalidades, esa inscripción tenía en la época pleno valor legal y era irreversible, según Lewin. Los hijos de

Hacia 1885 los judíos porteños forman la Piadosa Compañía (Chevra Kedusha) *e inician trabajosas gestiones para obtener una necrópolis particular para la comunidad.*

Joseph no fueron educados en la fe judaica, lo que termina de hacer polémica a su figura.

Henry Joseph era, simultáneamente con sus funciones confesionales, un comerciante muy próspero y generoso. Falleció el 25 de mayo de 1913, a los sesenta y cinco años, y su última voluntad fue que le dieran sepultura de acuerdo con el ritual de la religión judía.

El capitán Luis Hartwig Brie (1834-1917) había nacido en Hamburgo. Llegó a Río de Janeiro a los trece años de edad —quizá guiado por desavenencias familiares o espíritu de aventura—, y en 1851 halló refugio como cadete en una unidad militar formada por alemanes. Combatió contra Rosas, integrando las fuerzas brasileñas que colaboraron con Urquiza, y en el propio campo de batalla de Caseros fue nombrado sargento por el valor demostrado en combate.

Una vez desmovilizado, Brie se estableció en Buenos Aires. Se alistó nuevamente en la guerra contra el Paraguay (1865-1870), que finalizó con el grado de capitán. El 11 de diciembre de 1871, ante el juez Andrés Ugarriza, Brie adoptó la ciudadanía argentina, convirtiéndose así en el primer ciudadano legal argentino que profesa abiertamente la religión israelita. Volvió a vestir el uniforme en 1874 y en 1890, siempre en defensa del gobierno constitucional argentino.

El capitán Brie contrajo enlace dos veces con distinguidas damas argentinas de religión católica, y durante catorce años (desde 1895 hasta 1898 y desde 1904 hasta 1915) dirigió los destinos de la primera organización comunitaria judía, de la cual era fundador. En 1894 había sido presidente de la *Chevra Kedusha* y en 1897 adhirió a la primera entidad sionista constituida en el país.

En 1889 la CIRA había adquirido una finca en la calle Junín 1775-1777 para construir allí el primer edificio dedicado al culto judío. Por resolución posterior, de la asamblea del 14 de mayo de 1897, esa propiedad fue enajenada y se adquirió el solar de Libertad 785. Muy pronto comenzó la construcción de la primera sinagoga, cuando la colectividad judía ashkenazí ascendía a 13.000 almas.

Mientras tanto, la inmigración sefaradí —más antigua que la de otras procedencias— comienza a establecer sus instituciones en los años 80 del siglo pasado. Ya en 1875 llegan los primeros judíos marroquíes. El 14 de febrero de 1889 un diario

Templo de la Congregación Israelita de la República Argentina (CIRA), construida en los últimos años del siglo XIX en la calle Libertad 785. La colectividad ashkenazí ya ascendía entonces a 13.000 almas.

informa que "don José Elías Mamán se ha presentado al
Ministerio de Culto, pidiendo que se le permita fundar en esta
capital un templo destinado al culto israelita". El mismo
periódico comenta el 25 de setiembre de 1890 la "fiesta de
Pentecostés" en el "templo de los israelitas españoles y
portugueses, sito en la calle Córdoba 1156". Asimismo, en los
últimos decenios del siglo pasado existía un templo sefaradí
en la calle Moreno 810, según el informe de los diarios del 24
de setiembre de 1890 y del 17 de octubre de 1891, que des-
criben las solemnidades allí celebradas.[14]

EXPEDICIONARIOS JUDÍOS: INDIVIDUOS Y GRUPOS

En lo que respecta al judaísmo europeo, después del
ofrecimiento del presidente Roca y el consiguiente decreto,
José María Bustos, el agente nombrado en agosto de 1881,
que se hallaba en Europa, pronto renunció a su cometido
debido a las dificultades que enfrentó. Pero los judíos rusos, enterados de la existencia de ese documento —incluso
obraba en Kiev un desconocido agente de inmigración a la
Argentina (Nozzolini, un comerciante italiano residente en
la ciudad que formuló una invitación especial a los judíos
del lugar)—, comenzaron a tomar en serio la posibilidad de
establecerse grupalmente en América.

En principio, los judíos rusos no consideraban a la Argentina un país conveniente para la migración, debido a su
remota ubicación, al escaso conocimiento que tenían sobre
las condiciones allí predominantes y al hecho de tratarse
de una región todavía económicamente subdesarrollada. A
esto se sumaba su natural aversión a un país ligado a España por lazos de lenguaje, religión y tradición y que, eso
temían, quizá conservara también leyes restrictivas para con
ellos.[15]

En su determinación de emigrar hacia la Argentina influyó
una coyuntura especial, que hacía confluir los intereses de
ambas partes: el recrudecimiento de la política antisemita
en las tierras del Zar y la existencia en la Argentina de
enormes extensiones de tierra virgen incorporadas tras la
"Conquista del Desierto".

Los *pogroms* que se produjeron en 1881 después del asesinato del zar Alejandro II el 13 de marzo y la ascensión de Alejandro III al trono, comenzaron el 15 de abril y se prolongaron durante tres años, extendiéndose a todo el sur de Rusia según los registros (estallaron en 215 sitios diferentes). Fueron sólo el inicio de una serie de ataques —al principio tolerados pasivamente y más tarde alentados por el gobierno— contra los judíos y sus bienes, lanzados para desviar las tensiones sociales hacia un "chivo emisario" localizado. Las leyes de mayo de 1882 separaron a los judíos de la tierra y comenzó un proceso de restricción oficial de sus derechos (por ejemplo, un *numerus clausus* establecido en 1887, limitaba el número de judíos que podían estudiar).

También en 1887 una reglamentación "restrictiva" prohi-

Judíos refugiados de Rusia en el barrio judío de Viena (grabado inglés de la época). El recrudecimiento de la política antisemita en las tierras del Zar condujo a la Conferencia de Katowice, donde los representantes de las zonas afectadas debatieron sobre los posibles lugares de emigración de los judíos.

bió a los judíos residir a menos de cincuenta kilómetros de cualquier frontera. Ese mismo año se reunieron los representantes de todas las aldeas afectadas en la Conferencia de Katowice (Silesia) para considerar las posibilidades y lugares de emigración de los judíos.

En 1889 se establecieron límites a la admisión de abogados judíos al foro, y el primer día de *Pésaj* (Pascua) de 1891 el gobierno expulsó a los judíos de Moscú. Empobreciéndolos, aislándolos, defraudando sus esperanzas luego del acceso al trono de Nicolás II (1894-1917), acrecentando las persecuciones, Rusia se convirtió en un lugar de expulsión de sus habitantes judíos.

Mientras tanto, el Censo Municipal de 1887 consignaba 336 judíos residentes en Buenos Aires, once de los cuales eran argentinos nativos; según Simón Weil, vivían entonces en toda la República 1500 judíos. Este número incluye a un personaje singular: Julio Popper (1857-1893), un judío rumano a quien Lewin bautizara "el conquistador patagónico". Ingeniero, explorador, minero, geógrafo, militar, político, geólogo, periodista, cartógrafo, escritor... la personalidad de Popper es polémica aún hoy.[16]

Nacido como Julio (Iuliu) Popper en Bucarest, era hijo de Naftali Popper (1820-1891), director del colegio judío liberal y del primer semanario israelita de esa tendencia, *Timpul-*

El ingeniero Julio Popper (1887) con dos miembros de su expedición a Tierra del Fuego. La integraron Lucio V. López, Manuel Láinez, Ramos Mexía y otros. Personaje singular, Popper inventó una máquina para facilitar el lavado de tierras auríferas y fue un verdadero "conquistador patagónico".

Di Zait, que apareció en edición bilingüe rumano-idish entre mayo y agosto de 1859. Un hermano del futuro explorador patagónico, Máximo, nacido en Bucarest en 1868, lo acompañó en sus aventuras al "extremo austral del mundo habitado": por decreto del 20 de abril de 1888 se lo nombró "comisario de la Tierra del Fuego, subordinado al gobernador de la misma, con residencia en la Bahía de San Sebastián y con jurisdicción desde el cabo Espíritu Santo hasta el río Juárez Celman" (hoy Grande). Cinco meses después, a los veintitrés años, Máximo Popper falleció de tuberculosis pulmonar en El Páramo, mientras en ausencia de su hermano mayor se dirigía al lavadero de oro de Tierra del Fuego que era conocido con ese nombre.

¿Quién era ese hermano mayor? Un personaje caracterizado por su independencia, su carácter y su sed de aventuras. A los diecisiete años, Julio Popper abandona la casa paterna y se traslada a París para estudiar ingeniería. Su vida de viajero y explorador lo lleva en 1885 a Buenos Aires, donde desembarca a los veintiocho de edad, y en los ocho que le quedan de vida desarrolla una cantidad de actividades difícil de resumir.

Filatelistas y numismáticos argentinos saben que las piezas más curiosas e interesantes son "las monedas y estampillas de Popper". A él pertenece el primer diseño para el tendido de un telégrafo fueguino, así como los proyectos para la seguridad de la navegación en el estrecho de Magallanes. Igualmente toparemos con la figura de Popper entre los primeros exploradores argentinos a las tierras polares y entre los buscadores de oro en la costa austral. Y todo esto sin mencionar sus dotes de mando y su habilidad militar: instruyó a un grupo de dieciocho hombres, rigurosamente seleccionados y armados, con los que organizó la expedición de 1886-87 al sur, en la cual, durante cuatro meses, recorrieron regiones jamás vistas por el hombre blanco y realizaron investigaciones científicas.

Semanas después Julio Popper disertaba en el Instituto Geográfico Militar de Buenos Aires ante lo "más granado de la sociedad argentina", exponía muestras y fotografías y convencía a la concurrencia de que suscribiera las acciones de la flamante Compañía Lavaderos de Oros del Sud. En los años siguientes la leyenda se mezcla con la historia:

En este curioso documento gráfico de 1887 se registra un momento del combate entre Popper y los indios durante su expedición a Tierra del Fuego.

para Braun Menéndez, hacia 1890 "Popper era dueño absoluto de hombres y haciendas en toda la parte habitable de Tierra del Fuego. Tenía organizada su comisaría, la oficina postal, la casa de moneda, poseía una flotilla propia...".[17]

En la mañana del 6 de junio de 1893, cuando se encontraba en Buenos Aires ultimando los detalles de una expedición a las tierras polares, su socio y amigo, el ingeniero Berfort, lo encontró muerto en su casa. Sus actividades le habían

granjeado muchos enemigos, y, enseguida corrió la versión de que se trataba de un asesinato. La autopsia, sin embargo, reveló un ataque cardíaco. Tenía sólo treinta y cinco años. Quizá la faz romántica y aventurera de su vida haya ocultado su actividad en el terreno de la cultura: políglota consumado, dejó páginas admirables en periódicos de la época (como *La Prensa* y *El Diario*), un libro —*Tierra de Fuego: la vida en el extremo austral del mundo habitado* (1890)—, y conferencias y estudios dispersos que lo marcan como un expedicionario individualista y un hombre verdaderamente excepcional.

Desde los últimos años de la década de los 50 la Argentina tenía agentes consulares en los puntos de Europa que eran estratégicos para fomentar la inmigración de grupos humanos, de acuerdo al proyecto que diera origen al "aluvión gringo". Para 1888 esa red ya se ha extendido hasta Varsovia y complementado con propaganda impresa. La prensa hebrea de Rusia también comienza a hacerse eco de las posibilidades que ofrece la Argentina.[18]

Las opiniones son encontradas: en 1887, un judío inglés escribe desde Córdoba al *Jewish Chronicle* respecto del futuro de "nuestros hermanos, los judíos de Rusia", afirmando que Argentina "es admirablemente adecuado como un nuevo hogar, siendo libre, tolerante en materia religiosa, sano y con un suelo fructífero". Pocas semanas después le contesta un "veterano" judío de Buenos Aires, residente en el país desde 1864, quien señala que "tras estar en contacto con inmigrantes judíos que llegan a estas costas disiente absolutamente" con su correligionario, y sentencia: "Recomendar la emigración de judíos rusos a este país equivaldría, en mi opinión, a un delito".[19]

El debate proseguirá hasta 1890, pero ya en el mismo año de 1888 llegan espontáneamente a la Argentina ocho familias de agricultores judíos ucranianos, asesorados sin mayor entusiasmo por la *Alliance Israélite Universelle*, una institución que por razones de principios no estimulaba la emigración del país natal. Se instalan en Monigotes (Viejo), provincia de Santa Fe, en tierras del Banco Colonizador. Quizás estos inmigrantes hayan sido alentados por agentes de inmigración argentinos.[20] Posteriormente llega otro contingente de cincuenta familias. Hallan grandes dificultades en su intento de establecerse en forma de un núcleo rural:

Caricatura inglesa del Zar Alejandro III y su política de opresión a los judíos. En 1889 un importante grupo de familias judías de Rusia decide trasladarse a la Argentina de manera organizada, para establecerse como agricultores.

una mitad renuncia a su propósito original y procura obtener su sustento lo mejor que puede; la otra se dedica a tareas agrícolas en aquella zona, una región de fomento agrario cercana a lo que después sería Moisesville.

Casi ningún recuerdo ha quedado de esa experiencia difícil y pionera, salvo quizás algunas anécdotas: en un viaje de dos días de duración de Sunchales a Monigotes —en una carreta tirada por un par de yuntas de bueyes— dos de estas familias acamparon la primera noche en un "tacurusal"... y debieron pasar hasta la madrugada haciendo fogatas para espantar a los mosquitos, que parecían resueltos a impedir la invasión de los "gringos" de las estepas a estas tierras calurosas.[21]

Un grupo importante de familias judías de la zona de Kamenetz Podolsk, en Rusia, decide encarar el proyecto de trasladarse a la Argentina de manera organizada, para establecerse como agricultores. Una delegación, encabezada por Lázaro Kaufman, viaja a París y entrevista a J. B. Frank, que era el representante del terrateniente argentino Rafael Hernández —un hermano del autor del *Martín Fierro*, que también se destacó como escritor y político— para la venta de tierras y al mismo tiempo el agente del gobierno encargado de la migración y colonización. Los delegados judíos firman con Frank, en su doble carácter de representante estatal y privado —algo que hará sonreír al lector de hoy—, un contrato por la adquisición de tierras en la provincia de Buenos Aires. Cada familia debía pagar la suma de 400 francos (a cuenta de un total de 3000, que se mantendría como hipoteca a saldar en cuotas), a cambio de los cuales el gobierno argentino se comprometía a transportarlos a la Argentina y entregarles allí parcelas de tierra (veinticinco hectáreas por familia) e implementos agrícolas, así como a preocuparse por su manutención hasta la siguiente cosecha.[22]

De regreso a Rusia, se dedican a ultimar los detalles para el largo viaje. Ochocientas veinticuatro personas divididas en dos contingentes, llegan a Berlín y conforman un grupo que nuclea a 120 familias, en su mayoría parejas jóvenes con niños pequeños. La *Alliance Israélite Universelle* de París facilita los recursos para el pago de subsidios a cada familia indigente, según lo estipulado en el contrato.

En julio los viajeros embarcan en Bremen a bordo del vapor *Wesser* y llegan al puerto de Buenos Aires el 14 de agosto de 1889. Esta fecha se considera, de manera simbólica, como la que da origen al proceso de la inmigración judía masiva al país.

NOTAS:

[1] Pablo Schvartzman, *Judíos en América*, Buenos Aires, Instituto Amigos del Libro Argentino, 1963, pág. 36.

[2] Citado en Boleslao Lewin, *La colectividad judía en la Argentina*, Buenos Aires, Alzamor Editores, 1974, págs. 31-32. Sobre la figura polémica del franciscano Castañeda y sus furiosas controversias existe un resumen biográfico de Miguel Angel Scenna: "Francisco Castañeda: un fraile de combate", en *Todo es Historia* Nº 121, junio de 1977, págs. 6-33.

[3] Juan P. y G.P. Robertson, *La Argentina en la época de la Revolución* Buenos Aires, Ediciones La Cultura Argentina, 1920, págs. 184-185 (citado en el excelente estudio de Lázaro Schallman: "El judaísmo y los judíos a través de las letras argentinas", Buenos Aires, revista *Comentario* Nº 48, 1966, págs. 113-124).

[4] Esteban Echeverría, *Manual de Enseñanza Moral*. Montevideo, octubre de 1844, Cap. V: "Deberes para con la humanidad".

[5] Silvia Lepore, especialista en inmigración italiana, en declaraciones a la revista *Noticias*, Buenos Aires, 8 de septiembre de 1991, en la nota "Los que hicieron la Argentina", de Mario Markic.

[6] Revista *Noticias*, op. cit.

[7] Pedro Orgambide, *Gringos y criollos* (antología), Buenos Aires, Ediciones del Instituto Movilizador de Fondos Cooperativos, 1992, pág. 41.
Sobre el *valesko* o "cocoliche judío" —por llamarlo así, considerando la inclusión de palabras en idish, mezcladas a expresiones criollas y lunfardas— nos extendemos más ampliamente en los Capítulos 5 y 8 de este libro, al hablar de la "marca judía" en la ciudad y su idioma.
El origen de los inmigrantes extranjeros y su proporción relativa pueden seguirse a través de los distintos censos nacionales, resumidos en el Cuadro 1.

[8] Haim Avni, *Argentina y la historia de la inmigración judía: 1810-1950*, Buenos Aires-Jerusalén, Editorial Universitaria Magnes-AMIA, 1983, pág. 51. También Lázaro Schallman (1968), José Liebermann (1966) y Boleslao Lewin (1974) mencionan algunos de estos casos. Un aspecto dife-

CUADRO 1:
Inmigrantes europeos según los censos nacionales

ORIGEN DE LOS EXTRANJEROS	1869	1895	1914	1947	1960	1970[3]	1980
Italianos	71.000	493.000	942.000	786.000	878.000	637.000	488.000
Españoles	34.000	199.000	841.000	749.000	716.000	515.000	374.000
Polacos[1]				111.000	108.000		57.000
Rusos[1]		15.000	95.000	90.000	51.000		18.000
Alemanes[1]	5.000	17.000	28.000	52.000	48.000		24.000
Yugoslavos[1]			2.000	29.000	37.000		23.000
Portugueses[1]	2.000	2.000	14.000	25.000	29.000		21.000
Franceses[1]	32.000	94.000	81.000	33.000	22.000		10.000
Austríacos[1]	1.000	13.000	39.000	33.000	20.000		9.000
Checoeslovacos[1]				19.000	15.000		7.000
Otros[2]	24.000	57.000	141.000	195.000	213.000	525.000	118.000

[1] En 1970, países incluidos en "Otros".
[2] En 1970, incluye resto de América, resto de Europa, Africa, Asia y Oceanía, sin especificar país.
[3] Resultados obtenidos por muestra. Total del país.

Fuentes: Censos nacionales y revista *Noticias*, Buenos Aires, 8 de setiembre de 1991.

rente presenta José M. Ramos Mejía: "Los mercaderes portugueses en la época de Rosas", en revista *Judaica*, Buenos Aires, 1937, Nº 51-53, págs. 179-181.

[9] Schvartzman, op. cit., págs. 97-107. La descripción del personaje sigue la semblanza investigada en este capítulo por Schvartzman, quien a su vez menciona otras dos fuentes: Jacobo Benmergui, "El general Urquiza y su secretario judío Mordejai Navarro", en la revista *Judaica*, Buenos Aires, febrero de 1945; y Manuel E. Macchi, *Una visita al Palacio San José*, Paraná, Entre Ríos, 1961.

[10] *La Bolsa* puede ser considerada la primera novela antisemita argentina —en un momento en que casi no había judíos en el país, por lo que adquiere el carácter de texto racista por excelencia— y fue publicada por entregas, como folletín, en el diario *La Nación*. Boleslao Lewin cuenta que, según una versión que le transmitiera el historiador Ricardo de Lafuente Machain, el repulsivo barón Mackser que la protagoniza intentaba ofrecer un retrato-caricatura de Simón Ostwald, un editor, hacendado y propulsor de la cultura

argentina de esa época, al que nos referiremos más adelante. Sobre la xenofobia de *La Bolsa* puede consultarse el ensayo de Gladys Onega *La inmigración en la literatura argentina*, Buenos Aires, Editorial Galerna, 1969.

[11] Testimonio de oídas que presenta Joselevich en *Di Idishe Hofenung*, setiembre 1909, recogido por Víctor Mirelman en un trabajo de 1978. Véase Haim Avni, op. cit., pág. 81. José Liebermann, en su trabajo ya citado (1966), señala que esos dos judíos eran Luis H. Brie y Henry Joseph —directivo y primer rabino de la CIRA poco después—, ambos casados con mujeres cristianas y nostálgicos de su tradición religiosa.

[12] Lewin, op. cit., págs. 59-65. El caso de Henry Joseph es mencionado también, entre otros, por Iaacov Leschinsky y Arie Tartakower en la *Enciclopedia Judaica*, Jerusalén, 1960, tomo V, pág. 689.

[13] El mencionado "Lazar Isidor" fue rabino jefe de París desde 1847 a 1860 y rabino jefe de Francia desde 1860 hasta 1888. Los antecedentes de este nombramiento y la historia de la comunidad judía de Buenos Aires —así como una amplia bibliografía al respecto— están citadas en Víctor Mirelman, *En búsqueda de una identidad. Los inmigrantes judíos en Buenos Aires, 1890-1930*, Buenos Aires, Editorial Milá, 1988. Véase también Schussheim, Makransky y Mirelman, *Los comienzos*, Buenos Aires, AMIA-Pinkás, fascículo Nº 1, s/f (aprox. 1985).

[14] Lewin, op. cit., págs. 56-57.

[15] Mirelman, op. cit., pág. 19. Véase también el muy prolijo estudio de

Lázaro Schallman *Los pioneros de la colonización judía en Argentina*, Buenos Aires, Congreso Judío Mundial, segunda edición, 1979.

[16] Véase Lewin, op. cit., págs. 66-68 y Schvartzman, op. cit., págs. 71-93. El profesor Lewin había investigado tempranamente a esta personalidad en "Enigmas de un explorador argentino moderno. Julio Popper", artículo publicado en el diario *La Nación*, Buenos Aires, 26 de enero de 1958; luego, le dedicó dos libros: *Popper, un conquistador patagónico. Sus hazañas y escritos*, Buenos Aires, Editorial Candelabro, 1967; y *Quién fue el conquistador patagónico Julio Popper*, Buenos Aires, Editorial Plus Ultra, 1974.

[17] Armando Braun Menéndez, *Pequeña historia fueguina*, Buenos Aires, 1959.

[18] Un detallado estudio sobre esta propuesta inmigratoria y las polémicas generadas a su alrededor figura en el trabajo de Iaacov Rubel "Argentina ¿sí o no?: ecos de la inmigración judía a la Argentina en la prensa hebrea de Rusia entre 1888 y 1890", incluido en el libro *Comunidades judías de Latinoamérica 1971-72*, Buenos Aires, Comité Judío Americano, 1974, págs. 273-291. Una crónica muy sabrosa y detallada del clima vivido en las aldeas judías de Rusia en los meses previos a la inmigración y el proceso que lleva a la decisión de embarcarse está en: Noé Cociovitch, *Génesis de Moisesville*, Buenos Aires, Editorial Milá, 1987. También en Mirelman, op. cit. Sobre la Conferencia de Katowice

y la emigración de Rusia, hay un relato testimonial en la serie de artículos escritos por Israel Fingerman, "Historia de la Colonización Judía en la Argentina", Buenos Aires, diario *Di Idishe Tzaitung*, abril de 1927.

[19] *Jewish Chronicle* del 13 de mayo y del 5 de agosto de 1887 respectivamente, citados por Mirelman, op. cit.

[20] Los nombres de estas ocho familias eran: Lazarus, Vaisman Idel, Glukman Simón, Feldman Simón, Vofsi Simón, Schwartz, Opino y Mosden Kusiel. Véase: *Cincuenta años de colonización judía en la Argentina*, Buenos Aires, Ediciones DAIA, 1939; y Cociovitch, op. cit., apéndice V, pág. 294.

[21] A. Leibovitz, *Apuntes íntimos*, reproducido en *La colonización judía* (antología de Leonardo Senkman), Buenos Aires, Centro Editor de América Latina, Colección Historia Testimonial Argentina-Documentos, Nº 27, 1984.

[22] Schallman, op. cit.

Colonos judíos de tres generaciones, reunidos en el galpón de un correligionario que sirve de templo durante una festividad religiosa en Charata (Chaco). Hito trascendente en la formación de la comunidad, la experiencia colonizadora posibilitó un fenómeno social fuera de lo común.

La colonización rural judía en la Argentina. Creación de la JCA. Moisesville y las colonias. La crisis de 1890. Los gauchos judíos y el Centenario. Los períodos de la colonización. Aportes a la economía nacional. Crisis del sistema agroexportador y procesos de concentración urbana. Pioneros e intelectuales.

Capítulo 3

LA REALIDAD Y LA HISTORIA

"El tiempo de los hombres no coincide con el tiempo de su historia —escribió el filósofo francés Henri Lefebvre— y querer igualarlos forma parte de la utopía."

Quizá nunca hubo más apropiado ejemplo de esta sabia metáfora que el caso de la colonización judía en la Argentina, iniciada a fines del siglo pasado. Hito trascendente en la formación y consolidación de la comunidad —y a la vez aporte a la economía nacional, como veremos más adelante—, la idealización de esta experiencia alcanza su cumbre literaria en el *Canto a la Argentina*, de Rubén Darío:

Cantad, judíos de La Pampa,
Mocetones de ruda estampa,
Rubenes de largas guedejas,
dulces Rebecas de ojos francos,

patriarcas de cabellos blancos
y espesos como hípicas crines;
cantad, cantad, Saras viejas,
y adolescentes Benjamines,
con voz de vuestro corazón:
¡Hemos encontrado a Sión!

He aquí la estampa idealizada de varones justos y mansos, israelitas laboriosos, devotos y serviciales, sumisos y respetuosos; de judíos como Rabí Abraham, quien por "sabiduría salomónica" se resigna a confesar una fechoría que no cometió, al mismo tiempo que es huésped de honor del ex soldado de Urquiza, don Estanislao Benítez, en su propia estancia, donde admira hipnotizado el coraje gaucho de don Remigio Calamaco (en los relatos de Gerchunoff). ¿No resumen acaso

Visita de autoridades oficiales a la colonia Avigdor, en Entre Ríos. La convivencia en el Nuevo Mundo.

Intercambio de experiencias en Rivera (1928). Los primeros tiempos no fueron fáciles, pero depositaron las semillas de una experiencia trascendente.

todos ellos las virtudes idealizadas que la inteligencia liberal consentía en el judío? ¿Acaso no son esas mismas virtudes de mansedumbre y sumisión "del ruso Elías" las que exaltaba Lugones, precisamente en 1910, en su *Oda a los ganados y a las mieses*?[1]

> *Pasa por el camino el ruso Elías*
> *con su gabán eslavo y con sus botas...*
> Manso vecino *que fielmente guarda*
> *su sábado y sus raras ceremonias,*
> *con sencillez* sumisa *que respetan*
> *porque es* trabajador y a nadie estorba.
> *La fecundidad* sana *de su esfuerzo*
> *se ennoblece en la* tierra bondadosa,
> *que asegura a los* pobres perseguidos
> *la retribución justa de sus obras...*[2]

Por otra parte, esa inmigración judía a la Argentina se constituyó en un fenómeno social fuera de lo común, diferente de las migraciones habituales de Europa hacia América. Los judíos rusos —y más tarde de otros países— vinieron huyendo de los *pogroms* y los sufrimientos, pero imbuidos también de un ansia de liberación, del largamente esperado ideal de retorno a la tierra, de esas esperanzas de milenios que es posible vislumbrar en los ojos de las familias recién llegadas, en fotos

Barón Mauricio de Hirsh, creador de la Jewish Colonization Association *(JCA), empresa que ayudará a reubicar en tierras americanas a los judíos que huían de los* pogroms *zaristas.*

de archivo que denuncian la mirada pionera y tenaz del "sueño americano", la posibilidad de crecer como hombres libres en un nuevo hogar.

Esa mezcla tumultuosa, que al integrar el tiempo de la historia llegó a conformar un imaginario social de la colonización, comenzó —en lo cotidiano— con la primera desilusión cuando los inmigrantes del *Wesser* desembarcaron en el Hotel de Inmigrantes, en Buenos Aires. Las tierras que les había prometido el cónsul argentino en París ya estaban ocupadas hacía tiempo por otros colonos, sin que aquél supiera nada al respecto. Intervino entonces la Dirección de Inmigración, pero nunca pudo establecerse con certeza si el incumplimiento de los contratos celebrados en París era imputable a Hernández o a Frank; sea como fuere, los únicos perjudicados fueron los inmigrantes judíos.

Días después se les propuso establecerse en el Chaco. Pero habiendo llegado a oídos de los recién llegados que las condiciones del clima subtropical al que no estaban acostumbrados, la falta de agua y lluvias y las plagas de mosquitos, hacían difícil a esta alternativa, el plan fue rechazado. El desconcierto comenzó a reinar entre los "gringos".

Se iniciaron negociaciones con otro terrateniente de Buenos Aires, don Pedro Palacios, para la colonización en parte de las tierras que éste poseía en la provincia de Santa Fe, donde en aquellos días se estaban tendiendo las vías del Ferrocarril Central Argentino hacia Tucumán. Una delegación visitó el lugar, y finalmente el 28 de agosto de 1889, se firmó el contrato. La hectárea de tierra en aquella zona era tasada entonces entre 3 y 10 pesos; Palacios pidió un promedio de 40, y aunque era una barbaridad, eso fue lo que se pagó. El rabino Henry Joseph y Simón Krämer, de la CIRA, firmaron como testigos. De inmediato partieron los judíos por vía fluvial, surcando el Paraná hasta llegar a Santa Fe, desde donde fueron transportados a la estación ferroviaria de Palacios.

Los esperaba el desierto. En el lugar no había viviendas ni construcciones adecuadas: sólo un gran galpón de chapas de zinc junto a las vías y algunos vagones estacionados cerca. Allí quedaron los colonos abandonados durante dos meses —Palacios no les envió los implementos de trabajo prometidos ni los trasladó a sus campos ni previó las viviendas adecuadas—, subsistiendo con las limosnas y los restos de comida que les arrojaban desde los trenes, sin conocer el idioma ni tener a quien recurrir en busca de orientación. Testigos presenciales testimonian que era tal la desesperación que a veces se producían entre la muchedumbre famélica verdaderos escándalos y hasta escenas de pugilato por un mendrugo o una fruta que recogían del suelo. Los obreros que trabajaban en la construcción de la línea férrea, apiadados de los niños hambrientos, distribuían galletas viejas entre ellos.[3] Ese fue el comienzo de la experiencia colonizadora.

CREACIÓN DE LA JCA

Después de las primeras semanas de hambre, varias familias regresaron a Santa Fe, y otras incluso a Buenos Aires. Las que poseían algunos humildes ahorros se instalaron en la vecina localidad de Sunchales, donde comenzaron a comerciar. A los que quedaron en Palacios se agregaron después nuevas familias llegadas de Besarabia, que pertenecían al mismo grupo de Kamenetz-Podolsk pero habían salido de Europa por otras vías. Estas familias se repartieron entre Palacios y Monigotes, de modo que hacia setiembre-octubre de 1889 había un núcleo de 40 familias judías en Monigotes y otro de 60 en Palacios.[4]

Este último grupo, además de la falta de viviendas y alimentos, debió enfrentar una epidemia que en pocas semanas mató a varias decenas de niños. La enfermedad llegó también a Monigotes: en las afueras de ambas localidades se crearon sendos cementerios judíos. Aunque parezca increíble, a falta de ataúdes y de mortajas los chicuelos debieron ser inhumados en latas de kerosén, como si fueran arenques.[5]

Cuando dos años más tarde, después de haberse instalado las primeras colonias de la JCA en Entre Ríos, se propuso trasladar allí a los colonos de Palacios, éstos se opusieron categóricamente, "se congregaron en la sinagoga y juraron no abandonar el lugar dejando sus cementerios".[6] Esta fuerte oposición acabó por convencer a los funcionarios de la empresa barón Hirsh de que adquirieran las tierras de don Pedro Palacios para los colonos judíos, lo que se llevó a cabo en 1891.

La situación de miseria y desamparo de los inmigrantes de Palacios llegó a conocimiento de las autoridades gracias a la

Inauguración de una escuela de la JCA. La obra del barón Hirsh posibilitó la creación de una red de colonias que recibiría a los nuevos inmigrantes.

El rabino de Moisesville Aarón Halevi Gordon, quien hasta su desaparición (1932) guió espiritualmente a la colonia.

intervención del doctor Wilhelm Loewenthal, que pasó por la zona —cumpliendo una misión oficial como higienista para el gobierno argentino— entre el 15 y el 18 de octubre de 1889. Impresionado por lo que ocurría, lo hizo saber de inmediato al Ministerio de Relaciones Exteriores de la Nación, el cual ordenó al Comisario General de Inmigración que averiguase sin demora "las causas que habían producido la difícil situación de esos inmigrantes, que estaban sufriendo muchas necesidades".[7]

Por otro lado, Loewenthal no se conformó con la gestión oficial: hondamente conmovido por la miseria de esa pobre gente, viajó a París para entregar el informe sobre la inmigración que en julio de ese año le había encargado M. Isidore Loeb en nombre de la *Alliance.* Solicitó asimismo la intervención del Gran Rabino Zadoc-Khan, a quien sugirió un amplio proyecto de colonización agrícola de familias judías en la Argentina, exaltando las bondades del país y descontando el éxito de esas colonias para recibir a judíos "a quienes la ley, en sus países respectivos, prohíbe el trabajo y los oficios rurales; ellos hallarían en la República Argentina un trabajo libre, fácil, honesto y remunerador". Lo ideal hubiera sido, según Loewenthal, poder disponer de un capital de cincuenta millones de francos para poder colonizar en breve plazo a 5.000 familias.[8] El barón de Hirsh tomó conocimiento, por intermedio de la *Alliance,* del plan formulado, que coincidía con su propio punto de vista sobre la filantropía en general, reñido con "el antiguo sistema de la caridad, que sólo lograba formar más mendigos". Agobiado desde 1887 por la muerte de Lucien, su único hijo y heredero, resuelve hacer del pueblo judío el único depositario de su fortuna y el 19 de enero de 1890 da su aprobación al proyecto. En carta a la *Alliance,* precisa que su propósito es ofrecer un lugar seguro —en Argentina y en otras partes— a aquellos de sus correligionarios "que se viesen obligados a buscar refugio en países lejanos, con el fin de forjarse una vida nueva, lejos de los horrores de su país natal".

Los primeros beneficiarios de la empresa colonizadora serían los inmigrantes judíos arribados con el *Wesser.* Loewenthal consigue mientras tanto, del judío berlinés Sigmund Simmel, una donación para los colonos de Palacios y propone un plan de emergencia.

Colonia Clara (Entre Ríos): un inspector de la JCA con los colonos.

Haciéndose eco de las repercusiones que había tenido el asunto, Palacios dispone, a fines de 1889, el traslado de las cincuenta o sesenta familias judías arrumbadas en la estación de ferrocarril a los campos en que habrían de ser colonizadas. Entregó a cada familia una lona gruesa y postes de hierro, con los que levantaron toscas tiendas de campaña. Pasaron algunas semanas entre protestas y recriminaciones y, para colmo de desgracia, se produjo un hecho terrible.

Cierta mañana, un grupo de colonos vio llegar a un gaucho cabalgando en un corcel, algo más o menos habitual. Pero esta vez el jinete, habiendo divisado a una muchacha joven, se apeó y comenzó a hablarle y a acariciarla. Les dijo a los otros algunas palabras que nadie entendió, pero suponiendo que les ofrecía pan o galletas movieron instintivamente la cabeza en señal de asentimiento. Entonces volvió el gaucho a montar y partió como una exhalación.

Al cabo de una hora volvió en compañía de otro jinete, trayendo una bolsa de galletas y algunas botellas de caña. Los *podólier* acogieron con cierto recelo tanta magnanimidad, pero acabaron por servirse el licor y prenderse a las galletas... El gaucho mostró la muchacha al acompañante y, tras una breve charla, quiso sentarla sobre su cabalgadura. Como la muchacha se resistía, trató de llevársela por la fuerza. La

Llorando la muerte de Salomón Gouber (Chaco, 1936). Muchos colonos perdieron la vida en accidentes de trabajo o asesinados por gauchos matreros en los difíciles primeros años.

brutalidad del matón y los gritos de la muchacha estremecieron a los inmigrantes, que se acercaron protestando en idish. Entonces el gaucho extrajo su facón y lo clavó sin titubear en el pecho del que estaba más cerca, David Lander. El desconcierto fue indescriptible y la reacción de los *podólier* tremenda: lograron desarmar al agresor y lo mataron a golpes allí mismo. El acompañante, facón en mano, al ver que la multitud se disponía a hacerle frente, se apresuró a huir.[9]

Con la sepultura de esta primera víctima quedó habilitado el cementerio judío en Moisesville. Algunas semanas después, los tres hermanos Yeglénitzer se ausentaron para buscar trabajo en una chacra de colonos italianos de la vecindad, pero a la mañana siguiente se los encontró degollados entre los altos pastizales cercanos. Nunca se supo quién había cometido ese crimen espantoso, pero había razones para atribuirlo a la venganza del hermano del gaucho muerto.

Hacia marzo o abril de 1890 se funda oficialmente la colonia de Moisesville cuyo nombre fue propuesto por el rabino Aarón Goldman, que orientaba espiritualmente al grupo: *Kiriat Moishe* ("Villa Moisés") recordaba al libertador que sacó a los judíos de Egipto y los condujo hacia la libertad en un país propio, explicó el rabino. Y agregó: "Después de haber salido de la Rusia zarista y de llegar a la libre Argentina nos sentimos, al igual que nuestros lejanos antepasados, en una tierra que será nuestra patria y la de nuestros hijos". Así quedó bautizada la colonia que sirvió de base a la obra del barón Hirsh en la Argentina.

Idas y vueltas, discusiones internas, incumplimientos y hasta pequeñas tragedias signaron los meses siguientes. El primer año de la colonización fue particularmente duro. El equipo provisto a los judíos para el laboreo de sus tierras no era suficiente y tampoco sabían cómo afrontar las tareas propias del nuevo lugar en el que se hallaban. Pero ahora la mayor parte de las vicisitudes eran sufridas por los colonos inexpertos: algunos abandonaron el lugar, se emplearon como peones en las chacras vecinas o emigraron a las grandes ciudades, donde se convirtieron en comerciantes o empleados. Los que quedaron fueron calificados, en el informe enviado al barón Hirsh por sus delegados, como "trabajadores y colonos ejemplares": "Los estancieros de la zona de Moisesville prefieren recibir como obreros a los judíos, en lugar de los italianos que anteriormente trabajaban en sus estancias, por cuanto los judíos con su inteligencia aprenden rápidamente y tratan siempre de progresar".

El 24 de agosto de 1891 se formaliza en Londres la creación de la JCA (*Jewish Colonization Association*), empresa filantrópica fundada por el barón Mauricio de Hirsh a la cual se concede personería jurídica en la República Argentina el 17 de febrero de 1892.

La gestión de Loewenthal, obstaculizada por impedimentos legales que favorecían las resistencias de los núcleos hostiles a la inmigración judía —en 1890 se publica *La Bolsa*, que culpa a los judíos de la crisis económica que se desató ese año en el país—, logra pese a todo cumplir una labor muy fecunda: salva a las familias del *Wesser*, adquiere tierras, recibe e instala a los nuevos colonos de la JCA.

Los dos primeros núcleos de inmigrantes reclutados en Europa llegan al país con siete días de diferencia: el *Lissabon* trae 232 inmigrantes el 18 de agosto de 1891; el *Tijuca*, otros 339 colonos el 25 de agosto. El 10 de setiembre llegarán 200 nuevos inmigrantes, y el 15 de diciembre lo harán otros 800 judíos, procedentes de Constantinopla, donde se habían agrupado y embarcado en el *Pampa*.[10]

Loewenthal se desespera por la lentitud de los trámites.

Puede formalizar al fin la compra de 24.563 hectáreas próximas a la estación Carlos Casares, en la provincia de Buenos Aires, donde se fundará Colonia Mauricio. Cuatro meses después adquiere las tierras de Palacios, que comprendían 10.163 hectáreas. Gestiona la compra de tierras próximas a la Estación Domínguez, en la provincia de Entre Ríos, donde habrán de instalarse las colonias San Antonio y Clara. Acosado por los celos, las intrigas y los enfrentamientos internos con otros funcionarios, es separado de su cargo en la JCA a fines de 1891 por el barón de Hirsh, quien se había dejado asesorar equívocamente por sus confidentes europeos. Pero la semilla de la colonización judía en la Argentina ya estaba sembrada.

Desalojo de colonos del campo "Las islas" (Santa Fe). Celos, intrigas y enfrentamientos internos con funcionarios de la JCA llevaron muchas veces a situaciones de conflicto. No obstante, la experiencia colonizadora tuvo un significado trascendente para la personalidad judía en su reencuentro con la naturaleza.

LAS ETAPAS DE LA COLONIZACIÓN

Con el comienzo de la actividad de la JCA sobreviene un cambio radical en la corriente emigratoria de judíos hacia la Argentina. La obra colonizadora se expande y consolida a través de la fundación de una vasta red de colonias agrícolas judías todo el litoral, en el sur y en otras zonas del país.

Desde su misma fundación la JCA se caracterizó por su independencia financiera. En contraste con otras instituciones que aparecieron posteriormente en el mundo judío, la *Jewish* no necesitó de donaciones públicas. Durante medio siglo, desde sus cuarteles generales en París la administración general de la JCA ejerció un control —a veces autoritario— sobre sus funcionarios en la Argentina y en otros países.

El primitivo grupo de pioneros se convierte así en el núcleo precursor de la constitución de un nuevo centro de la vida judía, uno de los más florecientes y ricos en creaciones espirituales y culturales. Más allá de los datos y cifras estadísticas, un significado trascendente de esta empresa colonizadora fue la transformación operada en el judío por su reencuentro con la naturaleza. Las huellas de los cambios —en este grupo humano— pueden seguirse, hasta el día de hoy en la propia historia interna de la comunidad, que reconoce en los "descendientes de los colonos" algo parecido a una "aristocracia espiritual" dentro de sus instituciones.

Algo más realista que los participantes directos de esa etapa[11], Haim Avni distingue tres períodos básicos en la historia de la colonización judía en la Argentina:

1) El período de crecimiento y desarrollo, que llega hasta la Primera Guerra Mundial.
2) El período de consolidación, caracterizado por un crecimiento acompañado de algunos fracasos: llega hasta mediados de la Segunda Guerra Mundial.
3) El período de declinación, que llega hasta la actualidad.[12]

Los comienzos de la inmigración judía en la Argentina coincidieron con sucesos políticos y económicos que marchaban en sentido opuesto. La crisis de 1890 jaqueó al gobierno de Juárez Celman y comprometió por largos años la estabilidad financiera de la nación.

En abril de ese año el embajador de España en Buenos Aires comunicaba a su gobierno que, debido a la crisis económica, el número de inmigrantes italianos y españoles que regresaban a sus lugares de origen iba en aumento. Al mes siguiente el informe público de la embajada británica en Argentina comunicaba con claridad a sus connacionales que los que llegaran sin capital propio no estarían en condiciones de arraigarse. En febrero de 1891, mientras los enviados del barón Hirsh recorrían la Argentina en busca de tierras aptas para la gran empresa colonizadora, el embajador francés advertía a sus superiores que hicieran todo lo posible por disuadir a futuros emigrantes de trasladarse hacia este país. Cuando Wilhem Loewenthal recibe a los primeros centenares de colonos judíos, el Departamento de Inmigración da cuenta de que —por primera vez desde el comienzo de la inmigración masiva a la Argentina— el número de quienes abandonaban el territorio era mayor que el de los recién llegados.[13]

En 1896, cuando muere el barón Hirsh, la JCA ya había comprado 200.619 hectáreas, principalmente en Entre Ríos y en el norte de Santa Fe, sobre los mismos límites de la región fértil. La adquisición en áreas marginales continuó durante los primeros años del nuevo siglo, cuando un "boom" económico elevó los precios de las tierras, incluso los de las más lejanas: dos grandes extensiones en el sur de la provincia de Buenos Aires y en La Pampa. Hasta la Primera Guerra Mundial se

CUADRO 2
Colonización judía

*CANTIDAD DE COLONOS
EN ESTABLECIMIENTOS DE
LA JCA*

1895	1.222
1934	2.944
1940	3.609
1942	3.454
Década del 60 (aprox.)	2.000

Fuente: Boleslao Lewin, *La colectividad judía en la Argentina Buenos Aires*, Alzamor Editores, 1974.

siguieron agregando adquisiciones: en el norte de Entre Ríos, en Santa Fe y en el sur de Santiago del Estero. El total de territorios que llegó a adquirir la JCA, a lo largo de toda su existencia sumó 617.468 hectáreas.

También es digna de mención la dura y desafiante labor pionera de los grupos desprendidos de la colonización de la JCA a causa de discrepancias humanas e ideológicas, que intentaron cultivar la tierra conforme a sus propios puntos de vista. En cuatro provincias —Buenos Aires, La Pampa, Río Negro y Chaco— colonos judíos formaron núcleos agrarios independientes. Algunos desaparecieron, pero otros continuaron durante décadas.[14]

Los años de mayor crecimiento demográfico se registraron hacia mediados de la década del 20: el 22 por ciento de la población judía de la Argentina vivía en las colonias. Hacia 1935 cerca de la cuarta parte de la fuerza de trabajo judía estaba compuesta por obreros y artesanos (9.473 en cifras absolutas) y los agricultores sumaban 3.656, contra 23.000 dedicados al comercio o actividades afines. La crisis desatada en la década del 30 afectó el funcionamiento de todo el sistema agroexportador implementado por la generación del 80. La sociedad argentina cambió sustancialmente, dejando de lado las ideologías agraristas, y las colonias judías no escaparon de la tendencia general.

Comenzaba el proceso de concentración urbana, que sumaría cuestiones como los obstáculos para acceder a la propiedad de la tierra, la falta de apoyo gubernamental y las dificultades propias de las tareas rurales, para empujar a las nuevas generaciones hacia las ciudades. La crisis de la colonización agraria judía se inserta en la crisis global del campo argentino y la consiguiente invasión de las grandes ciudades por los "provincianos".[15]

APORTES DE LA COLONIZACIÓN JUDÍA A LA ECONOMÍA NACIONAL

El sistema de colonización de la JCA, con todas sus fallas, merece señalarse como socialmente adelantado, puesto que tendía en su esencia a facilitar la propiedad de la tierra a los que la trabajaban. Pocos decenios después de llegar, gran

Premio otorgado por la Bolsa de Cereales a la JCA, en su Tercer Concurso de Productos Agrícolas (1916).

parte de los pioneros fueron dueños de sus campos. En 1940 un 80 por ciento había pagado sus deudas hipotecarias y tenía los títulos de propiedad de sus predios. Este antecedente, frente a otros sistemas de colonización, es fundamental.[16] Una de las mayores resistencias que debieron enfrentar fue la de los ganaderos que eran dueños de las tierras: hubo una dura oposición a la "invasión gringa", y eso se evidenció en permanentes trabas a la ayuda que requerían los inmigrantes. No faltaron estancieros que alentaran a las peonadas a asaltar, robar, saquear y asesinar a los gringos. A la lucha de intereses se agregaron las connotaciones religiosas.

He aquí una síntesis muy somera de los aportes colonizadores judíos a la estructura productiva nacional:

• Igual que los galeses en la Patagonia y los suizos y alemanes en Esperanza (Santa Fe), los colonos judíos complementaron el ciclo agricultura - ganadería - industrialización de productos en un mismo lugar, ampliando los beneficios de la *economía mixta* y la explotación intensiva. Es notable el hecho de que, en una época en la cual todas las actividades rurales de la zona central de la República se orientaban hacia una producción extensiva (ganadería por un lado y cereales por el otro), la *Jewish* haya proyectado su sistema sobre la base de una producción diversificada en extensiones adecuadas, con tres ramas fundamentales: cultivo de granos; cría de ganado con aprovechamiento de tambo, y siembra de alfalfa con el doble fin de pastoreo y henificación.

El sistema comenzó en Moisesville y luego cruzó el Paraná rumbo al centro y al este de la provincia de Entre Ríos. Pese a las adversidades, los trabajadores de la tierra pudieron rotar la explotación de los lotes año tras año, para enriquecer los suelos (hasta entonces selváticos).

• Los colonos judíos *echaron las bases del cooperativismo rural en la Argentina* (entre 1900 y 1904, en Basavilbaso y Domínguez). Ello les permitió competir en mejores condiciones con los monopolios, crear instituciones de crédito agrícola popular y comercializar los productos de sus asociados sobre "base cooperativa" (*pooling*) y con el sistema de venta "ordenada" —que consiste en colocar el cereal en pequeñas partidas durante un plazo determinado—, ambas formas muy ventajosas para los productores. Comisiones de arbitraje dirimen las diferencias entre los asociados, y los agricultores crean y sostienen hospitales —en Moisesville, Villa Domínguez, Rivera, Basavilbaso y otras localidades— para atender la salud de sus familias en forma comunitaria. Desde 1917 La Fraternidad Agraria publicó una revista que es una verdadera enciclopedia del agro nacional. En los años 70 reunía catorce cooperativas (siete de Entre Ríos, dos de Santa Fe, dos de Buenos Aires, dos de La Pampa y una de Santiago del Estero) con varios miles de afiliados, siendo las dos más grandes La Mutua Agrícola (Moisesville) y el Fondo Comunal (Domínguez). La influencia de estas organizaciones fue decisiva para mejorar las condiciones de vida del trabajador rural argentino.

• El colono judío fue el primero en introducir en el país el cultivo del *girasol*, en Carlos Casares, provincia de Buenos

Sociedad Cooperativa Agrícola Limitada "Barón Hirsh", fundada en 1910. Los colonos judíos echaron las bases del cooperativismo rural en la Argentina.

Aires. A comienzos de este siglo, sobre un total de 40.000 hectáreas plantadas con esta oleaginosa, más de 30.000 correspondían a predios de inmigrantes judíos. También se implantó el cultivo del *ajo* en la colonia Médanos, en la provincia de Buenos Aires, y se mejoraron otros existentes como el de la *alfalfa* (Moisesville), la *cebada cervecera* (Rivera y Bernasconi), el *pasto seco de calidad* (Colonia Dora y Moisesville), etcétera.

• Las colonias desplegaron un gran *intercambio* de productos entre distintas provincias. Favorecieron así un amplio desarrollo del *ferrocarril* (solamente en Entre Ríos se trabajaron 200.000 hectáreas).

COOPERATIVAS AGRICOLAS

ALCARAZ - AVIGDOR - BASAVILBASO - DOMINGUEZ - SANTA ISABEL

COLONIAS DE LA JEWISH COLONIZATION ASSOCIATION

Almacén de las cooperativas agrícolas de la JCA. Este sistema permitió competir en mejores condiciones con los monopolios y crear instituciones de crédito agrícola y nuevos sistemas de comercialización.

• Los colonos judíos fueron los primeros en usar *maquinaria agrícola* (arados, discos, cosechadoras, segadoras, limpiadoras de semillas). Fueron también los primeros en utilizar *sorgos*, ya impuestos en la preparación de praderas.

• Fueron pioneros en la *industrialización de la materia prima en los mismos lugares de producción*. Así se crearon en las colonias judías, por iniciativa de sus cooperativas, las primeras queserías, cremerías y fábricas de manteca en Entre Ríos, Santa Fe y otras provincias. Como un ejemplo de esta innovación puede citarse su participación en la creación de la Cooperativa Sancor, así como la elaboración del vino Baronesa de Hirsh en las colonias de General Roca, provincia de Río Negro, y la fábrica de aceite de lino en Pueblo Domínguez, Entre Ríos.

• Influyeron en mejorar la *dieta* de la población autóctona, haciéndola más balanceada, aumentando y/o introduciendo el pan blanco y la leche en su alimentación y permitiendo el descenso del componente carnívoro, antes dominante.

Esta lista, que podría extenderse, no menciona lo que posiblemente haya sido el impacto más profundo de estas colonias sobre la vida cotidiana: la ruptura del "aislamiento social en la Argentina", conquista que los judíos compartieron con suizos y galeses. Toda colonia disponía de casa de culto, biblioteca, teatro, escuela, proveedores y cooperativa. Eran modelos de organización comunitaria, de reunión entre "iguales" con intereses semejantes.

De allí que el proceso de colonización rural argentino implique una transculturación inédita en la historia del pueblo judío, que abandona la discriminación, el trabajo servil y las "reglamentaciones" del gueto europeo para sustituirlos por la moderna cultura de la libertad, a cuyo amparo puede cumplirse la vocación ancestral del trabajo de la tierra. En el consiguiente proceso de adaptación al medio, la emblemática figura del "gaucho judío" representó la alternativa ineludible, más allá de su precisión semiológica: ser apto para sobrevivir.

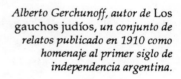

Alberto Gerchunoff, autor de Los gauchos judíos, *un conjunto de relatos publicado en 1910 como homenaje al primer siglo de independencia argentina.*

LOS GAUCHOS JUDÍOS

Es el escritor Alberto Gerchunoff (1883-1950) quien lo precisa en la "Introducción" a *Los gauchos judíos*, un conjunto de relatos publicado como homenaje al primer siglo de independencia argentina:

> *¿Recordáis cuando tendíais, allá en Rusia, las mesas rituales para glorificar la Pascua? Pascua Magna es ésta.*
> *Abandonad vuestros arados y tended vuestras mesas. Cubridlas de blancos manteles, sacrificad los corderos más altos y poned el vino y la sal en augurio propicio. Es generoso el pabellón que ampara los antiguos dolores de la raza y cura las heridas como venda dispuesta por manos maternales.*

Jinete de Moisesville (1914). La figura del "gaucho judío" se convirtió en emblemática del ansia de integración a la nueva tierra.

Judíos errantes, desgarrados por viejas torturas, cautivos redimidos, arrodillémonos, y bajo sus pliegues enormes, junto con los coros enjoyados de luz, digamos el cántico de los cánticos, que comienza así:
Oíd mortales...[17]

Y la primera cosecha, real y simbólica, expresa la concreción de esa libertad anhelada en la nueva tierra. El "entrerriano" Gerchunoff lo recuerda así, en su relato "La trilla":

Comenzó el trabajo. Subimos a la parva de Moisés para alcanzar las gavillas; y los peones enaceitaban la máquina formidable.
—Moisés —exclamó el alcalde—. ¿Tenías también parvas en Vilna? Allí trabajabas de joyero y componías viejos relojes; ganabas un par de rublos al mes. ¡Aquí, Moisés, tienes campo, trigo y ganado!
(...) Moisés permanecía callado junto a la máquina. En su cabeza se revolvían desvanecidos recuerdos de su vida lúgubre de Vilna, de su vida martirizada y amarga de judío.
La rueda mayor giró y el grano comenzó a derramarse como lluvia dorada bajo la bíblica bendición del cielo inundado de luz. Interpuso lentamente la mano en la clara cascada de trigo, y así la tuvo mucho tiempo. A su lado, la mujer miraba con avidez y Débora miraba.
—¿Veis hijos míos? Ese trigo es nuestro...
Y por sus mejillas, aradas por una larga penuria, corrieron dos lágrimas, que cayeron, con el chorro de gordo grano en la primera bolsa de su cosecha...[18]

Una impresión similar transmite Mordejai Alperson (1860-1947), el cronista más puntual y sabroso de la experiencia colonizadora en la provincia de Buenos Aires:

Todos rebosábamos de alegría, el corazón parecía deslizarse sobre miel. Y no era para menos: ¡íbamos a aprender a labrar la tierra!
Mateamos en compañía de nuestro instructor y nos fijamos atentamente cómo el viejo criollo ataba las coyundas al yugo y hacía los demás preparativos. Los bueyes fueron llevados al corral y don Mureto nos dió la primera lección sobre el modo

de enyugarlos. Pacientemente, pausadamente, nos mostró cómo se hace el nudo, cuántas veces hay que enrollar el tiento en torno de la guampa derecha, cuántas de la izquierda; primero el buey "derecho", luego el del surco, el de la izquierda; cómo hay que uncir el arado, cómo se debe manejar la picana con la diestra, cómo mantener la rienda con la mano izquierda, cómo rejonear al buey del surco, al tiempo que se lo incita con el "¡Vamos!"

Todos, inclusive la pequeña Nañe, de tres años de edad, marchábamos atrás del arado, que se deslizaba como sobre nieve. ¿Quién puede describir nuestra alegría cuando, después de hacer algunas vueltas, entregónos don Mureto, a mí y a mi amigo Wilensky, el arado y fuimos roturando la tierra?

¡Nosotros mismos íbamos abriendo el suelo virgen que la mano del hombre jamás había cultivado hasta entonces! Largas amelgas fueron cubriendo el pastizal prehistórico. Un aroma fresco, un olor a tierra, llenó la atmósfera.

—¡Qué buenos muchachos! —nos cumplimentó el criollo.

—¡Reciten por lo menos una oración, herejes! —apuntó mi mujer, con los ojos anegados en lágrimas.

—¡Cierto! ¡Por Dios que me había olvidado! —excusóse el cándido Wilensky.

—¡Dios mío, que sea enhorabuena! ¡Ojalá encontremos aquí, por fin, un hogar seguro y no sepamos nunca más de ningún pogrom! —exclamó la delicada señora Wilensky, levantando los ojos hacia el cielo.

Un éxtasis sagrado se apoderó de nosotros; nos sentimos atravesados por una corriente eléctrica y gritamos espontáneamente: ¡Amén!

El sudor nos caía a mares cuando terminamos de dar ocho vueltas con el arado. Las mujeres, descalzas, nos seguían en el surco y hacían chirigotas...[19]

Mordejai Alperson (1860-1947), cronista puntual y sabroso de la experiencia colonizadora en la provincia de Buenos Aires, autor de Colonia Mauricio.

Así, los colonos se fueron acostumbrando a todo, hasta a amansar bueyes y domar potros, que eran las tareas más arriesgadas. El que luego sería dirigente socialista Enrique Dickmann recuerda:

Poner el yugo en la cerviz de un buey o la montura en el lomo de un potro, y luego atar la yunta de bueyes al

El gaucho judío Julio Sandler durante la conscripción (1909). Nació en el Hotel de Inmigrantes, en Buenos Aires, el 24 de agosto de 1889, apenas sus padres descendieron del vapor Wesser.

arado o montar el potro, es tarea para hombres vigorosos, decididos y diestros. Pero tiene sus atractivos y encantos. ¡Es el triunfo de la inteligencia, es el dominio del hombre sobre la bestia![20]

La mimetización con el entorno generó la figura del gaucho judío como ejemplo de integración a la tierra y las costumbres argentinas. Prueba inequívoca de la identificación con el país, es también el protagonista de la primera obra de teatro sobre un tema específicamente judío que se escribe y se representa en Buenos Aires en 1916. Se titula *El gaucho judío* y su autor, Carlos Schaefer Gallo, sorprende a los espectadores con la traza de un gaucho judío más *gaucho* que todos los que había descrito Gerchunoff.

A la manera tradicional o clásica, el protagonista anda errante y perseguido por la autoridad porque mató a un hombre "en buena ley"; se juega la vida por defender a su "prenda", que es tan suya como su apero o su poncho; sabe de vidalitas, aires nativos y payadas de contrapunto, bailes campestres y combates a cuchillo. Espera a pie firme a sus perseguidores y sabe ganar "a pezuña de caballo" el refugio de la pampa. Un criollo con todas las de la ley, un gaucho auténtico, pero... lleva en la frente la marca de otra hacienda: es toro de rodeo ajeno. Don Braulio le hace ascos a su casorio con Magdalena, su hija, que es criolla "dende los pieses a la punta del pelo", porque no quiere que a su casa entren las cosas gringas. A su juicio el gaucho judío (de nombre Esaú) no tiene de paisano más que la estampa: su pelo rubio no es de este pago y sus ojos azules no son los de la raza de Martín Fierro. Y el mismo Esaú advierte que "por acollarar" su corazón al de su "prenda" tendrá la maldición de sus tatas, y ella el desprecio de sus paisanos. Planteado de esta manera el argumento dramático de la obra, Esaú se ve obligado, para defender a su amada, a desenvainar su daga y librar un combate en el que mata a su contrario. Se convierte en gaucho matrero y paga así, dolorosamente, su propio destino de judío, "contra el cual no se puede peliar".[21]

Es interesante rescatar dos fragmentos literarios que podrían figurar como epígrafes ilustrativos de las curiosas fotografías de época. La primera corresponde al ya citado Alperson y su visión del criollo "gaucho Barrabueno":

Su silencio me infundía temor. Su largo facón, siempre en acecho detrás del tirador, acrecentaba el miedo. La dolorida alma judía, aterrorizada en el cautiverio, se estremecía: un cuchillo enorme, un hombre salvaje, solos en el campo, en medio de la noche... Me apartaba cuidadosamente, lo dejaba en su solitario ensimismamiento y me metía en mi rancho. Poco a poco me fui acostumbrando a él y desapareció el recelo. Escuchaba con curiosidad sus preguntas ingenuas:

—Patrón —me dijo un día—, ¿qué es lo que tu amigo Rosenfeld, a cuya casa me enviaste el viernes en busca de un libro, estaba hablando allí delante de dos panes trenzados?

(...) —Estaba rezando, Barrabueno. ¿Entiendes?

—¡Ah, rusos zonzos! —replicó, meneando la cabeza—. ¡Hasta al pan lo rezan...! No hacen más que rezar. ¡Qué pueblo extraño son ustedes!

(...) Estaba admirado de la faenación ritual judía. Al matarife lo miraba con respeto.

—¡Buen matarife! —apuntó en elogio suyo—. Degüella con rapidez y tiene un lindo cuchillo. ¿Por qué no carneas tú mismo el animal? Si es un verdadero placer, patrón —trató de convencerme, a su manera.

—¿Un placer derramar sangre? ¿Qué estás diciendo, Barrabueno? ¿Acaso el animal no siente dolor cuando lo matan?

—Entonces, ¿por qué Dios ha creado el mundo en esta forma? Si vieras patrón, allá en la selva, cómo todo vive de la sangre, de la sangre ajena...[22]

Y junto a los criollos "Barrabueno", que llegaron a conversar en un idish tan puro como el de los colonos, aparecieron figuras como ésta:

Era un judío de baja estatura, pero bien macizo y fuerte; casi tan alto como ancho y tan ancho como gordo. Este cubo viviente se movía llevando el nombre verdaderamente bíblico y judío de uno de los patriarcas y un apodo adecuado a un gaucho verdadero. Lo apodaron "Pundik". No era un apodo despectivo; todo lo contrario, se trataba de una expresión de admiración por la rapidez con que ese "litvak" (judío lituano) se había adaptado al tren de vida local y a las nuevas circunstancias.

Y, para decir la verdad, ¿cómo pudo un judío de Bialystok
aprender a montar con tanta rapidez un caballo, tirar
diestramente el cuchillo, disparar con tanta soltura el rifle y
la pistola y usar con tanta experiencia el lazo y el rebenque
contra un caballo salvaje, un toro bravío y, salvando la dis-
tancia, un gaucho enfurecido?
(...) Había en ello una suerte de "Santificación del Nombre"
(Kidush Ha'Shem) en su forma moderna; un deseo de enaltecer
el renombre de los judíos, una manifestación de que también
en el terreno del estilo pampeano, uno de los nuestros no se
quedaba atrás en la competencia con los bien formados hijos
de esta nueva tierra (...) El "Pundik" judío solía ir solamente
empuñando el rebenque contra todo un grupo de gauchos
armados de facones... Por todo ello solía tener el cuerpo cortado
y punzado por cuchilladas y, en algunos casos, agujereado
por balas... Hombre tranquilo y de buen carácter por natura-
leza, no solía buscar ocasiones para pelear, pero una vez en
medio de la batahola, nadie podía detenerlo...
Los judíos más entrados en años gruñían contra esta manera
de comportarse. Según ellos, ésta no era una costumbre judía.
No les gustaba ese espíritu luchador, con peleas, con duelos a
cuchillo, golpear y ser golpeado, sacar un revólver del bolsi-
llo, acostumbrar la vista a la sangre propia y ajena. No, éstas
no eran costumbres judías. Pero en el fondo de sus corazones
sentían gran satisfacción (...) y su principal orgullo se hacía
visible cuando el "Pundik" se mostraba rebelde con la policía.
Acostumbrados a la sumisión del judío del villorrio europeo
bajo un régimen zarista, les resultaba difícil hacerse a la idea
de que nadie creyera a un policía "gran cosa", y hasta un
comisario podía recibir un golpe."[23]

Al parecer, no era el único personaje de esas características.
Liebermann recuerda a Chernetz, un valiente soldado judío
del ejército ruso que fue el "guardián" de la colonia de Carlos
Casares y durante muchos años defendió a sus paisanos de
los "gauchos malos" con un valor sin precedentes. El duelo a
cuchillo con Felipe Carreras (un bandido que aterrorizaba a
los mismos gauchos de la zona y que había violado a la mujer
de un colono que volvía del pueblo llevando alimento para
los peones de la cosecha) fue espectacular y terminó con la
muerte del criminal. Lamentablemente, la venganza de los

Jacobo Senderey, Moisés Riback y dos peones, después de la jornada de trabajo (1930). Judíos de facón al cinto y criollos que hablan idish...

matreros fue terrible: mataron en una emboscada al hijo menor de Chernetz y le dejaron en una bolsa sus restos descuartizados. El valiente vigía no pudo resistir el golpe y pocos años después falleció en Buenos Aires.[24]

Durante los difíciles tiempos iniciales, muchos colonos perdieron la vida. Motel Levit se mató trabajando con la segadora, por su poca práctica con animales y maquinarias, y su mujer luego se suicidó. Moisés Lebedinsky fue asesinado por su propio peón. La viuda Kriskautzky fue asesinada y quemada con todos sus hijos. A Israel Koval, lo mató su puestero. El padre de Alberto Gerchunoff murió acuchillado por un gaucho. Wolf Hurvitz falleció en un accidente, al volcarse un carro cargado de gavillas. El niño del colono Jremoi, de San Antonio, fue asesinado por un peón al que su padre le mandó que acompañara. Y hubo una tragedia que conmovió a todo el ambiente argentino: el asesinato de toda la familia de Jacobo Arcuschin y dos niñas de otra familia que vivían con ellos, descuartizados y quemados por los asaltantes (que se llevaron 200 pesos y dos bolsas de harina). El sepelio dio lugar a una de las más dramáticas manifestaciones colectivas de las colonias, la cual fue reflejada por el periodista Wenceslao Galán, quien escribió en *La Nación* (13 de abril de 1898) un informe imparcial acerca del crimen cometido en la colonia

*Baile popular en la colonia Avigdor
(1938). Uno de los principales aportes
de la colonización judía fue la ruptura
del aislamiento social del habitante
rural.*

Clara y, al mismo tiempo, expresó su opinión favorable a la colonización judía en la Argentina.

No siempre resultó fácil adaptarse a ese mundo inhóspito, de códigos diferentes. A propósito del faenamiento del ganado, por ejemplo, un colono recuerda la sorprendida cara del mayordomo cuando el *schojet* sacrificó un ternero, con tan mala suerte que la carne resultó *terefá* (impura). Se pidió entonces otro animal y, muy sorprendido, el mayordomo vino en persona a ver qué pasaba: "Nos creyó locos. En primer lugar, ¿cómo es posible que no pueda comerse carne fresca? Y luego: ¿dónde se ha visto que se sacrifique una res cortándole la garganta?". A su juicio, para que la piel no perdiera su valor debía cortarse el pescuezo del animal a lo largo. De ahí que el mayordomo se negase a proveer otro animal a menos que se le pagara su importe. Así lo hicieron esa vez los futuros colonos y tuvieron carne; al mayordomo le agradó el trato e hizo un arreglo con ellos en el sentido de que le reintegrarían el valor de la piel de toda res que se sacrificara a la manera ritual... Ese era el

precio de la fidelidad de los colonos judíos a la ley de Moisés en materia de carne *casher* (pura).[25]

Y es curioso repasar, al respecto, un fragmento de la declaración publicada por el terrateniente Palacios el 28 de noviembre de 1889, ante las protestas oficiales y privadas sobre la situación de las familias del *Wesser* abandonadas a su suerte:

> *Desde que pisaron la estación Palacios empezaron a pedir que se les suministrase arroz, harina, té, etc., etc., y hacían matar por su rabino hasta quince reses diarias, porque estos desgraciados, dominados por un fanatismo incomprensible, no comen sino la mitad de la res, creyendo que la otra parte es impura... Parecerían inverosímiles los episodios a que diariamente daban lugar los ritos, las costumbres y los hábitos de estos desgraciados.*[26]

PIONEROS E INTELECTUALES

Han quedado múltiples testimonios escritos de la vida social y cultural que se desarrollaba en las colonias judías. Uno de los fundadores del cooperativismo agrario, Isaac Kaplan, recuerda:

> *Entre las familias que llegaron para ser colonizadas no existía un solo analfabeto, todos sabían leer y escribir, sin contar el número de hombres doctos en hebreo o dotados de cultura general. Esto fue sin duda el factor que condujo al acercamiento, el que exigía un contacto más estrecho con los vecinos, a pesar de que no se conocían mayormente entre sí, ya que los recién venidos provenían de las más diversas provincias, con regímenes de vida distintos también.*
> *Inicióse la sociabilidad de la sinagoga, en cada grupo fundóse inmediatamente un centro religioso, donde la gente se congregaba los sábados y los días de fiesta. ¿Quién puede describir la elevación de aquellos momentos, cuando a través de las ventanas de la sinagoga partían hacia las amplias pampas las oraciones que recitaban nuestros padres con fervor? (...) La juventud, por su parte, se entregó a la creación de bibliotecas,*

Interior de la biblioteca "Barón Hirsh", en Moisesville (Santa Fe). Los jóvenes que se reunían allí soñaban a un tiempo con el triunfo de la inteligencia y el éxito agrícola.

en las que se reunía los sábados y domingos de fiesta. Allí
aprendía el idioma del país, debatía las cuestiones agrarias,
cambiaba ideas sobre la manera y el tiempo de arar y sembrar,
y en las noches claras los jóvenes organizaban bailecitos a la
luz de la luna. [27]

Los colonos más ilustrados fueron extendiendo poco a poco
las especulaciones de la inteligencia a otros órdenes de la
vida familiar y social; algunos de ellos obtuvieron el envío,
desde Rusia, de diarios hebreos y publicaciones de interés,
especialmente *Hamelitz* y *Hatzefirá*. También consiguieron libros en idish y hebreo y así nacieron las primeras bibliotecas
de las colonias: en la casa de Moisés Chertkoff, en Clara; por
iniciativa de Rafael Steinberg, en Rosh Piná; Israel Ropp fundó la biblioteca Lucienville en Basavilbaso. Todos los sábados
se reunían en ellas los jóvenes más estudiosos, que soñaban a
un tiempo con el triunfo de la inteligencia y el éxito agrícola.

Si en algo se diferencian los colonos judíos de sus vecinos,
es en su afán de sociabilidad:

> *El profesor Theodor Brinkman, de la Universidad de Bonn,*
> *me decía hace algunos años, después de visitar las colonias*
> *israelitas de Entre Ríos y las vecinas ruso-alemanas o italia-*
> *nas, cuánto le había llamado la atención que, mientras que en*
> *estas últimas el único lugar de esparcimiento era el despacho*
> *de bebidas, y a veces la iglesia, en las israelitas abundan las*
> *instituciones de toda clase (culturales, de beneficencia, de*
> *culto, deportivas, cooperativas, etcétera), ofreciendo a los co-*
> *lonos motivos de reuniones sanas, recreativas y provechosas*
> *en todo sentido.*[28]

Merece destacarse un hecho sorprendente: la casi totalidad
de los pioneros de la intelectualidad judeoargentina procede
de las primeras familias reclutadas por la JCA en 1891. A
poco de iniciarse la consolidación de las colonias Clara y San
Antonio surgió entre los pampistas una verdadera pléyade de
valores intelectuales.

Uno de ellos, Israel David Fingermann (1857-1931), ya tenía antecedentes de escritor y periodista al llegar a la Argentina.
Jacobo Simón Liachovitzky (1874-1937) se inició en las lides
del periodismo el mismo año de su viaje en el *Pampa*, siendo

un joven de diecisiete años. Cuando llegaron tampoco pasaba de esa edad Enrique Dickmann (1874-1955) y era un niño de apenas ocho años Alberto Gerchunoff (1883-1950). El benjamín de los "pampistas" fue Gregorio Fingermann, quien arribó al país siendo una criatura de un año. De la generación de "pampistas" nacidos en la Argentina fueron Samuel Eichelbaum (1894-1969), Manuel Eichelbaum (1893-1957), José Liebermann, Lázaro Liacho (1904-1969) y Carlos Liacho (1907-1968), los dos últimos hijos de J. S. Liachovitzky.[29]

Precisamente a Lázaro Liacho pertenece el relato *La tierra*, un texto estremecedor, bellísima y dolorosa metáfora sobre el encuentro de las culturas judía y americana y las inevitables pérdidas, que se transforman en abono para las nuevas raíces.[30]

> *Mi bisabuelo Kive fue el verdadero jefe de la familia numerosa que con él llegó a la colonia San Antonio, de Entre Ríos, después de cruzar todo Europa y el mar Atlántico, huyendo de los pogroms de Rusia. Habían partido rumbo a Palestina; el destino quiso que sólo se detuvieran en suelo americano....*

Meses antes había muerto su segundo hijo varón, Gersón, de veinticinco años, un muchacho inteligente, culto y refinado en quien cifraba grandes esperanzas, y que falleció días antes de su boda. El hijo mayor de Kive, Eliezer, era el padre de Jacobo, progenitor del autor.

> *La vida en el campo era áspera y penosa. Todos los comienzos desmoralizan y más aún los de la colonización. Eliezer cayó enfermo. Tuvo que bajar a Buenos Aires para atender su salud. Cuando lo hizo resultó demasiado tarde. Murió en el Hospital Alemán, sin tener a su lado a ninguno de los suyos.*

Jacobo, el hijo mayor, contrae matrimonio y la nueva pareja recibe el cuarto vacío dejado por Eliezer.

> *Algunos baúles y maletas, que fueran de pertenencia del muerto, se depositaron junto a otros trastos viejos e implementos en desuso, bajo el cobertizo, donde se encontraba la batea para lavar la ropa sucia (...) Nadie evidenció interés en algunas de aquellas prendas u objetos y allí quedaron olvidados. Al vender los cueros, esos bultos y paquetes fueron arrinconados en otro lugar y pronto rodaron de un sitio a otro, molestando siem-*

pre, ocupando un espacio requerido por enseres de necesidad inmediata.

Viento, tierra y agua terminan por destruir aquellos últimos efectos que pertenecieron al inmigrante muerto:

Mientras mamá permanecía doblada sobre la batea, dando jabón a la ropa, veía alzarse de entre las ropas y cajones, algunas hojas que llevaba el viento. Sobre la vasta planicie, aquellas hojas volaban de un modo caprichoso, como pájaros ciegos, llegando a confundirse con las gaviotas que seguían tras el arado que papá conducía. Sobre la tierra negra, las hojas se confundían con las aves marinas, que buscaban gusanos en los surcos abiertos por primera vez en esa tierra genésica.

Foto de la familia Yagupsky, en la galería de su casa en "La Capilla" (Entre Ríos). La historia interna de la comunidad reconoce en los descendientes de los colonos algo parecido a una "aristocracia espiritual" dentro de sus instituciones.

*Algunas hojas de fino papel se adherían a la tierra húmeda y
luego eran destruidas por el arado, las arrastraba la lluvia
perdiéndose para siempre al sumirse en la tierra; otras seguían un largo vuelo por el aire, bajo el sol de fuego, camino
del cielo azul; otras corrían velozmente por entre los caminos
y terminaban por ocultarse entre los pastizales espinosos, allí
donde ningún ser humano las alcanzaría a ver nunca.*

No se trataba de hojas impresas desprendidas de un libro,
sino de

*Páginas manuscritas con un tipo de letra uniforme, en líneas
espaciadas y con márgenes regulares a ambos lados. Esas
páginas estaban escritas en ruso y mamá ignoraba ese idioma. (...) El campo se fue sembrando con aquellas hojas manuscritas. Mamá solía ver al bisabuelo Kive levantar alguna
del suelo, leerla, apelotonarla luego y arrojarla lejos, como
para no encontrarla nunca más.*

Hasta que un día, casi casualmente, la tía Ester Jaie se
sienta un momento a descansar de su dura tarea y una hoja de
éstas pasa, llevada por el viento. La levanta, recita en voz alta,
con acento musical y luego comenta:

*Bellos versos. Te gustarían mucho si los comprendieras. Es-
tán escritos en ruso. Puschkin no los hizo mejores. (...) Pero
ahora nadie se interesa por ellos. Nadie se preocupa por la
poesía, en esta pampa.*
—*¿Esos versos —volvió a preguntar mamá— fueron escritos por
Eliezer? Seguramente le gustaba leer y escribir como a su hijo.*
—*No, no son suyos; son versos de Gerson, mi hermano, el
poeta que murió en Rusia. Eliezer guardó los originales pen-
sando publicarlos. Muerto también él, se acabó en nuestra
casa el culto a lo bello. Sólo pensamos en el pago de la
hipoteca.*
*Las hojas siguieron volando; volaron una a una; el viento las
arrastró, sembrándolas entre los pastizales o en los surcos
profundos. El sol, la lluvia, el rocío, el polvo erosionado, los
cascos de las cabalgaduras, las pezuñas del ganado y las
repetidas aradas, las fueron enterrando en el suelo de Entre
Ríos. Allí están, en la tierra, semilla profética de Israel en los
campos verdes del Nuevo Mundo.*

NOTAS:

[1] Leonardo Senkman, *La identidad judía en la literatura argentina*. Buenos Aires, Editorial Pardés, 1983, pág. 32.

[2] Leopoldo Lugones, "Oda a los ganados y las mieses", en *Odas seculares*, Madrid, Editorial Aguilar, 1948, pág. 125. Los subrayados son de Senkman, op. cit.

[3] Todos los testimonios de los primeros colonos son coincidentes a este respecto. Ver Mendelson (op. cit., págs. 114 y sig.); Peretz Hirschbein, I. D. Fingerman, *Memorias de Zalman Alexenitzer*; carta de los colonos a la *Alliance...*; informe de Loewenthal y otros, en los archivos del IWO.

[4] José Mendelson, "Génesis de la Colonia Judía en la Argentina", en la antología *Cincuenta años de colonización judía en la Argentina*, Buenos Aires, Ediciones DAIA, 1939, pág. 117. Un resumen de todo el proceso en Janán Olamí, "Antecedentes históricos de la inmigración judía a la Argentina", en revista *Bases*, Tel Aviv, Ijud Habonim, febrero de 1964, vol. V, Nº 20, págs. 143-154.

[5] David Goldman: *Los judíos en la Argentina*, pág. 186.

[6] Mendelson, op. cit.

[7] Diario *La Nación*, Buenos Aires, 29 de octubre de 1889.

[8] Citado por Lázaro Schallman, *Los pioneros de la colonización judía en la Argentina*, Buenos Aires, Congreso Judío Mundial, 1989, segunda edición.

[9] Según relata Mijail Hacohen Sinay en "Los primeros judíos caídos en

Moisesville" (*Arguentiner IWO Scriftn*, Nº 4, 1947, págs. 69 y sig.), el hermano del gaucho muerto, que lo acompañaba, relató a la policía su punto de vista: los judíos no cumplieron con su palabra de entregarles a la muchacha, por lo

tanto se indignaron y sacaron sus armas. Citado por Schallman, op. cit.

[10] Dos pequeños núcleos de inmigrantes judíos, cuyo número no excedía de ciento cincuenta, habían arribado asimismo a la rada

de Buenos Aires el 6 de agosto de 1891, en los vapores *Río Negro* y *Rosario*, del Lloyd Alemán. A juzgar por la información periodística, parecería que no se trataba de judíos rusos ni habían sido reclutados por la JCA. Véase Lázaro Schallman, *Historia de los "pampistas"*, Buenos Aires, Congreso Judío Mundial, segunda edición, 1989, pág. 13. Sin embargo, se menciona una extensa crónica periodística de época para insinuar lo contrario: Boleslao Lewin, *La colonización judía en la Argentina*, Buenos Aires, Alzamor Editores, 1974, págs. 96-98.

[11] Abraham Gabis divide, hacia la década del 60, la historia de la colonización judía en la Argentina en cinco períodos:

1) Inicial, de 1889 a 1905: El más difícil, de lucha contra factores nuevos y desconocidos, de resignada adaptación, con muchas renuncias. Los productos del campo valían poco; los métodos de trabajo eran primitivos; el conocimiento del ambiente, pobre y los resultados, insignificantes.

2) Constructivo, de 1905 a 1914: Siguen arribando colonos. Se fundan las colonias nuevas de Pedernal, Yatay, Louis Oungre, Leonardo Cohen y Avigdor, en Entre Ríos; Narciso Leven, en La Pampa; General Roca, en Río Negro; Montefiore, en Santa Fe. Se afirman, con nuevos pobladores, las colonias de Moisesville, Rivera, Clara, San Antonio y Lucienville.

3) Altibajos (crisis violentas y resurrecciones leves), de 1914 a 1925: Caída de los precios agrícolas, caos y crisis general, resistencia heroica de

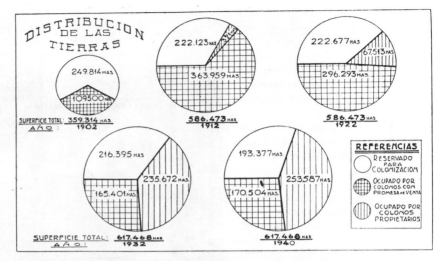

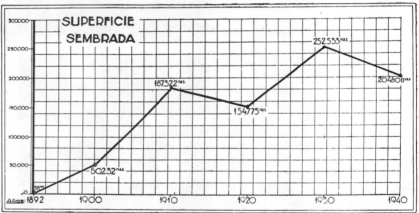

la mayoría y resurgimiento inmediato.
4) Lucha por la persistencia, de 1925 a 1939: Nueva crisis desde 1929, vencida por las colonias judías gracias al cooperativismo, los créditos oficiales y la actitud constructiva de la JCA.
5) Renacimiento y afirmación definitiva de la colonización, desde 1939 en adelante: Las cooperativas producen anualmente un buen movimiento, que indica la superación

de la crisis agropecuaria. La segunda generación de colonos se incorpora al movimiento colonizador y en 1952 se recuperan 3.748 hectáreas de tierras arrendadas, que se redistribuyen posteriormente entre los colonos que poseen extensiones reducidas. Las cifras oficiales indican que, de los 3.454 colonizados, quedan 2.289 en 1952, con un abandono del 33,73 por ciento, lo que es un porcentaje común del éxodo rural en muchas zonas agrarias argentinas.

Citado por José Liebermann, *Los judíos en la Argentina*, Buenos Aires, Editorial Libra, 1966.

[12] Haim Avni, "La agricultura judía en la Argentina: ¿éxito o fracaso?", en *Desarrollo Económico*, Buenos Aires, IDES, vol. 22, Nº 88, 1983.

[13] El estudio más sistemático y completo sobre el tema es, a mi entender, el de Haim Avni, *Argentina y la historia de la inmigración judía: 1810-1950*, Buenos Aires/Jerusalén, Editorial Magnes-AMIA, 1983.

[14] Sobre la envergadura y desarrollo de la colonización judía en la Argentina a lo largo de un siglo son ilustrativos los datos, la lista de establecimientos y los cuadros 2 y 3.

[15] El tema de la "concentración urbana" es desarrollado en el próximo capítulo.

[16] José Liebermann, *Aportes de la colonización agraria judía a la economía nacional* Buenos Aires, Comité Judío Americano, 1976. El ingeniero agrónomo José Liebermann fue uno de los técnicos del INTA que terminó con las apocalípticas invasiones de langostas en el país. Los párrafos correspondientes a este apartado se basan en la obra citada y en el resumen de ésta realizado por otro descendiente de colonos, el periodista Daniel Muchnik, en "El aporte de los colonos judíos", Buenos Aires, revista *Plural*, Sociedad Hebraica Argentina, Nº 6, febrero de 1977. Consultar también: Juan L. Tenembaum, "Aportes de la colonización judía a la agricultura argentina", en la re-

COLONIAS DE LA J.C.A. EN LA ARGENTINA

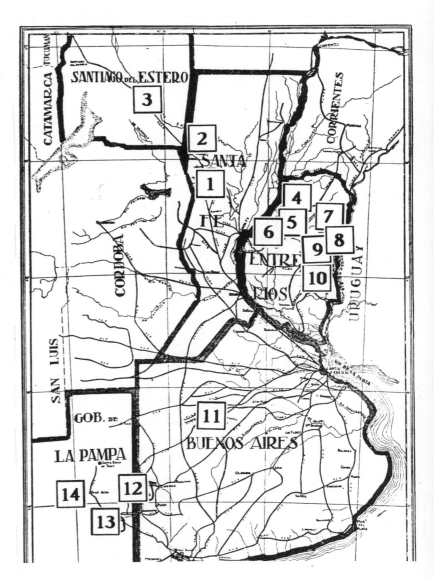

1: *Moisesville*; 2: *Montefiore*; 3: *Dora*; 4: *Avigdor*; 5: *Leonardo Cohen*;
6: *Luis Oungre*; 7: *Santa Isabel*; 8: *San Antonio*; 9: *Clara*; 10: *Lucien Ville*;
11: *Mauricio*; 12: *Barón Hirsh*; 13: *Narcise Leven*; 14: *El Escabel*.

vista *El Colono Cooperador*, Nº 294, Buenos Aires, setiembre de 1939 (reproducido en *Las Palmeras en el círculo de Moisesville*, Buenos Aires, Instituto Científico Judío-IWO, 1990, págs. 71-75).

[17] Alberto Gerchunoff *Los gauchos judíos*, Buenos Aires, Milá-Editor, 1988, págs. 31-32. El entusiasmo de Gerchunoff, un maestro de la lengua española y figura importante del mundo intelectual porteño, fue matizándose con el correr de los años. Volveremos sobre ello en el último capítulo de este libro.

[18] Gerchunoff, op. cit., págs. 54-55.

[19] Mordejai Alperson: "La primera arada", traducción de Salomón Resnick, en revista *Judaica*, Nº 54, Buenos Aires, 1937.

[20] Enrique Dickmann, *Recuerdos de un militante socialista*. Buenos Aires, Editorial Claridad, 1949, pág. 42.

[21] Lázaro Schallman, *El judaísmo y los judíos a través de las letras argentinas*. Buenos Aires, revista *Comentario*, Nº 48, 1966, págs. 121-122.

[22] Mordejai Alperson: "El gaucho Barrabueno", traducción de Salomón Resnick, en *Colonia Mauricio*, Buenos Aires, 1922.

[23] Moisés Senderey (1891-1970): "Pundik, un héroe judeoargentino", incluido en *Crónicas judeoargentinas/ Los pioneros en idish*, Buenos Aires, Editorial Milá , 1987, págs. 139-147.

[24] En su libro *Narro mi vida*, don Boris Garfunkel cuenta muchos episodios de sangre que ocurrieron en la colonia Mauricio y que obligaron a varios colonos a abandonar el campo (Liebermann, op. cit.).

CUADRO 3
Colonias de la JCA

FUNDACIÓN	NOMBRE	HECTÁREAS	UBICACIÓN
1889	Moisesville	118.262	Santa Fe[1]
1892	Mauricio	43.485	Buenos Aires[2]
1892	Clara	80.265	Entre Ríos[3]
1892	San Antonio	22.386	Entre Ríos[4]
1894	Lucienville	40.630	Entre Ríos[5]
1902	Montefiore	29.075	Santa Fe[6]
1905	Barón Hirsch	110.866	Buenos Aires y La Pampa[7]
1907	López y Berro	10.640	Entre Ríos[8]
1908	Santa Isabel	12.970	Entre Ríos[9]
1908	Curbelo-Moss	12.826	Entre Ríos[10]
1909	Narcisse Leven	46.466	La Pampa[11]
1911	Dora	2.980	S. del Estero[12]
1912	Palmar-Yatay	11.638	Entre Ríos[13]
1925	Louis Oungre	9.239	Entre Ríos[14]
1936	Avigdor	17.175	Entre Ríos[15]
1937	Leonard Cohen	13.835	Entre Ríos[16]
	El Escabel (no colonizada)	35.000	La Pampa[17]
TOTAL DE HECTÁREAS		617.468	

COLONIAS INDEPENDIENTES: 1901,Villa Alba, La Pampa; 1906, Médanos, Buenos Aires; 1906, Colonia Rusa, Río Negro; 1926, El Chaco, Chaco.

[1] Est. Moisesville, FCSF; Est. Virginia, FCSF; Est. Palacios, FCCA; Est. Palmeras (adquirida el 1/11/1891), FCC; Est. Capivara, FCSF.
[2] Est. M. Hirsh, FCPBA; Est. Smith, FCCGB; Est. Carlos Casares, FCO; Est. Moctezuma, FCCBA.
[3] Est. Domínguez, FCER; Est. Clara, FCER.
[4] Est. La Clarita, FCER.
[5] Est. Basavilbaso, FCER.
[6] Est. Ceres, FCCA.
[7] Est. Rivera, FCS; Est. Huergo, FCS; Est. Rolón, FCS.
[8] Est. San Salvador, FCER.
[9] Est. Pedermar, FCNEA.
[10] Est. Gral. Campos, FCER.
[11] Est. Bernasconi, FCS.
[12] Est. Col. Dora, FCCA.
[13] Est. Ubajay, FCNEA.
[14] Est. Alcaraz, FC del Estado.
[15] Est. Bovril, FC del Estado.
[16] Est. Alcaraz, FC del Estado.
[17] Est. Gral. Acha, FCS.

Fuentes: Lewin, op. cit., pág. 104, y datos oficiales de la JCA.

[25] M. Chertkoff, "Evocación de los albores de Colonia Clara", en el periódico *Di Presse*, 19 de agosto de 1929.

[26] Carta a *La Nación*. Véase Lewin, op. cit., págs. 89-90.

[27] Isaac Kaplán, "La vida social de las colonias judías", en *Cincuenta años de colonización...*, op. cit.

[28] Simón Weill, "Progresos alcanzados por los judíos en la colonización agraria", en *Cincuenta años de vida judía en la Argentina*, edición de homenaje a *El Diario Israelita*, Buenos Aires, 1940, pág. 53. Liebermann (op.cit.) relativiza esta afirmación si se la pretende generalizar a la totalidad de los habitantes de las colonias.

[29] Schallman, *Historia de los "pampistas"*, op. cit.

[30] Lázaro Liacho: *La tierra*, en la revista *Judaica* Nº 121, Buenos Aires, 1943.

Para los inmigrantes, la "gran urbe" significó, junto al deslumbramiento y las posibilidades de la nueva vida, la amargura de los fracasos individuales y la dureza de un código ciudadano diferente.

Las olas inmigratorias: "hacer la América". Demografía del judaísmo argentino: estudios reales, proyecciones, exageraciones. Distribución de la población judía en el país. Proceso de concentración urbana. La estructura ocupacional de la comunidad judía. Las generaciones inmigrantes y las nativas.

Capítulo 4

HACER LA AMÉRICA

La inmigración como proyecto estratégico de una clase dirigente comienza después de Caseros y otorga una fisonomía definida al país. Más de trescientos libros de registro llegó a acumular la Dirección Nacional de Migraciones para numerar la llegada de inmigrantes de ultramar por la zona portuaria, donde se alzaba el viejo Hotel de Inmigrantes. Casi seis millones de personas ingresaron a la Argentina entre 1882 y 1950, en tres grandes oleadas que reconocen determinaciones puntuales en las leyes de Avellaneda (1876), Sáenz Peña (1882) y el período entre las dos guerras mundiales de este siglo.

Además de italianos y españoles, que formaron el grueso de los recién llegados, se estableció en el país una considerable cantidad de otros grupos humanos: galeses, preocupados por el porvenir étnico-religioso en su patria de origen; valdenses, cuyas creencias les ocasionaron terribles persecuciones de sus compatriotas; judíos y armenios, cuyos sufrimientos son bien conocidos, y minorías eslavas de diferentes países (alemanes de Rusia, cristianos del antiguo imperio otomano), que también supieron del difícil destino de una minoría nacional. Todos ellos se identificaron honda y apasionadamente con la realidad argentina, que les ofrecía la posibilidad de construir una vida mejor.[1]

> *Aún antes de que el barco entrara en el puerto, al divisar desde lejos la ciudad envuelta por palmeras, nos sentimos dominados por la alegría. Las madres levantaban en alto a sus pequeñuelos, diciéndoles jubilosamente:*
> *—Miren, chicos: ahí está el paraíso, la tierra bella y verde que el bondadoso Barón de Hirsch ha comprado para nosotros.*
> *(...) El bote nos llevó a mí, a mi mujer y mis tres hijitos, de los cuales el mayor, Abraham, de ocho años de edad, le decía, pasmado, a la madre:*
> *—Mira, mamita: allí, en la ribera, hay un vigilante negro que fuma una larga pipa, chupa y chupa y no sale humo. Más adelante averiguamos que aquel policía no estaba fumando, sino que tomaba mate.*
> *Las chalupas nos condujeron hasta el Hotel de Inmigrantes, enorme edificio de madera, vetusto, mugriento, cubierto de moho y musgo y dividido en infinidad de habitaciones.(...)*
> *Unos cuantos individuos morenos, casi mulatos, nos llamaron a la mesa, por señas, indicando la boca con los dedos, pues ninguno de nosotros entendía una palabra de castellano, y nos ubicamos en torno de las largas mesas.[2]*

El periplo habitual, que comenzaba en el Hotel de Inmigrantes, iba luego desgajándose en ciertas experiencias comunes y otras particulares para cada grupo humano. Cierto imaginario social —que incluye desde fantasías propias hasta proyecciones de una conciencia antisemita que sueña con la conspiración mundial— ha tendido a multiplicar por dos, tres y hasta cinco la cantidad de judíos argentinos, quizás para explicar una influencia que estiman muy perceptible en ciertas áreas de actividad.

Dentro del proceso de llegada de judíos debe diferenciarse la inmigración ashkenazí —que fue fomentada y apoyada por instituciones y que huía de la persecución zarista— de

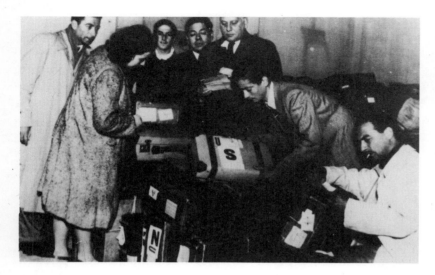

Además de italianos y españoles, que formaron el grueso de los recién llegados, se estableció en el país una considerable cantidad de otros grupos humanos, todos identificados con el sueño de construir una vida mejor.

la sefaradí, que venía por sus propios medios de países tolerantes en donde les era permitido ejercer libremente su culto y su tradición.

Los patrones de inmigración de los judíos ashkenazíes pueden dividirse en cinco, involucrando tres tipos nacionales o regionales distintos de judíos europeos:[3]

• El primer tipo fue el del judío de Europa occidental, alsaciano y francés (1860-1885). Ocupacionalmente estaba ligado a empresas profesionales y de pequeños bancos y buscaba libertad religiosa.

• El judío del este de Europa compuso la segunda ola inmigratoria (1889-1905), la tercera (1905-1921) y la cuarta (1921-1930). Huía de la opresión zarista, vino sin dinero pero con habilidades artesanales, fabriles y comerciales. Buscaba oportunidades económicas y libertad política.

• El tipo del judío alemán, inmigrado después de 1930, huía de la persecución nazi y tenía algunos medios adecuados de subsistencia o preparación profesional.

• La inmigración sefaradí, en cambio, fue esencialmente individual. Consecuencia de ello es su desigual distribución demográfica y su desproporción numérica (en 1940, unos 35.000 judíos argentinos —del total de 300.000 calculados para la época— pertenecían al rito sefaradí). En las dos últimas décadas del siglo pasado se registraron los primeros desembarcos de sefaradíes provenientes de Marruecos, a los que siguieron los sirios y luego los turcos. Marroquíes y turcos se adaptaron más fácilmente a la Argentina, porque hablaban español en su país de origen.

Hacia 1930 ya se había configurado una de las cinco grandes comunidades sefaradíes del mundo (junto a las de Israel, Francia, Estados Unidos e Inglaterra). "De acuerdo a su importancia numérica figuran en primer término los sirios, divididos en dos ramas, la de Aleppo y la de Damasco; luego los turcos, integrados por los oriundos de Esmirna y Constantinopla; en tercer lugar los marroquíes, procedentes del Marruecos Español, y finalmente los de la isla italiana de Rodas."[4]

En resumen, a partir de fines del siglo pasado pueden señalarse tres grandes "olas inmigratorias", cuyos períodos y lugares de origen son los siguientes:

Primera ola: 1889-1914 (de Rusia, Rumania y Turquía).

Pequeños vendedores ambulantes: aprender desde niño a ganarse el pan.

Segunda ola: 1918-1933 (de Polonia, Rumania, Hungría, Checoeslovaquia, Marruecos y Siria).

Tercera ola: 1933-1960 (de Alemania, Europa oriental e Italia).

El volumen inicial de la inmigración judía a la Argentina, aunque cuantitativamente importante hasta 1940, tuvo una tendencia decreciente a través del tiempo. Los números más altos se dieron entre 1905 y 1914 (un promedio de 8.000 inmigrantes anuales), seguidos de un segundo pico entre 1920 y 1929 (más de 6.500 inmigrantes por año) y un tercero entre 1935 y 1939 (más de 4.000).

Todavía en los años 30, el sueño de "hacer la América" permanecía fijado en las pupilas de los inmigrantes y parecía encontrar su confirmación en las primeras experiencias. Fueron muchos los hombres que viajaron solos, como avanzada familiar, para luego reunirse con sus parejas:

—*Yo vine un lunes a la Argentina, martes me mostraron todo, jueves ya estaba trabajando con un sastre italiano. Mejl entró a preguntar si necesitaban un oficial y arreglé todo, él sabía algunas palabras. Y el sábado ya cobré y envié diez dólares a Polonia. Junté peso a peso, era el año '30 y la plata todavía tenía valor para nosotros. (...) La comida era muy barata. Y nosotros veníamos muertos de hambre desde Polonia.*

El idioma, tan distinto, fue un difícil aprendizaje:

Trabajando poco a poco, con el italiano, él me decía, esto es "plancha", aquello se llama "agua", y así, poco a poco...

Cuando viajaba la esposa, iban a recibirla al puerto:

Eramos como veinte en el tranvía. El italiano con el que yo trabajaba, que le decíamos "el maestro", también vino con su señora. Entre inmigrantes nos ayudábamos, todos fuimos a buscarla. ¿Y qué tenía yo? Compré una cama de bronce que me costó cuarenta pesos y un paisano, Sruel, me vendió una mesa en dieciséis pesos. Se me terminó la plata. Un amigo me regaló un mantel de hule y sobre la cama sin colchón —no me alcanzó para el colchón— puse una colcha. Sillas le pedí prestadas a Leibl, otro paisano me prestó un ropero muy chiquito con un espejo en el medio. Así, entonces, llegamos todos de vuelta, en el tranvía. Yo tenía gas y todo en mi pieza. Y cuando entró mi señora, ella vió el piso de madera, los muebles y todo eso, se emocionó mucho y comenzó a llorar. Entonces, me llamó a un costado y me dijo: "Lázaro, ¿realmente todo ésto es tuyo? ¿Todo ésto? ¿Somos ricos entonces?" Pasamos toda la noche abrazados y llorando. Eso no puede explicarse a nadie...[5]

¿CUÁNTOS JUDÍOS HAY EN ARGENTINA?

A partir de una primera aproximación —numérica—, José Mendelson distingue en la historia judeoargentina entre 1889 y 1939 en dos grandes períodos, que a su vez se dividen en subperíodos según el distinto carácter de las migraciones.[6]

En los años que siguieron a esta clasificación —especialmente entre 1939 y 1944— el saldo inmigratorio, incluyendo el crecimiento vegetativo, es muy reducido, no obstante tratarse del período más trágico de la historia judía. Ello ha dado origen a varias monografías sobre el tema.[7]

La implementación de una política inmigratoria con limitaciones ya comienza en 1919 en la primera posguerra, cuando voces muy importantes de la élite política y económica aconsejan adoptar un criterio selectivo.[8] Este es también el año de la Semana Trágica, cuando "una gran huelga de metalúrgicos habíase generalizado en Buenos Aires y las noticias más inverosímiles acerca de una revolución maximalista, propagábanse de un extremo a otro de la ciudad", como lo recuerda Samuel Glusberg en su relato *Mate amargo*. Esta dolorosa ironía (que el autor dedica a su amigo Leopoldo Lugones) sobre los intentos de integración tiene como protagonista a un intelectual judío, inmigrante, aficionado a la típica infusión argentina:

La tarde del viernes 10 de enero, el tío Petacovsky estaba, como siempre, sentado junto a sus libros, tomando mate. Había despachado a los chicos más temprano, por ser víspe-

Los "boliches" que invadían la calle, nota característica de muchos negocios de inmigrantes.

ra de sábado, y porque en el barrio reinaba cierta intran-
quilidad.

La tragedia de lo que sería el primer *pogrom* argentino se
cierne sobre el librero desprevenido:

A eso de las cinco y media, un grupo de jóvenes bien vestidos
hizo irrupción en la acera del boliche, vitoreando a la pa-
tria. Atraído por los gritos, el tío Petacovsky, que seguía
tomando mate, asomó la cara detrás de la vidriera, todo
temeroso, porque, hacía un momento, Daniel había salido a
decir su kádish.
Uno del grupo, que divisó el rostro amedrentado del tío
Petacovsky, llamó la atención de todos sobre el boliche, y
los mozos detuviéronse frente al escaparate.

Músicos judíos argentinos, con
reminiscencias europeas en rostros y
vestimentas. Durante los sucesos de la
Semana Trágica (1919), "rusos" y
"judíos" fueron sinónimos para los
vándalos que cometieron el primer
pogrom de Buenos Aires.

—¡Libros maximalistas! —señaló a gritos el más próxi-
mo—. ¡Libros maximalistas!
—Ahí está el ruso detrás —objetó otro.
—¡Qué hipócrita, con mate, para despistar...!
Y un tercero:
—Pero le vamos a dar libros de "chivos"...
Y, adelantándose, disparó su revólver contra las barbas de
un Tolstoi que aparecía en la cubierta de un volumen rojo.
Los acompañantes, espoleados por el ejemplo, lo imitaron.
En un momento cayeron, entre risas, todos los libros de
autores barbados que había en el escaparate. Y, en verdad,
la puntería de los jóvenes habría sido cómica, de no fallar
una vez y costarle con eso la vida al tío Petacovsky.[9]

Estos difíciles acontecimientos no impiden iniciativas como
la del Comité Central de las Víctimas Israelitas de la Guerra
y los *Pogroms*, que en 1921 trae al país a cien niños huérfanos,
en un gesto celebrado por el poeta Arturo Capdevila en su
Canción de los niños judíos:

Argentinos: a bordo de una
extranjera nave
ved arribar cien niños
del pueblo de Israel.
Horrorizados llegan.
Horrorizados vieron
allá en la Ucrania suya
visiones de Ezequiel.
La tempestuosa aurora
de su niñez fue negra.
¡Pogrom! clamó contra ellos
mentida cristiandad.
Quemaron y asolaron
sus huertos y cabañas...
Y eran incendios grandes
entre la oscuridad. (...)

Y finaliza con una invocación:

Niños de Sión, ahora
sagrados sois vosotros,
en nombre de la Patria

y de la Humanidad.
Pisad en Buenos Aires
cantando a la esperanza.
Mirad. La tierra es bella.
Tomadla de heredad.

Debe tenerse en cuenta que a partir de la crisis de 1930 todos los países inician una política restrictiva al ingreso de extranjeros. En la Argentina se advierte ese espíritu en un número de medidas que de manera creciente modifican profundamente la legislación pro inmigratoria desarrollada a partir del siglo pasado, en especial a partir del Decreto 8972, del 28 de julio de 1938, que establece un fuerte control sobre los ingresos de inmigrantes.

Durante los años 1939 y 1941 —en menor medida en 1938 y 1942— es rechazado cierto número de pasajeros, en su casi totalidad de religión judía. El análisis de los documentos demuestra que "la nacionalidad destinataria de esta drástica medida fue la alemana... Incluso hay controles especiales destinados exclusivamente a judíos alemanes".

Un hecho significativo para la historia política argentina, así como para la historia de la política migratoria, es que los rechazos tuvieron lugar tanto bajo la presidencia de Ortiz como la de Castillo. Es decir, que ocurrieron en la política de un presidente considerado liberal, pro aliado en el conflicto internacional... como en la de un presidente conservador nacionalista... La política migratoria fue permanente respecto a este punto, más allá de las diferencias políticas entre ambas presidencias.[10]

En las últimas décadas prácticamente ha cesado la inmigración judía a la Argentina, fuera de una pequeña corriente chilena, en parte temporaria.

En función de proyecciones estadísticas, Boleslao Lewin,[11] José Liebermann[12] y otros investigadores[13] llegan a una cifra de judíos en la Argentina que ronda el medio millón hacia 1960. Esta cantidad será luego discutida y reducida casi a la mitad por otros cálculos.[14]

Volviendo a la realidad

Las proyecciones de población judía (teórica) en la Argentina llegaron a ser tan divergentes con la realidad cotidiana, que el estudio de U. O. Schmeltz y Sergio Della Pérgola cayó como un saludable balde de frío realismo sobre las estadísticas hijas de la especulación matemática.[15]

Los investigadores de la Universidad de Jerusalén adoptaron, como enfoque básico, la idea de aplicar las técnicas de proyección hacia atrás. El censo argentino de 1960 daba el número de judíos inmigrantes por año de inmigración, edad y sexo. Un trabajo con cifras de natalidad, mortalidad y reemigración, proyectadas hasta comienzos de siglo, se adaptó razonablemente tanto a las estadísticas de inmigración hasta 1935 de Simón Weill como a las del Censo Nacional de 1947, es decir, las cifras más confiables. Con un complejo sistema de proyección futura, se puso al día esas mismas Tablas hasta 1982.[16]

La crítica de Schmeltz y Della Pérgola puede sintetizarse así:

En el archivo de datos de 1960 (tomado de tabulaciones del Censo) se incluyó, después de ciertos ajustes 291. 877 personas de todas las edades que fueron inscriptas como judíos. Sin embargo, respecto de la religión, algunos judíos podían haber sido incluidos en una de las dos categorías signadas como "desconocida": aquellos que declararon la pregunta correspondiente a religión. Una evaluación del censo argentino de 1960 indica que el número obtenido directamente —cerca de 292.000— no estaba muy lejos de la probable cifra total de los judíos. La mejor estimación del total real estaba cerca de los 310.000, de ascendencia judía y no habían roto por completo sus vínculos con el judaísmo.[17]

No es difícil llegar a la conclusión que hubo, de hecho, una disminución en la población judía argentina después de 1960. En ese año el balance de la dinámica demográfica interna de los judíos argentinos —es decir natural y afiliativa— estaba ya llegando a cero. Poco tiempo después debió llegar a ser crecientemente negativo, en razón del crecimiento continuo de judíos viejos que estuvo implícito en la composición de edades con una fuerte representación de personas en la edad madura avanzada y tuvo que haber aumentado el número de muertos. Por otro lado, la tasa de nacimiento de la población judía argentina, que ya era muy baja en 1960, difícilmente se haya elevado, dada la fuerte caída en la tendencia de fertilidad conocida para la población general de los países desarrollados y documentada respecto a otras poblaciones de la Diáspora. Tampoco es probable que haya mejorado el balance afiliativo de la población judía argentina; más bien, lo contrario. Más aún, entre 1961 y 1982 se registran 33.600 inmigrantes judíos argentinos a Israel y un número, no específico pero sí importante emigró a otros países debido a las dificultades políticas y la situación económica del país. De esta manera una estimación realista del tamaño de la población judía argentina para 1982, sería de 233.000 almas.[18]

En base a sus cálculos y proyecciones, Schmeltz y Della Pérgola arriban, entonces, a los resultados expresados en el cuadro 4.

Bajo estas premisas, todas las versiones computadas apuntan a una esperada disminución de la población judía en América Latina. Esta disminución relativa será mayor en Argentina que en los otros países del área, debido a que desde el inicio la población judía argentina estaba más envejecida, tenía un peor balance de evolución interna y una mayor tendencia emigratoria. La tabla de proyección que los mismos autores elaboran prevé que, en el año 2000, habrá entre 219.000

CUADRO 4

Tamaño de la población judía en la Argentina de acuerdo a fuentes diferentes (censos y estimaciones), 1895-1982

AÑO	RECONSTRUCCIÓN DE LOS AUTORES	ESTIMACIONES CORRIENTES
1900	15.000	6.700
1905	25.000	22.500
1910	68.000	45.000
1915	116.000	100.000
1920	127.000	110.000
1925	162.000	200.000
1930	191.000	200.000
1935	218.000	260.000
1940	254.000	307.000
1945	273.000	350.000
1950	294.000	360.000
1955	306.000	360.000
1960	310.000	400.000
1965	297.000	450.000
1970	286.000	500.000
1975	265.000	300.000
1980	242.000	242.000
1982	233.000	233.000

Fuentes: Schmeltz y Della Pérgola, op. cit., pág. 36.

(estimación alta) y 147.000 (estimación baja) judíos en la Argentina.

A la cantidad de judíos argentinos en las distintas épocas corresponde agregar, ahora, la distribución espacial de éstos sobre el territorio de la república y la estructura ocupacional que los caracteriza en los distintos períodos históricos.

CONCENTRACIÓN URBANA

El rápido crecimiento de las ciudades, especialmente de las grandes, es una característica sobresaliente de la época moderna. Entre 1800 y 1950 la población del mundo que vivía en ciudades de 20.000 habitantes o más aumentó 23 veces, mientras que la población total del mundo creció aproximadamente 2,6 veces en el mismo período. En 1800 el 2,4 por ciento de la población mundial vivía en centros urbanos de 20.000 habitantes o más; en 1950 ese porcentaje ascendía al 20,9 por ciento.[19]

En las últimas décadas el crecimiento urbano en los países de economía insuficientemente desarrollada ha tomado un repentino impulso que aceleró el ritmo de concentración en las ciudades y el abandono de zonas rurales. Estas migraciones, causadas en lo fundamental por razones económicas y de oportunidad de empleo, llevan a que en todo el mundo la población urbana muestre un porcentaje mayor de jóvenes y menor de niños que la rural (determinado por la edad de los migrantes, en general adultos jóvenes que buscan su primer trabajo). Hacen también que las grandes ciudades presenten un déficit crónico de viviendas y un alto porcentaje de movilidad habitacional, que crece a medida que las familias van asentándose en sus ingresos y pueden encarar la posibilidad de mudarse a barrios más prestigiosos que ratifiquen su ascenso social.

Este fenómeno se verifica también en la Argentina, por un complejo entramado de circunstancias. Hacia 1960 el nivel de urbanización general del país era similar al de los Estados Unidos, superior al de Oceanía y sólo levemente inferior al de Inglaterra. El proceso de urbanización en la Argentina se

Casa de compraventa (1916), un rubro desarrollado por los inmigrantes judíos en los centros urbanos.

desarrolló en dos grandes fases: la primera, que puede ubi-
carse entre 1869 y 1914, fue el efecto de la inmigración masiva
originada en países europeos; la segunda, que corresponde
al período que va de 1930-35 a 1950-55 aproximadamente,
fue alimentada por las migraciones internas, que también se
produjeron en escala masiva. Es decir, que la tendencia a la
urbanización es parte de un proceso que afecta no sólo a la
comunidad judía sino a toda la población.[20]

El estudio comparativo con otras experiencias inmigratorias
revela que, por ejemplo, en los Estados Unidos las grandes
corrientes inmigratorias de polacos e italianos cumplieron
las mismas pautas de concentración urbana en Nueva York
y las grandes ciudades que la de los judíos.

La "gran urbe" tuvo, junto al deslumbramiento y las posibilidades de la nueva vida, la amargura y el resentimiento
de los fracasos individuales, la dureza de un código ciudadano diferente. Entre millones de porteños es posible que,
como recuerda Moshé Goldstein (1900-1943) en una de sus
Miniaturas (pinceladas sobre la vida judía en Buenos Aires
en la década del veinte, escritas en idish), el inmigrante
reciente, "habiendo tenido sólo un amigo, llegue a perder-
lo". El mismo Goldstein fue un personaje singular: nació en
Polonia, llegó a la Argentina en 1923, emigró nuevamente
hacia Birobidján (URSS) en 1932 y cayó peleando contra los
alemanes en el frente de batalla. El protagonista de *Miniaturas* relata:

> —*De todos mis amigos me quedó tan sólo uno y yo man-
> tenía esa amistad, puesto que no cultivaba otra. Solía visitarlo
> a él y él me visitaba a mí. Los dos trabajamos y solíamos
> ganar bien. Uno no podía vivir sin el otro. Solíamos con-
> fiarnos los secretos más íntimos de nuestra vida (...)*
> —*Posteriormente... llegué una noche a su vivienda y le
> conté que me había quedado sin trabajo. (...) Durante toda
> aquella tarde, hablamos ya poco. El seguía abatido. Cuando
> me preparaba para partir me advirtió, con evidente pre-
> ocupación, que en caso de no conseguir un nuevo trabajo
> no lo contara a nadie, para que nadie supiera de mi
> haraganería, ya que "¡Esta es América!". Agregó esta última
> frase con un aire de secreto mayor.*

La complicidad de origen se transforma entonces en decepción y abatimiento:

> —*Volví a su casa, después de varias semanas de andar sin trabajo. El había cambiado de vivienda y ya nadie sabía dónde vivía. "¡He aquí América!"* —*concluyó, y me miró como si esperara una contestación.*
> *Yo tan sólo guardaba silencio...*[21]

Las cifras totales de la población argentina "urbana" y "rural" permiten apreciar, a lo largo de los años, la paulatina y sostenida tendencia de este proceso de concentración. En 1869, por ejemplo, se computaban 495.000 pobladores urbanos y 1.241.000 rurales en todo el país; hacia 1914 la relación ya se había invertido (4.156.000 urbanos y 3.728.000 rurales), y en 1947 se contaban 9.886.000 urbanos y 6.007.000 rurales. En 1960 esta proporción se consolida en forma definitiva: el Censo Nacional registra 14.407.000 habitantes urbanos y apenas 5.599.000 rurales, es decir, más de dos tercios de los argentinos estaban concentrados en ciudades.[22] Por otro lado, los Censos Nacionales de Población de los años 1914, 1947 y 1960 permiten apreciar la relación entre argentinos nativos e inmigrantes en este proceso de concentración urbana (véase cuadro 5).[23]

Fábrica de manteca en la Cooperativa de Lucienville (Entre Ríos). De manera paulatina, la población de las colonias judías fue emigrando a las grandes ciudades.

CUADRO 5

Distribución de la población urbana total, nativa y no nativa, en % por regiones

REGIÓN	NATIVOS			NO NATIVOS			TOTAL		
	1914	1947	1960	1914	1947	1960	1914	1947	1960
Pampeana	83,1	81,5	80,0	93,0	91,2	88,3	86,7	83,3	81,1
Cuyana	4,0	5,3	5,7	2,6	2,7	2,5	3,5	4,8	5,4
Nordeste	4,3	4,3	4,9	1,4	2,2	2,2	3,2	3,9	4,5
Noroeste	8,4	7,9	7,9	2,6	2,6	3,5	6,3	6,9	7,3
Patagónica	0,2	1,0	1,5	0,4	1,3	2,5	0,3	1,1	1,7
TOTALES	100,0	100,0	100,0	100,0	100,0	100,0	100,0	100,0	100,0

Fuentes: Gino Germani, op. cit.; Recchini de Lattes, "La urbanización y el crecimiento urbano en la Argentina, 1869- 1960", en la revista *Desarrollo Económico*, Nº 48, vol. 2, enero-marzo de 1973.

El fracaso de la colonización rural judía —si la medimos por su proyección en el tiempo— no puede ser explicado sólo como resultado de una "mentalidad" especial de los colonos judíos o de sus relaciones con la JCA, sino que debe analizarse dentro de las características generales del proceso de urbanización vivido por el país y los resultados de una política económica discutible con respecto a la absorción de inmigrantes en el campo.

El cambio en la ubicación geográfica de los judíos se fue desarrollando concomitantemente al proceso de migración interna de la población argentina, lo que puede verificarse en el cuadro 6.[24]

Pero, si bien el judío tiende a la concentración urbana en proporciones similares al resto de los contingentes inmigratorios, se diferencia de éstos en que se ubica en ciudades que reúnen requisitos favorables al desarrollo de

CUADRO 6

La población del área metropolitana de Buenos Aires. Inmigración interna y externa en su composición

AÑO	POBLACIÓN TOTAL (MILES)	PROPORCIÓN DE EXTRANJEROS SOBRE EL TOTAL (%)	PROPORCIÓN DE INMIGRADOS DEL INTERIOR SOBRE EL TOTAL (%)
1869	230	40	3
1895	783	37	8
1914	2.035	49	11
1936	3.430	36	12
1947	4.720	26	29
1957	6.370	22	36

Fuentes: Gino Germani, *op.cit.*; Recchini de Lattes, "La urbanización y el crecimiento urbano en la Argentina, 1869- 1960", en la revista *Desarrollo Económico*, Nº 48, vol. 2, enero-marzo de 1973.

Cuadro 7

Ubicación geográfica de la comunidad (porcentajes)

LUGAR	1909	1934	1947	1960
Capital		51,8	66,9	66,6
Buenos Aires		11,6	13,1	17,1
Santa Fe	51,4/56,5	11,8	6,9	5,1
Entre Ríos		11,2	4,9	3,0
Córdoba		3,7	2,3	3,1
La Pampa		1,2	0,5	0,2
Corrientes		0,9	0,5	0,4
Chaco		0,9	1,0	0,8
Tucumán	48,6/43,5	1,1	1,0	1,7
Mendoza		1,6	0,9	1,0
Demás prov.		4,2	2,0	1,0
Totales	100.0	100.0	100.0	100.0

Fuente: Haim Avni, *Comunidad judía en la Argentina*, Jerusalén, 1970.

sus características económicas específicas: prefieren zonas no tan industrializadas como lo que se da en llamar la "megalópolis" de un país determinado.[25] Esto puede comprobarse en el cuadro 7, en el cual pueden advertirse las siguientes tendencias:

• De 1909 a 1934 la promoción entre las primeras seis provincias y las restantes es aproximadamente de 55 a 45. Para 1934, esa relación ya es a 90 a 10. Ese es el cambio cualitativo más claro de las primeras dos etapas a partir de los datos disponibles.

• De 1934 en adelante, se produce una nueva redistribución en detrimento de las provincias básicamente "colonizadas" (Santa Fe, Entre Ríos, La Pampa), aumentando el caudal de la Capital Federal y la Provincia de Buenos Aires.

La vida colectiva israelita se inició precisamente en el interior: a los inmigrantes de las colonias se les fueron sumando los radicados en los pueblecillos cercanos, y luego se añadieron los sefardíes y los judíos alemanes llegados a fines de los años 30.

Las comunidades judías urbanas tendieron a crecer a causa de migraciones externas y, hasta cierto punto, de movimientos internos desde los asentamientos agrícolas. En 1934 residían en la Capital Federal 131.000 judíos, mientras en Rosario había 12.500 y en Córdoba 5.300. En las colonias agrícolas de la JCA residían entonces 30.659 judíos, contando la población urbana y la rural.

Hacia 1940 se calculaba que la mitad de la población judeoargentina (estimada en 300.000 personas) todavía estaba radicada en el interior del país, con núcleos considerables en Rosario (3.000 familias), Córdoba (800 familias), Santa Fe (300 familias), Tucumán (350 familias), La Plata (300 familias), Bahía Blanca (400 familias) y Corrientes (200 familias), además de núcleos menores en numerosas ciudades como Avellaneda, Médanos, Carlos Casares, Rivera, Santiago del Estero, Salta, Bernasconi, Resistencia, Charata, Roque Sáenz Peña, Villa Angela, Formosa, Mendoza, San Juan, San Luis, Catamarca, La Rioja y otras.[26]

Buenos Aires ha sido siempre el centro judío más importante de la Argentina en lo que a población se refiere: sobre el total de judíos argentinos, en 1895 residía allí el 12 por ciento, en 1909 el 30 por ciento y a comienzos de los 40 más del 50 por ciento. Completando esa tendencia, de acuerdo al censo respectivo, en 1960 alrededor del 80 por ciento de los 310.000 judíos argentinos vivían en el área metropolitana del Gran Buenos Aires. Se trata de una concentración bastante considerable, tomando en cuenta que la proporción respecto de la población en general era el 33 por ciento (ésta también es, comparativamente, una cifra elevada).

El enorme porcentaje de población judía radicada en los centros neurálgicos —un proceso que sin duda se ha acentuado en las tres últimas décadas— es la otra cara de la difícil lucha que libran las comunidades del interior para conservar una fisonomía propia, con instituciones educativas y entidades juveniles que ven decrecer año tras año el número de sus integrantes. Al mismo tiempo, una gran urbe como Buenos Aires —ubicada entre las mayores del mundo— va a quedar impregnada por la saludable presencia de una comunidad judía cuya distribución geográfica avanza al ritmo de la propia ciudad.

Interior de un conventillo porteño. La fuerte concentración urbana aumentó los problemas habitacionales de la capital argentina.

Sección pinzado de una fábrica textil,
rubro especialmente desarrollado por la
comunidad judía.

LA ESTRUCTURA OCUPACIONAL

Los judíos no se diferenciaban del resto de los contingentes inmigratorios en cuanto a sus motivaciones, de modo que su inserción en la estructura económica argentina mostró en los primeros años ciertas similitudes con la de otros grupos nacionales. La actividad productiva de la inmigración europea comprendió tres componentes fundamentales: mano de obra no calificada; obreros y técnicos especializados, y empresarios. El período de desarrollo económico argentino, en virtud del tendido de vías férreas, la producción cerealera y la construcción en las ciudades, demandó abundante de mano de obra. La inmigración suministró la masa proletaria que se necesitaba.

La colonización agrícola de la JCA determinó la formación de una población judía agricultora con características que la diferenciaban del proletariado rural y del campesinado, ya que le permitían el asentamiento en tierras que iban a ser adquiridas por los propios agricultores judíos. Pero a partir de 1905, los contingentes inmigratorios comienzan a modificar su composición económico-social, pasando de la actividad de colonos agrícolas, al predominio de trabajos en calidad de obreros en la pequeña y mediana industria y al comercio individual (*cuéntenikes*), como consecuencia de su asentamiento en las ciudades. Esta nueva ola inmigratoria no estaba inspirada por la vocación del trabajo agrícola ni por creencias religiosas: en lo esencial, las ideas que recogía eran de redención social y abarcaban a toda la humanidad. Por supuesto, la mayoría anhelaba la prosperidad económica, el ascenso social y la seguridad personal.[27]

Esto se desprende del análisis de ese proceso de desplazamiento del centro de la vida judía del campo a la ciudad. En 1896 más de la mitad del total de la población judía argentina —6.757 sobre 12.587 almas— se dedicaba a las faenas agrícolas. En 1913, menos de una generación después, sobre una comunidad judía de 110.920 personas, la población agrícola sólo llegaba a 18.900.[28]

La ubicación y los aportes específicos de la inmigración judía urbana en el campo económico pueden resumirse así:

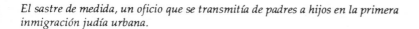

El sastre de medida, un oficio que se transmitía de padres a hijos en la primera inmigración judía urbana.

• En la actividad artesanal y obrera, los judíos dieron muestras de conocimiento y experiencia en el trabajo gremial, el cual transformó su carácter a partir de la llegada de las corrientes inmigratorias de 1906. Antes de esa fecha, los obreros judíos formaron una asociación, a la cual podían pertenecer tanto obreros como patrones: el "Centro Obrero Israelita", fundado en 1897.

El progreso de estos inmigrantes fue desparejo, pese a coincidir en el tiempo. Noé Vital (1892-1961) ha dejado una serie de estampas que retratan esta convivencia entre obreros y patrones judíos en un taller de carpintería. Una de ellas aparece en *El incendio*:

"Baruj-Leibl y Fischel trabajaban callados", cada uno sumido en sus pensamientos, cuando una cerilla mal apagada toma contacto con una viruta enrollada y levanta una llama:

De obreros en la pequeña y mediana industria, gradualmente los inmigrantes judíos trataron de independizarse a través de cooperativas y agrupaciones con sus iguales.

En los talleres de carpintería uno se acostumbra a tales casos y, por lo tanto, Fischel agarró una bolsa e intentó ahogar las llamas. Pero las virutas, secas y delgadas, no permitían que se las apagara con la rapidez necesaria, y

también la bolsa se incendió de inmediato. (...) El asunto se tornaba más serio: ya habían comenzado a arder las tablas apoyadas contra las paredes. Barúj-Leibl, con el cabello revuelto, se lanzaba contra el fuego como un bombero heroico.

Finalmente logran dominar el incendio y

los dos, el dueño y el obrero, se unieron en sus pensamientos. (...) Fischel pensó que al día siguiente no podría llevar un solo centavo a su casa y que el "encargado" no le permitiría pasar por el patio. Ya corría el segundo mes sin que pudiera abonar el alquiler. En su hogar su mujer lo recibiría con ese mismo rostro desfigurado por muecas y con agria expresión. (...)
—El destino no quiso que mañana llevemos el juego al comprador —dijo Barúj-Leibl, contemplando tristemente los listoncitos que ya habían cepillado para el lavatorio y que tenían las puntas quemadas.

Determinados sectores de la industria, como la mueblería y la manufactura de pieles, se desarrollaron desde fines del siglo pasado por la llegada de las corrientes inmigratorias judías de Rusia.

En una escena muy sugerente por su propia sencillez, los dos inmigrantes judíos —obrero y patrón— exhaustos por la lucha contra el siniestro (los imprevistos obstáculos de la nueva tierra, si se pretende hacer una lectura metafórica), se van quedando dormidos en la oscuridad, sobre la mesa del taller de carpintería, "gozando de ese sueño. En el taller se infiltró, como un ladrón, la claridad azulina del amanecer."[29]

Los nuevos inmigrantes trajeron consigo sus ideas socialistas y proliferó la fundación de asociaciones de trabajadores judíos: de gorreros, de sastres, de panaderos. El sindicato judío de los carpinteros, en el cual se hallaban agremiados cerca de cien afiliados, respondía a la influencia del Partido Socialista; los sastres estaban ligados a la Unión General de Trabajadores y los panaderos a la Federación Obrera Regional Argentina. La importancia de la clase obrera-artesanal judía queda demostrado por el hecho de que los órganos de las diversas tendencias obreristas incluían textos en sus idiomas de origen: *La Vanguardia* insertaba artículos en hebreo y *La Protesta* publicaba una página entera en idish.[30]

• En el campo empresarial, determinados sectores de la industria se desarrollaron gracias a la labor de los judíos. Fueron ellos quienes abrieron los primeros comercios de compraventa y quienes iniciaron la manufactura de pieles, muebles y confecciones. La primera peletería y la primera mueblería se abrieron en 1894; la fabricación de camas de hierro y de bronce surgió en 1895.

Estas tendencias fueron favorecidas por la llegada de las corrientes inmigratorias rusas, que trajeron a numerosos artesanos y obreros especializados, especialmente los que provenían de Bialystok. Paralelamente a los tejidos, desarrollaron la confección de ropa y la industria del tejido de punto y de la seda: los primeros negocios de este tipo surgieron hacia 1900. Otras industrias en las que participaron activamente los israelitas fueron: elaboración de calzado, lavaderos de lana, venta de casimires al por mayor, elaboración de impermeables y otras prendas de goma, fabricación de corbatas, valijas y marroquinería, parquets, guantes, productos alimenticios, espejos y cristales, artículos farmacéuticos, metalurgia, etcétera.[31]

Dentro del comercio judío se nota una pronunciada inclinación al cooperativismo: desde 1922 funcionó una cooperativa de sastres y al año siguiente se fundó una institución similar de peleteros. Aparece también el trabajo de *cuéntenik*, un tipo de intermediario comercial que es producto del espíritu de adaptación del judío del Este europeo, cuya actividad consiste en la distribución de productos a domicilio y el cobro en cuotas de los bienes vendidos, posibilitando de esta manera un crédito inmediato a sectores obreros y cubriendo el riesgo con la sobreutilidad que se obtenía de estas ventas. Se calculaba que hacia 1940 estos pequeños vendedores ambulantes sumaban cuatro mil sólo en Buenos Aires. A medida que se integraron en las actividades económicas construyeron, sumando sus mínimos capitales, dos grandes cooperativas: La Comercial Israelita, fundada en 1916 (en la calle Victoria), y la Corporación Comercial Israelita Argentina, fundada en 1923 (en la calle Cangallo). En 1928 se fundó una tercera: Sociedad Comercial Israelita Progreso Ltda., que se liquidó poco después. Para el año 1946 todavía el 13 por ciento de las familias judías vivían del comercio callejero a plazos.[32]

En una etapa posterior, hasta 1960, se produce lo que podemos caracterizar como una consolidación en las ten-

El cuéntenik, *vendedor callejero a plazos, fue un típico producto del espíritu de adaptación del inmigrante judío.*

A medida que avanza el siglo, las actividades primarias van dejando paso a las artesanías y pequeños comercios.

dencias ocupacionales, que coincide con el cese de la inmigración. El ascenso económico-social confluye con una sostenida inclinación por las actividades comerciales, industriales y profesionales.

El avance de las profesiones liberales dentro de la comunidad judía muestra una evolución más rápida que en la población argentina en general. Pero el elemento que más la diferencia del resto de la población es su tendencia —que suponemos se acentuará— a las ocupaciones de "cuello blanco". Esta suposición se basa en la creciente urbanización, el continuo avance hacia la nativización, el elevado índice de formación profesional, académica y técnica, de las nuevas generaciones.[33] Entre las tendencias dinámicas de los años 60 se destaca, junto a este crecimiento de los profesionales y empleados entre los jóvenes de ambos sexos, un apreciable descenso en el número de vendedores. La estructura profesional de las edades jóvenes es característica de los nativos de la Argentina, mientras que la de los mayores es típica de los nacidos en el exterior.

De los trabajos mencionados pueden desprenderse una serie de etapas históricas, que se resumirían así:

Primera etapa (1889-aprox.1910), caracterizada por las actividades primarias (básicamente por el papel de las colonias agrícolas). Este es el modo de inserción predominante en la estructura ocupacional.

Segunda etapa (aprox. 1910-aprox. 1940), caracterizada por una fuerte inserción en los sectores secundario (artesanos) y terciario (comercio) en detrimento del sector primario (agricultura). La figura predominante es la del *cuéntenik*. El artesanado se ubica entre el 20 y el 25 por ciento de la población judía total, situación que se mantendrá a pesar de las diversas transformaciones en las demás ramas (los artesanos pasarán a engrosar, en la mayor parte de los casos, las filas de los operarios industriales o los pequeños propietarios de empresas textiles).

Tercera etapa (aprox. 1945-aprox. 1960), situación tran-

CUADRO 8

Tasas de participación judía y no judía en la fuerza de trabajo en Argentina, a partir de la edad en que se incorporan a la PEA, por sexo y por grupos de edad, en 1960.

GRUPOS DE EDAD	TASAS EN HOMBRES		TASAS EN MUJERES	
	Población judía	*Población general*	*Población judía*	*Población general*
14	–	38.5	–	16,4
15-19	37	73,0	25	33,5
20-24	78	92,1	47	40,2
25-29	96	97,3	31	30,3
30-34	99	98,3	20	24,6
35-39	99	97,8	20	22,6
40-44	99	97,1	20	22,4
45-49	96	95,2	15	19,2
50-54	96	87,9	15	17,4
55-59	80	70,6	10	12,4
60-64	80	54,7	10	9,4
65-69	48	46,7	5	6,1
70-74	48	38,7	5	4,6
75 y más	48	24,0	5	1,7

Fuente: Brener, op. cit., pág. 19; basado en CONADE (de una muestra del 2,5 por ciento del Censo de Población de 1960), reproducido en Alberto Aráoz, *Los recursos humanos de la industria argentina*, Instituto Torcuato Di Tella, Centro de Investigaciones Económicas, Buenos Aires, 1969; y Moshé Sicron, *Composición Demográfica-Económica del Judaísmo Argentino*, Universidad de Tel Aviv, Instituto Horowitz, 1974.

CUADRO 9
Inserción ocupacional
PARA 1935 (EN %)

Actividad	Población judía
Trabajos no manuales	**65,0**
Actividades comerciales	57,0
Propietarios de industrias	3,5
Profesiones liberales	4,5
Trabajos manuales	**35,0**
Oficios diversos	24,0
Agricultura	9,0

PARA 1960 (EN %)

Actividad	Población general	Población judía
Trabajos no manuales	**29,2**	**71,0**
Profesionales y técnicos	6,3	11,2
Gerentes y directivos	2,6	9,5
Empleados de oficina y ventas	20,3	50,3
Trabajos manuales	**70,8**	**28,9**
Actividades primarias	18,5	2,2
Artesanos y obreros	30,2	21,2
Conductores de transporte	3,9	1,1
Servicios personales y afines	9,2	3,4
Otros	9,0	-

Fuentes: CONADE, *Educación, Recursos humanos y Desarrollo Económico-Social*, 1966, cuadro 54; publicado en Alberto Aráoz, *Los recursos humanos en la industria argentina*, BuenosAires, 1969, Universidad de Tel Aviv, 1975, "Judaísmo de Latinoamérica" (Brener, op.cit.). Una comparación similar, para distintas fechas, surge de la tabla III del estudio de Irving Horowitz.

sicional, con una fuerte concentración en actividades comerciales; el 20 por ciento estable en actividades industriales, y una notoria inserción en actividades profesionales y/o directivas, gerenciales y empresariales.

Cuarta etapa (aprox. 1960 hasta la actualidad), caracterizada por un pasaje de las actividades comerciales a las directivas y/o profesionales. Del *Informe...* de Harari y Lewin surge que en 1964 más del 52 por ciento de los judíos adultos de sexo masculino residente en los *pequeños centros urbanos* de la Argentina (se tomaron muestras en Santa Fe, Córdoba, Lanús y Mendoza) se ganan la vida por medio de actividades comerciales y de pequeños negocios. Si agregamos a éstos los independientes (15 por ciento) y los profesionales —maestros, médicos y abogados— (11,5 por ciento), más de las tres cuartas partes se ven como pertenecientes a algún *sector medio* y se

CUADRO 10
Distribución ocupacional de la población judía y de la población total en la Argentina (en %)

	POBLACIÓN TOTAL 1947	POBLACIÓN JUDÍA 1942	1950	1954
Actividades primarias Agricultura, pesca, silvicultura, etc.	26,4	13,0	21,0	10,7
Actividades secundarias Construcción, fuentes de energía, imprenta, metalurgia, industria química, comercio textil, etc.	28,6	19,5	10,0	22,1
Actividades terciarias Negocios, bancos, burocracia estatal, títulos, servicios, etc.	41,8	67,5	67,0	67,2
Indeterminado	3,2		2,0	
TOTAL	100,0	100,0	100,0	100,0

Fuentes: Horowitz, op. cit., pág. 17. Información recopilada de: Gino Germani, "Estructura social de la Argentina"; *ORT Economic Rewiew*, vol. III, Nº 2, New York, abril de 1942; Jacob Shatsky, *Comunidades Judías de Latinoamérica*, Buenos Aires, Editorial American Jewish Committe, 1952; y Moisés Kotzer, *Problemas propios de la estadística relativa a los judíos de la Argentina*.

asigna gran importancia a la educación como el camino hacia una mayor movilidad social.

Las estadísticas de inserción ocupacional —por ejemplo, los censos comparados a lo largo de varias décadas— revelan este gradual vuelco de la población judía hacia las actividades de las *ramas terciarias* de la economía y su concentración en la llamada "clase media", que "lo coloca (juntamente con miembros del sector medio en general) en una posición anómala: él es un hombre de seguridad económica relativa que al mismo tiempo no tiene una voz significativa en el nivel político". (Véanse cuadros 9 y 10.)[34]

Estas últimas tendencias parecieran confirmarse con el amplio relevamiento encarado por Iacov Rubel, en la década del 80, a partir de encuestas a padres de alumnos de colegios judíos de todo el país. La investigación abarcó 11.700 núcleos familiares, lo cual involucra a cerca de 50.000 personas, una proporción muy importante de la comunidad.[33]

En el aspecto que nos concierne, la categoría ocupacional, es posible distinguir las características mencionadas para el último período. Hay una fuerte sobrerrepresentación del sector de "dueños, socios o patrones" en función de la población general, en detrimento de los sectores "asalariados". También se nota una tendencia creciente (no tan frecuente en los 60) a la "salida" de la mujer de la población económicamente activa (traducción: "ha crecido enormemente el número de 'amas de casa'"). (Véanse cuadros 11 y 12.)[36]

Cuadro 11 CATEGORÍA OCUPACIONAL	HOMBRES		MUJERES	
	F	%	F	%
Dueños, socios o patrones	3.517	39,66	729	7,72
Cuentapropistas	2.173	24,51	1.000	10,59
Asalariados empleados en el sector público	237	2,67	210	2,23
Asalariados empleados en el sector privado	2.751	31,02	1.916	20,29
Trabajadores sin salario	-	-	108	1,15
No son PEA	132	1,48	5.466	57,89
No contesta	59	0,66	13	0,13
TOTAL	8.869	100,00	9.442	100,00

Fuente: Rubel, op. cit., pág. 44, tabla Nº 16.

En las últimas dos décadas la estructura sociológica del judaísmo argentino ha sufrido una serie de lentas pero profundas modificaciones, todavía no cuantificadas. A pesar de que el nivel de vida medio puede encontrarse en ascenso en algunos casos, el número absoluto (y posiblemente el porcentaje) de "judíos pobres" que requieren asistencia social va en aumento. La crisis económica de la década del 60 empobreció a miles de judíos, y las inflaciones y devaluaciones sucesivas hicieron que los ahorros acumulados perdieran buena parte de su valor real.

Este problema es particularmente agudo entre las capas de población de mayor edad, donde la adaptación a nuevas situaciones es más difícil. A pesar de que la retracción de los judíos a solicitar "ayuda social" es bien conocida, el número de familias que la reciben en estos años asciende a varios miles, y ellas representan sólo una pequeña parte del total de judíos argentinos que pertenecen a los estratos inferiores de la pirámide social.

Una de las principales razones de esta pauperización es el "desplazamiento" de tipo económico-laboral, ya sea por la paulatina desaparición del oficio o por no adaptarse con rapidez a los cambios que el contexto general introduce en el mismo oficio (por ejemplo, sastres de medida que no

CUADRO 12

RAMA DE ACTIVIDAD	HOMBRES		MUJERES	
	F	%	F	%
Agricultura y ganadería	20	0,22	4	0,04
Industria manufacturera	1.433	16,15	288	3,05
Construcción	343	3,86	87	0,92
Comercio	4.516	50,91	1.176	12,45
Docencia y Educación	94	1,05	817	8,64
Servicios Comunitarios Judíos	166	1,87	169	1,78
Finanzas	365	4,11	137	1,45
Servicios Profesionales	1.627	18,34	1.204	12,75
Otros servicios y actividades	113	1,26	81	0,84
No son PEA	132	1,48	5.466	57,88
No contesta	60	0,67	13	0,14
TOTAL	8.869	100,00	9.442	100,00

Fuente: Rubel, op. cit., pág. 39, tabla Nº 14.

pueden adecuarse a la confección estandarizada). Otros "oficios desplazados" —algunos casi históricos— son el del *cuéntenik* y el agricultor judío. Atrapados en la maquinaria de los cambios económicos y sociales, centenares y miles de judíos argentinos fueron quedando al margen de la historia del país y de la propia estructura comunitaria.[37]

Es posible observar, entonces, una polarización similar a la registrada en la sociedad argentina global. Por un lado el ascenso de un pequeño porcentaje de familias judías a la clase alta, incluyendo la inserción en la actividad agrícola-ganadera (terratenientes) o empresarial-industrial en gran escala, así como la participación en el sector financiero y de servicios. Por otra parte, miles de judíos desclasados, muchas veces provenientes de una clase media en decadencia, se suman a los sectores marginales de la población. Tanto es así que, de manera irónica, en 1992 el apodo intracomunitario para la *"clase media"* es la *"clase-tuvo"*.

—¿Cómo es eso de *"clase-tuvo"*?

— La *"clase social"* que *tuvo* mucama, *tuvo* automóvil, *tuvo* departamento en un *country*, *tuvo* vacaciones en el exterior...

NOTAS

[1] De acuerdo a un cuadro publicado por la revista *Noticias* en un trabajo especial sobre la inmigración, los datos aproximados sobre "El origen de los argentinos" indican que el 40 por ciento son de origen italiano; el 35 por ciento de origen español; el 4 por ciento de origen árabe, el 8 por ciento de países limítrofes, el 1 por ciento germánicos, el 1 por ciento aborígenes, el 1 por ciento eslavos, el 1 por ciento judíos y el restante 9 por ciento de otros orígenes. (*Noticias*, Buenos Aires, 8 de septiembre de 1991, pág. 73). Estos porcentajes, por lo menos en lo referente a los judíos, coinciden con las últimas estimaciones de los demógrafos Schmeltz y Della Pérgola.

[2] Mordejai Alperson, "La llegada a Buenos Aires", en *Crónicas judeoargentinas/1*, Buenos Aires, Editorial Milá, 1987.

[3] Irving Louis Horowitz, *La comunidad judía de Buenos Aires*. Buenos Aires, AMIA, 1966, págs. 12-13. Ver también Jorge Brener, *Evolución económico-social de la comunidad judía en Argentina* (inédito), Fichas de Estudio, Buenos Aires, CEJ, 1974.

[4] David Elnecavé, "Los sefaradíes en la Argentina", en *Cincuenta años de vida judía en la Argentina*, op. cit., pág. 57.

[5] En la novela de Ricardo Feierstein *Mestizo*, Buenos Aires, Editorial Milá, 1988.

[6] La clasificación de Mendelson es la siguiente:

PRIMER PERÍODO: 1889-1914

Subperíodo 1889-1905: Hacia la colonización agraria. Fundación de la AMIA. Es una época típicamente agraria.

Subperíodo 1905-1914: Sigue la colonización, pero hay inmigración a las ciudades procedente de los campos. Se intensifica la inmigración de sefaradíes. Inmigración del exterior directa a las ciudades.

SEGUNDO PERÍODO: 1914-1939

Subperíodo 1914-1920: Sin aportes inmigratorios. La comunidad se afirma y se crean nuevas instituciones. La Semana Trágica. El Primer Congreso Israelita del país.

Subperíodo 1920-1929: Inmigración de elementos obreros e industriales, especialmente de Polonia. Formación de Bancos y de cooperativas de crédito.

Subperíodo 1929-1939: Inmigración de judíos alemanes y clausura de los puertos al final del período. Citado por José Liebermann, *Los judíos en la Argentina*, Buenos Aires, Editorial Libra, 1966, págs. 254-255.

[7] Elvira Rissech: "Inmigración judía a la Argentina 1938-1942: entre la aceptación y el rechazo", en revista *Rumbos*, Nº 16, Jerusalén, junio 1986. El estudio más exhaustivo hasta la fecha posiblemente sea el de Leonardo Senkman: *Argentina, la Segunda Guerra Mundial y los refugiados indeseables: 1933- 1945.* Buenos Aires, Grupo Editor Latinoamericano, 1991, que recopila una extensa cantidad de documentos y polémicas de época.

[8] Senkman, op. cit.

[9] Samuel Glusberg (Enrique Espinosa): "Mate amargo", incluido en *La levita gris (cuentos judíos de ambiente porteño)*, Buenos Aires, 1924.

[10] Rissech, op. cit.

[11] Las proyecciones demográficas de Lewin pueden verse en la Tabla I. A partir de los autores citados y de otros, José Liebermann llega a la síntesis expresada en la Tabla II.

Estas estadísticas pueden verificarse con cruce de cifras. Por ejemplo, las que siguen:

SIMÓN WEIL, *Población israelita de la República Argentina* (citado por Liebermann, pág. 246): 1914, 116.276

ARTURO BAB, *Los judíos de la Argentina con anterioridad a la colonización del Barón de Hirsch*, Buenos Aires, IWO, 1945: "Antes del *Weser* (1899) había algo más de 1.000 judíos en todo el país, la mayoría de procedencia alemana, francesa e inglesa".

JOSÉ MENDELSON, (idem citado por

Liebermann, pág. 246): 1939, 300.000 (de los cuales, 160.000 en la capital)

[12] Liebermann, op. cit., pág. 248.

[13] Otras opiniones, para contrastar con estas cifras, son las siguientes:

ESTADÍSTICAS CITADAS POR LIEBERMANN (op. cit., pág. 255):

IAACOV LESCHINSKY: 1900, 35.000; 1925, 210.000; 1940, 340.000; 1960, 420.000 (según Kostzer, basado en crecimiento vegetativo).

ARTHUR RUPPIN: 1935, 260.000

[14] Por ejemplo,

CENSOS NACIONALES:

1947, 249.000 (para Rosenszwaig hay que estimar esta cifra en 265.000 a 275.000, por cuantos muchos no declararon su religión

---

TABLA I
Cantidad de judíos en la Argentina

1899	16.000 [1]
1900	17.795
1905	33.300
1910	76.835
1915	118.625
1920	130.901
1925	180.894
1930	229.605
1935	280.432
1940	307.000
1944	330.799

[1] Cifra aproximada, incluye ashkenazíes y sefaradíes, con base en la estadística del ingeniero Simón Weill, completada con investigaciones personales de Lewin.

TABLA II
Cantidad de judíos en la Argentina

1890	1.500
1900	18.000
1910	76.000
1920	131.000
1930	230.000
1940	307.000
1950	380.000
1958	450.000
1960	500.000 [1]

[1] Aproximadamente.

Fuente: Boleslao Lewin, *La colectividad judía en la Argentina*, Buenos Aires, Alzamor Editores, 1974, págs. 115-116 y 217-218. Se han resumido los cuadros en períodos de cinco años.

—"religión desconocida"— por diversas causas).

SCHATZKY:

1952: 350.000 (según Kostzer, basado en crecimiento vegetativo). De los totales citados, se acepta —en general— que hacia 1960 aproximadamente el 70 por ciento son argentinos nativos.

[15] U. O. Schmeltz y Sergio Della Pérgola, "La demografía de los judíos de Latinoamérica"; publicado en dos partes, en castellano, en la revista *Rumbos*, Jerusalén, Nº 15 (marzo de 1986) y Nº 16 (junio de 1986). Esta investigación fue llevada a cabo por la División de Demografía y Estadística Judía, del Instituto de Judaísmo Contemporáneo de la Universidad Hebrea de Jerusalén; se publicó en inglés en *American Jewish Year Book*, vol. 85, 1985.

[16] Después de 1960 los censos argentinos ya no toman en cuenta la "religión", por lo que no es posible discriminar datos a partir de ellos. Las fuentes estadísticas fundamentales con las que se cuenta desde esa época son los censos parciales patrocinados por instituciones judías: pequeña encuesta del Gran Buenos Aires (1973-74); listados de Tucumán (1962-64), Quilmes (1968) y Bahía Blanca (1975); encuestas en Córdoba (1970); judíos sefaradíes en Buenos Aires (1969). También estadísticas de defunciones (1953-1966) y matrimonios (1962-63) judíos en el Gran Buenos Aires.

[17] Schmeltz y Della Pérgola, op. cit., pág. 26.

[18] Op. cit., págs. 28-29.

[19] Datos extraídos del *Informe sobre la situación social en el mundo*, Naciones Unidas, 1957; parte II, capítulo VII.

[20] Jorge Brener, *Evolución económico-social de la comunidad judía en la Argentina* (inédito). Varios fragmentos aquí reproducidos, así como muchos conceptos y características generales , proceden de los informes preliminares de esta investigación, editados en forma de *Fichas de Estudio* por el Centro de Estudios Judaicos, Buenos Aires, 1974. Sobre el sentido, la

creación y el desarrollo de la sociología judía moderna, véase Arieh Tartakower, "Nuevas orientaciones de la sociología judía", en *Estudios y ensayos sobre tópicos judíos*, Buenos Aires, IWO, 1958, págs. 79-94.

[21] Moshé Goldstein, *Miniaturas*, publicado originalmente (en idish) en la *"Antología"* del diario *Di Presse*, Buenos Aires, 1944, e incluido en *Crónicas Judeoargentinas/1*, Buenos Aires, Editorial Milá, 1987.

[22] El proceso de urbanización en la Argentina puede percibirse la siguiente proyección, que detalla los Centros de 2.000 y más habitantes: 1869, 27; 1895, 37; 1914, 53; 1947, 62; 1957, 65; 1960, 72.

Fuente: Gino Germani, *Política y sociedad en una época de transición*, Buenos Aires, 1973.

[23] Las regiones mencionadas en el Cuadro 5 están formadas de la siguiente manera: *Pampeana:* Capital Federal, Buenos Aires, Córdoba, Entre Ríos, La Pampa y Santa Fe; *Cuyana:* Mendoza, San Juan y San Luis; *Nordeste:* Corrientes, Chaco, Formosa y Misiones; *Noroeste:* Catamarca, Jujuy, La Rioja, Salta, Santiago del Estero y Tucumán; *Patagónica:* Chubut, Neuquén, Río Negro, Santa Cruz y Tierra del Fuego (Brener, op. cit.).

[24] El cuadro 6 permite apreciar la relación entre los dos procesos inmigratorios antes citados —externos e internos— hacia el radio de la Capital Federal y sus alrededores.

[25] Brener, op. cit.

[26] Schmeltz y Della Pérgola, op.cit., págs.161-162. Véase también: M. Merkin, "Panorama de la vida judía en el interior", en *Cincuenta años de vida judía en la Argentina*, Buenos Aires, *El Diario Israelita*, noviembre de 1940, páginas 78-79.

[27] Brener, op. cit.

[28] Simón Weill, *Población Israelita*

en la República Argentina. Buenos Aires, 1936, Anexo 2.

[29] Noé Vital, "Esbozos del taller", en *Crónicas Judeoargentinas/1*, Buenos Aires, Editorial Milá, 1987.

[30] Brener, op. cit.

[31] M. Benarío "El comercio y la industria judíos de Buenos Aires", en *Cincuenta años...*, op. cit., págs. 75-76. En 1940 existían en Buenos Aires 350 fabricantes judíos de mesas, armarios, sillas y muebles tapizados, lo que equivalía al 70 por ciento del total de productores de esa rama industrial. Ocupaban a 7.000 personas y estaban concentrados principalmente en los barrios de Paternal, Caballito y Parque Patricios. Para esa fecha manejaban también un tercio de los aserraderos.

[32] Jacob Shatzky, *Comunidades judías en Latinoamérica*, Buenos Aires, 1952.

[33] Brener, op. cit. La importancia de la educación como medio de movilidad social —que se analizará más en detalle en el capítulo 7— puede señalarse con un dato: en la década del '60, la norma nacional de estudiantes argentinos que asistían a la universidad era

del 7,7 por ciento, mientras que en la población judía ese porcentaje ascendía al 22,5 por ciento. Puede verificarse la edad comparada de ingreso a la PEA (población económicamente activa) en el cuadro 8, pág. 131.

[34] Horowitz, op. cit., págs.16-17. Los cambios en la estructura ocupacional judía pueden seguirse en los cuadros comparados 9 y 10, pág. 132.

Estos resultados pueden compararse con los hallazgos de Iejiel Harari e Itzjak Lewin, "*Resultado de la encuesta sobre profesiones, idiomas y crecimiento de la colectividad judía*", en periódico *Nueva Sión*, Buenos Aires, 14 de julio de 1950, pág. 6 (estudio comparado sobre muestras de las comunidades de Santa Fe, Córdoba, Lanús y Mendoza), que en general confirman las tendencias de este cuadro, aunque disminuyen el número de los ocupados en actividades primarias para los años de referencia.

La ubicación de los judíos en la "clase media" y las ramas terciarias de la economía parece repetir en Argentina, gradualmente, lo que Ber Borojov, teórico del sionismo socialista en las primeras décadas del siglo, definió como la causa estructural del problema judío: la *pirámide invertida* de su inserción ocupacional (la ancha base de proletarios y el pequeño vértice de oficinistas de las naciones "normales" se invierte en el caso de los judíos), lo que hace a la minoría judía mucho más vulnerable y con menor fuerza política. Borojov desarrolló esta teoría, sobre todo en sus obras *Los intereses*

de clase y la cuestión nacional y *Nuestra Plataforma* (ambos cuentan con versión en español).

[35] Iaacov Rubel, *Padres que envían a sus hijos a las escuelas judías. Perfil socio-demográfico*, Buenos Aires, AMIA-CEHIS, 1988 (tomo II) y 1989 (tomo I).

[36] Del relevamiento realizado entre padres de alumnos de escuelas judías (1985-86) surge el cuadro 11 de inserción ocupacional. Si observamos la "rama de actividad", sin embargo, la tendencia a la disminución de las actividades comerciales no se presenta. Si bien hay un crecimiento de las actividades "profesionales" y "gerenciales", esto se da en detrimento de los asalariados industriales y no de los comerciantes como pue-

de verse claramente en el desarrollo del cuadro 12.

[37] Ricardo Feierstein, Informe Final del Area Pobreza (inédito), que forma parte de la Investigación (grupal) desarrollada entre los años 1975-1978 para el *American Jewish Committe*. Un resumen de la mencionada investigación y

varias de las "Historias de Vidas" recopiladas fueron publicadas en: Sara Itzigsohn-Ricardo Feierstein - Isidoro Niborski - Leonardo Senkman, *Integración y Marginalidad. Historias de Vidas de Inmigrantes Judíos en la Argentina*, Buenos Aires, Editorial Pardés, 1985.

Los inmigrantes judíos se instalaron en diferentes barrios de Buenos Aires. Su movilidad habitacional reflejará los cambios que irá sufriendo la ciudad, así como su propio proceso de adaptación.

Las etapas de la radicación de los judíos porteños en este siglo. Los barrios judíos como "guetos abiertos": Once, Villa Crespo, Flores, Boca y Barracas, Constitución, Barrio Norte y Belgrano. Movilización domiciliaria y cambio social: el periplo Hotel de Inmigrantes - gueto y conventillo - casa y negocio - consorcio - country. Del idish al lunfardo.

Capítulo 5

LOS JUDÍOS PORTEÑOS

La ciudad de Buenos Aires experimenta entre 1880 y 1910 profundos cambios, una especie de refundación que acrecienta de manera significativa su población (por la inmigración externa, ante todo) y le permite, a partir de cierta bonanza económica proveniente de las exportaciones agropecuarias, aumentar sus servicios, ensanchar sus calles y avenidas, construir hermosas mansiones de estilo afrancesado rodeadas de parques y comenzar a expandir la zona portuaria. Posiblemente en esos años nace el mito de la capital argentina como la "París de América del Sur".

Junto a este increíble dinamismo, los barrios periféricos de trabajadores y artesanos crecen de manera desordenada en los alrededores del centro. La "segregación residencial", silenciosa pero efectiva, sobreviene por una sumatoria de razones que confluyen, consciente o inconscientemente, en la elección de la vivienda: el precio de los alquileres, la distancia al lugar de trabajo, los medios de transporte y los factores comerciales, así como la forma artesanal de producción. A comienzos del siglo todo se combina para limitar la movilidad habitacional del pueblo en los límites de la ciudad.

Los diversos grupos de inmigrantes judíos se instalaron en diferentes barrios de Buenos Aires. Los europeos orientales prefirieron al principio la zona céntrica, en las proximidades de la CIRA y más tarde otras zonas como las de Once y Villa Crespo. La comunidad marroquí o de habla hispana se componía en su mayoría de judíos nacidos en Tetuán. Algunos eran oriundos de Gibraltar, Tánger, Larache y Mogador. Constituían un reducido grupo que se afincó en el barrio Sur (Constitución), a pocas cuadras de la Casa Rosada (el palacio presidencial). Los judíos de Damasco se agruparon separadamente de los de Alepo. Los primeros se concentraron en Boca-Barracas —al sur del barrio marroquí— y en Flores, hacia el oeste; los últimos se establecieron en Once, junto a los judíos europeo-orientales. Los judíos que hablaban ladino se radicaron mayormente en dos barrios: el centro y Villa Crespo, para trasladarse luego a Colegiales, Flores y Villa Urquiza. Con toda naturalidad, cada una de estos grupos fundó sus instituciones en su vecindario particular.[1]

LAS CUATRO ETAPAS ENTRE 1890 Y 1947

La distribución residencial dentro de las áreas metropolitanas más importantes es otro indicador de la forma en que los judíos se relacionan con el entorno. Pese a existir presencia judía en casi todas las zonas de una gran ciudad, se reitera la tendencia a que una proporción muy grande se ubique en un sector claramente delimitado: comienza en el límite del centro comercial interno de la ciudad y se extiende, a través de un continuo territorial, hacia barrios y suburbios de clase media. Esta extensión es a menudo el correlato de una movilidad social y ocupacional.

Una mínima dosis de abstracción permite identificar cuatro

etapas en la historia residencial de los judíos porteños (básicamente de origen azhkenazí) entre los años 1890 y 1947. Esto es lo que sostiene el investigador Eugene F. Sofer, quien trabajó sobre los registros de asociados a la *Chevra Kedusha*. Cada una de ellas representa un estadio diferente en la evolución de la comunidad. La primera indica el ingreso al país y la búsqueda de una estabilidad espacial e institucional; la segunda, la "guetoización" y la unidad; la tercera, el segundo estadio de la "guetoización" y el movimiento hacia el oeste de la ciudad y la cuarta, la dispersión y fragmentación de la comunidad.[2]

PRIMERA ETAPA: EL ARRIBO (PLAZA LAVALLE)

En 1895, el 62 por ciento de los judíos ashkenazíes de la ciudad vivían alrededor de la Plaza Lavalle, el lugar donde se instalaría en el futuro el actual Palacio de Tribunales. Grupos judíos se arracimaban en el Distrito 6 y cerca del puerto y sólo unos pocos vivían en los distritos más hacia el oeste (figuras 1 y 2).

En esta primera etapa de evolución, la Plaza Lavalle fue el centro de la comunidad judía. Este área estaba limitada por las actuales calles Lavalle, Viamonte, Libertad y Talcahuano. En los últimos años del siglo pasado y comienzos del actual, los recién llegados pasaban del Hotel de Inmigrantes a la Plaza, donde se encontraban con sus correligionarios. En Libertad 785 se construyó la sinagoga de la Congregación Israelita.

Mercado informal de trabajo, con pequeñas tiendas y almacenes, vendedores de ropa de segunda mano y casas de empeño, el pequeño barrio era extremadamente heterogéneo y servía tanto de centro religioso y comercial como para encontrar prostitutas.

Después de 1890 la construcción crece rápidamente hacia los costados y hacia arriba: el censo de 1895 contabiliza más de 1.000 edificios de tres o cuatro pisos. El brusco aumento de la población exacerba la crisis de la vivienda en Buenos Aires. Entre 1869 y 1895 los habitantes se incrementan en alrededor de un 225 por ciento, mientras que las habitaciones sólo crecen un 163 por ciento.

Fachada del antiguo templo de la calle Libertad 785 (CIRA), frente a la Plaza Lavalle. En 1895, cuando se construyó, el 62 por ciento de los judíos de la ciudad vivían en ese barrio.

Figura 1: *El centro de Buenos Aires,
entre 1890 y 1945.*

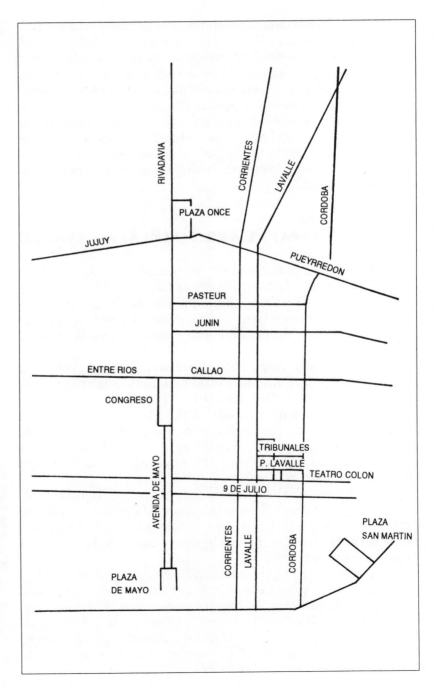

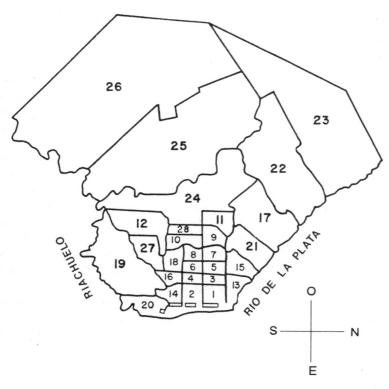

Figura 2: *La ciudad de Buenos Aires y sus distritos censales en 1895. Después de ese año, la ciudad redujo el número de distritos, por lo que las viejas y nuevas circunscripciones no son directamente comparables.*

El "barrio ruso" de la calle Libertad, primera etapa de radicación de los judíos porteños.

Las clases gobernantes se sienten afectadas en su responsabilidad cívica y deciden poner un límite a esta "mezcla" indiscriminada. En una acción coordinada, las autoridades municipales ordenan la demolición de 2.000 viviendas, algunas por razones sanitarias y otras para permitir la realización de una nueva traza urbanística: la apertura de la Avenida de Mayo y de dos grandes diagonales de estilo parisino que desembocan en la Plaza de Mayo. Esto incrementa las oportunidades para construir grandes casas y va desplazando a las viviendas pequeñas o humildes. El paulatino uso de las residencias del centro para propósitos comerciales agrava aun más la crisis habitacional, al reducir las posibilidades de alquiler familiar. Finalmente, la depresión de 1890 pone un freno a esta especulación inmobiliaria durante aproximadamente una década, pero el déficit de viviendas se mantiene, ya que sigue aumentando el número de inquilinos potenciales.

SEGUNDA ETAPA: EL GUETO (BARRIO DEL ONCE)

Lentamente la comunidad judía comienza a trasladarse desde la Plaza Lavalle hacia el barrio del "Once", donde se encuentra la estación de ferrocarril Once de Setiembre, conocida popularmente por la primera palabra. Existen varias razones para este traslado demográfico.

Tras la epidemia de fiebre amarilla de 1871, la élite porteña fue mudando sus viviendas hacia el norte de la ciudad, que ofrecía mejores condiciones higiénicas y sanitarias. Esta migración fue modificando el costo de la propiedad en el lado norte de la Avenida de Mayo: entre 1904 y 1912 el precio del metro cuadrado de tierra en la parroquia de San Nicolás subió de 133,3 pesos a 998,5 pesos (es decir, se multiplicó por 7,5). En el mismo período el precio de la tierra en los distritos del oeste, que incluían el barrio del Once, apenas aumentaron la mitad de esa cifra. La comunidad judía, incapaz de pagar las altas rentas que se pedían en las zonas céntricas, fue mudándose hacia las áreas cercanas, donde podía seguir desarrollando sus actividades.

Hacia 1900 ya se percibía la división impuesta por la Avenida de Mayo entre las zonas sur y norte de la ciudad. Esto se tradujo rápidamente en una separación económico-social que, como dijo el diputado socialista Mario Bravo una década después, comprendía a la "ciudad del norte y la del sur, las calles iluminadas y las calles sin luces"; los barrios obreros como el de la parroquia de San Bernardo, donde la mortalidad era del 17,6 por mil, y la bella parroquia del Socorro, donde esa tasa descendía casi a la mitad: 9,75 por mil.

Si los judíos porteños querían vivir en la mitad norte de la ciudad, no tenían otra opción que desplazarse hacia el oeste.

Esta segunda etapa en la historia de la comunidad judía de Buenos Aires se extiende aproximadamente desde 1907 hasta 1925. El barrio del Once pasa a ser en esos años la más importante concentración residencial y comercial de los judíos que viven en la ciudad. Instituciones comunitarias y religiosas

Lentamente, entre 1907 y 1925, la comunidad judía se desplaza hacia el barrio del Once.

echan raíces en la zona y se convierten en símbolos visibles de etnicidad que distinguen al lugar.

Este desplazamiento —del amontonamiento familiar en Plaza Lavalle al trabajo de todos los integrantes del grupo— fue vivencialmente radiografiado por Roberto Arlt:

> *Mordejai, Alphon, Israel, Levi, éstos son los nombres sonoros y bellos de todos los judíos que en Talcahuano, Cerrito y Libertad, toman el sol durante la mañana, esperando a la puerta de sus covachas la llegada de un necesitado de ropa barata o de un "reducidor" que les traerá mercadería.*
>
> *Y la parte comprendida entre Cangallo y Lavalle, de estas tres calles, está casi exclusivamente ocupada por israelitas sastres o compraventeros. Vinieron de Polonia, de Varsovia, de Serbia, de la Croacia, trayendo en los ojos endurecidos de angustia la visión de los* pogroms. *Vinieron estibados, peor que bestias en los trasatlánticos, hablando su dolorosa jerga, tiranizados por todos los goim, pateados por el Destino, dejando en la tierra de Sobieski o de Iván el Terrible, parientes que no los verían más. Vinieron a esta ciudad como quien va a la libertad. (...)*
>
> *Cambiaron sus rublos o sus mizcales, y en un zaguancito se instalaron. Adentro, en el conventillo, conventillo judío, en una pieza vivían la madre, la abuela, el abuelo, los siete hijos, el pariente, y ellos bajo el mostrador.*
>
> *Después el viejo se fatigó de ser una carga para los hijos. Y salió a la calle cargado de cajas de fósforos. O con un cajón que instaló en la esquina. Y silenciosos aún se les ve con una gorra de visa de hule y un gabán milenario...*[3]

La concentración de familias judías en el Once toma las características de un "gueto abierto" —con respecto al molde europeo— pero en el cual, respondiendo a las necesidades de los inmigrantes en una línea tradicional, la vida cotidiana tiende a mitigar los traumas de la aculturación. Red protectora y al mismo tiempo familiar, el Once provee afinidades culturales, proximidad a los potenciales empleadores, posibilidad de acceder a comidas y recreaciones similares a las de los lugares de origen.

La estructura institucional básica del "moderno gueto" judío en Buenos Aires se desarrolla siguiendo los moldes de

Negocio judío en el barrio de Constitución, donde se dirigió parte de la inmigración judía sefaradí.

la Europa oriental. La *Chevra* se inaugura en 1894 y, gracias a los esfuerzos de su presidente, Nahum Enquin, consigue instalar en 1910 un cementerio propio en Liniers. Asilos de huérfanos, hospitales y casas de retiro para ancianos, así como una gran variedad de otras asociaciones voluntarias, construyen una red para recibir y adaptar a los nuevos inmigrantes.

El idioma idish se yuxtapone con el español —mal hablado al comienzo, incorporado poco a poco con el transcurso de los años— en esas calles donde hasta finales de la década del '30, el idish seguía dominando en cada esquina. Ante la ausencia de una efectiva competencia de la sinagoga —ya que la inmigración judía a estas tierras, por lo menos entre los ashkenazíes, fue mayoritariamente no ortodoxa— la *Chevra* (Kehilá) es la institución central, alrededor de la cual giran todos los asuntos de la comunidad judía.

En el terreno del lenguaje, esta mezcla idiomática iguala —en sus diferencias y dificultades— a los inmigrantes de distintas procedencias. Se denominó *valesko* al "cocoliche" hablado por los judíos de Buenos Aires: es un "papiamento", según la jerga lunfarda, que usaban los inmigrantes judíos al poco tiempo de llegar a la Argentina; una mezcla de idish y castellano que producía textos como *¡Qui Moreira qu'istás, Abraham!*, que decía:

> —*¡Minsajiero, papá, minsajiero!*
> —*¿Qu'stá iso, hija?*
> —*¡Tilegrama qui trae la minsajiero! ¡Siguro qu'istá di Abraham! ¡Abra, abra papá!*
> *Y el Poder Ejecutivo leyó ante su familia en pleno:*
> *"Basabilbasos. —Mañana yigaré pir fiero-bot. Siempre quirido di todos. — Abraham Goldeblitz."*
> —*¡Mojier: pila pronto la poyo qui la hijo Abraham yegará insiguida! ¡I poni mucho arós!*
> *Por el hijo "qui si parese la gaucho di la familia", habíanse*

*hecho preparativos de recepción principesca. Un pollo, dos
litros de vino, un cuarto kilo de arroz (de una sentada), etc.
Y llegó de Entre Ríos. Llegó con bombacha, con pañuelo al
pescuezo, con botas floreadas, con ponchito, con camisa de
seda mordoré. ¡Grandes abrazos! ¡Prolongados abrazos!
—¿Quí ti dices di tu hermana, Abraham?
—Chá digos; ni flor di ceibos...
—¿Y vos, Olgas, quí pinión haces di tu hermano?
—¡Quí Moreira qu'istás, Abraham!*[4]

También para los antisemitas activos el barrio del Once
pasa a ser sinónimo de "gueto judío": desde el *pogrom* de la
Semana Trágica de 1919, a cargo de los jóvenes patricios de
la Legión Patriótica,[5] hasta los episodios antijudíos de la
década del 70, en el marco de la guerra armada que se
desarrollaba entre grupos rivales en las calles porteñas[6], ese
conjunto de calles y costumbres ingresa al imaginario popular
como lugar emblemático de la judeidad porteña.

La movilidad del barrio del Once, que comienza entre
1900 y 1910, se consolida entre 1914 y 1930. En 1904, el 56
por ciento de la comunidad judía porteña vive en los distritos
11 y 14; persisten también algunos grupos judíos residentes
en la Boca y Barracas (distritos 3 y 4), al sur de la Avenida
de Mayo. En el distrito 9 viven alrededor de 200 judíos,
muchos de ellos en la mitad norte de esa zona. Aunque los
judíos constituyen una pequeña minoría respecto del total
de quienes viven entre Córdoba al norte, Rivadavia al sur,
Pueyrredón al oeste y el puerto al este, ciertas áreas densa-
mente pobladas por judíos incluyen y delimitan el gueto
(figura 3).

Entre 1904 y 1909 aumenta la población judía en el distrito
9. El número de judíos en el distrito 11 se incrementa un 360
por ciento, mientras que la población judía del distrito 14
crece sólo un 130 por ciento. Hacia 1914 casi el 40 por ciento
de los ciudadanos judíos provenientes del Este europeo
habitan los distritos 9 y 11, lo que representa un cambio
importante en relación con el distrito céntrico original.

Paralelamente, en esos años hay un explosivo crecimiento poblacional en las zonas alejadas del centro. Entre 1895 y
1914, por ejemplo, la sección de Vélez Sarsfield (distrito 1)
pasa de 4.500 a más de 100.000 habitantes. Belgrano, incor-

*Algunos grupos judíos persisten en la
Boca y Barracas, al sur de la Avenida
de Mayo.*

porada a Buenos Aires en 1887, sube de los 15.000 habitantes de 1895 a los casi 230.000 de 1936. Y Flores, anexada en 1887, sufre otro crecimiento espectacular hasta 1936. Este barrio merece un párrafo aparte.

Hacia la segunda década del siglo, gran parte de los inmigrantes de origen sefaradí que se habían instalado en la Boca y Barracas se desplazó hacia la zona de Flores. En su gran mayoría vendedores ambulantes, llenaron sus bolsas de arpillera con camisetas, peines y peinetas y se encaminaron a venderlas por las perfumadas calles de entonces. Algunos, más pudientes, instalaron sus negocios en la zona mayorista de Alsina o en el barrio del Once, mientras formaban sus hogares en Flores.

La mayoría de estos inmigrantes ya traían el oficio textil de la zona de la que provenían (Damasco y Alepo). Habían aprendido con sus padres a discriminar hilados, a percibir los secretos más profundos del tejido. Amantes de las telas, del aroma de las flores y de la bulliciosa alegría de la calle, en estos inmigrantes sefaradíes se había arraigado a lo largo de varias generaciones una característica muy especial: un verdadero apego por la tradición religiosa judía. No sería exagerado afirmar que el 90 por ciento de los que hoy habitan el barrio de Flores son, de un modo u otro, respetuosos de la religión judía. Esta característica hizo que Flores, allá por la década del 20, se viera repentinamente invadida por sinagogas. Las dos comunidades más grandes fundaron sus respectivos templos: *Agudat Dodim* la alepina y Puertas de Sión la damasquina. Esta última ubicada en la calle Avellaneda al 2800, fue construida en 1913, y en su puerta se puede ver una placa con un paisaje de... Damasco. Toda la gama de tendencias de la religión judía, desde una ortodoxia "liviana" hasta la más extrema, conviven en las calles de ese barrio nucleadas alrededor de sus sinagogas.[7]

Se hace necesario aumentar el atractivo de las zonas alejadas del centro y proveer servicios básicos y comunicación relativamente rápida y económica a los que deben trasladarse diariamente a sus trabajos desde la periferia. Se desarrollan nuevos medios de transporte: el ferrocarril, los trolleys, los automóviles.

Una segunda "epidemia" de especulación inmobiliaria se desata en estos barrios aledaños entre 1918 y mediados de

El barrio de Flores sufre un crecimiento espectacular en las primeras décadas del siglo. Hacia 1920 se desplazarán hacia allí inmigrantes sefaradíes que se habían instalado en la Boca y Barracas.

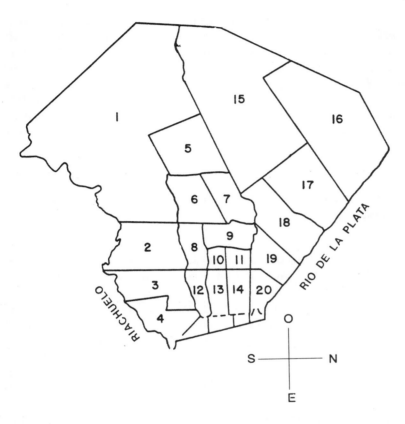

Figura 3: *La ciudad de Buenos Aires y sus distritos censales en 1904-1907. Las circunscripciones con concentración de población judía incluyen los distritos 9, 11, 14 y 15.*

La sinagoga, núcleo que concentra a los judíos de cada barrio en las primeras décadas.

los años 20. La renta de los departamentos sube en forma impresionante. Sólo hacia 1929-30 un "boom" en la construcción de pequeñas viviendas logrará frenar ese proceso y estabilizar por un tiempo los alquileres.

La necesidad de que el lugar de trabajo y el de vivienda sean más próximos es el principal factor que hace que los judíos del "gueto" comiencen a dejar el barrio del Once y a desplazarse hacia el oeste de la ciudad. Los datos de la época indican con claridad la importancia de esta relación entre casa y empleo. Después de 1914 comienza a declinar la importancia comercial del área de Plaza Lavalle y del Once; hacia 1917 un tercio de los integrantes de la *Chevra* trabajan en el centro de la ciudad; en el curso de la siguiente década ese porcentaje declina hasta un quinto, mientras que el 41 por ciento de los miembros de la *Chevra* trabajan en el Once.

Una información incompleta, que va de 1917 a 1921, señala que entre el 55 y el 88 por ciento del total de socios de la comunidad vive y trabaja en el mismo lugar o en el mismo edificio. En 1927, entre la mitad y las tres cuartas partes de ellos viven y trabajan en el mismo distrito. Estos porcentajes reflejan la consolidación de una pequeña burguesía judía: las ocupaciones no manuales permiten al integrante de la comunidad vivir y trabajar en el barrio. El resto comienza a emigrar.

TERCERA ETAPA: HACIA EL OESTE (VILLA CRESPO)

Practicando boxeo en un inquilinato de Villa Crespo (1934). Los inmigrantes de Europa oriental, recién llegados, se unieron allí a las familias judías, que se iban desplazando hacia el oeste de la ciudad.

Coincidiendo con la concentración de los judíos en los distritos 7 y 15, hacia 1914 las consecuencias de la Primera Guerra Mundial irán empujando a los nuevos inmigrantes hacia esas zonas. El distrito 15, que incluye una gran parte del barrio de Villa Crespo, estará en el centro de la búsqueda de vivienda de un amplio segmento de la comunidad judía.

El cambio comienza a notarse hacia 1920, cuando alrededor del 15 por ciento de los socios de la *Chevra* ya viven en Villa Crespo. En contraste, eran menos del 3 por ciento los miembros de esa institución que habitaban en esa zona entre 1905 y 1910. En el mismo lapso, el porcentaje de socios que viven en el Once sólo se incrementa muy ligeramente.

Buenos Aires sufre grandes transformaciones en estas primeras décadas. A la incorporación de los suburbios de Flores y Belgrano se suman tranvías eléctricos, que reemplazarán los transportes a caballo para comunicar a las nuevas áreas urbanizadas. Entre 1912 y 1914 se completa la primera de las cinco líneas de subterráneos que cruzarán la capital del país.

Pocos barrios podían ser considerados tan porteños como Villa Crespo hacia principios de siglo. Desde el arroyo Maldonado, cuyas orillas quedaron en la mitología como dudoso recaladero del lumpenaje más bravío, y la calle Triunvirato —actual Corrientes— por cuyo empedrado se bamboleaban los tranvías de la línea Federico Lacroze y los coches fúnebres, hasta el conventillo de la Paloma —112 habitaciones para los operarios de la Fábrica de Calzado que fueron escenario de intensos y conflictivos amoríos—, sirvieron de inspiración a poetas, novelistas y comediógrafos de la talla de Celedonio Flores, Leopoldo Marechal y Alberto Vacarezza.

Se hace difícil imaginar cómo justamente allí, en esa densidad de color ya matizada hacia 1920 por la inmigración italiana y española, pudo recalar e integrarse exitosamente una amplia inmigración judía. Venidas en su mayoría de Europa oriental, miles de familias se concentraron alrededor de Triunvirato y Canning y en las laterales como Murillo, Muñecas, Camargo, Malabia, Gurruchaga y Serrano, entre otras... Siendo en su mayoría obreros, sastres, carpinteros, tejedores, vendedores ambulantes, entraron sin embargo rápidamente a formar parte del pintoresquismo villacrespense con toda naturalidad. Gran parte de ellos, los más pobres, cumplieron su primera etapa de integración en los conventillos. Cada familia contaba con una habitación, una casilla de madera que servía de cocina y un baño primitivo que compartían con todo el inquilinato. En esa habitación cosían los sastres, bullían las maquinitas rudimentarias de los tejedores, el zapatero remendaba los zapatos con una técnica aprendida en Kiev, y al alba se veía salir al vendedor

La incorporación de los tranvías eléctricos comunica a las nuevas áreas urbanizadas. Buenos Aires se transforma.

En las calles porteñas flota ahora un ambiente familiar y mestizado de comidas, ropas, costumbres y hasta idiomas diversos.

ambulante —*cuéntenik*— verdadero eslabón que comunicaba al mundo judío con el *goi*.[8]

Esas casas de inquilinato que congregaban a inmigrantes de distintas procedencias generaron en las primeras décadas del siglo un ambiente familiar y mestizado, donde el aroma de comidas de distinta procedencia flotaba sobre una mezcla de ropas, costumbres y hasta idiomas diversos, tal como lo recuerda Jacobo Shtraijer:

> *En el patio que se extiende*
> *por lo menos seiscientos pasos*
> *tengo a mi alrededor vecinos*
> *como para cubrir un abismo.*
> *Este patio tiene un nombre*
> *en el que calladamente alienta*
> *algo asfixiante desde lo más hondo*
> *de los clamores de Buenos Aires:*
> *¡Conventillo!*[9]

Y Natalio Schmucler, quizás el poeta judeolunfardo más famoso entre los conocedores del arrabal porteño —aunque nunca publicó un libro propio, era recitado boca a boca en los años 50—, decía:

> *Nací en un yotivenco fulería*
> *con cocinas enfrente de las piezas.*
> *Entraba el agua a todo, si llovía,*
> *como entraban tan sólo las tristezas.*
>
> *A una extraña vecina, la "Meneca",*
> *que tenía un malvón al que cuidaba,*
> *le pusieron los muebles en la yeca*
> *porque la pobre, bueno, no garpaba...*
>
> *Yo era un pibe, ¿sabés?, la vi llorando*
> *y me jodí pa'toda la cinchada;*
> *me entró a fajar la pena, la congoja.*
>
> *Si ahora mismo, mirá, lo estoy contando*
> *y la oigo broncar a la encargada*
> *y soy aquel malvón, que se deshoja.*[10]

En 1936 unos 30.000 judíos, aproximadamente un 25 por ciento de la población total de la ciudad, residen en Villa Crespo. Este barrio ya no conformará exactamente la idea de "segundo gueto", con su imagen tradicional de aislamiento, porque inmigrantes procedentes de otros lugares compartirán las calles, dando origen a un curioso intercambio que "integra" a los recién llegados, aun con su diferencia, pero al mismo tiempo los "estereotipa" en casilleros previamente etiquetados por un prejuicio, quizás leve pero no menos discriminatorio.

Un par de ejemplos literarios iluminarán este punto de vista. En su primera y seguramente más conocida novela, *Adán Buenosayres*, el escritor Leopoldo Marechal incorpora, en esta "primera novela experimental argentina" al decir de la crítica, el ambiente de las calles y los personajes de ese Villa Crespo inmigratorio. Uno de los más recordados protagonistas es el filósofo villacrespense Samuel Tesler —inspirado en el poeta Jacobo Fijman, trágica figura que terminaría sus días en el hospicio porteño—, a quien el autor hace profetizar, mientras señala con el brazo las chimeneas y terrazas de la gran ciudad:

> —¡*Ahí está Buenos Aires!* —dijo—. *La perra que se come a sus cachorros para crecer.*[11]

Y el mismo Marechal no vacila en pintar de esta manera a su "amigo" Tesler:

> *A la luz temblorosa de la llama pudo verse algo de su semblante: cierta nariz en forma de pico de gavilán, dos orejas enormes y apantalladas, unos labios gruesos y sensuales, indicios todos que denunciaban en él a un hijo de aquella raza predilecta, un día, de Jehová, y aventada luego como un puñado de ceniza por haber teñido sus manos crueles en la sangre de un Dios.*[12]

Para evitar las sospechas de una mera descripción física, el narrador abunda en figuras como "el académico Tesler, dejándose llevar por ese utilitarismo tan propio de su raza"[13] o "lo que realmente pasaba era que su lúgubre interlocutor (un semita) se inclinaba más al sentido ético de las cosas que al metafísico y profundo llevado por influencias raciales que le hacían ver en cada uno de los dioses a un grotesco agente de policía.[14]

La ubicación en el clima de esa época posiblemente ayude a matizar el juicio condenatorio que hoy pueden provocar algunas de esas expresiones. Algo similar sucede con el poema lunfardo *A la rusita piola*, dedicado por su autor, Julio Ravazzano Sanmartino, "afectuosamente a la colectividad israelita y a la paisanada de Cánning", que dice:

> Tengo una mina rusita
> que me forma pa'los vicios
> y con la pasta de cafishio
> yo le achaco cualquier guita.
> La pendeja es moscovita
> y pinta de lo mejor
> y en silueta se cotiza
> como cheque al portador.
> Se deschavó que me quiere
> porque soy un variador
> milonguero y entrador
> y de presencia canera,
> la mina es pierna y diquera
> cariñosa y consecuente
> y de un sport bien polenta
> pa'hacerla pasar al frente.
> Por problemas de religión
> se juntó con un otario
> que canta en un seminario
> y está carburando en baja
> la mina que es rompe y raja
> con el gil no quiere lola
> yo la apreté y me dió bola
> y se juega a mi baraja.
> Como la mina es seguidora
> yo me la voy a espiantar
> y la voy a embulinar
> con varios puntos de guita.
> Para este juego... Rusita
> yo soy un profesional
> y en la catrera te arreglo el fato
> de tu problema racial.[15]

Las calles de Buenos Aires, el bullicio que favorece una aceptación no exenta de ciertos prejuicios.

En el interior de la comunidad, Villa Crespo cumplirá dos funciones diferenciadas: para los judíos rusos, que vienen desde el Once, será una base para relacionarse con el distrito céntrico; para los judíos polacos, recién desembarcados, su rol será similar al que Plaza Lavalle jugara décadas antes: un lugar de llegada para afrontar menos duramente el choque cultural e idiomático.

Hay dos características fundamentales que, según los entendidos, diferencian a los judíos del Once de los de Villa Crespo. Una es la extracción social —en este último barrio parecen haber recalado los más pobres—, y otra el grado de religiosidad. Así como la judeidad del Once importó de Europa distintas líneas de ortodoxia religiosa, la de Villa Crespo trajo una especie de laicismo asociado a ideas políticas anarquistas, sindicalistas y socialistas. Los viejos habitantes del barrio guardan en ese sentido algunas anécdotas cuya verosimilitud se confunde con la leyenda. Se dice que en algún lejano *Iom Kipur* de los años 20, un grupo de enfervorizados judíos villacrespenses organizó un banquete de desagravio al ayuno religioso que impone esa festividad.[16]

Más allá de las pequeñas historias, Villa Crespo tuvo y tiene sus sinagogas: la *Ajiezar*, que funcionó en sus inicios también como *jeider* en un galpón de chapa y madera de la calle Serrano, es hoy el templo de la calle Acevedo; el templo Max Nordau, en la calle Murillo (desde 1916), y el más ortodoxo *dipoilishe shil* (el templo polaco) de Serrano y Warnes. La comunidad sefaradí, por su parte, cuenta con una imponente sinagoga de líneas orientales inaugurada en 1936.

Reflejando los pasos iniciales de la dispersión residencial, ese año de 1936 sólo un 14 por ciento de los judíos miembros de la *Chevra* trabajan en el distrito céntrico, un tercio en el Once, un 13 por ciento en Villa Crespo, un 14 por ciento en la periferia y un 18 por ciento tiene sus ocupaciones en distintos barrios desparramados en los límites de la ciudad (figura 4).

La población judía de Villa Crespo continúa en aumento desde mediados de los años 20 hasta 1936. Sin embargo, para los porteños el "gueto" seguirá estando en el Once. Hacia los años 40 la calle Corrientes, arteria central del barrio del Once, tiene una actividad febril. Pequeños negocios tex-

Las nuevas generaciones integrarán naturalmente las identidades argentina y judía.

Aunque aumenta la población judía
de Villa Crespo, para los porteños el
"gueto" seguirá estando en el Once.
La calle Corrientes, arteria central del
barrio tiene una actividad febril
(salvo los días sábados).

tiles y de ropa, almacenes con comidas típicas, vendedores
de diarios en idish que vocean sus periódicos y carteles en
casi todos los comercios advirtiendo que "se habla idish y
castellano", otorgan una fisonomía especial a esa zona.

La calle Junín en especial actúa como un imán para los
literatos durante varias décadas. Humberto Costantini ubica
en esas veredas su *Milonga de una mujer*, ilustración de una
saga novelística sobre Raquel Liberman y la trata de blancas
que la muerte le impidió concluir:

> *Venga el blanco de un jazmín*
> *venga el cristal de una fuente,*
> *y de ahí brote esta milonga*
> *para una mujer valiente.*
>
> *Valiente como muy pocos,*
> *entera a carta cabal*
> *como que sola y su alma*
> *se enfrentó con la Migdal.*
>
> *Con la Migdal poderosa,*
> *de la coima y el morlaco,*
> *del político prendido*
> *y el canflinflero polaco.*
>
> ....

Figura 4: *Divisiones comerciales de Buenos Aires, 1890-1945.*

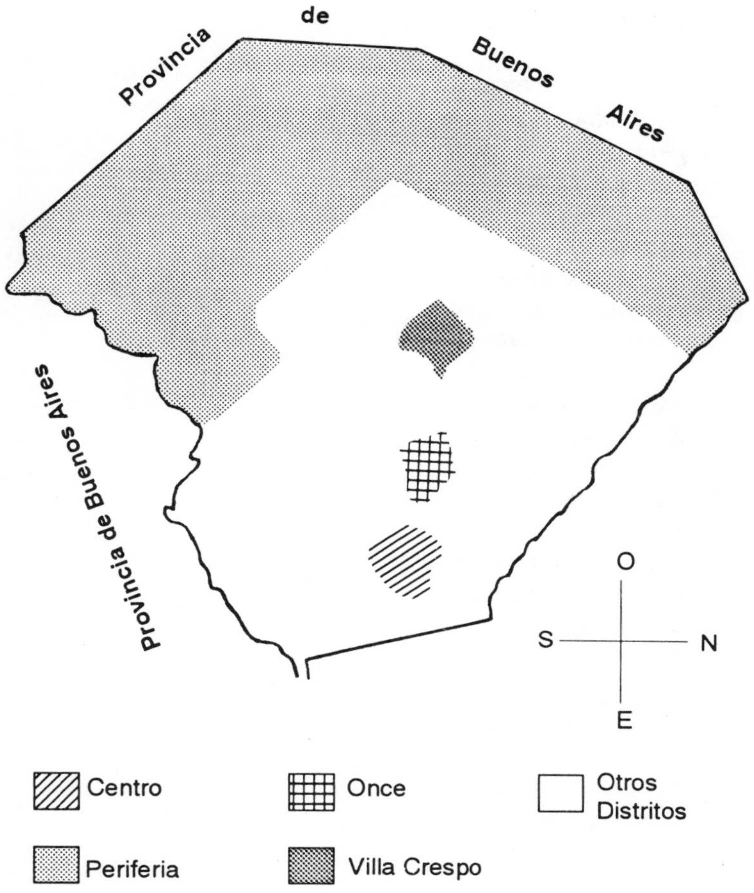

*Su ciudad de Lodz dejó
con corazón saltarín,
y fue a parar a una casa
de Tucumán y Junín.*

*Una casa oscura, fea,
sin patio y con varias salas,
de esas que por discreción
suelen llamar casas malas*

...................................[17]

Y César Tiempo compuso una suerte de oración laica a la "capital del gueto porteño":

Sábado de Pascua
Dios está en la calle
Hoy tiene ojos claros
Junín y Lavalle.

Júbilo sagrado
lejos del trajín
remonta el jad gadio
Lavalle y Junín.

Moza erubescente
de avispado talle:
se ha transfigurado
Junín y Lavalle.

Salta sobre el mundo
desde el trampolín
de sus oraciones
Lavalle y Junín.

Y hasta que avasalle
la sombra el confín
del día en la calle
orará Lavalle
y amará Junín.[18]

El Once posee también teatros judíos, bancos, organizaciones de crédito, comunidades religiosas y asociaciones voluntarias. En Lavalle, paralela a Corrientes, se escucha cantar a los rabinos, hablar a los maestros hebreos, la gente entra y sale de casas de artículos religiosos o librerías judías. El sábado el aire adquiere un especial fervor, que identifica a ese gueto étnico en el centro de la ciudad:

Atravesemos la calle Junín, de Corrientes a Tucumán (o sus
alrededores) a cualquier hora del día, y podremos darnos de
narices con una multitud abigarrada de barbas proféticas,
amarillentas sonrisas, ojos verdes y azules, salpicando el

La esquina de Junín y Lavalle (en 1947), punto central del barrio del Once. Un pasado prostibulario que deja lugar a cines, laboratorios, bares y comunidades religiosas.

cuadro matronas en perpetua gravidez, apellidos intransitables cabalgando sobre los turbios cristales de los comercios escuchimizados y muchachas en flor, cuya alegría prenupcial es el candelabro fragante que arde en la mano oscura del gueto.
En Lavalle rumbo a Pueyrredón, la judería cambia de semblante como si hubiéramos traspuesto un pueblo a través de la niebla. Aquí, a los característicos cambalaches de compra y venta, a las inclusas de relojes, a las "bakeráis" (fábricas de pan), en cuyas vidrieras florece el "koilech", ese pan ensortijado y a veces dulce, a las quesadillas, a los "béiglaj", ha sucedido un hacinamiento de caserones y conventillos, zaguanes con puestos de fruta y balcones donde se orea la colchonería privada, mientras surcan aquel orco babélico, morconas y chamarileros piafantes. Al lado de ese edificio recién nacido, que ayer nomás fue albergue de media colectividad y ahora abre insolentemente sus fauces de garaje nos hallamos con la sina-

El moderno barrio del Once, identificado con las galerías comerciales de la avenida Corrientes

goga y Talmud-Torá Bnei Israel, cuyos oficios rituales nos es dado contemplar desde la calle, a través de la sala, y a la caída de la tarde, cuando un grupo de fieles eleva sus preces a Adonái conducidos por la voz elástica y poderosa de un hebreo esmirriado, revestido del clásico "tales" (manto religioso). Hervidero rubio de las calles judaicas, cruzado por la verde corriente de los Lacrozes, diferenciado y presente como un barco encallado en un puerto de promisión, en cuya cubierta un mundo laborioso, hormigueante y febril, detiene un instante su trabajo para saludar a Dios con las palabras de su profeta: Kadosh, Kadosh, Kadosh, Adonái Tsevaot, Nimló jol Haaretz jevodó (Santo, Santo, Santo, Señor de los Ejércitos, llena está toda la tierra de la majestad de tu gloria).[19]

En 1921 un grupo de correligionarios funda en la calle Ecuador los Comedores Populares Judíos, cuya misión era proveer comida *kasher* a los recién llegados inmigrantes religiosos, sometidos a ayuno forzado por el mundo gentil de su entorno, que no respetaba las estrictas normas dietéticas judías. También en la década del 20, para solucionar el tema de los baños rituales, surge la *mikve* de la calle Larrea al 700, en el mejor estilo del *shtetl* de la Europa original. Y nadie que caminara las calles del Once en las décadas que siguieron podía dejar de conocer al famoso Reb Shimeon, una especie de profeta de bastón y larga barba blanca, que en su prédica cotidiana vendía el *Idishe Zaitung* o el *Di Presse* en distintas esquinas del barrio. Ya de anciano, solía sentarse en las escalinatas de alguna escuela o negocio esperando pacientemente a los fieles clientes que recorrían el barrio hasta encontrarlo. La sede de todos los periódicos judíos estuvo y está en el Once y los quioscos más importantes de la zona los venden.[20]

La persistencia de este "gueto abierto" durante la década del 40 oscurece los cambios producidos en el interior de la comunidad judía. Hay ahora una alta movilidad habitacional entre los integrantes de la *Chevra*, que cambian más a menudo de residencia, en el mismo barrio o trasladando sus viviendas fuera de él.

En 1920, el 44 por ciento de los socios de la *Chevra* vivían en el Once; sólo un tercio de ellos continuaba viviendo allí en 1936. Era habitual que, en lapsos como el de la muestra citada, los jefes de familia mudaran cuatro o cinco veces de domicilio, ya fuera corridos por los altos alquileres, por razones de cercanía laboral, o en algunos casos por el ascenso de su situación económica.

La vida cambiaba en las calles:

> *Changadores, carpinteros, tejedores, sastres, apuraban el fin de la jornada laboral para reunirse, con la mediación de unas*

Las calles laterales combinan negocios cerrados y religiosos a pie durante los sábados y festividades judías.

fichas de dominó, los dados o unas bolas de billar. Pero no sólo al atardecer sino a todas horas del día los parroquianos judíos poblaban los bares de Villa Crespo. Entre María y María, los cuénteniks *se corrían al San Bernardo, al Colón o al Corrientes a lucubrar —entonados por una copa de grapa— alguna disparatada aventura económica. (...) Pero el verdadero protagonista de la bohemia judía villacrespense fue, y sigue siendo, el famoso Café, Bar y Billares San Bernardo. Ubicado en Corrientes 5434... por el año 1930 ya poseía la sala de billares más importante de la zona, con más de veinte mesas, y era famoso por ser uno de los reductos donde la actividad ajedrecística se practicaba con mayor impulso... El té con limón, el cortado en vaso o la grapa se consumían a la espera de los* varéniks *del mediodía. La nostalgia de Varsovia quedaba, así, un poco más disipada.*

Si Corrientes (ex Triunvirato) era la calle que nucleaba a los ashkenazíes, Gurruchaga se hizo famosa porque en ella asentó sus lares la inmigración sefaradí de habla castellana, transformándola en una especie de pintoresca calle oriental. Tres bares, el Izmir, *el* Oriente *y el* Franco, *varias casas de inquilinato y sobre todo la calle, verdadero reducto de la judeidad sefaradita —atestada de vendedores de fruta, de pescados fritos, de semillas de girasol, de boyos de acelga y carne picada— transformaron a Gurruchaga entre Camargo y Triunvirato en un colorido sainete de Vacarezza.*[21]

CUARTA ETAPA: LA DISPERSIÓN

Hacia 1936, alrededor del 22 por ciento de los judíos de la comunidad reside en Once, mientras aumenta cada vez más la cantidad de los que se afincan en Villa Crespo. Ese mismo año aparecen grupos de habitantes judíos en el distrito 18, en el lado norte de la ciudad, que incluye el relativamente exclusivo barrio de Palermo (véase figura 4). En los once años siguientes el número de judíos del distrito 5 crecerá un 50 por ciento, en el distrito 7 alrededor de un tercio, en el distrito 18 alrededor del 5 por ciento. Mientras tanto, en el Once la población judía se incrementará en un 10 por ciento

El Café, Bar y Billares San Bernardo, en Villa Crespo (Corrientes 5434). Historias de una mesa de dominó. Además, billares, té con limón, cortado en vaso y grapa para disipar nostalgias de Varsovia o Vilna.

y en Villa Crespo crecerá en forma sorprendente: un 67 por ciento.

Entre 1936 y 1947 toda la comunidad ingresa, pues, en la cuarta etapa de su historia porteña: la dispersión residencial.

Los cambios causados por la industrialización y por la más activa participación del Estado en la economía contribuyen a esa dispersión. La gradual aculturación reduce las necesidades cotidianas del gueto y otorga mayor movilidad a los ciudadanos judíos de Buenos Aires. También la modernización de los sistemas de transporte, más rápidos y seguros, posibilita que la distancia entre vivienda y lugar de trabajo sea sólo una variable más a la hora de decidir el lugar de residencia.[22]

Para Mirelman, en cambio, la pauta de radicación de los judíos en Buenos Aires está en relación directa con sus ocupaciones. En Villa Crespo un gran número de obreros judíos se instaló junto a las fábricas o los talleres de sus empleadores judíos, concentrando en este lugar a la casi totalidad de la industria textil. En la Paternal tuvo lugar un proceso análogo de concentración de la industria judía de la madera y el mueble, así como la de la seda artificial y el rayón. La barriada del Once, más próxima al centro de la ciudad, continuó siendo el foco comercial y el asiento de las principales instituciones. Y una profesión judía por excelencia, la de sastre, se extendió por toda la ciudad, pero preferentemente por Villa Crespo y la Paternal.[23]

Finalmente, la idea de "conciencia social" que parece impregnar las medidas estatales en una parte del gobierno central, resultó en una expansión de los servicios sociales que se reflejó también en la creación por la comunidad judía de nuevas instituciones en los barrios (escuelas, clubes, sinagogas), lo que redujo la necesidad de las familias judías de vivir tan cerca unas de otras (figura 5).

La dispersión comercial corre paralela a la residencial. Ya desde los primeros años de la década del 30 muchos judíos comienzan a movilizarse desde sus vivendas en el Once hacia la periferia de la ciudad en busca de empleo. Incluso la provincia de Buenos Aires comienza a tomar importancia como lugar de provisión de trabajo: hacia 1945, los barrios periféricos y la provincia de Buenos Aires proveen la mayor cantidad de lugares laborales para los judíos que viven en Villa Crespo.

Esta acelerada descentralización hace coincidir la indus-

La pauta de radicación de los judíos en Buenos Aires está en relación directa con sus ocupaciones.

CUADRO 13
Origen de la población judía de Buenos Aires en 1936

PAÍS NATAL	JUDÍOS DE BUENOS AIRES	PORCENTAJE DE JUDÍOS EXTRANJEROS
Polonia	31.172	
Rusia	23.171	
Rumania	5.175	
Lituania	1.056	
Letonia	202	
TOTAL DE JUDÍOS DE EUROPA ORIENTAL	**60.776**	**82,6**
Alemania	1.376	
Austria	1.092	
Hungría	499	
Checoslovaquia	203	
TOTAL DE JUDÍOS DE EUROPA CENTRAL	**3.170**	**4,3**
Siria-Líbano	3.408	
Palestina	388	
Egipto	181	
TOTAL DE JUDÍOS DE HABLA ÁRABE	**3.977**	**5,4**
Turquía	2.978	
Grecia	175	
Bulgaria	164	
TOTAL DE JUDÍOS DE HABLA LADINA	**3.317**	**4,5**
Marruecos	195	
España	179	
Tánger	24	
Argelia	11	
Gibraltar	5	
Portugal	4	
Túnez	2	
TOTAL DE JUDÍOS DE HABLA HISPANA	**420**	**0,6**
Otros nativos extranjeros	1.946	2,7
Argentinos nativos	46.589	

Fuente: Municipalidad de la Ciudad de Buenos Aires, *Cuarto Censo General* (22 de octubre de 1936), Buenos Aires, 1939, vol. III, págs. 310-323.

CUADRO 14

Distribución de la población total y judía de Buenos Aires por distritos en el año 1936

DISTRITO	POBL. TOTAL	POBL. JUDÍA	PORCENTAJE
1- Vélez Sarsfield	149.446	4.536	3,0
1- Nueva Chicago	67.702	876	1,3
1- Nueva Pompeya	113.834	2.994	2,6
2-	88.997	1.709	1,9
3- Zona 1	41.107	468	1,1
3- Zona 2	62.155	1.600	2,6
4-	73.631	2.072	2,8
5-	123.396	6.002	4,8
6-	105.837	2.542	2,4
7-	78.401	6.222	7,9
8-	72.634	1.929	2,6
9-	84.172	12.272	14,5
10-	44.262	1.521	3,4
11-	51.791	14.550	27,5
12-	74.950	1.425	1,9
13-	81.307	1.251	1,5
14-	74.809	2.865	3,8
15- San Bernardo	145.014	23.820	16,4
15- Villa Devoto	146.717	4.167	2,8
15- Villa Mitre	104.638	5.972	5,7
16- Belgrano	110.313	2.395	2,2
16- Villa Urquiza	118.646	1.950	1,6
17-	115.532	2.861	2,5
18-	123.047	10.672	8,6
19-	99.427	2.600	2,6
20-	62.837	922	1,5
TOTALES	2.415.142	120.195	5,0

Los distritos mencionados en este cuadro corresponden aproximadamente a los de la figura 3.

trialización de Buenos Aires con la dispersión de la comunidad judía entre 1936 y 1947. Sin embargo, la periferia nunca llega a rivalizar con el Once y Villa Crespo como áreas preferidas por los judíos para mantener sus viviendas.

Los grupos que ocupan, entretejidos con las nuevas ca-

madas inmigratorias que trae a estas playas la Segunda Guerra
Mundial, otras zonas menos pobladas y más económicas de
la ciudad (Boedo, Mataderos, Paternal, Villa Urquiza, Villa
Pueyrredón), generan una peculiar mezcla de culturas y
costumbres que caracterizará, en la experiencia de las nuevas
generaciones, un peculiar mestizaje cultural entre esos chicos
provenientes de todas partes del mundo, criados naturalmente
juntos en las soleadas calles de los barrios porteños, derribando
làs "paredes invisibles" del desconocimiento y la extrañeza
mutuas y permitiendo sobrevivir, a lo sumo, una diferencia
de clase que se superpone al origen étnico. Un fenómeno
único y singular.[24]

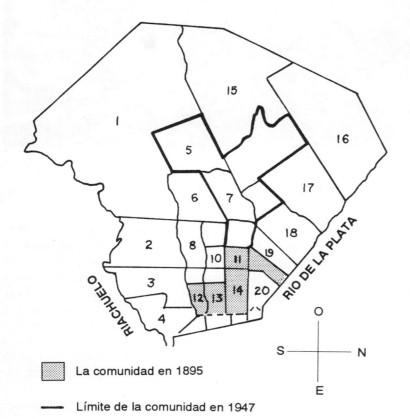

Figura 5: *Dispersión espacial de la
comunidad judía, 1895-1947.*

La comunidad en 1895

Límite de la comunidad en 1947

La confitería (actual) de León Paley, en Corrientes y Boulougne Sur Mer. Heredera del famoso Bar Internacional, *inmortalizado en las estrofas de César Tiempo.*

DEL GUETO AL COUNTRY

Hacia los años 50 la travesía de los domingos a la mañana, para un judío que viniera de otro barrio, consistía en llegarse al Once a comprar el diario, para luego entrar a proveerse en alguna de las grandes rotiserías judías y terminar tomando el té en el bar León o en el café Comercial. En dos de las rotiserías más importantes —la de Brusilovsky, de Junín y Corrientes, y la de Nemirovsky, de Corrientes y Pasteur— había que hacer colas de hasta una hora para ser atendido, y se cuenta que incluso el violinista Jasha Jeifetz en su paso por Buenos Aires concurrió a una de ellas a proveerse de *burscht* y arenques.

El bar León, situado en la esquina de Pueyrredón y Corrientes, nucleaba a centenares de parroquianos que alternaban el juego de dados, el dominó y los billares con la venta y reventa, la especulación, etcétera. Las malas lenguas aseguran que allí se cobijaba una especie de "submundo" judío. En otros bares y restaurantes como el Comercial y el Pinatí se tomaba una taza de té con limón y se comían *beiguelej* de queso a la salida de teatros judíos como el Excelsior o el Soleil, sobre cuyas tablas desfilaron actores de la talla de Ben Ami, Schvartz o Bulov.[25]

El famoso restaurante judío Internacional, ubicado en Corrientes 2317, fue fundado por León (Lioba) Paley en 1920. El hijo del dueño original, Mario Paley, recordaba casi sesenta años después:

> Mi padre era un judío venido de Odesa, que empezó siendo mueblero ebanista y se pasó poco a poco al mundo de la gastronomía, que siempre le había gustado. En 1920 fundó el Internacional frente al Idishe Zaitung, en la época en que lo dirigía Matías Stoliar. Inmediatamente el restaurante se pobló de intelectuales, literatos, artistas y periodistas que se quedaban hasta la madrugada. Llegaban a veces después del teatro y se armaban largas mesas. Yo era chico y recuerdo a figuras como Gerchunoff, Samuel Eichelbaum, Berta y Paulina Singerman, Botana, Conrado Nalé Roxlo, Manuel Sofovich, Guibourg, Blackie y Amelia Bence, entre otros. Me acuerdo de haberle llevado al doctor Satanovsky el yogur que preparaba mi madre. Ella cocinaba maravillosamente...

Y el poeta César Tiempo dejó grabada su "Tributación a la inmortalidad del *Bar Internacional*" en descripciones como éstas:

> ¡Bar Internacional
> *donde la grey semita*
> *inofensivamente se desquita*
> *de las persecuciones de la Rusia Imperial!*
>
> ....
>
> *descerraja un telefonema suasorio*
> *a Samuel Eichelbaum, entrañable*

Pintura de la serie "Cafés de Buenos Aires" (el San Martín). Entre otros, aparecen sentados Naum Knopp y Naum Grojman.

camarada filoso como un sable
y apasionado como su repertorio
de dramas apretados de fervor y de vida:
"me despeino y voy enseguida",
asegura a través del cable.

....

Al filo de la madrugada
como a un cabildo abierto
penetra don Alberto
Gerchunoff,
el maestro de la prosa labrada.
Obeso como un diccionario
y sabio en menesteres de cocina
su abacial figura domina
aquel estrecho escenario
para sus dotes caudalosas...

....[26]

A medida que avanza la década del 50, muchos de los hijos de las primeras camadas inmigratorias fueron "haciendo la América" y emigrando hacia otros barrios más prestigiosos o residenciales: Palermo, Barrio Norte, el mismo Once en algunas de sus calles y, ya entrados los 60, Belgrano, que se convirtió en el nuevo símbolo de ascenso social para muchas familias. Paralelamente, las escuelas iban creciendo en medios y disponiendo de los famosos ómnibus —primero fueron las "bañaderas"—, fieles testigos de la dispersión judía de las últimas décadas hacia los cien barrios porteños.[27]

Quizá la excepción estuvo determinada por el barrio de Flores: la comunidad sefaradita —de habla árabe, en su mayoría— que allí habita desde hace varias décadas no parece haber emigrado mayoritariamente, en general, hacia otras zonas.

Nucleadas en su mayoría alrededor del comercio mayorista,
crearon incluso la primera cooperativa sefaradí: la coopera-
tiva Avellaneda... que hoy, convertida en sucursal del Banco
Mayo, tiene un moderno edificio en la calle Nazca. Tam-
bién funciona allí la cooperativa Alvear, que atrae las ne-

*cesidades de profesionales y pequeños comerciantes, de la
pequeña y mediana industria.*[28]

Por otra parte, subsisten grupos de judíos ashkenazíes en
Flores, con sus templos e instituciones, aunque en mucha
menor proporción comparada con la sefaradí. Instalados en
un sector diferenciado del barrio, poseen entre otros edificios la sinagoga de la calle Morón al 3000 y el *Bet Am* de
Francisco Bilbao al 3000, un complejo de escuela, sinagoga
y centro juvenil.

Las últimas tres décadas, entre 1960 y 1990, produjeron
entre las nuevas generaciones de judíos argentinos —en su
mayoría nativos, al haber prácticamente cesado la inmigración desde el exterior y por simple renovación biológica—
una importante serie de cambios económicos y sociales. Estos
serán analizados con más detalle —ante la carencia de estudios sistemáticos y encuestas generales que abarquen ese
período— en el capítulo referido a la "identidad judía en la
Argentina".

Como nota de color que ejemplifica esta diferencia
generacional trasladada al plano idiomático (los padres
europeos hablaban en idish y los jóvenes nacidos en el barrio
en lunfardo), Natalio Schmucler le decía a su *Vieja*, en famoso poema:

> *Recuerdo que te hablaba en mi lunfa canero,*
> *el que nunca manyabas ni un pito y te reías.*
> *El que cuidaba un dique pa'vos era un diquero*
> *y a las cosas de goma les decías gomías.*
>
> ....
>
> *El inventa palabras —le decías al viejo—*
> *pero algunas embrocaste, a fuerza de escuchar.*
> *Y una vez, pa mi asombro, me dijiste: Pendejo*
> *venite a la cocina que vamos a morfar.*
>
> ....
>
> *Así quiero evocarte, con tu simple alegría*
> *el que nunca manyabas ni un pito y su cielo;*

amurado a la pena que me acongoja hoy,
con el chamuyo rante que nunca comprendías.

Ahora que piantaste a fecundar el suelo,
ese suelo —mi vieja— al que yo
también voy.[29]

Las modificaciones en la condición judía cotidiana durante estas tres décadas exceden ampliamente el cambio del ascenso social y su consiguiente status económico. Han llevado a una curiosa constatación de la vida cotidiana: en pleno proceso de integración al país donde ya cuentan con dos, tres y hasta cinco generaciones de antepasados, grupos de familias judías de edad intermedia, con hijos pequeños o adolescentes, repiten en algunos countries del Gran Buenos

La familia judía alrededor de la mesa, las velas encendidas. Continuidad y cambio a través de las generaciones.

Aires —esa nueva forma de *week-end*, socializada y cercana al centro urbano— un agrupamiento étnico que los primeros inmigrantes construyeron por necesidad más que por elección. Y esta realidad configura una verdad suficientemente importante como para merecer un análisis pormenorizado.

NOTAS:

[1] Víctor A. Mirelman, *En búsqueda de una identidad. Los inmigrantes judíos en Buenos Aires, 1890-1930*, Buenos Aires, Editorial Milá, 1988. Se trata de uno de los estudios más documentados y sistemáticos sobre el tema.

[2] Eugene F. Sofer, *From Pale to Pampa. A social History of the Jews of Buenos Aires*, New York-London, Holmes and Meier Publishers, 1982, cap. IV: "The City", pág. 65-89. La descripción de las cuatro "etapas" (entre 1890 y 1947) está inspirada por este capítulo, no así los comentarios ni las conclusiones posteriores.

[3] Roberto Arlt, *Nuevas Aguafuertes porteñas*, Buenos Aires, Editorial Losada, 1975.

[4] Félix Lima, *Entrañas de Buenos Aires*, Buenos Aires, Editorial Hachette, 1969, págs. 130-131. Citado en el libro *Judíos y Argentinos. Homenaje al centenario de la inmigración judía a la Argentina*. Buenos Aires, Manrique Zago Ediciones, 1988. Es interesante comparar este apelativo que define —"Abraham Murieira" (por el gaucho Juan Moreira)— con el que titula el poema del lunfardo-idish prostibulario, mencionado por Edmundo Rivero, *Una luz de almacén. El lunfardo y yo*, Buenos Aires, Emecé Editores, 1982, págs. 172-173 (que citamos más ampliamente en el capítulo 8 de este libro). Por otro lado, el *valesko* puede compararse con el lenguaje de

El judío Aarón, de Samuel Eichelbaum, analizado en el capítulo 6 de este trabajo.

[5] La novela autobiográfica *Pesadilla*, de Pinie Wald (incluida en la antología *Crónicas Judeoargentinas/1*, Buenos Aires, Editorial Milá, 1987, en versión castellana del original publicado en idish) describe con rigor testimonial lo sucedido durante esos días.

[6] La revista *El Caudillo*, de la Alianza Anticomunista Argentina (Triple A), grupo paramilitar de ultraderecha fundado por José López Rega, publicó en esos años un poema titulado *Rompan todo*,

abierta incitación a un *pogrom* en el barrio judío.

[7] Tamara Kamenszain, *Los barrios judíos*. Los datos y referencias están incluidos en tres interesantes notas sobre Villa Crespo, Flores y Once, publicadas sucesivamente en las ediciones número 20, 21 y 22 de la revista *Plural*, de la Sociedad Hebraica Argentina, Buenos Aires, mayo, octubre y noviembre de 1979. Fragmentos de esas notas serán reproducidos más adelante.

[8] Kamenszain, op. cit.

[9] Citado en *Pioneros de la Argentina: los inmigrantes judíos.*, Buenos Aires, Manrique Zago Ediciones, 1982, pág. 124.

[10] Citado en la recopilación de Eduardo Romano *Breviario de poesía lunfarda*, Buenos Aires, Editorial Andrómeda, 1990, pág. 263.

[11] Leopoldo Marechal, *Adán Buenosayres*, Buenos Aires, Centro Editor de América Latina, 1968, pág. 32. Las citas restantes están extraídas de esta edición. Debe tenerse en cuenta que Marechal escribió su primera novela en la década del 30, cuando se hallaba muy cercano a las ideas del falangismo español, católico y ultra-nacionalista, postura que luego abandonó para volcarse, en los últimos años de su vida, a una

militancia democrática y progresista.

[12] Op. cit., pág. 76

[13] Op. cit., pág. 86

[14] Op. cit., pág. 78

[15] Julio Ravazzano Sanmartino, *Parlamento reo-filosofía del suburbio. Historia del Buenos Aires porteño*, Buenos Aires, Edición del autor, pág. 33.

[16] Kamenszain, op. cit.

[17] Humberto Costantini, *Cuestiones con la vida*, Buenos Aires, Editorial Galerna, 1986, págs. 110-112. Véase sobre este tema el capítulo 8.

[18] César Tiempo, *Poesías Completas*, Buenos Aires, Stilman Editores, 1979.

[19] César Tiempo, *Pan Criollo* (fragmento de la Introducción: "Nuestro gueto"), Buenos Aires, Editorial Columna, 1937.

[20] Kamenszain, op. cit.

[21] Kamenszain, op. cit.

[22] El Censo Nacional de 1936 proporciona datos muy completos sobre el origen inmigratorio y la ubicación barrial de los 120.195 judíos que habitaban en Buenos Aires para esa fecha, como queda reflejado en los cuadros 13 y 14.

[23] Mirelman, op. cit.

[24] El tema de la identidad y el mestizaje cultural se desarrolla más

adelante, en el capítulo 10 de este libro.

[25] Kamenszain, op. cit. El testimonio de Mario Paley, que se cita inmediatamente después, corresponde a la misma nota, en revista *Plural* N° 22, noviembre de 1979.

[26] César Tiempo, *Poesías Completas*, op. cit.

[27] Kamenszain, op. cit.

[28] Kamenszain, op. cit.

[29] Recopilado por Eduardo Romano, op. cit., págs. 261-262.

Convocatoria al mitin del 22 de marzo de 1933 y acto público por la aprobación
de la Ley Antidiscriminatoria (1987): dos hitos de una larga lucha contra el antisemitismo.

Historia de las ideas. La CIRA y la inmigración de comienzos de siglo. Anarquistas, socialistas, comunistas. Los diversos partidos sionistas. Las corrientes religiosas. Ejemplos de enfrentamientos ideológicos intercomunitarios. Los colonos judíos y la JCA. El atentado de Radovitzky (1909). La Semana Trágica (1919). Las décadas siguientes.

Capítulo 6

¿Una o varias comunidades?

Los sionistas quieren a todos los judíos,
los comunistas quieren a todos los judíos,
los socialistas quieren a todos los judíos,
los anarquistas quieren a todos los judíos.
Todos quieren a todos los judíos.
Dice el pueblo:
—Despacito...

escribe el poeta Arn Lutzki (1894-1957), en un texto clásico que pone el acento en la diversidad y el matiz, como síntesis de la sabiduría popular del judaísmo.

En el otro extremo, para antisemitas y simplificadores de todo pelaje, los judíos tan pronto serán los forjadores del capitalismo como del comunismo, los obreros y los patrones; los librepensadores que quieren destruir el Estado, los estatistas que pretenden un gobierno mundial, los liberales que todo lo privatizan o los fanáticos religiosos cuya misión es reconstruir el Templo de Jerusalem para recibir al Mesías.[1]

Es difícil obviar el protagonismo judío en el campo de las ideas, sobre todo en este siglo XX. Bastaría con citar al físico Albert Einstein y su teoría de la relatividad; a Sigmund Freud, creador del psicoanálisis y precursor del avance en el conocimiento del inconsciente (la "tercera herida narcisista" infligida al ser humano en el curso de su historia), y —por qué no— a Carlos Marx y su análisis dialéctico de la sociología y la economía, que junto a Edmund Husserl y Ludwig Wittgenstein, dos judíos conversos como él, revolucionó la filosofía contemporánea.[2]

Sin embargo, no es ése el camino elegido en este capítulo. Más precisamente, se trata de indagar las posiciones y actitudes ideológicas de los diversos grupos inmigratorios que fueron conformando la comunidad judeoargentina. Algunos de ellos, los más ligados a cosmovisiones globales, pudieron adecuar su pertenencia partidaria y/o religiosa al nuevo mundo; otros languidecieron generacionalmente, por falta de un contexto acorde con sus postulados.

La movilidad social, finalmente, llevó a evoluciones y cambios en las ideas, y por consiguiente en las instituciones que surgieron para darles forma en la vida cotidiana. Pedro Wald lo describe de manera gráfica, refiriéndose a la Asociación del Obrero Judío, formada en 1898 para emplear a los recién llegados que paraban en el Hotel de Inmigrantes o ayudarlos, con bibliotecas y otras actividades, en la aclimatación a su nueva condición de vida:

> *Posteriormente, después de un auguroso comienzo, los dirigentes siguieron el camino de la desproletarización, al convertirse en comerciantes prósperos y pequeños industriales. El ambiente socialista y su objetivo, la liberación del obrero, fueron decayendo. Los cuadros de Marx que antes presidían las reuniones fueron desechados y al poco tiempo la institución desapareció. En su reemplazo surgieron* Bikur Jolim *y* Comedores Populares, *que nada tenían que ver con la primitiva* Asociación Obrera.[3]

Las fronteras entre estas tendencias muchas veces no están bien delimitadas, en especial en las pequeñas comunidades

La mujer trabajadora judía, llegada con la primera inmigración a las ciudades.

Las luchas conjuntas de la comunidad y todo el pueblo: obreros de mercados, solidarios en el enfrentamiento al nazifascismo (1941).

judías del interior del país, donde el conocimiento personal y la familiaridad tienden a limar asperezas y las diferencias suelen mantenerse sólo como reflejo de la situación nacional e internacional.

Una visión de las ideologías en juego ayudará a entender las polémicas intracomunitarias y las distintas posiciones en el seno de la colectividad, que sólo a veces trascienden en situaciones puntuales: la lucha entre grupos de colonos judíos y la dirección de la JCA; la tristemente célebre Semana Trágica, donde se concretó el primer *pogrom* organizado de la historia argentina (del 9 al 14 de enero de 1919) o las actividades antijudías de los años 60.

Al mismo tiempo, este eje posibilita articular las distintas visiones ideológicas, cuidadosamente "desaparecidas" en las "historias oficiales" de cada tendencia: para los cronistas de las instituciones centrales, muchas veces el movimiento "judío comunista" argentino —incluyendo su red de escuelas, expulsada en 1952 del *Vaad Hajinuj* (Consejo Central de Educación Israelita)— jamás existió. A la inversa, el "centralismo burocrático" de los "icufistas" significó en la práctica apoyar las horrendas matanzas de Stalin contra los intelectuales y sus ataques a la cultura judía soviética, y muchas veces ocultar tras polémicas incendiarias su dependencia electiva: la línea del Partido antes que la comunidad y que la verdad.

BURGUESÍA Y OBREROS JUDÍOS EN ARGENTINA

Las primeras décadas de vida judía en Buenos Aires, como se señaló en el capítulo anterior, se desarrollaron alrededor de Plaza Lavalle. Dejando al margen a los "indeseables" (rufianes), pueden señalarse estas ocupaciones predominantes: los judíos alsacianos y alemanes eran, en su mayoría, representantes comerciales de firmas europeas; los sefaradíes se dedicaban mayormente a la mercería e importación de sedas; varios judíos rusos ricos (en parte por haber vendido el inventario agrícola) comenzaron a abrir tiendas de casimires y mueblerías al por mayor, para los vendedores ambulantes de colchas y carpetas. Estos ambulantes, a quienes se llamó *cuéntenikes* porque daban su mercadería "a cuenta", es decir, a pagar en cuotas, constituían un considerable porcentaje de la población judía. Había también artesanos, sastres, carpinteros, albañiles, costureras, gorreros, relojeros, zapateros, algunos dueños de restaurantes, almaceneros, tenderos y ropavejeros con sus "cambalaches", pintorescos negocios donde se podía adquirir desde un frac usado a una moneda de museo. Allí convivían con "bolsas", clubes, restaurantes y sinagogas de los rufianes judíos.[4]

Socialmente, los alsacianos representaban la aristocracia judía. Habían fundado el primer templo (la Congregación Israelita) y realizaban diversas tareas filantrópicas bajo la guía espiritual del rabino Henry Joseph. Los judíos rusos enriquecidos no quisieron ingresar en ese grupo, y en 1892 fundaron su primera sociedad de beneficencia, a la que bautizaron en "alemán" con el nombre de *Unterschtitzungs Kassa*, que hacia 1900 se transformaría en la organización *Ezrah*, de la cual años después surgiría el Hospital Israelita.

Los artesanos, con Soli Borok —un sastre de impermeables de buena posición— a la cabeza, se organizaron en el

El futuro diputado socialista Enrique Dickman (en 1893, a los 17 años). Su actividad política comenzó como conferencista en el Centro Obrero Judío de Ayuda Mutua.

centro *Poale Hatzadek*. Y los proletarios crearon en 1896 el ya mencionado *Idisher Arbeiter Farain far Guegnzaitiquer Hilf* (Centro Obrero Judío de Ayuda Mutua), de donde surgiría *Bikur Jolim* y entre cuyos conferenciantes se hallaba el entonces estudiante de medicina, luego diputado socialista, Enrique Dickman.

Los obreros judíos, en realidad, arribaron en el primer barco que trajo a los candidatos a ser colonos: había entre ellos panaderos, zapateros, sastres y carpinteros, que establecieron en los alrededores de las calles Lavalle y Libertad pequeños negocios y talleres. La prueba de que esos obreros no tenían noción de "clase" es que en 1897, al constituir un "Centro Obrero Israelita", pertenecían al mismo tanto los obreros como los patrones.

El mismo año de 1897 surge el centro sionista *Jovevei Zion*, en coincidencia con el primer Congreso Sionista de Basilea. Un año después, se fundan otros dos centros sionistas: el llamado Liga Theodor Herzl y uno religioso (ortodoxo) denominado *Zikor Shmuel*. Un judío llamado Henry (Aga) Son, que según Pinie Katz proveía de ropa a los prostíbulos, se puso a juntar firmas para auspiciar su propia candidatura como delegado y logró viajar, como representante de los judíos argentinos, al segundo Congreso de Basilea.

Lewin coincide en que el calificativo de "aventurero" aplicado a este singular personaje de la primera época, no está exento de todo fundamento; pero al parecer no lo guiaba la búsqueda de beneficio personal, sino el deseo de destacarse individualmente, a la par de ayudar a sus correligionarios. Henry Son decía ser coronel del ejército "imperial ruso" y afirmaba que había ocupado una "posición" en la corte de los zares. El autotitulado (o verdadero) coronel Son era mecánico relojero en Buenos Aires; debió de ser una persona instruida —conocía ruso, idish, castellano y francés— y poseedora de cierta influencia y fortuna. Fue presidente de la primera agrupación sionista argentina, y a pesar de la campaña en su contra de sus adversarios de Buenos Aires se le permitió pronunciar un breve discurso en el Congreso de 1898 (Basilea) y una extensa conferencia al margen de ella. Pero su campaña no logró suscitar interés

Los obreros y artesanos judíos llegan con las primeras olas inmigratorias. Sus ideales de redención social los llevarán a una activa participación en los grupos de la época: anarquistas, socialistas y sionistas.

El escritor Alberto Gerchunoff, delegado del Partido Demócrata Progresista, habla en la Plaza General López (Entre Ríos) sobre los atropellos policiales de los años 20.

y falleció en alta mar, en el viaje de vuelta, dejando bajo un interrogante sus ensueños y fantasías.[5]

La composición social e ideológica de los judíos argentinos va a sufrir un profundo cambio con la inmigración posterior a la fracasada revolución rusa de 1905 y los *pogroms* consiguientes. Ya en 1904 la JCA orienta a 4.000 emigrantes rusos a la Argentina, cifra que ascenderá a 7.516 en 1905 y a 13.500 en 1906. Tanto los que se dirigen a las colonias agrícolas como aquellos que permanecen en las ciudades —alrededor de 1908 comienza el movimiento de artesanos y pequeños comerciantes hacia Rosario, Santa Fe, Córdoba y Mendoza— traen impreso el sello de los distintos movimientos y tendencias que predominaban en su lugar de origen.

Se trataba de un elemento inmigratorio distinto al de los colonos. No estaba animado por el ideal de trabajo agrícola de éstos ni por su ortodoxia religiosa. Si profesaban ideales, eran de redención social (generalmente de todo el género humano, no sólo de los judíos) y anhelaban prosperidad económica y seguridad personal. Siendo en su mayoría artesanos, trabajadores, empleados de comercio y semiintelectuales, portaban las más variadas exigencias: seguridad e igualdad de derechos para los judíos, autonomía nacional-cultural (bundistas), centros educativos libres (sionistas-socialistas), libre determinación para la nación judía junto con las demás del Imperio ruso (poalesionistas), autonomía político-nacional (social-revolucionarios, como Ben Adir y Zhitlovsky); así como las propias de los anarquistas, los sindicalistas y muchas otras corrientes.

El impulso de dedicarse al trabajo de la tierra llevó a muchos, apenas llegados, a los puntos más apartados del país. Dio lugar también a las más variadas aventuras, como la "fundación" por un tal Amadeo Becker de una colonia vegetariana en Mendoza, de donde los cerca de 200 candidatos debieron regresar a pie a Buenos Aires; o el intento colonizador en el Paraguay, del cual apenas pudieron salvar el pellejo.[6] Pero en general los judíos se destacaron por su tesón en el trabajo y por su rapidez para adaptarse a las técnicas laborales.

En el barco que los traía, estos inmigrantes habían establecido relaciones no sólo por su lugar de origen sino también, y a veces exclusivamente, por su afiliación política. Un bundista de Polonia tenía más afinidad con un bundista ruso. Las disidencias en el barco versaban sobre la nueva tierra y las mejoras que se pretendían y, apenas llegados a Buenos Aires, comenzaron a actuar los tres grandes bloques políticos que surgieron en Europa y cristalizaron durante el viaje: los sionistas-socialistas, los bundistas y los anarquistas. Hacia 1908 esos tres núcleos ya se habían establecido en el ambiente porteño y disputaban las simpatías de la masa proletaria, publicando periódicos en idish.

Los anarquistas

Durante una década, a partir de 1905, los anarquistas fueron una influencia dominante en el movimiento obrero argentino. Los libertarios judíos (*Arbeter Fraind*) provenían del este de Europa y de Londres. Al principio estaban bien organizados, pero sus ideas —condensadas en el lema: "se es anarquista por la práctica, o no se es por la teoría"— eran difíciles de mantener y el movimiento pronto decayó. En 1906 constituyeron la agrupación Amigos del Obrero, que difundía los periódicos afines del exterior. En 1908 editaron un diario inspirado en la doctrina del príncipe ruso Kropotkin y del escritor alemán Rudolf Rocker: *Dos Arbeter Lebn* (La vida obrera), redactada por Schapiro, y la revista ilustrada *Lebn und Fraihait* (Vida y Libertad), dirigida por Itzhok Edelstein, ambas sin demasiada repercusión.

Pronto se distinguieron entre ellos varias ramas: anarquistas comunistas, sindicalistas, individualistas y hasta sionistas. Esta división no indicaba lucha sino competencia entre los grupos que actuaban en los diversos niveles de la población judía.[7] Pero el internacionalismo, el antiparlamentarismo, la oposición a la democracia social, su rechazo de todo gobierno, ley, religión o patria, les oponían dificultades para desarrollar una relación funcional con otros sectores de obreros judíos. Tenían más en común con los anarquistas españoles e italianos, a pesar de las diferencias lingüísticas. A la vez, el extendido uso del idish entre los inmigrantes judíos lo convertía en herramienta indispensable para desplegar sus ideas.

El movimiento adquiere características propias: durante

cuatro meses de 1908 el periódico anarquista *La Protesta* publica diariamente una página en idish. La influencia libertaria se extiende a sindicatos como los de sastres y madereros, donde los judíos eran numerosos. Las persecuciones de 1910 debilitaron las filas del anarcosindicalismo judío, que después de esa fecha sólo logrará recuperarse parcialmente.

Hacia 1916 formaron la Asociación Racionalista Judía, entidad básicamente cultural y no excluyente, fusión del grupo anarquista individualista "Los buscadores de la verdad" con tolstoianos, idishistas, anarco-comunistas, anarco-individualistas y la agrupación David Edelstadt. Se distinguieron en el combate contra la *Zwi Migdal* (la organización de rufianes judíos), echando a los *tmeim* de los teatros y las asambleas de la colectividad. Participaron de las convocatorias de la FORA (Federación Obrera Regional Argentina, que nucleaba a los sindicatos anarquistas y grupos afines) y mantuvieron estrechas relaciones con diversos sindicatos, la FLA (Federación Libertaria Argentina) y la Biblioteca Popular José Ingenieros. Todavía en 1956 tuvieron activa participación en la huelga de plomeros.

Alfredo Palacios, electo senador nacional por el Partido Socialista, en compañía de los hermanos Dickman (1935). Los grupos bundistas y socialistas judíos se integraron, en muchos casos, al partido en el orden nacional.

La Asociación Racionalista publicó una serie de opúsculos —pasando gradualmente del idish al castellano—, y desde 1936 un periódico, de aparición generalmente mensual, titulado *Dos Fraie Vort* (La Libre Palabra), que apareció hasta la década del 70. Su redactor principal fue Ioine Gorodisky, que criticaba fuertemente a casi todos los sectores de la comunidad, especialmente a la AMIA y a los sionistas. Rechazaban la creación del Estado judío, defendían el uso del idish y adhirieron a una postura territorialista —creación de un hogar cultural judío en Palestina, pero sin soberanía política— y fuertemente anticomunista. Dejaron impresa en la comunidad judía argentina una huella marginal pero interesante, con una producción editorial —básicamente en idioma idish— que gira alrededor de su referente filosófico: *Caminos de utopía*, de Martin Buber.

BUNDISTAS Y SOCIALISTAS

Página en idish en el diario anarquista La Protesta.

Muchos de los obreros judíos llegados en la inmigración posterior a 1904 sentían necesidad de complementar la defensa de sus intereses gremiales con el esclarecimiento político, la actividad cultural y hasta social (muchos eran solteros y, según Wald, entre los recién llegados un 70 por ciento eran varones y un 30 mujeres) para atenuar su falta de hogar y su nostalgia por un ambiente que les era familiar.

La más famosa organización proletaria de este tipo fue la Biblioteca Rusa, fundada en 1905 por "iskristas", social-revolucionarios y bundistas, y cuyo local en La Paz (un angosto pasaje entre Montevideo y Rodríguez Peña) 43, entre Tucumán y Viamonte, era un lugar de encuentro para todo individuo de ideas socialistas. Fue allí donde, además de conferencias sobre temas generales y alguna función teatral, tuvieron lugar apasionados debates entre las diferentes corrientes del pensamiento marxista, que se tornaban tormentosos cuando en ellos intervenían los anarco-sindicalistas, adversarios de los métodos de lucha política preconizados por Marx y Engels.[8]

En 1906 se funda el primer sindicato judío (obreros gorreros) y en junio de 1907 la Organización de Trabajadores Socialistas Democráticos Judíos, cuyas elecciones son ganadas por los bundistas. Los rusos socialdemócratas, que obtuvieron la minoría, formaron la oposición dentro de los partidos.

Los bundistas crean entonces la organización *Avangard*, del Bund argentino, que desde el año siguiente publicará el primer periódico socialista en idish: *Der Avangard* (La Vanguardia). Su meta inmediata era ingresar al Partido Socialista argentino como fracción judía, siendo su lema "Proletarios de todo el mundo, uníos". Estaban convencidos de que Argentina era el lugar ideal para alcanzar sus objetivos, ya que allí llegaban continuamente inmigrantes de todo el mundo. También en 1908, luego de la huelga de protesta de ocho días por el tiroteo policial del 1° de Mayo, en el que las instituciones judías actuaron unidas, se creó un comité unitario para la organización sindical.

Los "iskristas" editaron *La Voz de la Vanguardia*, un nombre casi idéntico al del periódico de los bundistas. Ambos tenían como objetivo la difusión de los principios y aspiraciones democráticas socialistas entre los trabajadores judíos, despertar su vocación internacionalista y tender puentes hacia los partidos con sentido clasista de la población cristiana. El grupo minoritario de los "iskristas" hablaba ruso y tenía tendencias asimilacionistas. La mayoría —que hablaba idish— subsistió luego del estado de sitio y la represión del año 10, mientras los demás se diluyeron entre los partidos políticos argentinos.

El periódico bundista *Der Avangard*, el primero en el campo del socialismo judío en el país, siguió editándose hasta 1920, con distintas interrupciones, dirigido al comienzo por S. Kaplansky y luego por Pinie Wald. Después de diez años sin aparecer, alrededor de 1930 volvió a publicarse, esta vez con el título de *Páginas Socialistas*.

En el campo político, el *Avangard* idish mantenía una estrecha cooperación con el Partido Socialista e instaba a los obreros judíos a participar en las manifestaciones de los trabajadores, juntamente con las restantes fuerzas laborales pero como grupo diferenciado. Participó en la lucha contra las leyes de Residencia y de Orden Social, de contenido antiobrero, y defendió vigorosamente la cultura judía socialista secular basada en la lengua idish. Los elementos más activos de esa tendencia se entregaron a la tarea de crear establecimientos de enseñanza y fundaron las Escuelas Laicas Israelitas.

El relativo eco de los bundistas puede encontrar su explicación en el hecho de que el Partido Socialista de la Argentina, contrariamente al de Estados Unidos en la misma época, no reconocía núcleos idiomáticos dentro de su organización. "A esto se agrega que en el ambiente argentino... todos los ciudadanos pueden ejercer libremente sus actividades políticas dentro de los partidos generales. Tampoco hay lugar, como en Europa, para los sindicatos judíos autónomos. Todo eso ha contribuido para el escaso éxito de las agrupaciones socialistas judías como entidades independientes."[9]

LOS GRUPOS SIONISTAS

Ya hemos mencionado a los primeros grupos sionistas, que aparecieron hacia fines del siglo pasado. La multitud de tendencias dentro de este movimiento —donde grupos de izquierda y derecha crean alianzas, sufren escisiones y se reagrupan casi de continuo— hace difícil el seguimiento de manera organizada de cada uno de ellos.

En abril de 1904 se realizó en Buenos Aires el primer encuentro sionista, en el cual tomaron parte diez sociedades representadas por cuarenta delegados (también de las colonias). Al acto de inauguración concurrieron más de 1.500 personas, una multitud para ese entonces. Antes aún, J. S. Liachovitzky había publicado entre 1901 y 1902 el semanario *El Sionista*. El 15 de agosto de 1908 apareció el órgano oficial del movimiento, *La esperanza de Israel*, dirigido por Jacobo Joselevich, que se siguió publicando hasta 1917. En setiembre de 1913 se realizó el congreso sionista regional, que echó las bases de la Federación Sionista Argentina, donde actuaron Salomón Liebeschutz y el doctor Noé Yarcho, entre otros.

El rabino Samuel Halphon, de la CIRA (templo de la calle Libertad). Representante de los judíos alsacianos, realizó una importante labor filantrópica y educativa. Durante los sucesos de la Semana Trágica (1919) su figura se volvería fuertemente polémica.

La consolidación del movimiento llegó a raíz de la Declaración Balfour (1917), que provocó que casi toda la colonia judía de Buenos Aires se volcara a la calle para engrosar una manifestación de apoyo. Una nota pintoresca la constituyó la participación de los sefaradíes, quienes desfilaron por las aceras porteñas llevando rollos de la Torá y manifestando su júbilo con gran exaltación.

Un sector del sionismo, que se mantenía como fracción opositora dentro del movimiento, fundó en 1918 la agrupación independiente *Hitajduth,* que sólo en 1932, por gestiones del dirigente J. Jarubi, de visita en el país, se unió al partido *Paole Sión.* Un pequeño grupo, de tendencia conservadora, quedó fuera de esa fusión.

La tendencia socialista dentro del sionismo, a su vez, aparece desde los comienzos. Los socialistas-territorialistas se organizan tempranamente: en 1905 fundan el centro *Jerut,* que al año siguiente cambia su nombre por el de Sionista-Socialista y edita un periódico llamado *Nachrichten* (Noticias), dirigido por M. Polak. El mismo año de 1906 se organizan los *Poale-Sión* borojovistas (por Ber Borojov, teórico del sionismo-socialista), que tres años después reemplazarán al primer grupo, bajo la influencia en Argentina del destacado dirigente León Jazanovich. Este editará en 1909 el semanario *Broit un Ere* (Pan y Dignidad), pero no llegará a ponerlo en las calles pues será deportado por el gobierno, junto a otros dirigentes socialistas extranjeros, pocos meses después.

La labor de esta fracción se prolonga hasta 1916, con el concurso de diversos centros y de un periódico titulado *Nueva Epoca.* El poalesionismo florece hacia 1918 y al siguiente celebra su primer congreso regional. La posterior crisis en el movimiento socialista internacional da lugar a un cisma en el segundo congreso (1921); en 1922 vuelven a unirse los sectores de derecha e izquierda, y diez años más tarde se unen al grupo de los *Tzeire Sión* y forman un Partido Socialista Judío Unido Poale Sión-Tzeire Sión.

Durante los primeros veinte años (1897-1917) el movimiento sionista argentino siguió siendo limitado. Lejos de ser una causa popular, podía calificárselo como el pasatiempo de unos pocos judíos idealistas medianamente ilustrados.[10] No obstante, estos múltiples acomodamientos y rencillas internas ayudan a completar el mapa de las ideas en esas dos décadas,

Adolfo Dickman, diputado del Partido Socialista de la Argentina. De las colonias judías a la actividad pública.

durante las cuales se producen graves acontecimientos que exigen definiciones a todos los grupos.

DISTINTAS REACCIONES COMUNITARIAS

En la manifestación del 1° de Mayo de 1909 los proletarios argentinos organizaron dos grandes bloques: anarquistas y socialistas. Los primeros se concentraron en Plaza Lorea, fueron atacados por la policía y resultaron muertos muchos trabajadores (entre ellos el obrero Jacobo Resnicoff, de sólo 22 años de edad). Cuando se enteraron del sangriento fin de sus compañeros, los socialistas se reunieron frente a la Casa de Gobierno y proclamaron una huelga general, que se llevó a cabo durante una semana, a la que se plegaron los movimientos socialistas, anarquistas judíos, comités de trabajadores y otros. Pese a la movilización de fuerzas militares, el gobierno tuvo que entrar en tratativas con los huelguistas.

Entre los manifestantes anarquistas de Plaza Lorea se hallaba el joven revolucionario Simón Radovitzky, quien decidió vengar a sus compañeros por mano propia. Acompañado por otro anarquista, arrojó el 14 de noviembre del mismo año una bomba contra el coronel Ramón L. Falcón, jefe de policía. Apresado y torturado, fue enviado al penal de Ushuaia.

Natural de Rusia (Ucrania), el joven Radovitzky participa ya a los 13 años, durante los sucesos revolucionarios de 1905, en una manifestación en la que resulta herido. Llegado al país, trabaja como herrero y mecánico en el Ferrocarril Central Argentino y vive en un conventillo del barrio del Once. Según el informe policial, Radovitzky pertenecía a un grupo "ácrata" compuesto en su casi totalidad por no judíos y de actuación en el campo general. No tenía, en su trabajo ni militancia, especial conciencia de su condición judía ni aludía a ella. Es el fiscal de la causa, doctor Miguel Beltrán, quien destaca en términos ultrajantes esa condición ("Parias de absolutismo políticos de aquel medio, sometidos a los poderes discrecionales del amo, perseguidos y masacrados

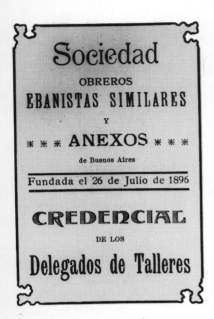

por la ignorancia y fanatismo de un pueblo que ve en el israelita a un enemigo de la sociedad, emigran al fin, como Radovitzky...") y termina solicitando, con fines de "defensa social", la pena de muerte para ese inmigrante judío de... dieciocho años de edad. Las manifestaciones posteriores a la condena del joven anarquista, que casualmente coinciden con el año del Centenario, circulan por las calles de Buenos Aires al grito de: "¡Fuera los rusos!"

El presidente Figueroa Alcorta impone a los legisladores la Ley de Residencia, afimando que los anarquistas y los obreros izquierdistas se preparaban para sabotear los festejos nacionales; luego disuelve el Parlamento y establece el estado de sitio. Son deportados, entre otros, el dirigente sionista León Jazanovich, el poalesionista Z. Sorkin, el socialdemócrata Mashevitz, y Moishe Shutz, Iavitz, Samburski y otros del *Arbeter Fraind* (anarquistas). Grupos de estudiantes "patriotas" asaltan instituciones socialistas, imprentas, bibliotecas y diarios; incendian la sede de *La Vanguardia*, depredan y saquean la Biblioteca Rusa y la del *Poale Sión*...

Durante algunos años, las actividades políticas judías en la calle sufrieron un repliegue. El movimiento obrero se debilitó y los sectores patronales aprovecharon para anular las mejoras conquistadas en anteriores huelgas. Pero el estallido de la guerra de 1914 suspendió las corrientes inmigratorias masivas y causó una crisis en la industria argentina. La confusión llegó también a las diversas agrupaciones de trabajadores.

Para la visión clasista de Pinie Katz (1881-1959), fundador del ICUF-Federación de Entidades Culturales Judías en Argentina (la sección judía del Partido Comunista argentino), el enfrentamiento ideológico entre diversos sectores de la comunidad judía se remonta a los albores de la colonización. "Los colonos lucharon contra la JCA.... que intentaba destruir la conciencia de la continuidad judía", para lo cual se "elaboraron los planes de colonización de manera tal que los judíos estuvieran lo más dispersos posibles", contrariando las recomendaciones del profesor Loëwenthal, que elevó un informe sobre el tema.[11] Siempre según Katz, la JCA

no sólo compró las tierras en distintos lugares de la República Argentina, muy distantes unos de otros (...) sino que también comenzaron la ubicación al modo de las estancias argentinas, cada casa en medio de una extensión de 150 hectáreas, que era lo que se asignaba a cada colono. Que ello fue hecho con intención francamente asimilante, para que los colonos judíos desaparecieran en el conjunto de la población, no es una mera suposición, sino un hecho que ha sido documentado por las constancias de los pleitos que hubo en la JCA durante más de dos años, desde principios de 1891 hasta octubre de 1893, en que recién se comenzó a construir casas, excavar pozos y comprar el inventario...[12]

Aquí residiría el núcleo de los enfrentamientos, que se prolongarían durante dos o tres décadas: el "motín" de los colonos contra la dirección de la JCA habría posibilitado el surgimiento de Moisesville, Mauricio, Clara, San Antonio, Lucienville y otras colonias, con sus cooperativas y una intensa vida societaria centrada en los intereses de quienes las constituían, al tiempo que ligada a la vida judía del país y del mundo.

Hay cierta coincidencia en que la burocracia jerárquica de la JCA, a través de sus funcionarios diseminados por las colonias, impuso una fría rigidez en las obligaciones contractuales contraídas por los colonos, agravada por la total ausencia de participación democrática de éstos en la toma de decisiones:

El dirigente socialista Gregorio Beschnisky, hablando en el acto obrero del 1º de Mayo en Avellaneda (1925).

El paternalismo filantrópico de la JCA, al que numerosos colonos atribuían la causa principal que encendió durante décadas graves conflictos laborales, desalojos y juicios radicados en tribunales, tuvo expresión en la índole de los contratos de promesas de venta que la empresa colonizadora obligaba a firmar a sus colonos. El objetivo perseguido era asegurar, durante veinte años, la permanencia del colono en la tierra que debía trabajar, previniendo su defección del campo.[13]

Este rechazo a conceder títulos de propiedad antes de cumplidos los veinte años de arrendamiento, así como la negativa a instalar como colonos a los hijos cerca de los campos de sus padres, eran vividos como un serio conflicto de índole clasista.

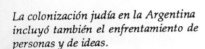

La colonización judía en la Argentina incluyó también el enfrentamiento de personas y de ideas.

Entre 1910 y 1914 se produce un ascenso económico en el país, con buenas cosechas en las zonas cerealeras de Buenos Aires, Entre Ríos y Santa Fe; aumenta la exportación y se fortalece el crédito exterior argentino.

Sin duda la colonización judía, en pleno incremento, juega un rol decisivo en el desarrollo de la agricultura argentina.

Comienzan a aparecer colonos con el título de propiedad de sus tierras, luego de un juicio que ganaron los colonos de Mauricio a la JCA, logrando enmanciparse de la organización mediante el pago del resto de la deuda sobre el campo. Algunos de ellos estaban tan endeudados con prestamistas que se liberaban simultáneamente de la JCA y de la tierra, entregándola para saldar sus deudas y emigrando a la ciudad.

Los años de guerra producen una paralización completa en la inmigración hacia las colonias. Según Katz, la JCA decide entonces reponer sus pérdidas en las zonas de conflicto (Rusia, Galitzia, Rumania, papeles devaluados en los bancos de Europa occidental) "sacando lo más posible de las colonias y sin invertir nada en ellas". A las críticas por su actuación "respondía con una declaración en la que manifestaba que los colonos argentinos deben, con sus pagos a la JCA, ayudarla en su obra constructiva entre las víctimas de la guerra". Los enfrentamientos entre grupos de colonos y de éstos contra la organización central proporcionan un recorrido que hecha luz sobre las diferencias que se profundizarán poco después, en el fatídico año de 1919. Ya existen entonces colonos "ricos" y colonos "revolucionarios", además de la JCA: las acusaciones se cruzan en todo sentido, desde los que "quieren borrarle todo contenido judío" a la experiencia hasta los que acusan a sus antiguos compañeros de "traidores enriquecidos aliados con la patronal...".

Una síntesis de estos enfrentamientos ideológicos y personales, unidos al "cocoliche" judeoargentino, puede encontrarse en una obra siempre citada y casi desconocida del dramaturgo Samuel Eichelbaum (Domínguez, provincia de Entre Ríos, 1894-Buenos Aires, 1967): *El judío Aarón*, cuya acción transcurre hacia 1925 en una colonia y resume metafóricamente en sus diversos personajes judíos la lucha de ideas, el matrimonio mixto y las "alianzas" clasistas que trascienden los orígenes étnicos.[14]

Don Aarón representa —en su media lengua— las ideas anarquistas y cooperativistas, frente a los colonos judíos enriquecidos y a los comerciantes del pueblo. Dos de estos últimos, Kohen y el doctor Gorovich, hablan con el comisario en el Acto Segundo, para denunciar la alianza "subversiva" de Aarón y los peones gentiles:

> GOROVICH: *Amigo comisario, no le quepa la menor duda de que ese sujeto es peligroso.*
> KOHEN: (Interrumpiéndole) *Ese la cose.*
> GOROVICH: *Al llegar a este pueblo, lo conocí una tarde, en circunstancias en que yo iba a la estación a esperar el tren de Buenos Aires para comprar unas novelitas semanales —que yo, entre paréntesis, compro siempre. Leo mucho. Me paso la vida leyendo. Bueno, ese día me lo presentaron. Conversamos de una punta de cosas y en todos los temas que hemos tocado, ese hombre no ha hecho más que mezclar que la tierra es de todos.*
> KOHEN: *Ese la cose.*
> GOROVICH: *Total, que yo comprendí en seguida que me las tenía que ver con un judío muy dado al libre macaneo.*
> KOHEN: *Demás ya.*
> COMISARIO: *Pero, discúlpeme, doctor: usted, ¿es o no es judío? Algunos dicen que les ha dicho que no es y otros dicen también que usted les ha dicho que sí. ¿En qué quedamos...?*
> GOROVICH: *Sí, soy judío, pero no como todos. Figúrese, que casi nunca me acuerdo de que lo soy. Por eso, a veces, de puro olvidado, digo que no. (Pausa) Pero dejemos esto...*[15]

En las discusiones posteriores entre Aarón y sus adversarios, especialmente en la asamblea del "Fondo Comunal" cooperativo, se despliega esta oposición:

> KOHEN: *Boino, boino. ¿Qué quiere?*
> AARÓN: *Yo digue qui percise suprimir la plate. Yu sei qui no se poide suprimir a todas partes, porque nu somos gobierno. Pur ese yu quire qui en noistre sociedad, in la Fondo Comunal, suprimamos la plate. Ese astá la proyecte míe.*
> KOHEN: *Astá loque, la señor Leibovich. Istá ñorante.*

El dramaturgo Samuel Eichelbaum, pronunciando una conferencia (1923). Su obra El judío Aarón, cuya acción transcurre en una colonia judía, resume metafóricamente los conflictos sociales e ideológicos de los años 20.

AARÓN: (Dirigiéndose al interruptor) *Cierte, siñor Kohen. Yo astoy inorante, no digue qui no. Piro yo astudiando poide ser sabio, y la siñor Kohen no. El Talmud noistre, la biblie jodíe dice que la comerciantos no sirán nunca ni sabies, ni justes.* (Pequeña pausa) *Para suprimir la plate yo propongue que la Fondo Comunal establezca una gran almacén, tiende, zapaterie con todas qui precisa para la vida de la coloñe.*

VOCES: *¿Qué hacemes con éste?*

AARÓN: *La Fondo Comunal va a vender a la socies, a la precie de costa y los colonos nu van a pagar cun plate: van a pagar cun la productos de la caseche: trigue, line, maiz amargo, maiz dulce, avene y tode lo demás. Asi los coloños van a tener tode barate.* (...) *Si la Fondo Comunal acepte la proyecte mío, ese tristo, injusto asoñeque nu pasar más. Las socies colones van a tener pan barate y todes otres coses lo mismo. Foira di éste, poide ser que la vicinos nu seien tan malos, goistas, anvediosos.* (Los tapes aplauden con entusiasmo. Uno de ellos grita: ¡Viva don Aarón! y es arrestado por el comisario.)

KOHEN: *Diga otra vez qui don Aaron Leibovich istá loque. Y digue también qui astá un pelegrose.*

GOROVICH: *Muy bien dicho. Es la verdad. Se trata de un loco, de un loco de atar.* (...)

AARÓN: *Los astetutos de noistre sociedad precisa riforme. Tinemos qui hacer socies a todes los criollos. Nu vevimos soles aquí.*

UN COLONO: *Esta astá un sociedad di calonos.*

GOROVICH: *Naturalmente.* (...)

AARÓN: (...) *Nosotros los colones, quirimos sir doiños di la tierra qui trabajamos. Los tapes nu tienen tierras. Trabajan noistra tierra. Nosotros nu queremos trabajar tierres di otres. Está bien. Así debe ser. Peru elles nu tienen tierre para trabajar. Por eso tenemos que ayudar a elles a vivir mejor. Nosotres los colones, israelites, jadios, tinemos qui dar a elles partes di noistres campos en vez de pagar soilde miserable!*

SINDICATO
Obreros Ebanistas, Similares y Anexos

FUNDADO EL 26 DE JULIO DE 1896
Adherido a la U. S. A. y U. O. L. de B. A.
SECRETARÍA: RIOJA 835   U. T. 102 MITRE

Buenos Aires, Julio 20 de 1922.

Estimado camarada:

La Comisión Administrativa de nuestro Sindicato invita a Vd. y familia al festival a celebrarse con motivo del XXVI aniversario del Sindicato Obreros Ebanistas, Similares y Anexos.

En la espera de que no faltará a tan importante acto, lo saluda cordialmente.

La Comisión.

NOTA.—Se encarece a los compañeros abonen la rifa antes del día de la fiesta, para tener derecho a los premios.

PROGRAMA

1º Himno de los trabajadores.
2º Apertura del acto.
3º La compañía Renacimiento, que con tanto acierto actúa en el Teatro Nuevo, pondrá en escena la comedia en tres actos del malogrado Florencio Sánchez, titulada

LOS DERECHOS DE LA SALUD

REPARTO
(Por orden de presentación)

Luisa .... Carmen Castelli.   Niño García.
Minita .... señor Rinaldi.   Paquito Ares.
...ber .... María Castella.   Eliseo Cordido.
                   ...ña Fernández.   Guillermo Battaglia.
                   Criollo.   Ricardo Boneo.

PRIMER ACTO

SEGUNDO ACTO
4º Sorteo de la...
5º Recital de violín por el concertista Theo Maseun.
TERCER ACTO
6º Acto poético por Gloria Bayardo y Alemany Villa.

KOHEN: Esto hombre istá infermo.
AARÓN: El Talmud, noistre biblie, qui dice tantes coses lindes, dice que es mejor sembrar qui hacer sembrar. Nosotres hacemes sembrar y guardamos fruto. Tampoco estamos boinos judíos. Yu nu astoy loco. Yu hablo como buen jadio, como jadio verdadera.
GOROVICH: Es un cínico.
KOHEN: ¿Ustey buen jadio? Veie: mijor cállese la boca. Ustey astá un antisimito. Istá siempre juntite así (junta los índices) con los tapos criolles. Istá un goi igual qui elles.
AARÓN: Cierte, cierte. Por eso astoy buen jadio. Aaron Leibovich cuando criollos tapos astán in goelga porque los otros colones jadios ricos nu quieren pagar cincuenta centavos más para galletos, él le da su motor y trilladora para qui trabajen en cooperativo...
GOROVICH: ¡Miente! Les ha prestado el motor y la trilladora. No ha regalado nada.
AARÓN: Cierte, cierte. Un gran rabino qui la doctor Gorovich nu coñoce dijo qui más vale recebir el auxilio de un préstamo, que el de una lemosna. Aarón nu hace lemosnas...[16]

HACIA LA SEMANA TRÁGICA

La Revolución Rusa de 1917 causa una profunda impresión en los barrios obreros judíos de Buenos Aires. Pocas semanas después, en enero de 1918, aparece el cotidiano en idish *Di Presse*, que representa las opiniones de las masas obreras inclinadas al secularismo y a la lucha por la justicia social. Las lealtades entre los izquierdistas se dividen entre la Segunda Internacional (socialista) y la Internacional Comunista. Los comunistas judíos inician en los años 20 un período de actividades multifacéticas y juegan un importante papel en el recién nacido Partido Comunista Argentino, cuyos miembros eran en primer lugar artesanos y pequeños burgueses inmigrantes de Europa oriental.[17]

La trágica semana de enero de 1919 objetivamente no tenía nada que ver con los judíos. No figuraban en la parte patronal ni en la obrera. El origen fue una prolongada huelga de obreros metalúrgicos, sobre el trasfondo internacional de los levantamientos de 1918, separados por pocos meses, en Baviera y Hungría luego del triunfo de la revolución bolchevique en Rusia. Ello hacía vivir horas de zozobra, inquietud y esperanza, según fueran los bandos en pugna.

Los sangrientos sucesos que se desataron tras la represión frente a los talleres metalúrgicos de Pedro Vasena, causando la muerte de decenas de civiles y de varios policías además de centenares de heridos y cuantiosas pérdidas materiales, se extendieron del 7 al 13 de enero. Una de sus facetas más trágicas fue el *pogrom* que durante seis días, del jueves 9 al martes 14, azotó los barrios judíos e inventó una absurda "conspiración para fundar una República Soviética" en el país, que sería dirigida por el periodista Pinie Wald, detenido y torturado por las fuerzas policiales. Katz relata:

> *Se armó una pelea. La policía disparó contra los obreros y sus mujeres, cayendo muchas víctimas. La clase obrera dispuso la huelga general, acompañando el sepelio de los caídos en grandiosa manifestación hacia el cementerio, y allí, ¿qué se vio? Las brigadas de la "Liga Patriótica" de Manuel Carlés en formación, rodeadas de policía y colaborando con ella. Y ésta, de a pie y de a caballo, armada, formando por Corrientes, desde Callao a Pueyrredón, el barrio de los comercios judíos y, detrás, nuevamente, miembros de las*

Las manifestaciones obreras dieron lugar desde comienzos de siglo a actos de represión que asimilaban muchas veces a los "judíos" con los "rusos" y "maximalistas", de ideas anarquistas o comunistas.

brigadas que, revólver en mano, disuelven al público y persiguen... a los judíos, a los "rusos".
Rápidamente se cierran los negocios, las persianas bajan entre chirridos y, de vez en vez, en un negocio no judío, hacen corro el patrón, un vigilante, una de las brigadas, y se comenta: "los rusos de mierda hicieron una revolución, incendiaron una iglesia, quemaron, quieren implantar aquí el bolchevismo...".
Era el 9 de enero de 1919.

Un muerto y 71 heridos fue el trágico saldo de la Semana Trágica en el sector judío víctima del *pogrom*, al margen de los episodios motivados por la huelga en los talleres de Vasena. Fueron quemadas las bibliotecas del *Avangard* (Ecuador 359) y el *Poale Sión* (Ecuador 645), sin distinción de matices entre bundistas, socialistas o sionistas: se trataba de "judíos maximalistas" que eran cazados como perros por las calles, sin importar sexo, edad o profesión. A la cabeza de los *progromistas* están los acomodados jóvenes de la Liga Patriótica, grupo de choque de connotaciones fascistas creado por las "buenas familias" de la oligarquía para resguardar el "ser nacional" de la chusma inmigratoria y bolchevique.
Esta trágica "marca" antijudía en el barrio del Once queda

Escenas documentales de los sucesos del 1º de Mayo de 1909. En la esquina de Solís y Avenida, detenidos en el momento en que comienza el tiroteo: "caen el alsaciano Miguel Bosch (muerto) y el ruso Resnikoff, que falleció en el hospital".

también incorporada a la memoria de la música popular, como en esta milonga de Pedro Orgambide:

> Milonga del barrio Once,
> milonga de gente hebrea,
> de quien trajo la tristeza
> que en la milonga se esconde.
>
> Perseguidos, gente pobre,
> vieron nacer otra estrella,
> que brilla en estas veredas,
> en las veredas del Once.
>
> Obreros, hombres muy hombres
> que en una huelga se juegan
> y una rusa milonguera...
> ¡que baila tangos con cortes!
>
> Milonga del barrio Once,
> levitones, gente hebrea,
> cantan triste cuando rezan...
> ...¡igual que los payadores!
>
> Milonga del barrio Once
> milonga del diecinueve,

Fin de la secuencia fotográfica: el nieto de Bosch, llorando, sostiene la cabeza de su abuelo; el herido es sentado en una silla que se encontró tirada en la vereda.

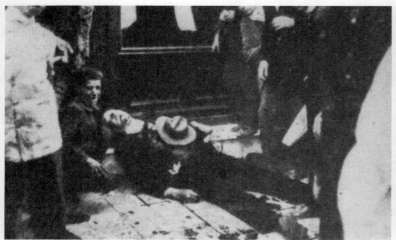

cuando se armó aquella bronca
y sufrió tanto inocente.

Pitucos del barrio Norte
vinieron de prepotentes,
quemaron la sinagoga
y le pegaron al zeide

Los varones de mi sangre
supieron hacerles frente,
la gente trabajadora
que da la mano al más débil.

Por eso yo estoy cantando,
milonga del diecinueve...
¡Nadie me borre la historia
que también hizo mi gente![18]

Apenas se difundieron las noticias del *pogrom* se movilizaron las instituciones comunitarias y la juventud. El rabino de la Congregación Israelita, Samuel Halphon —de nacionalidad francesa— fue el primero en dirigirse a las autoridades policiales pidiendo protección para la vida y los bienes de la colectividad. Obviamente, le fueron prometidas de inmediato. Halphon también era el principal dirigente del Comité Oficial Judío, formado para salvaguardar los intereses colectivos e individuales de los afectados por el *pogrom.* Luego de obtener el correspondiente permiso policial, distribuyen un manifiesto titulado *Al pueblo de la República,* donde entre otras consideraciones se afirma:

El pogrom de 1919 marcó el comienzo de una actividad antijudía que, con picos de violencia, se mantendría en las décadas siguientes a través de una intensa actividad propagandística.

> *150.000 israelitas purgan los delitos de una minoría cuya nacionalidad no es excluyente y cuyo crimen infamante no ha podido gestarse en el seno de ninguna colectividad, sino en la negación de Dios, de la patria y de la ley.*

No es de extrañar el tono oportunista y reaccionario del manifiesto, señala Lewin, ya que entre los miembros del comité que lo publicó no figuraba ningún representante de los clubes o bibliotecas obreras, algunos de cuyos dirigentes (como Wald) estaban presos y torturados. Pero sus compa-

ñeros publicaron una enérgica protesta en la prensa en idish,
y la juventud judía, nacida o formada en el país, movilizó a
un grupo de políticos e intelectuales (Alberto Gerchunoff,
Arturo Cancela, José Santos Gollán, José González Castillo,
Carlos Alberto Leuman, Evar Méndez, González Pacheco,
Roberto de Laferrére y otros) en defensa de sus correligionarios.

Para Katz, más duro en su apreciación del momento, las
reacciones ante el *pogrom* de 1919 por parte de diversos
sectores judíos marcan una honda separación —clasista,
ideológica— que no se cerrará nunca y, por el contrario,
tenderá a profundizarse con el correr de los años. Halphon
ofrece "ayudar a la policía a desarraigar los elementos no-
civos de la colectividad judía" y trata de aprovechar la situación para asumir la representación de la comunidad ante
las autoridades argentinas. Aunque no obtiene éxito en lo
inmediato, en la prensa argentina comienzan a aparecer
artículos contrarios a la inmigración judía, presentándola
como perjudicial e introductora de bacilos bolcheviques,
además de los estereotipos comunes del antisemitismo.

En febrero de 1921, relata Katz, se reproduce "en miniatura"
la Semana Trágica en el pueblo entrerriano de Villaguay. El
Sindicato de Oficios Varios, como se llaman las organizaciones
obreras de las localidades menores, lleva a cabo una campaña
por aumento de salarios. El secretario del sindicato era Iosef
Aksentzov, dirigente cooperativista y corresponsal de *Di
Presse*, que es arrestado y golpeado. Los trabajadores del
lugar, en su mayoría criollos, organizan un mitin de protesta, apoyados por los socialistas. La "brigada" de la Liga
Patriótica de Villaguay, dirigida por los hijos del estanciero
Montiel, tirotean a los concurrentes a mansalva para disol-
verlos.

El diario *La Nación* presenta el episodio como una esca-
ramuza entre criollos, apoyados por la Liga Patriótica, y
judíos, ayudados por anarquistas y "agitadores extranjeros".
La cuestión es llevada al Parlamento, a pedido de los diputados socialistas, y allí un diputado yrigoyenista por Entre Ríos, Muesca, repite la versión del matutino porteño y
agrega: "los judíos de Entre Ríos son gente sin arraigo y no
ligada al país...". Un tal Abramovich, cerealista, reúne firmas de colonos judíos para una adhesión colectiva de las

colonias circundantes a la Liga Patriótica y la hace llegar a su dirigente, el doctor Manuel Carlés.[19]

El propio Pinie Katz quizá no podía imaginar que en la década del 50 sus propios compañeros del ICUF, siguiendo las instrucciones del Partido Comunista, asegurarían que las denuncias sobre el aniquilamiento de los escritores judíos en la Unión Soviética por parte de Stalin eran un "vulgar complot imperialista de los judíos sionistas aliados al capitalismo norteamericano", en su odio común hacia la revolución bolchevique. El escritor Ilhya Erenburg, de visita en Buenos Aires, tranquilizó a los activistas del ICUF: "Todos los nombrados gozan de buena salud. Trabajan y publican, periódicamente me encuentro con algunos de ellos". Poco antes el ruso Alexander Fadeiew, presidente de la poderosa Unión de Escritores Judíos, había hablado en el teatro IFT ante una sala colmada de un público ansioso de recibir alguna noticia tranquilizadora. "¿Qué se sabe de los escritores judíos?" "Todos trabajan y están bien."

Para ese entonces Itzik Fefer, David Berguelson y otros literatos ya habían sido ajusticiados. La historia fue relatada al autor de este libro por un viejo militante comunista, con lágrimas en los ojos: él fue uno de los que escuchó y creyó a ese "Abramovich de izquierda", tan cercano al citado por Katz en 1921.

Divisiones intercomunitarias

Estas penosas divisiones intercomunitarias, con sus denuncias públicas incluidas, estimularon el avance de los sectores más reacios a la "particularidad" de los judíos. Ya en 1908 el inspector de escuelas Ernesto A. Bavio, desde las páginas de *El Monitor de la Educación Común* (revista oficial del Consejo Nacional de Educación), lanzó un virulento y avieso ataque a las escuelas israelitas entrerrianas de la JCA, exigiendo su inmediata clausura al argüir que la enseñanza del idish y de textos hebreos impedían la asimilación de los inmigrantes. Este desatado antisemitismo educacional desencadenó una orquestada campaña periodística contra las escuelas judías, a las que se les adjudicaba el sambenito de

En 1908 la revista del Consejo Nacional de Educación lanza un violento ataque contra las escuelas entrerrianas de la JCA, y exige su clausura, ya que "la enseñanza del idish y el hebreo impiden la asimilación de los inmigrantes...".

la *no asimilación*, justamente en una era de restauración nacionalista y de espiritualidad colonial xenófoba.[20]

El problema no era sencillo tampoco para los orientadores del tipo de educación que debía impartirse, ante la llegada masiva de inmigrantes:

> *Desde fines de la primera década del siglo el problema está a la orden del día. Poco después el presidente del Consejo Nacional de Educación, José María Ramos Mejía, impone en la enseñanza primaria una liturgia cívica de intensidad casi japonesa: los niños aprenden a descifrar y reiterar diariamente fórmulas que en versos atormentados y prosa no más lisa los comprometen a entregar hasta la última gota de sangre en defensa de la bandera; esas promesas son*

*gritadas frente a un altar de la patria que es deber de los
maestros mantener adornado de flores siempre frescas...*[21]

Al parecer, esas ceremonias de dudoso gusto —que hasta
el día de hoy llaman la atención de visitantes europeos y de
otros países americanos— son necesarias para contrarrestar
las graves influencias desnacionalizadoras y fundar una
identidad nacional libre de "doctrinas disolventes". Las
denuncias de Bavio continúan las de Sarmiento contra las
escuelas italianas, años antes, y son retomadas por Ricardo
Rojas, en *La restauración nacionalista*, para denunciar a esas
escuelas judías como "uno de los factores activos de disolu-
ción nacional, juntamente con las escuelas alemanas, italianas e inglesas...". El extranjero debía "asimilarse" y estas
escuelas extranjeras impedían la integración de sus hijos en
el poco liberal "crisol de razas", metáfora y consigna anti-
páticas, pero reveladoras de la intención que guiaba a sus
autores: disolver por el fuego las "particularidades" étnicas
y grupales, para lograr una sola definición de "nacionalidad
argentina"...

Carlos Escudé ha analizado detalladamente las causas y
motivaciones de esta "política educativa extremista, establecida oficialmente en 1908, para 'argentinizar' a los hijos
de inmigrantes". Esa "educación patriótica" se traducía en
precisas indicaciones sobre el dictado de cada materia y
"esta ideología se coronaba con la idea (de clara raíz jacobina)
de transformar el patriotismo en religión", reemplazando a
Dios por la Patria en la escuela y convirtiendo el patriotismo en culto.[22] Esto sembraría la semilla de no pocos conflictos
en años posteriores, especialmente en la relación del nacionalismo extremista con los grupos minoritarios, de los cuales
los judíos eran uno de los más notorios.

LA HISTORIA CONTINÚA

En 1920, tras la desaparición de la FORA, surgen en el
movimiento obrero los llamados "grupos rojos", lo que causa una división en las filas proletarias: el triunfo de la tendencia "clasista" provocó la liquidación de los sindicatos

AÑO NUEVO... SIN ODIOS

Libres de enconos subalternos,
Consecuentes con los mandatos inalienables de la Democracia y de la Constitución de la República,
Animados de los más elevados sentimientos humanos;
Repudiamos el edio racista y la persecución al judío;
Condenamos la propaganda insidiosa contra las colectividades laboriosas de nuestro país por ser contraria a las tradiciones argentinas, por ser opuesta a nuestro **verdadero nacionalismo,** por ser un engendro del oscurantismo regresivo y de las tiranías que preparan guerras de agresión y de alevosa conquista.
Propiciamos la unidad fraternal de los nacionales y extranjeros que forman el pueblo argentino.

Comité contra el Racismo y el Antisemitismo de la Argentina
Tucumán 1134 (3er. piso) · Buenos Aires · U. T. 35. Libertad 7164

judíos y de las agrupaciones independientes o idiomáticas.

El período de mayor auge de las ideas comunistas entre un sector de la población judía fue la década que va entre 1924 y 1934, en la que contaron con un periódico propio: *La Estrella Roja*. Uno de sus principales objetivos consistió en trabajar en favor de la colonización judía en la URSS, primero en Crimea y luego en Birobidyán, donde se crearía una República Judía. Constituyóse al efecto la agrupación *Procor*, que contó con el apoyo de numerosas entidades, principalmente obreras, ya que la causa de esa colonización interesó vivamente a muchos sectores, independientemente de su colorido político. El *Procor* envió en dos oportunidades delegados a Rusia e hizo que visitaran nuestro país J. Lewin (1929) y Gina Medem (1935), lo que dio lugar a polémicas en la calle judía y en las propias colonias de la JCA, hasta que gradualmente los cambios políticos hicieron desaparecer de la atención pública a ese organismo.

En setiembre de 1937, ante el avance del nazismo en el mundo, tiene lugar en París un Congreso Mundial de Intelectuales Antifascistas. Representa a la Argentina Pinie Katz, en nombre de veintitrés instituciones educativas y culturales del sector "progresista" de la comunidad. A su regreso, tras una gira por todo el país concreta la fundación, en abril de 1941, de la "rama argentina" del ICUF, que desarrolla un dinámico accionar "hacia adentro" (obras edilicias, vida cultural y social) y "hacia afuera" (solidaridad con las víctimas de la guerra).

El trasfondo socioeconómico de este derrotero indica la movilidad social ascendente de un importante sector de la colectividad, que pasa de *cuéntenikes* a comerciantes y mayoristas, de obrero textil o maderero a industrial en la misma rama de actividad.

En algunos casos el mismo Katz había previsto esta evolución. Al hablar de los *cuéntenikes* los separaba en dos categorías: *clapers*, esto es, los que ambulan con el paquete de carpetas y colchas y golpean a todas las puertas en busca de clientes para su mercadería; y otros que no salen a vender, sino que tienen *clapers* que trabajan en sociedad con ellos, así como otros que arman su propia clientela y son independientes. El *cuéntenik*, cuando está en apuros, se declara en quiebra y no le dan más mercadería ni crédito; un *claper* malvende su paquete y desaparece. Por ello, luego de la crisis de 1914, los *cuéntenikes* se organizan para cobrar las deudas por medio de un solo abogado y constituir un grupo de crédito interno: la Liga Comercial de Ayuda Mutua, que fue la semilla de las futuras cooperativas de crédito y, ya en otra escala, de algunos bancos décadas después.

Algo similar sucede con las industrias textiles y madereras. Los obreros baratos y expertos —hilanderos y tejedores judíos de Lodz y Varsovia, llegados en los años 20— hacen aparecer en el mercado telas nacionales que compiten con las extranjeras. La industria crece de manera explosiva y brotan nuevas barriadas alrededor de las fábricas de tejidos. Los centros de comercio de telas y prendas de vestir —el Once y Canning— incrementan bruscamente su actividad. Las ideas de cambio social ahora deben convivir con el progreso económico de buena parte de sus protagonistas.

Los comunistas judíos buscan una salida catártica a este ascenso clasista en la labor cultural: fundación de nuevas escuelas, inauguración del teatro IFT, aparición del mensuario *Icuf* (en idish), la revista *Aporte* (en castellano, para la juventud) y *Di idishe froi* ("La mujer judía", en ambos idiomas). El grupo participa, pese a constantes rencillas internas, en los debates y elecciones comunitarias hasta el año 1952, en que es expulsado de las instituciones centrales por sus posturas de "apoyo a la política antijudía de Stalin". Los acontecimientos mundiales impactaron también en su frente interno, provocándole dos escisiones: el grupo *Klorkait* (Claridad) y, luego de la Guerra de los Seis Días en Medio Oriente (1967), los reunidos alrededor de *Fraie Shtime* (Voz Libre). Después de la perestroika los remanentes del movimiento, se reconocen como "parte de la colectividad judeoargentina" y existen intentos de acercamiento mutuo, aunque en la actualidad el ICUF —*Idisher Cultur Farband* (Federación de Entidades Culturales de la Argentina)—, que reúne trece entidades en todo el país, encuentra serias dificultades para definir el sentido de su accionar.

La inmigración posterior a 1920 fortaleció también las corrientes ideológicas sionistas. El ascenso de Hitler al poder y las repercusiones de la ola antisemita en Argentina obligaron al movimiento sionista a ampliar sus bases: se creó la Agencia Judía, bajo la dirección de Abraham Mibashán,

La calle Lavalle, en Buenos Aires (1937). Los obreros de los años 20 se transforman en comerciantes. Las ideas de cambio social deben ahora convivir con el ascenso económico de sus protagonistas.

y el Comité ProPalestina, integrado por personalidades no judías: Arturo Capdevila, Leandro Piriz, Jerónimo Peralta, Ernesto Nelson, Juan Valmaggia, Enrique de Gandía y Tomás Amadeo. La acción institucional —organizar a la comunidad judía de la Argentina— acaparó también buena parte de los esfuerzos de los grupos sionistas.[23]

ANTISEMITISMO Y REACCIONES COMUNITARIAS

A partir de 1930 el antisemitismo adquiere una forma concreta y organizada en el país por influencia (y acción) de la propaganda nazi europea. Noticias, fotografías y caricaturas antisemitas aparecen sistemáticamente en diarios y revistas, muchas veces como reproducciones textuales de publicaciones similares editadas en Alemania. Algunos grupos llegan a desfilar uniformados por las calles céntricas de Buenos Aires. La propaganda desarrollada por la Liga Patriótica y la Alianza Libertadora Nacionalista (que nace en 1937, simultáneamente con el bombardeo de Guernica por los nazis) se difunde a través de decenas de publicaciones virulentas (*Clarinada*, *El Pampero* y otras) y su discurso es siempre idéntico: los judíos intentan apoderarse de los resortes financieros del país y además fomentan la subversión comunista. La embajada alemana en Buenos Aires —y su titular, Von Therman, de manera pública— financiaban y alentaban esta ofensiva.[24]

Los años de bonanza en el país —que coinciden con la derrota del hitlerismo—, cuando la Argentina inicia la experiencia del frente de clases encabezado por Perón, sirven de marco a un brusco descenso del antisemitismo: son años de prosperidad en que se "congelan" las luchas clasistas; cuando no hay crisis ni malestar social la figura del "chivo emisario" es innecesaria, y resulta ridículo acusar a la judeidad de pretender copar las finanzas o estimular una inexistente efervescencia de las masas. La Constitución de 1949 introduce un artículo de clara condena a la discriminación racial y/o religiosa, y tanto Perón como Eva Perón rechazan públicamente toda exteriorización del odio a los judíos. Ello no elimina las contradicciones del accionar peronista, que hoy resultan más visibles para la opinión pública. Evita en un discurso de 1948 acusó a los propagadores del antisemitismo en Argentina de ser "los nefastos representantes de la oligarquía", pero el mismo Perón dos años antes había facilitado la entrada al país de centenares de criminales de guerra nazis, que encontraron aquí refugio seguro y campo de acción para proseguir su prédica racista sobre las nuevas generaciones.

Al caer Perón y resurgir la presión obrera y la tensión social, el antisemitismo vuelve a crecer, sobre todo a partir de 1958, cuando nacen grupos de ultraderecha acentuadamente nazis (como Tacuara y la Guardia Restauradora Nacionalista) con la finalidad de copar al peronismo y desviarlo de sus cauces naturales de lucha. A esa altura —por influjo del conflicto en Medio Oriente— comienzan a desaparecer los términos "judío" y "judaísmo" como formas peyorativas del accionar nazi, para dejar su lugar a la propaganda "antisionista", aunque en el fondo se trate del mismo viejo argumento.

En los años 60, durante los períodos constitucionales y también durante los años de gobierno militar, se acentúa la crisis económica y política y comienzan a actuar los grupos fascistas y antisemitas más recalcitrantes de la época, protegidos por importantes factores de poder. Nuevas y variadas agrupaciones (Logia Falucho, Legión Argentina Nacional Sindicalista, Frente Revolucionario Nacionalista, Cruzada Nacional, Hermandad Nacionalista, Legión Nacionalista Contrarrevolucionaria) se suman a las ya existentes y la actividad antisemita alcanza perfiles alarmantes por la impunidad con la que se perpetra.

Quizás el caso más notorio haya sido el de la estudiante Graciela Sirota, a quien en junio de 1962 le fue marcada una svástica sobre el pecho con un elemento punzante. Este suceso produjo una verdadera conmoción nacional (la colectividad judía y casi todos los colegios secundarios pararon en señal de repudio), pero un jefe policial de ese entonces llegó a afirmar que todo el asunto constituía una maniobra urdida para "ocultar los delitos económicos de cierta colectividad".

Con semejante aval los atentados se multiplicaron y la ofensiva antijudía se extendió por todo el país.

A fines de febrero de 1964 fue asesinado Raúl Alterman, un joven judío de treinta y dos años, por un comando nazi que lo baleó en la puerta de su departamento. Como en episodios de años anteriores, también en este caso algunos sectores comunitarios realizaron manifestaciones públicas divisionistas respecto del blanco del atentado: ¿un judío en cuanto tal o un comunista accidentalmente judío? Pero esta confusión, sembrada por algún periodismo sobre los posibles motivos políticos del crimen (la militancia izquierdista de la víctima) fue disipada el 13 de marzo por los mismos asesinos, que enviaron a miembros de la comunidad judía amenazas cuyos textos finalizaban así:

La muerte de Raúl Alterman marcó el comienzo de lo que será una guerra sin cuartel. Usted será el primero en morir. Sepa que es muy fácil apretar el gatillo cuando se trata de un sucio judío.

Una semana después, en una conferencia de prensa que tuvo lugar en la casa del doctor Alfredo L. Palacios, los pa-

El ultraje a los cementerios judíos se convirtió, en las últimas décadas, en una actividad reiterada y de llamativa impunidad.

dres de Alterman mostraron una carta firmada por Tacuara que explicaba el crimen:

> *Nadie mata porque sí nomás; a su hijo lo han matado porque era un sucio judío.*

La misma agrupación antes y después de este episodio realizó actos públicos en Corrientes y Uruguay, a pocos metros de los Tribunales, y en teatros céntricos, donde centenares de jóvenes pedían a gritos hacer "jabón con los judíos", mientras saludaban al modo hitlerista con el brazo en alto.

La simple crónica de los actos antisemitas en el país ocuparía más espacio que todas las páginas de este libro: el "Plan Andinia" (1971) inventado por el provocador de ultraderecha Walter Beveraggi Allende, según el cual los judíos querían desmembrar el territorio nacional y fundar en la Patagonia un "Estado Israelita"; la acción de Hussein Triki, delegado de la Liga de Estados Árabes, contra el "sionismo sinárquico" que actuaría, siguiendo instrucciones israelíes, a través de miembros de la comunidad judía; los ataques contra funcionarios judíos como Gelbard y empresarios judíos como Bronner durante 1974, ya comenzado el tercer gobierno del general Perón, así como la intervención de la UBA (1975) por el nazi confeso Ottalagano y el consiguiente desplazamiento de profesores de origen judío de los claustros; la represión del "terrorismo de Estado" en la segunda parte de la década del 70, que según muchos testimonios mostró una saña especial contra los detenidos de origen judío[25]; los ataques contra la llamada "sinagoga radical" durante el gobierno de Raúl Alfonsín (1983-1989), y tantos otros casos de la historia reciente...

LIMITACIONES DE LA POLÍTICA JUDÍA

La actitud de la comunidad judía organizada reconoce logros y limitaciones en su lucha contra el antisemitismo. En capítulos anteriores se han mencionado posiciones comunes y algunas agudas divergencias, sobre todo a partir de los violentos acontecimientos de la Semana Trágica.

אגודת המפא

"Con bombas de alquitrán, esta madrugada a las 2:15 hs., dos desconocidos a quienes la policía de la sección tercera trata de identificar, deterioraron al frente de la sinagoga israelita, situada en Libertad 779" (de los diarios, 6 de setiembre de 1934).

El 22 de marzo de 1933, el mismo día que llegan los telegramas acerca de los *pogroms* contra los judíos en Berlín, varios dirigentes judíos —a iniciativa del Partido Unificado Poale Sión-Zeire Sión— se reúnen en la Sociedad Hebraica con el fin de considerar la manera de emprender una acción de los judíos argentinos contra las bárbaras persecuciones del nazismo alemán. Se decide llevar a cabo un mitin en el Luna Park, del que participan varios miles de judíos de la capital y sus alrededores.

La comisión organizadora es ampliada con delegados de distintas instituciones y círculos de la colectividad israelita y constituye el Comité contra las Persecuciones de Judíos en Alemania, nombre que en 1934 cambia a Comité contra el

Antisemitismo. En abril adhiere al Comité de Organización del Congreso Judío Mundial y participa en forma sistemática en el esclarecimiento y la solución de los problemas generales del judaísmo.

Discusiones internas —sobre la decisión de restringir el número de entidades afiliadas a las más importantes— motivan el retiro de los delegados del Partido Poale Sión-Zeire Sión, que convocan una nueva reunión —en la que intervienen cuarenta instituciones— y dejan fundado un Comité Colectivo contra el Antisemitismo en la Argentina. En octubre de 1935 se logra finalmente la fusión de ambos comités en una sola entidad denominada DAIA (Delegación de Asociaciones Israelitas Argentinas), que inicia su actividad en todo el país y crea filiales en el interior a lo largo de los tres años siguientes. Desde marzo de 1939, la DAIA ya desenvuelve una labor sistemática contra el antisemitismo.[26]

La labor de la DAIA —el ente político de la comunidad, compuesto por delegados de las instituciones existentes, y por eso mismo con gran poder de convocatoria— se volvió particularmente intensa durante la década del 40. A la lucha general contra las manifestaciones antisemitas se sumaron acontecimientos puntuales: el cierre durante tres días de los diarios judíos tras el "cuartelazo" de 1943; el asueto para los conscriptos judíos durante las festividades judías; la problemática religiosa en los planes de estudio (especialmente en 1948, cuando se implantó la enseñanza católica en las escuelas públicas).

Hacia mediados de la década se conforma la OIA (Organización Israelita Argentina), cuyos dirigentes —Sujer Matrajt, presidente, y Pablo Manguel, secretario (luego embajador argentino en Israel)— son judíos que apoyan incondicionalmente la política del general Perón. Junto al IJA (Instituto Judío de Cultura e Información) constituyen una especie de "comunidad paralela" a la conformada por las instituciones centrales. Este nuevo mapa de opiniones internas y políticas encontradas reconoce situaciones coyunturales: poco después, el ICUF quedará al margen de la comunidad organizada.

Una cronología detallada permitiría seguir paso a paso las respuestas políticas de la comunidad judía a los acontecimientos del país y a los embates del antisemitismo.[27] En lo que se refiere a los debates de los difíciles años 60, el editorial de Iehoshúa Faigón publicado en el periódico *Nueva Sión* en 1963, durante uno de los momentos más delicados de la agresividad antisemita, resume las "Limitaciones de la política judía en la Argentina":

> *Incluso cuando la minoría judía se ocupa exclusivamente de sus propios asuntos, tampoco deja de ser vulnerable. Y cuando toda ella, o parte mínima de ella, como "colectividad" (no hablemos de actitudes personales) interviene en los vaivenes de la política local, el peligro aumenta. Entonces, inclusive si su papel es secundario o sólo pasivo, las fuerzas enemigas lo destacarán como de primer orden, y su rasgo nacional será vinculado a slogans que lo acusen de vulnerar el orden social.*
>
> *Esa debilidad objetiva es un factor real que es imposible ignorar. La lucha política es política en su forma, pero es una guerra de fuerzas en su esencia. (...) Por eso, cuando se fija la estrategia de las actitudes de las instituciones públicas judías, hay que tomar en cuenta la realidad concreta.*
>
> *La primera conclusión derivada de la experiencia es, pues, la no incorporación de minorías nacionales o parte de ellas, como tales, a la vida política del país. La segunda, no menos importante, es la independencia de la minoría frente al poder local. Si la primera conclusión lleva a dificultar la acción antijudía del enemigo, la segunda tiende a conservar la libertad de lucha judía por la salvaguardia de sus derechos civiles. También en este segundo punto la experiencia histórica demostró que el interés de la colectividad judía —evitar toda discriminación en su contra— subsiste incólume frente al vaivén de los gobiernos que se suceden...*

Delicado equilibrio entre distintas líneas de fuerza: la coyuntural, que lleva a decisiones apresuradas y a la división de opiniones; la estratégica, que demuestra las enseñanzas de la historia y las ventajas de la memoria. La colectividad judía de la Argentina no presenta cuestiones sociales o políticas diferentes de las de la población en general, pero como colectividad no toma posición en los problemas nacionales, salvo en aquellos que inciden en los derechos humanos. Individualmente, eso se sabe, los israelitas actúan en todos los partidos y organizaciones políticas, al igual que cualquier otro ciudadano argentino.

La culminación del trabajo conjunto con las fuerzas democráticas argentinas se produce en 1987: a través de un acto público multitudinario realizado en el centro de Buenos Aires se repudian los actos antisemitas de los últimos meses, y la DAIA da muestra de su presencia y poder de convocatoria, coadyuvando a la aprobación de la Ley Antidiscriminatoria, que se incorpora al cuerpo legal de la nación y pena la incitación al odio racial tanto como la directa agresión física.

LAS CORRIENTES RELIGIOSAS

Durante muchos años una parte de la comunidad —básicamente laica en su origen inmigratorio, aunque tradicionalista y fuertemente imbuida de sentimientos judíos— abandonó todo nexo de tipo religioso con las formas organizadas. Pero este fenómeno tiene un matiz particular en el campo de las ideas:

> *Los israelitas indiferentes en materia de credo y los agnósticos —llegado el caso— prefieren las exteriorizaciones tradicionales del culto, y no las reformadas y adecuadas a la época presente, de lo que es prueba la AMIA. Tomando en cuenta su modernismo en cuestiones sociales y políticas, esto es incongruente, pero considerando su procedencia de hogares ortodoxos, esto es explicable, puesto que manifestaciones de conservadorismo son muy frecuentes en el comportamiento de personas de ideas adelantadas.*[28]

La observación de Lewin —formulada en los años 70— puede completarse con las necesidades "políticas" de los grupos ideológicos comunitarios y sus alianzas electorales en determinadas coyunturas, a semejanza de lo que sucede en Israel. De todas maneras, se trata de cuestiones aún no cuantificadas.[29]

En la Argentina conviven núcleos de todas las corrientes religiosas judías. El ala *ortodoxa* existe desde la llegada de

Interior del tabernáculo de la sinagoga, donde se guardan las biblias manuscritas en pergamino (1930). La actividad religiosa es parte esencial de la vida comunitaria.

Aspecto de los ritos celebrados en una sinagoga ortodoxa (mayo de 1920). En la Argentina conviven núcleos de todas las corrientes religiosas judías.

los primeros agricultores al país, y en Buenos Aires desde 1891. Los inmigrantes rusos, artesanos y pequeños comerciantes, fundaron el templo de la calle Paso; su número fue creciendo con el correr de los años por la llegada de diversos grupos étnicos —de Galitzia (Polonia), de Lituania y otros— que prefirieron adherir a un enfoque más ligado al de sus lugares de origen (se reunían en pequeñas sinagogas al comienzo y luego construyeron el templo de la calle Uriburu). El "grupo de Villa Crespo", posterior en el tiempo, se conforma con "ortodoxos moderados", que gradualmente se van uniendo a los llamados *conservadores* en las últimas dos décadas (templos de Acevedo, Murillo y Antezana).

Por la escasez de rabinos locales y ante el cese de la inmigración europea y el genocidio hitleriano, los ortodoxos fundan una *ieschivá* (en la calle Ecuador) para ir cubriendo esos cargos con maestros espirituales surgidos de sus propias filas. Su relativo éxito entre un sector de la calle judía estimula la aparición del grupo del *Jabad Lubavitch* (*ultraortodoxos*, cuya jefatura espiritual está en Brooklyn, Estados Unidos), lo que origina un considerable revuelo en los sectores religiosos judíos y en la calle argentina en general, por su peculiar y novedosa manera de presentarse ante las necesidades comunitarias.[30]

La rama *conservadora* (del inglés *"conservative"*; su denominación más adecuada en castellano sería *tradicionalista*, puesto que preconiza en realidad la observancia histórica del judaísmo y sólo admite cambios en el ritual) tuvo su expresión más antigua en la CIRA. Los grupos fundadores fueron judíos alsacianos, alemanes e ingleses (estos últimos funcionarios de empresas comerciales que residían aquí). Ellos trajeron al país el incipiente liberalismo de la "escuela de Frankfurt" (Salomon Schechter, Martin Buber, Franz Rosenzwaig), que modernizó la teología judía y más tarde se dirigió a América. Se les sumaron luego unos pocos judíos rusos acaudalados y grupos llegados de Odessa y Besarabia (rumanos), así como los funcionarios de la JCA, como Simón Weil y otros dirigentes de la red escolar judía de las colonias.

Una posición económica más desahogada distinguía a la elite de la Congregación: los judíos de Europa oriental que habitaban el barrio del Once llamaban a los que frecuentaban el templo de la calle Libertad *Die Zilinder Iden* (los judíos de sombrero de copa). Para la mentalidad de sus socios, la CIRA era la "Gran Sinagoga" donde, al igual que en Europa occidental, se concurría en días festivos, casamientos u otros acontecimientos. El sector femenino aparecía lujosamente vestido y enjoyado, y los hombres en frac o jaquet, con sombrero de copa. Con el correr del tiempo se reemplazó ese "cubrecabeza" por la galera y, sólo en algunos casos, se llegó a "permitir" el chambergo para la feligresía en general (no para los dirigentes).

El rabino Guillermo Schlesinger (que orientó la Congregación desde 1937 hasta su muerte en 1971) fue el nexo que posibilitó la transición del templo que sólo se ocupaba de cuestiones religiosas a una colectividad más vinculada a los cambios de la contemporaneidad.

En 1957 la Congregación se afilia al Consejo Mundial de Sinagogas, organismo de tendencia conservadora no ortodoxa, y dos años después trae a Buenos Aires al rabino Marshall T. Meyer, quien desarrolla un intenso trabajo rabínico y renueva las vetustas estructuras de la CIRA, algunas de cuyas características se transparentan en las anécdotas relatadas por Adolfo Weil.[31] Una de ellas recuerda que le ocurrió en los años 40, después de una reunión en la Congregación (a la que acababa de integrarse):

Templo de la Congregación Israelita de la República Argentina: nave central y coro.

...se me apersonaron tres señores de la Comisión Directiva, con los que mantuve aproximadamente el siguiente diálogo:

—Señor Weil (en esa época el tuteo se usaba únicamente con los íntimos), usted nos causa una buena impresión y goza de nuestra simpatía; es por ello que nos permitimos preguntarle si tiene novia.

(...) Mi respuesta fue: "No, señores, no tengo ninguna".

—Pero, señor Weil... ¿tiene algo en vista?

—No, tampoco.

—Pero, suponemos que usted piensa formalizar matrimonio alguna vez...

—Pues bien, si llego a conocer alguna persona que me agrade, no digo que no.

—Bueno, si es por eso, podemos presentarle algunas chicas de buena familia y posición económica...

En aquel momento, para serles franco, creí estar en presencia de algún shadjen y no podía salir de mi asombro. Por fin, me acordé de que era judío, y que un judío responde a una pregunta con otra pregunta.

—Bueno, señores, ¿podría saber a qué viene vuestra inquietud por mi soltería?

—En verdad, señor Weil, pensamos que es inadecuada la presencia de un soltero en el seno de una Comisión Directiva sinagogal...[32]

Después de esa "introducción", Weil se interiorizó de otros datos de la realidad. El edificio sinagogal de la calle Libertad había sido construido por un arquitecto cristiano con estructura de iglesia —nave y altar—, inadecuada para el funcionamiento del ritual judío. Las mujeres no sólo estaban en un piso separado de los hombres —lo que era común en la ortodoxia— sino que no participaban en actividades que excedieran las formales. Hubo que superar grandes resistencias para implantar un libro de rezos bilingüe —una página en castellano enfrentada a la similar en hebreo—, y la esposa del rabino Meyer fue llamada al orden por utilizar durante una ceremonia un tapado rojo, cuando el color que se consideraba adecuado era el marrón.

Weil reflexiona:

Ahora percibo que a veces se puede tontamente perder tiempo en minucias, recordando un planteo que se hizo en Co-

misión Directiva de la CIRA por algunos seño-
res, que elevaron casi a nivel de escándalo el
hecho de que el jazán estaba parado ante la
bimá rezando con zapatos marrones, cuando
a su criterio correspondía calzar negros. En
otra oportunidad, se puso el grito en el
cielo porque al mismo jazán le sobresa-
lían los pantalones grises —en vez de
negros— debajo de la sotana negra, con
el agravante de que las botamangas fina-
les eran tan cortas que se le veían las
medias. Otro motivo de debate fue que al-
gunos feligreses, en la finalización de los
servicios religiosos, saludaban a los shamo-
shim dándoles la mano, pretendiendo que era
indecoroso que algunos humildes funcionarios
se prestaran a este tipo de actitudes familiares.
(...) Estos pequeños episodios hay que ubicarlos en
el contexto de la época en que ocurren, pues no son
propios de una Institución sino que, a través del tiempo, se
manifiestan con diversos matices que pueden ser individua-
les o colectivos...[33]

Israel Borsky, cantor litúrgico y
oficiante de la CIRA, discípulo de los
jazanim de Odessa.

Esta mutación generacional, entre venerables "señores con sombrero de copa" y jóvenes judeoargentinos crecidos bajo otros códigos comunicacionales, ayuda a explicar la transición. Hacia 1960 se crea el Seminario Rabínico Latino-americano. A comienzos de 1963, el rabino Meyer se separa de la CIRA y funda con un grupo de seguidores —entre los que se encuentra Weil— la Congregación Bet-El, cuya influencia se extiende en los años siguientes hacia numerosos sectores juveniles. Los judíos alemanes de la última inmigración —décadas del 30 y el 40— adhieren desde sus templos (Nueva Comunidad Israelita, de la calle Arcos; sinagoga de la calle Vidal; *Lamroth Hakol*, de la zona Norte del Gran Buenos Aires, y otros) y son cofundadores del Seminario Rabínico Latinoamericano. También, como queda dicho, algunos grupos de "Villa Crespo".

La corriente religiosa denominada *liberal* o *reformista*, que modificó esenciales manifestaciones del ritual judío, es minoritaria. Desarrolla su actividad desde 1964; un año después inaugura el templo *Emanu-El*. Inspirada por la rama norteamericana —donde este enfoque religioso convoca a la mayoría de los creyentes judíos— es básicamente "adaptativo" con relación al lugar donde desarrolla su accionar. En Argentina surge como un desprendimiento del Seminario, no sin previas discusiones internas, y reúne algunas familias de origen ruso y alemán y varias sefaradíes.

A estas divisiones sectoriales debe sumarse la separación entre los sefaradíes (aproximadamente un 20 por ciento de la colectividad, más de la mitad de ellos en la capital) y los ashkenazíes. No sólo se sienten diferentes entre sí, sino que se subdividen en diferentes grupos y arrastran recelos y rivalidades provenientes del odio entre sus países de origen. El rasgo que distingue a los sefaradíes es su religiosidad, fundamentalmente ortodoxa, y el rito de origen ibérico que practican. Sólo en la última década se han organizado en Centros de Estudio de la cultura y el pasado sefaradíes, especialmente activos en ocasión de recordarse los quinientos años de la expulsión de España (1492-1992).

No hay modo de esclarecer objetivamente el alcance de la observancia religiosa judía en la Argentina. A ello deben unirse los desafíos que enfrenta ante una sociedad argentina moderna esencialmente cristiana, lo cual crea inconvenientes desde el mismo texto constitucional, que impide a un practicante de la fe judía aspirar a la presidencia de la Nación. Tácitamente, esta prohibición se extiende a los altos cargos militares y diplomáticos del país, aunque no esté expresamente señalado.

Por otro lado, la elevada proporción de judíos laicos o no observantes tiene a su disposición la Asociación Argentina por el Judaísmo Laico y Humanista, fundada en 1987 en Buenos Aires y presidida por el profesor Gregorio Klimovsky, como intento de incorporar las cambiantes realidades del siglo y la experiencia concreta del Estado de Israel. El editorial del primer número de su publicación señala:

> *El laicismo constituye la columna vertebral de los grandes movimientos de masas en la historia contemporánea del pueblo judío; en especial lo es de la abrumadora mayoría del movimiento sionista, así como de los otrora poderosos mo-*

vimientos obreros que le disputaban la preponderancia ideológica...

Siguiendo la corriente de formación de diversas asociaciones similares en Israel, Estados Unidos, Canadá, Bélgica y otros países, el movimiento pretende llenar un "vacío reflexivo en los marcos de la vida y el pensamiento de muchos judíos argentinos", y se propone como alternativa pluralista y abierta para ampliar los marcos de un judaísmo que pretende "una definición positiva de nuestra condición: recuperando las tradiciones proféticas, incorporando la experiencia actual, dialogando con nosotros mismos". Esta explícita propuesta de "puente" entre tradición y modernidad afirma:

Una convicción nos une: no somos seres terminados, sino en construcción. No queremos repetir la historia ni volver al gueto, pero tampoco renunciar a nuestra especificidad judía y humana.[34]

NOTAS:

[1] Una de las últimas polémicas entre los sectores ultraortodoxos de la religión judía se refiere a la convicción de un grupo de ellos —los *jabadnik* (*Jasidim* de Jabad), que responden al *Lubavicher Rebe*, el rabino de la dinastía de los Lubavicher— de que el Rabí, que vive en Brooklyn postrado por una parálisis parcial y tiene más de noventa años, es el Mesías. "Es una herejía", dicen algunos. "Hay que probar que no lo es", sostienen otros, invirtiendo la prueba, como dirían los abogados en términos legales. Esto ocurre en 1992. Véase el artículo del rabino Mordejai Levin "El Rebe de Lubavitch, ¿es el Mesías?", en el periódico *Mundo Israelita*, 5 de junio de 1992, y las contestaciones de las semanas siguientes en el mismo medio y en otros.

[2] Una síntesis de la considerable influencia de autores judíos sobre el pensamiento contemporáneo fue expuesta por el epistemólogo Gregorio Klimovsky y resumida en la revista *Judaísmo Laico*, Nº 2, Buenos Aires, 1988, págs. 8-11.

[3] Pedro (Pinie) Wald, "El proletariado judío en la Argentina de principios de siglo", en *Argentiner Iwo Shriften*, Nº 2, Buenos Aires, reproducido parcialmente en castellano en la revista *Encrucijada*, Buenos Aires, Nº 1, 1971, págs. 42-44.

[4] Pinie Katz, *Páginas selectas*, Buenos Aires, Editorial ICUF, 1980. Sobre el tema de los "rufianes judíos", véase capítulo 8.

[5] Boleslao Lewin, *La colectividad judía en la Argentina*, Buenos Aires, Alzamor Editores, 1974, págs. 72-73.

[6] Katz, op.cit.

[7] Wald, op.cit. Véase también: M.

Regalsky, "Los partidos políticos judíos", en *Cincuenta años de "El Diario Israelita"*, Buenos Aires, 1940. En la misma edición, H. Brusilovsky, "Los judíos en el movimiento obrero argentino".

[8] Lewin, op.cit.

[9] Regalsky, op. cit.

[10] Víctor Mirelman, *En búsqueda de una identidad. Los inmigrantes judíos en Buenos Aires, 1890-1930*, Buenos Aires, Editorial Milá, 1988, págs.175-229.

[11] Véase capítulo 3.

[12] Katz, op.cit., pág. 15. El autor acota que se basa en información anotada por T. Teplitzky en la *Enciclopedia Judía* de Brockhaus y Efron.

[13] Leonardo Senkman, *La colonización judía*, Buenos Aires, Centro Editor de América Latina, Colección Historia Testimonial Argentina, Nº 27, 1984. El tomo reúne una importante cantidad de documentos de época. Incluye el manifiesto del 25 de noviembre de 1912 titulado *¡Pan para comer!*, un alegato de la cooperativa Fondo Comunal contra el acaparamiento y la especulación con harina que comienza así: "Es sencillamente increíble que quienes producen pan para todo el mundo no tengan ellos

qué comer. Pero es una verdad deplorable...¿Hay justicia en ello? ¿Nada puede preservarnos contra esa anomalía?".

El manifiesto propone a continuación una acción colectiva de los colonos contra los acaparadores (págs. 88-89). Este tema es citado en *El judío Aarón*, la obra de Samuel Eichelbaum que se analiza más abajo. Véanse también las investigaciones de Haim Avni, citadas en el capítulo 3.

[14] Samuel Eichelbaum, *El judío Aarón*. Editada en Buenos Aires como suplemento de la revista *Talía* poco después del fallecimiento del autor, esta breve obra es muy difícil de ubicar y no ha alcanzado la difusión que merecieron sus trabajos posteriores de ambiente criollo, como *Un guapo del 900* y *Un tal Servando Gómez*. Quizás influyera para ello el "clima" que Eichelbaum recuerda en el *Prólogo* que escribiera para la edición de algunas de sus obras que hizo la Subsecretaría de Cultura de la Nación: "Algunos críticos, más aferrados que otros al teatro criollo, aprovecharon para tildarme de autor extranjerizante, lo que incluso se me enrostró como un estigma. (...) Esa acusación, para un escritor que

se llama como me llamo, presuponía una posición espiritual, y acaso mental, también en oposición a la de un vasto sector del pueblo solidarizado con la hermosa empresa de crear un teatro nacional, del que yo aspiraba, desde la más incipiente adolescencia —en sueño y vigilia constantes— ser un buen albañil. Era natural entonces que rechazara, íntima y profundamente, tan arbitraria imputación".

[15] Op. cit., pág. 11.

[16] Op. cit., págs. 13-14.

[17] Mirelman, op. cit., págs. 233-239.

[18] Pedro Orgambide: "Milonga del barrio Once", que pertenece a su obra (inédita) titulada "Canta, Táibele, canta".

[19] Katz, op. cit., págs. 74-75.

[20] Leonardo Senkman, *La identidad judía en la literatura argentina*, Buenos Aires, Editorial Pardés, 1983, pág. 31. El tema educativo es analizado extensamente en este ensayo.

[21] Tulio Halperín Donghi, *El espejo de la historia*, Buenos Aires, Editorial Sudamericana, 1987, pág. 226.

[22] Carlos Escudé, "La generación de una cultura autoritaria a través de los contenidos de la educación durante el siglo xx", en revista *Indice*, Buenos Aires, abril de 1992,

Nº 5, Segunda Epoca, págs. 17-74. El autor explica de este modo los "mitos del gaucho argentino y de San Martín", así como los "mitos geográficos", "racistas" (el país blanco y europeo) y otros, en su opinión tan burdos, que concluye: "quizás valga la siniestra paradoja de que es gracias a esta esencial falta de seriedad que, al contrario del caso alemán y japonés, el nacionalismo argentino nunca pudo convertirse en un peligro para la humanidad, y fue sólo un peligro para los argentinos".

[23] Véase más adelante, en el capítulo 7.

[24] Las años 20 y 30 mezclan las discusiones políticas (nacionalistas y liberales) con las racistas. Es interesante seguir esta distinción, prolijamente estudiada por Allan Metz, *Leopoldo Lugones y los judíos. Las contradicciones del nacionalismo argentino*, Buenos Aires, Editorial Milá, 1991.

[25] También en este caso la bibliografía es amplia y variada. El texto central es el de la Conadep (Comisión Nacional de Investigación de la Desaparición de Personas), *Nunca Más*, Buenos Aires, EUDEBA, 1985. Para la experiencia argentina de las últimas décadas, véase Leonardo Senkman, *El antisemi-*

tismo en la Argentina (3 tomos, incluye artículos de otros estudiosos y documentos), Buenos Aires, Centro Editor de América Latina, 1986.

[26] Moisés Goldman, "Origen y evolución de la DAIA", incluido en *Cincuenta años de vida judía en la Argentina*, Buenos Aires, El Diario Israelita, noviembre de 1940. Véase también en los apéndices la lista de presidentes de la DAIA.

[27] Véanse los materiales publicados por la DAIA durante el último medio siglo y el testimonio de Gregorio Fainguersch: *Mis recuerdos (1940-1990)*, Buenos Aires, Editorial Milá, 1992.

[28] Lewin, op. cit., pág. 229.

[29] Los trabajos estadísticos del CEHIS (Centro de Estudios Históricos y Sociales, AMIA, dirigido por Iaacov Rubel) sobre formación educativa e inserción ocupacional —citados en el capítulo 4—, así como dos investigaciones de la misma institución (todavía inéditas) sobre "Matrimonios mixtos" y "Cementerios judíos", seguramente acercarán datos confiables alrededor de esta problemática.

[30] Véase nota 1 de este mismo capítulo. Sobre las observancias religiosas en las primeras décadas de la colectividad, así como respecto de cuestiones referidas a conversiones o matrimonios mixtos, existe un cuidadoso resumen en el libro de Víctor Mirelman, op. cit., págs. 123-172. En los párrafos anteriores se menciona a los templos, como es usual en el lenguaje judeoargentino, por el nombre de la calle donde están ubicados.

[31] Adolfo Weil, *Orígenes del judaísmo conservador en la Argentina*, Buenos Aires, Ediciones Seminario Rabínico Latinoamericano, 1988, 160 páginas. Incluye una historia testimonial de esta corriente dentro del país y un anexo con documentos.

[32] Op. cit., págs. 48-49.

[33] Op. cit., págs. 91-92.

[34] Revista *Judaísmo Laico* Nº 1, Buenos Aires, octubre de 1987, págs. 1-2.

Primer jardín de infantes de la Escuela Modelo Israelita Argentina: reunirse con los iguales, rescatar la tradición.

Historia de las instituciones. Los tres
"modelos comunitarios" a lo largo de
un siglo. Grupos sefaradíes y
ashkenazíes. La sinagoga y la
"kehilá". Asistencia social y
hospitalaria. Instituciones culturales y
sociodeportivas. Educación: idioma y
redes escolares. Cementerios,
"kashrut", arbitrajes, cuestiones
religiosas. Enfrentamientos
ideológicos y personales. Relación con
el contexto del país.

REUNIRSE CON LOS IGUALES

La Congregación Israelita de la República Argentina
(CIRA), cuyo origen se menciona en los capítulos anteriores,
fue la única institución judía de Buenos Aires hasta 1890.
Cuando comenzaron a arribar los grandes contingentes de
la inmigración masiva —que provenían de diversos puntos
de origen— el cosmopolitismo porteño se extendió a la
percepción de la comunidad judía. Era bastante natural que
en un país desconocido los recién llegados buscaran a sus
parientes y antiguos convecinos.

Las nuevas *jevrot* (sociedades) se componían de judíos
llegados de la misma zona o ciudad. La línea de demarca-
ción básica era trazada por la lengua materna del inmigrante.
Además, los judíos de diferentes regiones divergían en sus
tradiciones y estaban habituados a rituales dispares. Las

Capítulo 7

jevrot, que constituyeron para sus miembros el primer centro social, se ocupaban de diversos aspectos de la vida: algunas disponían de un lugar fijo para las plegarias cotidianas, donde un judío podía encontrar un *minián* (quorum de diez hombres para el culto público), mientras otras atendían las situaciones penosas: entierros, ayuda mutua, protección de inmigrantes, actividades benéficas para desocupados, huérfanos, viudas, ancianos. Estaban también las que fundaban una *Talmud Torá* (escuela religiosa judía) para sus hijos. Estas sociedades de Buenos Aires nacieron a imagen de las "zonas de residencia judía" de Rusia, Rumania, el Imperio Otomano o Marruecos.[1]

El sentimiento de pertenencia grupal se combinaba con la natural desconfianza entre individuos de diversas procedencias, o incluso entre judíos argentinos residentes en el campo y en la ciudad. El escritor en idish S. Freilaj (seudónimo de Litman Gueltman, 1898-1946) resumió esta situación en su relato humorístico *Lo que puede acontecer en Buenos Aires*[2]:

Un judío procedente de un lejano villorrio provinciano emprendió un viaje de negocios a Buenos Aires. Antes de irse había recibido la visita de todos los judíos locales, los que vinieron a despedirse y también a pedirle que, por el

Boletín del Asilo Israelita Argentino, cuyos 30.000 ejemplares se distribuían en todo el país. El sentimiento de pertenencia grupal unía a judíos de distinta extracción.

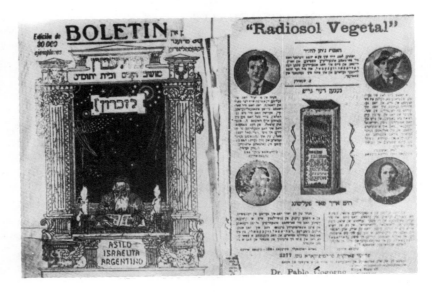

amor de Dios, visitara todas las instituciones judías y les trajera un mensaje personal.

—Siempre contribuimos —dijeron— por lo tanto nos gustaría saber si no nos engañan con algún "bluff".

—¡Lo que puede acontecer en Buenos Aires! —dijo otro.

Llegado a la gran ciudad, y luego de cumplir los trámites relacionados con sus negocios, el "enviado" del interior se dirige a un conocido suyo, activista comunitario, y se hace guiar en un regocijante recorrido por el Hospital Israelita (¿Tiene realmente *dos* pabellones? ¿Tiene médicos? ¿Tiene enfermos?), el orfanato ("¿Adentro también hay huérfanos, o se dice así no más, con el fin de embellecer las cosas?") donde "interroga" a los niños para verificar si son *realmente* huérfanos, y así de seguido: el Hogar de Ancianos, la Liga contra la Tuberculosis, los talleres de Ort, el Fomento Agrario, los Comedores Populares...

—Es decir que no hay ningún "bluff" en este sentido. Y yo... yo pensaba... ¡En Buenos Aires puede suceder cualquier cosa! No hay que preguntar.

Pasado un momento el desconfiado provinciano vuelve a dudar, una y otra vez. Ante cada respuesta ofendida o constatación, exclama: "¡Lo que puede acontecer en Buenos Aires!".

No fue sencilla la historia de integración de los diversos grupos judíos. Visualizada desde las instituciones y sus movimientos internos, permite apreciar los movimientos ideológicos y sociales que atraviesan las etapas de desarrollo de la comunidad judía argentina. Pueden así obtenerse *modelos comunitarios* que responden a la cambiante fisonomía de esos años: llegada de nuevos contingentes inmigratorios, participación en la labor institucional de generaciones nativas, cambios en las pautas de identidad e identificación judías a medida que se suceden las décadas.

El proceso de transición y cambio comunitario es obviamente más complejo que los "modelos" aquí expuestos, para los cuales se ha utilizado un inevitable grado de abstracción (ninguna de estas "comunidades" existió en estado puro), pero es posible detectar ciertos procesos de modificación que abonarían esta síntesis.

Taller de las escuelas ORT, que proveyeron capacitación técnica a los inmigrantes y a sus hijos.

Aplicando un criterio esquemático, a los efectos del análisis podemos dividir la organización institucional judeo-argentina en tres etapas o modelos:[3]

- *La comunidad judía aluvional (entre 1890 y 1920)*
- *La comunidad judía organizada (entre 1920 y 1960)*
- *La comunidad judía moderna (entre 1960 y 1990)*

I. LA COMUNIDAD JUDÍA ALUVIONAL

Los judíos que integraron las primeras e importantes olas inmigratorias plasmaron un tipo de "asociacionismo voluntario", cuyas lealtades se fijaron, ya en vínculos ideológicos (agrupaciones políticas y sindicales), ya en vínculos definidos por una común convivencia en los antiguos países de residencia (*Landsfahrein*). El sistema institucional representativo se presenta en forma de pequeñas asociaciones de residentes, centros culturales y artísticos, sinagogas y bibliotecas, entidades filantrópicas y de beneficencia (todas ellas atomizadas y divididas según los criterios mencionados de lealtad ideológica o lugar de origen).

Durante esta primera etapa no se centralizan las funciones comunitarias. Las prácticas culturales y artísticas de los inmigrantes en idioma idish están sobredeterminadas por el universo ideológico y las inquietudes de un sector muy representativo de la *intelligentzia*: los judíos rusos inmigrados hasta la Primera Guerra Mundial. Su impronta ideológica judía ha sido el espíritu de la *Haskalá* (Iluminismo), especialmente su componente laico y popular, con hondas preocupaciones sociales tendientes a reemplazar el viejo orden tradicional *halájico* por otro moderno y funcional.

Esto llegará varias décadas más tarde; mientras tanto, estos recién venidos a la Argentina atraviesan un "proceso de fractura", de cambio y transición, que desconoce la experiencia de *síntesis* que se produce entre 1925 y 1939 en Europa hacia la búsqueda de una estructura comunitaria laica y judía. Ellos sufren acá una "doble extranjería", ya que no condensan el cambio europeo ni llegan a vivirlo en plenitud, pero tampoco les resulta fácil asimilarse y adaptarse a su nuevo país de residencia.

A la Congregación Israelita le correspondió un papel histórico en el siglo XIX, cuando se colocaron los cimientos de la vida comunitaria judía en el país a través de una inmigración germano-alsaciana de ideas moderadas, una mejor situación económica y una posición religiosa conservadora. Las preocupaciones colectivas de estos judíos (franceses, ingleses, alemanes, italianos, sefaradíes) se limitaban a la sinagoga y, dado lo reducido de la colectividad en ese entonces, los matrimonios entre judíos y cristianos eran frecuentes: el mismo "rabino" de la Congregación, Henry Joseph, tenía una esposa e hijos cristianos, al igual que otros dirigentes comunitarios.

En 1906 asume el liderazgo espiritual de la CIRA el rabino Samuel Halphon, egresado de una academia rabínica y poseedor de un título universitario. Al igual que su antecesor, fue nombrado a propuesta del Consistorio de París, por gestiones de Luis H. Brie, titular de la Congregación. Pero el rabino Halphon inicia el período "moderno" de la CIRA, dedicándose primordialmente a la educación, aún entendida ésta como materia religiosa, y colaborando con la red escolar establecida por la JCA en las colonias judías. Su tarea se extenderá hasta 1930.

Acceso principal al Cementerio Israelita de Tablada (1967). El problema de una necrópolis propia ocupó los desvelos de la dirigencia comunitaria durante los primeros años.

La nueva y masiva inmigración ruso-polaca, en su mayoría de tendencia laica y progresista y con distinta composición social, afianzará desde los primeros años de este siglo un modelo de comunidad que reemplazará a la sinagoga como centro aglutinante.

La *Chevra Kedusha* (Piadosa Compañía) —que luego se transformaría en la moderna *kehilá* capitalina— fue fundada oficialmente el 11 de febrero de 1894, con fines exclusivamente rituales; pero en 1896 surgió el *Talmud-Torá Harishono*, y un año más tarde varios centros sionistas, con lo que comenzó a desplegarse la vida colectiva judía.

El judío austríaco Simón Ostwald —personaje ya mencionado con anterioridad, un acaudalado impresor y una especie de portavoz intelectual de la comunidad judía—, había llegado al país a fines de la sexta década del siglo

Homenaje a los fundadores de la comunidad, en el cementerio de Liniers.

pasado. Pionero de la industria gráfica, editor y hacendado progresista formoseño, al mismo tiempo fue un hombre seriamente preocupado por los problemas del judaísmo.

Luego de fundar con el coronel Henry Son y el periodista Jacobo Liachovitzky la primera entidad sionista (1897), decidió que no le satisfacía la Congregación Israelita Argentina. Hacia 1905, junto a otros inmigrantes, creó la Unión Israelita Argentina, a la que quería convertir en una especie de *Bet-Am* (Casa del Pueblo) que incluyera, además de los servicios religiosos, actividades sociales y culturales. Invirtió grandes esfuerzos en la construcción de una sinagoga propia de la Unión en la calle Pasteur al 600 —donde posteriormente se levantó el actual edificio de la AMIA— pero contrajo deudas demasiado grandes y fracasó en su intento.

La *Chevra Kedusha* obtuvo su personería jurídica el 14 de julio de 1900, a través de un decreto firmado por el presidente Julio A. Roca y su ministro Osvaldo Magnasco. El objetivo principal de esta asociación era dar sepultura "según la ley y costumbres mosaicos, rito ashkenazí", a los "correligionarios contribuyentes que falleciesen en esta Capital y sus alrededores, de acuerdo con lo establecido en los Estatutos". Antes de esa fecha y también durante los primeros años posteriores, se solía enterrar a los muertos judíos en el cementerio de la Chacarita y luego, casi sin exclusiones, en el de los protestantes. Dado que la colectividad judía de aquellos años era muy pequeña, la cantidad de difuntos judíos oscilaba entre 15 y 20 por año, pero en el período 1896-97 ya hubo 36. Este número resultó demasiado grande para los protestantes, que en setiembre de 1897 declararon que no disponían de más lugares para sepultar a judíos. La situación se convirtió en la primera prioridad de toda reunión comunitaria: se "alquilaron" parcelas en el cementerio de Flores y por cada tumba se pagaba una "tasa mensual", haciéndose cargo la *Chevra* del alquiler de las de los muertos pobres. De no hacerlo, pendía la amenaza de "desalojo"...

La gente suele bromear sobre el tema "sepultura" —señala Schussheim— pero

> *sepultar a un muerto es una cuestión religiosa en todos los pueblos, en todas las tradiciones y en todas las eras de la historia humana (...) toda comunidad religiosa tiene sus costumbres y sus ceremonias; de ahí que necesita de un cierto espacio de su pertenencia para poder rendir los últimos honores a sus muertos, de acuerdo con sentimientos, costumbres y ritos propios.*

No obstante, en la liberal y tolerante República Argentina este postulado fue, para los judíos, el más difícil de realizar. Desde 1862 —año de fundación de la CIRA— hasta 1910 se prolongó la lucha por lograr un cementerio propio.

Las asambleas de la *Chevra* donde se discute este tema, durante 1898 y 1899 ya revelan importantes "líneas de fractura" entre ashkenazíes y sefaradíes. Samuel Cohen, en representación de la Congregación Latina (marroquíes), participa en la primera reunión, donde comienzan a discutirse las *condiciones* para la colaboración de ambos grupos en el objetivo común del cementerio judío. No se llega a un acuerdo y se inician tratativas con los sefaradíes provenientes de Turquía, que habían fundado una Caja de Préstamos sin Interés. Serfati, el representante sefaradí, exige un contrato formal confeccionado en la oficina de un escribano público para constituir la sociedad. El presidente Orenstein considera que esa cláusula constituye una falta de confianza y rechaza el pedido. Serfati le responde diciendo que no era cuestión de confianza, sino que debían establecerse los derechos de la sociedad en el futuro. Nuevas negociaciones y nuevas exigencias del sector sefaradí terminan por imposibilitar un acuerdo.[4]

Todo el período del próximo presidente de la *Chevra*, Menashe Sigal (1900-1908), estuvo marcado por los esfuerzos tendientes a lograr la adquisición del cementerio, algo muy difícil incluso desde el punto de vista material (en 1906, después de doce años de su creación, la *Chevra Kedusha* no tenía más que 140 socios). Las tratativas para comprar un terreno en Barracas al Sud tuvieron muchos adversarios: se encontraba demasiado cerca del cementerio de los *tmeim*,[5] que instalaron allí un camposanto, junto a otro perteneciente a los sefaradíes; además, el gobierno provincial exigía el pago de un impuesto importante por cada difunto que se trasladara desde la capital.

En la sesión del 2 de junio de 1907, el presidente Sigal habló de *la necesidad de unir a la colectividad*, destacando el´ deber de ayudar a la Unión Israelita Argentina a construir su templo y a formar, junto con el ente mencionado, una Federación a la que pudiesen ingresar también otras sociedades judías. El vicepresidente Enkin se opuso: "Es imposible crear semejante Federación, pues la *Chevra Kedusha* no estará en condiciones de apoyar, con sus magros fondos, a otras entidades". La polémica se prolongaría un par de años, creando conciencia sobre la necesidad de un ente representativo de la comunidad judía capitalina. Cuando el 29 de noviembre de 1908 se discutió la provisión de carne *kasher*, la asamblea llegó a la conclusión de que "no se podía llevar a feliz término ni este asunto ni otro cualquiera, sin haber creado previamente en esta capital una federación que poseyera la fuerza legal necesaria para proteger los intereses generales de los judíos de la República Argentina...".

Las diversas motivaciones de los activistas empañan las tratativas y frustran la realización de la idea federativa, pese a que existe una resolución formal de adhesión, adoptada en la asamblea de la *Chevra* del 12 de julio de 1909. Unos meses antes renuncia Sigal, cansado de intentos fallidos y habladurías interminables. La *Chevra* posee entonces 300 socios y la nueva inmigración judío rusa, que venía huyendo de la frustrada Revolución de 1905, estaba compuesta por un

Monumento a las víctimas del nazismo, en el cementerio de Bancalari, (provincia de Buenos Aires).

material humano más dispuesto a fundar grupos partidarios y asociaciones culturales o bibliotecas, que a identificarse con lo que significaba la Piadosa Compañía.

Durante la presidencia de Nahum Enkin (1908-1912) se recomienzan las gestiones ante el intendente respecto a nuevas parcelas en el cementerio de Flores. Los "influyentes" de siempre (un abogado "milagroso", supuesto sobrino de Nicolás Avellaneda, y muchos otros) exigen grandes sumas para agilizar los trámites, y la *Chevra*, como institución pública que es, debe debatir en cada asamblea las renovadas exigencias de los gestores. Sólo el 29 de enero de 1910, tras innumerables esfuerzos administrativos y financieros, puede comprarse a crédito el terreno de Liniers. Inmediatamente después comienza una corrida de especuladores e intrigantes, que se

Calle interior del cementerio de Liniers. Recién en 1910, luego de innumerables esfuerzos, pudieron comprarse a crédito estos terrenos.

unen a los judeófobos, y las campañas en los principales periódicos del país. Schussheim resume así este proceso:

> *Para alcanzar ese objetivo, la colectividad tuvo no sólo que desembolsar una suma significativa, sino también luchar doce años contra las intrigas de ciertos individuos y las trabas burocráticas, y saciar la avidez de poseedores de terrenos y de sus intermediarios.*

Y cuando finalmente se consiguió comprar el terreno para el cementerio,

> *varios oscuros personajes iniciaron una serie de turbias intrigas en las antesalas de los ministerios y de las autoridades municipales. Se intentó "apelar a la opinión pública" a los efectos de no permitir a los judíos la posesión de un cementerio regido por las costumbres y preceptos religiosos judíos. El coro de la prensa bonaerense, encabezado por los dos grandes diarios La Nación y La Prensa, se pronunció contra la idea de un cementerio judío apartado y exigían que se prohibiera el funcionamiento del cementerio de Liniers, cuyo terreno ya había sido comprado. Los diarios mencionados instaron al intendente de Buenos Aires para que presionara sobre la intendencia de San Martín, a los efectos de no permitir la existencia de un cementerio judío.[6]*

Todavía en marzo de 1912, dos años después de la compra del terreno de Liniers y cuando ya descansaban allí unos cien fallecidos, el diario *La Prensa* proseguía su campaña contra el cementerio judío.

Durante muchos años la *Chevra* debió llevar a cabo una lucha por algo que en cualquier otra parte del mundo se consideraba natural. La principal equivocación, al parecer, fue la de no haber exigido los judíos un terreno gratuito al gobierno, pues tenían derecho a ello, ya que formaba parte inseparable de la legislación vigente sobre tolerancia religiosa.

Boleslao Lewin prefiere desdramatizar ese enfrentamiento: "una vez formados los cementerios municipales, se consideró que no existían razones —como si la fe religiosa se basara en ellas— que justificaran el separatismo judío. Pero en una sociedad en que existe el respeto por todos los credos y

Folks-shtime, *el "primer órgano israelita en la América del Sud", donde su editor responsable, A. Vermont, publicó artículos sensacionalistas ("Cadáveres flotantes") sobre el cementerio judío, en 1914.*

tolerancia para los que no pertenecen a ninguno, a la larga no pudo mantenerse la posición denegatoria" y se obtuvo el permiso correspondiente.[7]

"Sombreros de copa" y "sombreros bajos"

Tan pronto se afirmó la conciencia de que la *Chevra* ya poseía un cementerio propio, se desplegó una lucha tenaz entre dos agrupaciones internas: los "burgueses" (*di balebátishe*) y los "democráticos". En la asamblea general extraordinaria del 10 de julio de 1910, cuando se aprueba la compra del cementerio de Liniers, surgen acalorados debates acerca de si deben realizarse ventas de "bóvedas", lo que soluciona parcialmente algunas cuestiones financieras de la institución, pero abre una serie de tormentosos debates "ideológicos" que llevarán, tres años más tarde, a la "rebelión" de una gran parte de los socios, cuando se trató el tema de las "fosas comunes".[8]

El presidente Sigal propuso el 23 de marzo de 1913 la introducción de "fosas comunes", en las que se sepultara a "aquellos judíos que no disponían de medios para poder pagar los gastos de la sociedad". La resistencia a esta medida —denominada "la revolución de las fosas comunes"— duró más de un año, hasta estallar con toda su fuerza, catalizada por la publicación en *Folks-shtime*, de un artículo sensacionalista de Abraham Vermont titulado "Cadáveres flotantes".

Se relataba allí la estremecedora historia de cómo los muertos de las "fosas" habían quedado al descubierto y de qué manera los vecinos no judíos del cementerio se habían asustado, viendo los cuerpos envueltos en mortajas. La Comisión Directiva de la *Chevra* negó la veracidad de este relato, pero Vermont consiguió una declaración firmada del sereno del cementerio que confirmaba su versión, y publicó otra nota con el título: "Y los muertos flotan, a pesar de todo".

La verdad no era tan espeluznante: las lluvias de los años 1912-14 habían removido, en efecto, la capa de tierra superior, por lo que uno o dos cadáveres se veían en la superficie. Pero la cuestión impresionó al público y se convocó a una asamblea general que se desarrolló tormentosamente el 15 de noviembre de 1914. La elección de una nueva Comisión Directiva representó una victoria para la "revolución" de los "sombreros bajos" contra los "altos sombreros de copa" (así se definía a los bandos enfrentados). Las "fosas comunes" fueron abolidas y por un largo período se prohibió también la venta de "bóvedas" a las familias de grandes recursos.

Este problema del cementerio ocupó el tiempo y las discusiones de los activistas comunitarios durante muchos años. Hacia 1920 ya el terreno de Liniers resultaba demasiado estrecho y debió pensarse en la compra de uno nuevo. El tema volvería a aparecer en los siguientes períodos.

Mientras tanto, en lo que hace a los sefaradíes, luego de fracasadas las gestiones conjuntas de los primeros años, la división en sectores de acuerdo al lugar de origen se mantuvo durante décadas.

Si quisiéramos trazar una "semblanza espiritual" diríamos que el *elemento sirio* es ultraconservador, sus templos están repletos de fieles, mantienen escrupulosamente la tradición y en los barrios donde viven abundan los comercios de alimentos *kasher* y los colegios religiosos. Desconocen oficialmente los matrimonios mixtos y adoptan todas las medidas a su alcance para impedirlos. Sus negocios cierran los sábados rigurosamente, lo que distingue a sus zonas de residencia. El *judío marroquí* es religioso en el sentido tradicional, pero trata de que su calidad de tal no trascienda a la calle, tal vez por su elevado porcentaje de enlaces mixtos. Este grupo fue el primero en llegar al país y en fundar una institución: la Congregación Israelita Latina. Los *judíos turcos*, en fin, son los más liberales y los que más fácilmente se adaptan al ambiente del país.[9]

La inmigración sefaradí fue esencialmente individual. Por considerar que su estada aquí sería quizá pasajera, los sefaradíes tardaron en organizarse. Pero hubo algo que les indicó la necesidad de crear sus propias instituciones comunitarias: los fallecimientos. Comenzaron entonces a levantar templos y hacia 1940 ya existían varios hermosos, como el de la calle Piedras (marroquíes); el de la calle Lavalle (sirios alepinos); el de la calle Brandsen, en el barrio de la Boca (sirios damasquinos); el de la calle Olleros (oriundos de Rodas); el de la calle Camargo (turcos de Esmirna); el de la calle Avellaneda (damasquinos) y, finalmente, el de la calle Campana, en el barrio de Flores, de la sociedad *Shevet Ajim* (de los de Esmirna), sin contar los pequeños oratorios que funcionaban en inmuebles alquilados. A ello sumaron distintas instituciones para obras benéficas, culturales y de acción social, como la *Bikur Jolim Sefaradí* (asistencia a enfermos); la *Guemiluth Hassadim* (inhumación de restos de correligionarios fallecidos y "préstamos graciables" a necesitados); la *Aavat Tsedek* (ayuda a familias necesitadas); la *Liga Antituberculosa Israelita Sefaradí*, y muchas otras, que se extendían al interior del país.[10]

En algunos períodos las diversas comunidades sefaradíes llegaron a acuerdos con la *Chevra* para utilizar el cementerio de ésta última. En 1915 los judíos damasquinos inauguraron un camposanto en Lomas de Zamora y los alepinos los imitaron en los años 20, con un terreno en Ciudadela. Deberían pasar todavía varias décadas hasta que las nuevas

El primer modelo comunitario sigue los esquemas europeos, donde la sinagoga es eje de reunión.

Las discusiones internas entre los "sombreros de copa" y los "sombreros bajos" trascendieron el marco religioso y se trasladaron a las instituciones de todo tipo.

generaciones sefaradíes lograsen centralizar sus esfuerzos institucionales y superar las diferencias de origen y costumbres, así como su carácter fuertemente individualista.

Este *modelo de comunidad I* adquiere su forma siguiendo el esquema europeo del mutualismo y la *kehilá*. En las colonias agrícolas, el cooperativismo surge también como una "reacción a la dádiva", que ya estaba presente en la idea del Barón Hirsh (no buscar soluciones individuales, sino atender al grupo judío como un todo). Pero la situación se modificará en los años siguientes, cuando el "aluvión" inmigratorio supera los primeros acomodamientos al país y se suman a los recién llegados elementos ideológicos europeos.

Esta conciencia comunitaria se hace explícita en fenómenos como la colecta en favor de los damnificados por los *pogroms* rusos en 1903, o en la creación del Comité Judío para el Censo Popular en la Argentina en 1914, que en mayo de ese año lanza un llamado dirigido "al pueblo judío" para señalar el sentido y la importancia del censo, y aclara:

> *Hasta ahora se ignoraba nuestra existencia. Se mencionaba a nuestro pueblo cuando se hablaba de prostitución, de tratantes de blancas o de estafadores de todo tipo... Con mucha*

*exageración se quiso presentar a estos elementos como es-
pejo de nuestro pueblo...*

El autor del llamado declara que los judíos mismos tenían la culpa de todo ello, pues "solían ocultar su rostro
judío bajo un disfraz no judío". Los judíos solían presentarse
como "alemanes", "austríacos" o "rusos". Se ocultaba la
verdad. Por eso el Comité lanza un llamado instando a todos
los judíos argentinos a identificarse como tales, a subrayar
la existencia del idioma idish y, para el caso de que se les
preguntara por su origen, citar siempre la palabra "israelita". Por ejemplo: "israelita de Rusia", "israelita de Rumania"...
El llamado concluye con la siguiente exhortación:

> *Israelitas, ¡no nieguen vuestro origen e identidad! ¡Respétense
> a sí mismos y serán respetados por otros!*

Cuando estalla la Primera Guerra Mundial la Federación
Israelita Argentina constituye un Comité de Ayuda a las
Víctimas de Guerra, que publica un llamado a la opinión
pública en idish y castellano en el que se expresa, entre
otros conceptos:

> *además de los sufrimientos propios de una época de guerra
> en general, los judíos deben soportar persecuciones y ma-
> tanzas perpetradas por nuestros enemigos de siempre, en
> una escala jamás vista...*

y finaliza:

> *¿acaso podemos nosotros, los judíos argentinos, mantenernos
> alejados e indiferentes? ¡No, no podemos y no debemos
> permanecer indiferentes en esta hora de prueba!*[11]

Una importancia mucho mayor adquiere el Primer Congreso Judío Argentino, que se realiza los días 26-29 de febrero
de 1916 y se convierte en una gran manifestación de unidad
societaria de la judeidad argentina. Participan una treintena
de organizaciones de todo tipo: Federación Sionista, Congregación Israelita, *Ezra, Chevra Keduscha, Bikur Jolim,* varias
Talmudei-Torá, comunidades sefaradíes de diversos oríge-

nes, centros culturales, ideológicos, religiosos y hasta comerciales (Juventud Obrera Judía, Propietarios de Sastrerías Judíos, Sociedad Literaria y Estudiantil Israelita, Unión Obrera Judía de Beneficiencia y muchos otros), así como representantes de las colonias agrícolas judías.

Los objetivos del congreso —que fue liderado por Salomón Liebeschutz, Natan Gesang, Noé Cociovitch y otros— fueron: "despertar el orgullo nacional y la conciencia judía"; "presentarnos a la población que nos rodea, como judíos, pues ésta es la simple verdad. No vivimos aquí como 'rusos' o 'alemanes', sino como judíos y, como tales, debemos elevar el nombre del judío, otorgándole honor y prestigio"; "unir a la colectividad local con el pueblo de Israel, por doquier, y construir un puente entre nosotros...", y "suscitar el interés del Gobierno Nacional Argentino (...) para que (...) apoye en su política internacional las aspiraciones sionistas".

Este Congreso y las manifestaciones posteriores, relacionadas con la Conferencia Internacional de San Remo, expresaron las aspiraciones de unidad societaria judía que se concretarían en los años siguientes. Paralelamente, las reacciones de los judíos durante la Semana Trágica de 1919 manifestaron las divisiones dentro de la colectividad y las

Las comunidades judías, aun las pequeñas y dispersas en el interior del país, organizan actividades sociales y culturales para sus miembros. Gradualmente intentarán unificarse en congresos y reuniones con entidades similares.

El segundo aluvión inmigratorio organiza la red de escuelas y la actividad cultural.

diversas líneas de enfrentamiento que se repetirían, una y otra vez, en las décadas posteriores.

II. LA COMUNIDAD JUDÍA ORGANIZADA

El segundo aluvión inmigratorio (1920 en adelante) trajo contingentes más numerosos y diversificados de judíos (polacos, lituanos, húngaros), que procedían preponderantemente de poblaciones pequeñas o aldeas y cuya instrucción judía, en general algo más precaria que la de los inmigrantes anteriores, había sido interrumpida por la Gran Guerra y por su emigración en plena juventud. Se trataba en su mayoría de obreros y artesanos sin calificación profesional, llamados por sus familiares o que escapaban de Europa.

Mientras la primera ola inmigratoria, especialmente rusa,

había puesto los cimientos culturales de la comunidad (prensa, teatro), esta segunda oleada re-funda las instituciones comunitarias, las centraliza a través de un rápido proceso y organiza la red de escuelas.

La línea de desarrollo que lleva de la *Chevra Keduscha*, en sus comienzos como sociedad que proporciona servicios fúnebres, a una *Kehilá*, o sea a una *Comunidad Organizada* que abarca diversas ramas de la vida social y cultural, marca con precisión los cambios graduales de esta etapa. Y también la discusión y enfrentamiento entre líneas ideológicas y personales que se mantendrán durante todo este tiempo.

Once años después del fracasado intento de crear una Federación, se comienza a hablar desde 1920 de una "Alianza" de instituciones judías en el país, a fin de centralizar los esfuerzos y evitar superposiciones. Después de una breve y precaria existencia —y al cabo de dos o tres años de actividades insignificantes— la Alianza deja de existir en 1926. ¿Por qué fracasan estos intentos?

Mirelman ensaya una respuesta a través de la perspectiva histórica, que ofrece tres explicaciones coincidentes:

a) Los judíos ashkenazíes constituían un grupo amorfo de inmigrantes de diversas áreas de Europa, y en las décadas del 20 y del 30 la mayoría eran proletarios, de los cuales sólo una pequeña parte poseía conocimientos de las fuentes culturales y espirituales del pueblo judío. El liderazgo surgió por lo tanto de aquellas capas que tuvieron éxito, construyendo una posición holgada para sí mismas; no obstante, ese tipo de liderazgo tenía un área limitada de influencia.

b) El liderazgo de una gran institución representaba una fuente de honores para sus componentes. La sola existencia de la Alianza con su propio Consejo Ejecutivo hubiera creado cargos de alto rango, mucho más importantes que los de las sociedades comunes: un presidente de la Alianza sería, respecto de los presidentes de otras instituciones judías, un *primus inter pares*. De allí las rivalidades personales e interinstitucionales, que predominaban por encima de los intereses de la comunidad como tal.

c) La regla propuesta para reunir fondos —que se oponía a que cada sociedad tuviera el derecho de hacerlo de manera independiente— causó preocupación entre los funcionarios.

Avenida principal del Cementerio de Tablada. De manera natural, la Chevra Kedusha *comienza a asumir otras funciones: ayuda social, educación, donaciones a entidades...*

Con excepción de la *Chevra*, todas las otras sociedades dependían de campañas especiales, funciones de teatro, bailes y rifas. La fusión económica propuesta por la Alianza causaba recelo entre los funcionarios, quienes temían que la parte del presupuesto asignada a sus respectivas necesidades institucionales no fuera suficiente.

El camino hacia la materialización de la "Alianza" no era realista. En el objetivo de fusión de sociedades y el establecimiento de un cuerpo representativo no se notaba la presencia de una ideología subyacente, ni siquiera el fin de formar un frente contra alguna amenaza a la comunidad judía. En esos años 20 algunos funcionarios judíos se opusieron empecinadamente al proyecto de la Alianza y sugirieron —especialmente desde las columnas de *Mundo Israelita*— una manera diferente de lograr la representación de la masa comunitaria y la centralización de sus actividades: en su visión, la *Chevra Kedusha* debía cambiar sus estatutos y constituirse en *Kehilá* o Comunidad. Ese era el último denominador común de los judíos ashkenazíes de Buenos Aires.[12]

La vigencia de este análisis aplicado a la época actual puede poner los pelos de punta a más de un activista comunitario.

Lo cierto es que en esos primeros años de la década del 20 se amplía la mera actividad piadosa, y a veces filantrópica, para aumentar sostenidamente la participación de la *Chevra Kedusha Ashkenazí* en actividades de carácter educativo, cultural y comunitario. Se entregan subvenciones para ese tipo de actividades; surgen problemas de índole religiosa; se presentan casos de conflicto entre partes, que reclaman la intervención de una comisión de arbitrajes. Asimismo, se intensifica la lucha contra los *tmeim* (rufianes judíos).

De manera natural, sin propaganda ni planes preconcebidos, la *Chevra Kedusha* comienza a asumir su rol de *kehilá*: subvenciones para viudas, ayuda a necesitados, donaciones a entidades. Las actas de las asambleas de 1919-1920 ya registran discusiones sobre montos para donar a una Biblioteca Popular o la compra de 500 kilogramos de azúcar y 300 kilogramos de jabón para ayudar a "los escritores judíos", ya que con ello "se conservará la riqueza judía literaria".

Uno de los socios declara que "una biblioteca no reviste mayor importancia para la sociedad judía" y pide negar esa ayuda; aunque su moción resulta derrotada, el ignoto activista comunitario sembró una posición que, curiosamente, encuentra renovados defensores más de setenta años después: ¿La *kehilá* debe ocuparse de apoyar la cultura judía o su función se reduce a enterrar los muertos según el rito ashkenazí? Hay pocas cosas nuevas bajo el sol.

La actividad de la Comisión de Arbitrajes comienza de hecho hacia 1920. Los casos más interesantes de esa época fueron los suscitados en relación con la labor colonizadora de la JCA y las escuelas de esa institución. Un arbitraje singular, sin duda, es el referido a un maestro de dibujo a

Vista exterior del cementerio de Tablada. ¿La kehilá debe ocuparse de apoyar la cultura judía o su función se reduce a enterrar los muertos según el rito ashkenazí?

quien se le exigía, después de haberlo contratado para una colonia, que enseñara hebreo. Lo cómico del asunto era que el maestro en cuestión ignoraba ese idioma. La Comisión Directiva se declaró incompetente para emitir juicio y decidió conceder al maestro la suma de cien pesos para posibilitarle el regreso a su hogar.

Las "cuestiones religiosas" ya habían comenzado con la polémica sobre la venta de "bóvedas" en el cementerio. El rabino Halphon dijo que no tenía una contestación clara y prometió dilucidar el asunto en su próximo viaje a Europa. En la siguiente reunión de la Comisión Directiva el vocal Elkin declaró:

> No tenemos que andar preguntando a otros, pues las tra-
> diciones, leyes religiosas y costumbres se adecuan a las
> necesidades ancladas en el espacio y en el tiempo, y también
> en las circunstancias; por eso no debemos andar pregun-
> tando tanto, y comportarnos de acuerdo con nuestra rea-
> lidad.[13]

En 1919 se creó una subcomisión religiosa de gente versada en la Torá, que en poco tiempo se convertiría en un ente oficial que intervenía cuando surgían diferencias de opinión entre los miembros de la Comisión: por ejemplo, cuando un tal señor Becker pidió ser miembro de la *Chevra* y alguien informó que su hijo no había sido circuncidado. La discusión posterior llevó a una votación empatada, y el presidente Suris debió laudar, pronunciándose favorablemente a la aceptación del candidato. Hubo también polémicas sobre la posibilidad de fijar placas sobre monumentos funerarios, y sobre la situación del socio Abramovich, a quien el cobrador de la institución decidió dejar de cobrarle la cuota mensual cuando se enteró de que había contraído matrimonio con una mujer no judía. En 1925 un caso similar llevó al pronunciamiento de la Comisión de Asuntos Religiosos: alguien en esa situación no podía ser aceptado como socio de la *Chevra*, pero se lo debía sepultar en un cementerio judío cuando muriese. Esta resolución fue puesta en tela de juicio poco tiempo después con la cuestión de los *tmeim* fallecidos en Buenos Aires.[14]

El sepelio de los familiares no implica solamente una

cuestión ritual, como lo ilumina Lázaro Liacho al relatar su visita a las tumbas del abuelo Eliézer (en el cementerio de la Chacarita) y de su bisabuelo Kive (en la necrópolis municipal de Flores):

> *¡Allí comenzaba mi historia americana! Esto era mi pasado; no existían otros muertos cuyos nombres me pertenecieran. Esta era mi rama genealógica conocida. ¿Dónde quedaban los otros? ¿En qué tierras estaban sepultos? Peregrinos de la tierra, sus huesos eran polvo en el polvo.*

Y agrega:

> *Los años mitigaron el dolor que me causó la muerte de parientes y amigos, y quise creer que ellos me aguardarían en mi hora final, para acoger mis restos. ¡Allí estaría menos solo! ¡Allí volvería a encontrar el calor de los afectos perdidos! El cementerio judío fue otra casa, otro hogar en el cual se afirmaban y fortalecían los vínculos del pasado, de nuestro pasado, de mi pasado. Mi verdadera historia comenzaba allí. Allí, las raíces vitales se nutren del espíritu de Buenos Aires, de mi ciudad, y siento que me entronco, rama joven, a mi comuna...*[15]

En síntesis, la fundación de entes centrales en las décadas del 20 y el 30 por inmigrantes que llegaron de Polonia o Turquía provoca una reafiliación masiva de judíos de esas procedencias, que con anterioridad efectuaban sus actividades socioculturales en instituciones de primer grado. La estructura societaria debió adaptarse poco a poco a las nuevas exigencias de las flamantes masas de asociados, que ya no solamente estaban interesadas en la inhumación conforme al rito ashkenazí.

Por otra parte, las desagradables y constantes preocupaciones relacionadas con nuevos terrenos para el cementerio —que la *Chevra* compra y posteriormente no puede utilizar, paralizadas por falsos "gestores", comisionistas y permisos que nunca llegan— se prolongan hasta 1936, año en el que es adquirido el campo de La Tablada. En 1938 se venden, por fin, los terrenos anteriormente adquiridos e inutilizables. A partir de entonces los esfuerzos pueden volcarse hacia la

El 31 de marzo de 1949 el titular de la Chevra Kedusha *proclama formalmente su transformación en AMIA (Asociación Mutual Israelita Argentina), ente central de las instituciones judías del país.*

educación o la asistencia cultural y benéfica con mayor tranquilidad.

Los estatutos serán modificados formalmente en 1940, conforme a la legislación vigente en materia mutualista, y la Piadosa Compañía inicia su camino hacia la transformación en una comunidad (*kehilá*) de carácter abierto y democrático. El 31 de marzo de 1949 culmina este proceso cuando el doctor Moisés Slinin, titular de la *Chevra Kedusha*, proclama el establecimiento de la AMIA (Asociación Mutual Israelita Argentina-Comunidad de Buenos Aires), que de los 85 asociados de 1894 pasará a los cerca de 45.000 de la actualidad.

Educación y nuevas instituciones

En un sentido positivo, este modelo de *Comunidad Judía Organizada* supera a su predecesora precisamente en capacidad de organización. Hacia 1930 sólo en Buenos Aires funcionaban algo más de 120 instituciones judías, lo que justificaba la tendencia a la unificación. Fue así como se realizaron numerosos intentos con la finalidad de centralizar la vida institucional judía, para atender a las necesida-

La actividad de las escuelas judías argentinas tenderá a centralizarse en el Vaad Hajinuj (Consejo Central de Educación Israelita), dependiente de la AMIA.

des internas de la comunidad, y asimismo representarla ente las autoridades argentinas oficiales y la judeidad mundial.

En la mayor parte de las instituciones se encontraba siempre un poderoso grupo de líderes, algunos de los cuales eran verdaderos "caudillos". Esto causaba profundas divisiones entre esos agrupamientos, que frecuentemente realizaban tareas y actividades solapadas. Por eso la cooperación interinstitucional no alcanzaba el nivel deseable, y se malgastaban grandes energías y esfuerzos por causa de aspiraciones y desacuerdos personales. Los intereses individuales de esos dirigentes y su deseo de obtener reconocimiento por su propia labor y por los objetivos de las instituciones que lideraban iban en detrimento del progreso general y de la consolidación de la creciente comunidad judía. La escasez y pobreza de los logros espirituales, religiosos y culturales de la judeidad argentina en épocas posteriores tienen su origen en el carácter de las bases establecidas durante las primeras décadas del siglo, cuando las mayores preocupaciones se orientaban a erigir instituciones de carácter social y benéfico y a satisfacer el anhelo de asegurar la supervivencia física y el progreso económico de los individuos judíos. Se relegaban así a un segundo plano las iniciativas culturales y religiosas.[16]

Siguiendo los pasos de la *Talmud-Torá Harishono* (1896) se fundaron otras escuelas de similar carácter: la Herzl (1906), una en Barracas (1908) y otra en Caballito (1909). Un gran impulso a la creación de *Talmudei-Torá* provino de la resolución de la *Alliance Israelite* de ampliar su actividad educacional, que hasta entonces se circunscribía a las colonias. Allí la *Alliance* llevaba a cabo su obra a través de la JCA: ésta cobraba a cada colono treinta pesos por año y proveía a cada colonia de un lugar para escuela y un maestro de conocimientos generales (en castellano e idish). Las escuelas estaban bajo la jurisdicción del rabino de la Congregación y bajo la inspección de los egresados marroquíes o búlgaros de la *Alliance*: en 1912 en las colonias judías había sesenta y una escuelas, con 189 maestros y 4.085 alumnos.

Las escuelas judías de media jornada complementan la enseñanza estatal. Más adelante se crearán escuelas judías integrales.

En la capital y algunas ciudades del interior se inició la actividad educacional de la *Alliance* en sociedad con la JCA en 1911, con la fundación de los Programas de Cursos Religiosos Israelitas de la República Argentina. Estos programas de enseñanza judaica en castellano fueron elaborados por Samuel Halphon (el rabino enviado por la JCA para la Congregación, formado en la escuela rabínica moderna y egresado de La Sorbona), junto con tres inspectores de probada capacidad pedagógica, que actuaban bajo la dirección del eminente hebraísta y maestro Jedidio Efrón. Cinco años después, en 1916, ya funcionaban bajo ese nombre cincuenta escuelas o *Talmudei-Torá*, veinte de ellas en los barrios de la capital y las otras treinta en diversos centros judíos del interior.

Con la llegada de la nueva inmigración después de 1920, comenzó la era de las escuelas laicas (la de Villa Crespo nació en 1917 por iniciativa de un grupo de sionistas progresistas), y en 1919 se produjo la primera huelga de maestros judíos, agrupados en una sociedad profesional.

Si bien el movimiento huelguístico fracasó, dio origen a una década de activa fundación de escuelas modernas, motorizadas a través de dos líneas fundamentales: unas respondían al sionismo progresista y llevaban el nombre de Borojov, eran nacionalistas y reivindicaban en él a las grandes figuras del sionismo; las otras tenían un carácter más cosmopolita y adoptaban los nombres de las grandes figuras de la literatura idish.

Entre ambos grupos se desarrolló una aguda competencia: en 1927 ya había cinco escuelas Borojov en distintos barrios y otras cinco escuelas "obreras". La lucha perjudicó a ambas: a veces, se superponían en barrios cercanos, sin ningún análisis de factibilidad económica. En 1933 fueron todas clausuradas por el régimen nacido del golpe militar del 30, bajo la común acusación de "comunistas".

Hacia 1928 surgieron las escuelas Bialik —en las que el hebreo ocupaba el primer rango— en Avellaneda y Villa Crespo. Otros grupos constituyeron una sociedad pro escuelas laicas judías (1931) y las Escuelas Sholem Aleijem (en Villa Crespo y Mataderos). Estas últimas surgieron luego del Congreso de enero de 1935, organizado por maestros y activistas de las escuelas no confesionales, que fundó la *Zwisho*

(Organización Central de Enseñanza Laica). Inmediatamente se creó la Federación de Escuelas Populares Judías de la Argentina, que desarrolló su propia red escolar. En mayo de 1937 ocho de esos establecimientos fueron asaltados por la policía y clausurados, y varios activistas fueron a parar a la cárcel. Ello dio ocasión al senador fascista Sánchez Sorondo para "documentar" con un acta policial su discurso parlamentario, que alertaba sobre el "peligro comunista" en el país y la "participación judía" en ese movimiento, acusaciones que resonaban como un eco de los argumentos del nazismo europeo en ascenso en esos años.

En la asamblea general de diciembre de 1928 se había aprobado una resolución que imponía a la *Chevra Kedusha* el deber de subvencionar a las *Talmudei-Torá* y también a las otras escuelas judías. Durante algunos años —hasta tanto se resolviera la cuestión prioritaria del cementerio— los fondos para la educación se vieron severamente limitados. Después de 1936 esta cuestión volvió a primer plano, y con la constitución del *Vaad Hajinuj* (Consejo de Educación) en 1938 comenzó una nueva era en la historia de la educación judía en Buenos Aires. La reforma de los estatutos en 1940 permitió proclamar oficialmente el carácter comunitario que de hecho había adquirido la entidad en los últimos años. A partir de allí la multifacética actividad de esta institución central se ramificaría en actividades mutualistas, filantrópicas y culturales, así como de ayuda a otras instituciones.

Hacia 1940 el recién creado *Vaad Hajinuj* contaba con cuarenta y seis escuelas adheridas que reunían unos 3.000 alumnos y trataba de coordinar la enseñanza entre ellas.[17] Como dato ilustrativo puede agregarse que hacia 1990 se consideraba que la población escolar judía superaba los 20.000 educandos.

En este período surge también un teatro "societario" no empresarial preocupado por difundir los valores de la cultura judía, alimentado por narradores de la vida urbana y rural que intentan penetrar conscientemente en el análisis de su medio (Berl Grinberg, Mimí Pinzón, etcétera).[18]

Una división esquemática de las instituciones judías, de acuerdo al eje de su acción, debe incluir:

A) ASISTENCIA SOCIAL Y HOSPITALARIA

El socorro de enfermos y desvalidos es una de las más antiguas y respetadas tradiciones histórico-religiosas judías. El recordado rabino Henry Joseph fue el fundador de la asociación filantrópica *Ezra* (Ayuda) el 25 de diciembre de 1900, en una reunión a la que concurrieron setenta y cinco personas y cuya recaudación constituyó el capital inicial. En julio de 1910 se decidió adquirir un terreno para el futuro hospital, lo que se concretó el 29 de octubre de 1916, cuando se colocó la piedra fundamental del primer pabellón del nosocomio.

El Hospital Israelita no sólo prestó desde entonces servicios médicos a decenas de miles de enfermos, sino que sirvió como lugar de formación para los médicos y practicantes israelitas. En las primeras décadas ayudó también a los miembros de la comunidad con dificultades idiomáticas y —a semejanza de otras colectividades que poseen hospitales— brindó un ambiente tradicional y comprensivo para los internados que provenían de diversos países. Un gran

Pese a su reducida proporción numérica respecto de otras colectividades, la inmigración judía creó una enorme cantidad de instituciones. El cuadro 15 permite compararlas.

CUADRO 15

Número de las principales asociaciones, según sus objetivos, de las distintas colectividades en el año 1923, en Buenos Aires

COLECTIVIDAD	CULTURALES, SOCIALES Y DEPORTIVAS	SOCORROS MUTUOS Y BENEFICENCIA	SIN ESPECIFICAR
Italianas	13	11	22
Españolas	6	15	-
Francesas	9	14	12
Israelitas	20	10	-
Inglesas	5	6	12
Suizas	3	5	1
Alemanas	2	2	-

Fuentes: Anuario de *La Razón* (1923) y *Enciclopedia Judaico-Castellana,* según Francis Korn, *Los huéspedes del 20* (citado en *Los inmigrantes judíos,* Buenos Aires, Manrique Zago Editor, 1982, pág. 176).

porcentaje de los enfermos y los médicos, como sucede en otras instituciones, no pertenece a la colectividad judía, que brinda así un servicio a la población en general.

La asociación *Bikur Jolim* es la más antigua de la colectividad: fue fundada por un núcleo de obreros el 24 de octubre de 1896. Durante muchos años prestó asistencia médica, en sus consultorios y a domicilio, a miles de familias israelitas.

La Liga Israelita Argentina contra la Tuberculosis nació en 1916. Sostiene consultorios externos en la capital y durante muchos años tuvo un dispensario en Unquillo, Córdoba.

El Hogar Israelita Argentino para Ancianos y Huérfanos fue fundado en 1916. Incluía dos asilos separados para niños y adultos, donde se albergaron centenares de personas. Los primeros habitantes del lugar fueron niños judíos huérfanos que estaban internados en los asilos porteños, dirigidos por religiosos católicos. El primer anciano también fue retirado de un refugio católico y el segundo fue uno de los propios fundadores, el veterano del periodismo judío en la Argentina Abraham Vermont, que llevó siempre una vida solitaria y bohemia (recuérdense sus artículos sobre el cementerio).

El Asilo de Ancianos acogió luego a los inválidos de la colonización y a artesanos de mucha edad, además de padres y madres que ya no podían convivir con sus hijos. Asimismo, el asilo de niños recibió a un centenar de huérfanos de los *pogroms* de Ucrania, que fueron traídos al país. En 1942 el filántropo argentino José Iturrat, como expresión de solidaridad con el pueblo judío víctima del nazismo, donó a la institución un vasto terreno en Burzaco, donde se construyeron los modernos pabellones que son usados hasta el día de hoy por los ancianos.

Por su parte, la Sociedad de Damas Israelitas fundó en 1919 un Asilo para Niñas, cuyo edificio propio estaba en el barrio de Palermo. Y el Hogar Infantil Israelita nació en 1928 gracias a las gestiones de un grupo de señoras judías, para albergar a los niños menores cuyas madres trabajaban todo el día.

La Sociedad de Protección a la Mujer (*Ezras Noshim*) ha pasado por diversas etapas, siempre cuidando de dar amparo a las mujeres abandonadas. Asimismo se creó Soprotimis (Sociedad de Protección a los Inmigrantes Israelitas), que

La grandeza del hospital es el prestigio de la colectividad • SECUNDE SU OBRA •

1900 UNA ESPERANZA

1921 UNA REALIDAD

1963 UNA SUPERACIÓN

VISIÓN DEL FUTURO

beneficia a miles de personas con su intervención para restablecer contactos familiares y obtener pedidos de trabajo para los inmigrantes.

La Cocina Popular (Comedores Populares) fue creada en 1922, después de la Primera Guerra Mundial, cuando numerosos inmigrantes judíos llegaban en situación afligente a estas playas. Esta muestra de solidaridad concreta y anónima (cualquiera puede sentarse y comer en los salones de la entidad sin ser interrogado por nadie) ha continuado aun después del cese de la inmigración: si en 1939 se sirvieron en su sede 61.143 almuerzos, en 1973 esa cantidad ascendió a 130.000 comidas, atendiendo seguramente a las franjas más necesitadas de la comunidad, con independencia del origen.

Fuera de estas instituciones de carácter colectivo que tienen su centro en la Capital Federal, existen muchas otras

El Hospital Israelita ayudó, en las primeras décadas del siglo, a los miembros de la comunidad con dificultades idiomáticas.

El quirófano del Hospital Israelita: alta calidad de prestación médica para toda la sociedad argentina, sin distinciones.

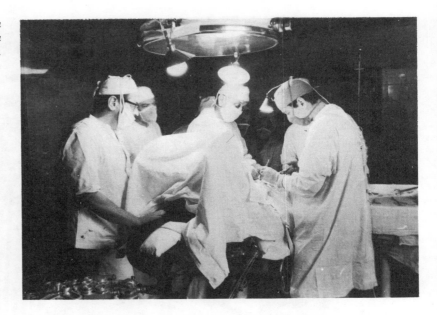

diseminadas por el resto del país, cuya lista sería casi interminable.

B) SOCIEDADES DE RESIDENTES (*LANDSFAHREIN*)

Las sociedades regionales desempeñaron desde las primeras décadas del siglo una importante actividad de ayuda y aclimatación para los nuevos inmigrantes. La más importante desde el punto de vista numérico fue la Federación de Judíos Polacos, que desarrolló una vasta labor con sus comprovincianos. También la Sociedad Regional de Galitzia y la Sociedad de Oriundos de Besarabia existieron desde la época de la Primera Guerra Mundial; a ellas deben sumarse las sociedades de judíos rumanos, lituanos, de Bialystock, de judíos de habla alemana, etcétera, que llevaron a cabo una labor útil para sus asociados, estableciendo entre ellos un contacto social, y para los residentes en Europa, a quienes vincularon al país.

c) INSTITUCIONES SOCIODEPORTIVAS

Nacidas como instituciones culturales y sociales —es arquetípico el caso de la Sociedad Hebraica Argentina (SHA), resultado de la fusión en 1926 de tres entidades similares—, la evolución comunitaria a lo largo de este siglo ha llevado a identificarlas más por algunas facetas de su accionar (centro deportivo, club juvenil, foco de reuniones sociales) que por la actividad intelectual de sus inicios. La SHA reúne varias decenas de miles de afiliados. Asociaciones similares a la Hebraica de Buenos Aires fueron fundadas asimismo en Rosario y Córdoba.

De rasgos parecidos, aunque con características más pronunciadamente sociales y menos "intelectualistas" (al decir de Boleslao Lewin), es el Club Náutico Hacoaj, fundado en 1935, en los años de mayor influencia nazi en la Argentina

Primer equipo judeoargentino de competencia deportiva (1933).

y como consecuencia de los obstáculos que la mayoría de los clubes oponía al ingreso de socios judíos.

La Organización Hebrea Macabi, creada en 1928 y vuelta a fundar en 1930, es una asociación deportiva que desarrolla también actividades culturales.

Hacia 1940 el relativo ascenso económico de este *modelo comunitario II* lo convierte en consumidor de servicios más refinados, justificando la aparición de instituciones científicas y culturales centrales como el IWO, Cultur-Congress y otras; de revistas literarias como *Shfritn* o filosóficas como *Davke*; de periodistas de alto nivel (Botoshansky, Rollansky, Schussheim, Regalsky, Senderey, Mendelsohn), quienes, aunque pertenecientes en muchos casos al primer grupo, conocieron su época de mayor repercusión en las condiciones creadas por esta *Comunidad Judía Organizada*. Este es también el período de la creación del Departamento de Cultura de la AMIA, de las frecuentes visitas de los más renombrados es-

Primer equipo de rugby del Club Macabi (1936): deportes judíos no tradicionales.

critores judíos al país, de las multitudinarias conferencias
en salas teatrales. Si bien subsisten entidades culturales
menores, tienden a diluirse en su aspecto ideológico y a
reorganizarse sobre la base de *Landsmanshaften* (sociedades
de residentes) o en entidades cooperativas, comerciales y
financieras.

En los años que siguen, hasta aproximadamente 1960, se
produce el fin del flujo migratorio masivo y la diversificación
ocupacional, con la paulatina disminución de los sectores
abocados a tareas manuales y una rápida movilidad social
ascendente.[19] La integración socioeconómica a la Argentina
se extiende a áreas más vastas que en el período anterior. Al
mismo tiempo, ello coincide con un alto índice de asimilación cultural y el alejamiento de las instituciones comunitarias
de inmigrantes por parte de la segunda y tercera generaciones judías nativas.

El desafío que enfrentó la *comunidad I* en el campo cultural fue el traspaso de una cultura en idish a una realidad
distinta e "inexistente", por lo menos en las condiciones
que dieron origen a esa cultura: ya no había contra qué
rebelarse y ello marcaría la desorientación del "período de
transición" de la *comunidad II*. A medida que avanzó la década del 50, el arte y la cultura en idish fueron perdiendo
terreno y se produjo un "corte" generacional que nos permite hablar de un nuevo "modelo".

III. LA COMUNIDAD JUDÍA MODERNA

A partir de 1960 comienzan a manifestarse las pautas de
alejamiento del modelo institucional anterior. Las nuevas
generaciones del *ischuv*, que nunca participaron en el primer
tipo de asociacionismo voluntario, tampoco se interesan
mayormente por adherirse como socios de las nuevas entidades centrales. Se incluyen en cambio cada vez más en
otro tipo de sociedades que responden adecuadamente a las
necesidades de su proceso de integración al país.

Los *modelos comunitarios* propuestos por las anteriores
etapas les resultan anacrónicos o insuficientes: ahora se

concentran alrededor de grandes clubes sociodeportivos y nuevas congregaciones religioso-comunitarias (*Bet-El*, CASA). Se profesionaliza la ayuda a los pobres y la dirección de las instituciones, donde los "funcionarios" académicamente capacitados conviven con los *askanim* (activistas) voluntarios tradicionales.

Las estructuras centralizadas entran en crisis, lo que se traduce en la falta de renovación de cuadros y la senectud de los dirigentes, el alejamiento de los sectores juveniles y la declinante participación de votantes en las elecciones comunitarias. Al mismo tiempo, la "segunda generación" judía es atraída por clubes de padres, ateneos de estudios o asociaciones profesionales que se van creando sobre la marcha para responder a las necesidades.

En el mismo proceso de estas últimas décadas es posible asistir a una declinación —muy difícilmente reversible— de la cultura en idish, por la gradual secularización y pérdida del idioma de las nuevas generaciones. Los aspectos que hacen a la beneficencia y la solidaridad judías hacia las capas más pobres sufren también un cambio lento y gradual: al autodidactismo del *askán* (activista) voluntario de la cultura judía le corresponde, por analogía, la señora pudiente que se ocupa de la filantropía judía en relación con la pobreza. En ambos casos la actividad se deja librada al talento individual y al conocimiento personal entre los miembros de la comunidad. Se acentúan así algunos de los rasgos de enfrentamiento antes descriptos, fuertemente ligados a la historia comunitaria. El tempranamente desaparecido escritor Mendel Pschepiurka (1895-1924) ha dejado, en sus "Miniaturas", un ácido retrato del "Filántropo":

> *Hace ya cuarenta años que se dedica a las actividades societarias. Los años juveniles y la edad adulta quedaron atrás. Por delante, la vejez.*
> *Sus rasgos faciales, un tanto ordinarios, han cambiado desde hace tiempo, adquiriendo un aspecto más noble. (...) El filántropo es un hombre satisfecho. Su conciencia está tranquila. Cumple con su deber para con la sociedad, de una manera que sobrepasa sus posibilidades. (...) Desarrolla sus actividades en siete instituciones, en cada una de las cuales ocupa un puesto de importancia y cumple fielmente*

los horarios establecidos. Su tiempo particular queda sacrificado en el altar de estas acciones. Cuando la gente simple pasea, él se encuentra en asambleas y presencia sus sesiones.

Y desliza, como al pasar, que "en los tiempos malos, sus negocios iban en aumento y brindaban mejores resultados", sobre la base de su astucia comercial y sus conocimientos:

El filántropo es una persona prudente y calculadora (...) Hay que juntar los fondos necesarios para las instituciones... que deben provenir de colectas, y hay que educar a la gente para la beneficencia. De esta labor deben participar todos, tanto los pobres como los ricos. De este modo los sentimientos humanos se tornan más refinados...[20]

Estos últimos años presentan una *crisis estructural* de los mo-

La comunidad judía moderna: integración con el entorno e identidad propia en un proceso de cambio (acto público contra la discriminación, 1987).

delos comunitarios mencionados. Existe una tendencia prácticamente irreversible a profesionalizar las áreas de asistencia social, educativa o cultural. El conflicto desatado alrededor de esta situación se nutre de argumentos de ambos lados: implica una ventaja "técnica" al contar con funcionarios entrenados en las complejidades de la vida moderna, el psicoanálisis y las terapias grupales, la medicina o la contabilidad automatizadas; pero también presenta una desventaja "ideológica" para los activistas voluntarios, que temen perder el "sentido judío" original de la solidaridad y la tarea compartida, para transformar las instituciones en entes pragmáticos y eficientes, manejados por "gerentes", capaces pero vacíos de contenido.

Por otra parte, a medida que se profundiza en la Argentina la nueva estructura socio-económica de los años 90, también la comunidad judía comienza a percibir en su organización las consecuencias. Mientras un sector se acomoda a los nuevos tiempos y propone desregular y privatizar la acción de ayuda educativa y social, dividiéndola en segmentos menores —al estilo de las congregaciones de judíos norteamericanos, de autovalimiento económico y control de gestión más directo y autónomo—, otro sector insiste en la necesidad de instituciones judías centrales, para evitar la dispersión y el "vaciamiento" comunitario.

Al mismo tiempo se perfilan algunos grupos no protagónicos que, a través de este proceso de rápidos cambios, van quedando marginados de las nuevas formas institucionales:

• El viejo segmento de inmigrantes trabajadores manuales, que no han logrado *desproletarizarse* (en el ámbito urbano) ni *descolonizarse* (en el ámbito rural), así como los intelectuales y trabajadores de la lengua idish (periodistas, escritores, actores).

• Los grupos que no lograron una movilidad social y ocupacional, así como aquellos que sufrieron una pauperización creciente a medida que su extracción de clase no pudo superar las sucesivas crisis económicas. Pertenecer a la comunidad judía y a sus organizaciones (escuelas, entidades de beneficencia, clubes, countries), pese a los sistemas de becas y subsidios existentes, es sumamente oneroso para una familia tipo.

A la "automarginación" de estos dos grupos se superpone la marginación de hecho: "sin riqueza no se puede ser dirigente comunitario" es uno de los puntos polémicos que aparece habitualmente en la prensa judía.

Como reflejo de este desarrollo se producen cambios paulatinos en las pautas de identificación de los miembros de la colectividad. Algunos se integran ahora con mayor facilidad al trabajo comunitario, con escasa persistencia del acervo cultural judaico y una identificación con el Estado de Israel que reemplaza las fuentes tradicionales (religiosas y culturales). Otros matizan, cada vez más, esta identidad judeoargentina "liberal" con pautas cosmopolitas y nacionales, discutiendo y adoptando incluso modalidades de los modelos de los judíos norteamericanos o franceses. Las pautas híbridas de la mayoría —con la excepción de remanentes religiosos ortodoxos o ideológico-sionistas en algunos grupos más aislados— generan una identidad confusa y muchas veces discutida en grandes sectores de la comunidad, en la que juegan un importante rol los sentimientos de culpa (no ser un buen judío, no haber inmigrado a Israel siendo sionista, no respetar los preceptos religiosos de los mayores, haber ascendido económicamente con brusquedad y comprobar el propio analfabetismo cultural judío), generalmente presentes en todo debate sobre el tema.

Ello excede, desde luego, a una historia de las instituciones comunitarias judías en la Argentina y merece un desarrollo especial.[21]

NOTAS:

[1] Víctor Mirelman, *En búsqueda de una identidad. Los inmigrantes judíos en Buenos Aires, 1890-1930*, Buenos Aires, Editorial Milá, 1988. Incluye una muy completa bibliografía y un análisis sistemático del período considerado.

[2] Publicado originalmente en la *Antología* del diario *Di Presse*, Buenos Aires, 1944. Reproducido en *Crónicas judeoargentinas/1. Los pioneros en idish*, Buenos Aires, Editorial Milá, 1987.

[3] Ricardo Feierstein, Isidoro Niborski y Leonardo Senkman: "Informe final" (inédito) de la investigación sobre *Historias de vidas en la comunidad judía*, desarrollada durante los años 1975-1978 para la Oficina Latinoamericana del *American Jewish Committe*, di-

rigida por Jacobo Kovadloff. Parte de las "historias" recopiladas y un informe sintético fueron editados más tarde: Sara Itzigsohn, Ricardo Feierstein, Isidoro Niborski y Leonardo Senkman, *Integración y marginalidad. Historias de vidas de inmigrantes judíos en la Argentina*, Buenos Aires, Editorial Pardés, 1985. Una caracterización similar realiza Tobías Kamenszain, "¿Hacia dónde va nuestra comunidad?", en la ponencia presentada ante el último Congreso del partido *Avodá* de Argentina (ver periódico *Mundo Israelita*, 1º de mayo de 1992), aunque divide esta historia en *cuatro etapas*:

a) 1890-1920: colonización agrícola en el interior y fundación de grandes instituciones en la capital.

b) 1920-1950: creación de movimientos ideológicos (distintas corrientes del sionismo, bundismo, progresistas-comunistas) y sus instituciones culturales, económicas y educativas. Esta etapa es dirigida y orientada por los inmigrantes.

c) 1950-1975: se consolida la vida democrática institucional; elec-

ciones con más de 20.000 votantes. Comienza a actuar la segunda generación, los hijos de inmigrantes. Se crean y consolidan las instituciones sociodeportivas, crece y se moderniza la educación judía. Auge del movimiento jalutziano; *aliá* a Israel. El idioma idish y la prensa judía llegan a ocupar posiciones de gran influencia.

d) 1975-aprox. fines de este siglo: agonía de las instituciones residentes fundadas en la primera y segunda etapas, decadencia de la cultura idish, desaparición de la clásica *askanut* voluntaria. Nuevo estilo de vida (clubes, countries); desarrollo del movimiento religioso conservador; educación con contenidos y formas distintas a las anteriores.

[4] A. L. Schussheim, "En torno del surgimiento de la Comunidad Judía de Buenos Aires", en *Los comienzos*, Buenos Aires, AMIA Pinkás, Fascículo Nº 1, s/f. Las discusiones de esos años —conservadas en las Actas de las respectivas Asambleas— son por demás ilustrativas sobre la relación entre ashkenazíes y sefaradíes, y de ambos respecto de la opinión pública y las autoridades argentinas.

[5] Sobre el enfrentamiento de la comunidad organizada con los *tmeim* ("impuros", referencia a los tratantes de blancas judíos), véase el capítulo 8.

[6] Schussheim, op. cit.

[7] Boleslao Lewin, *La colectividad judía en la Argentina*, Buenos Aires, Ediciones Alzamor, 1974.

[8] El sabroso detalle de estas discusiones está reproducido en el trabajo de Israel Makransky "De

nuestra vida comunitaria", incluido en *Los comienzos*, op. cit.

[9] David Elnecavé, "Los sefaradíes en la Argentina", en *Cincuenta años de vida en la Argentina*, Buenos Aires, edición de homenaje a *El Diario Israelita*, noviembre de 1940, págs. 57-58.

[10] Elnecavé, op. cit.

[11] Schussheim, op. cit.

[12] El detalle de análisis y discusiones de época figura en Víctor Mirelman, "Una kehilá en proceso de formación: centralización y rivalidades", en *Los comienzos...*, op. cit., págs. 92-93.

[13] Schussheim, op. cit.

[14] Para un detalle de las cuestiones religiosas en la comunidad judía véase Mirelman, *En búsqueda de una identidad*, op. cit., págs. 123-157. En el mismo ensayo hay un estudio sobre el tema de los matrimonios mixtos, op. cit., págs. 158-172.

[15] Lázaro Liacho, "Cementerios", en su sección "Glosario del ayer y del mañana", Buenos Aires, periódico *Mundo Israelita*, 24 de julio de 1943.

[16] Mirelman, *Los comienzos...*, op. cit.

[17] Los datos de época se sintetizan del trabajo de Zalman Waserzug, "Cincuenta años de enseñanza

judía en Buenos Aires", incluido en *Cincuenta años..., El Diario Israelita,* op. cit. Hay algunas diferencias con las cifras del ensayo de Samuel Rollansky, "El sistema escolar judío en la Argentina", publicado en la *Enciclopedia Judaica,* Nueva York, 1959, que menciona los siguientes números: en 1910, en las colonias había 78 escuelas integrales, con 155 maestros y 3.548 alumnos; en 1923, 25 escuelas en las ciudades y 57 en las colonias, con 112 maestros y 6.129 alumnos, y en 1955 funcionaban en Buenos Aires 133 escuelas, la mayoría con edificios propios, con 380 maestros y 10.200 alumnos, mientras que el mismo año los alumnos del Seminario Superior de Maestros Hebreos eran 253 varones y 453 mujeres y en la Escuela Normal de Maestros Hebreos —también de AMIA— los alumnos

sumaban 68 varones y 92 mujeres (Liebermann, op.cit., pág. 157).
Entre los apéndices incluimos una primera lista tentativa de escuelas judías en la Argentina. Los temas relacionados con el contenido de la enseñanza y los conflictos con el entorno han sido analizados en el capítulo 6.

[18] Parece existir una diferencia, sutil pero importante, entre el "idishismo" de ambos grupos. Mientras los "idishistas" de la *Comunidad Judía Aluvional* son prácticamente contemporáneos de la revolución iluminista y del auge de la cultura popular-secular en Europa oriental, y por lo tanto su identificación con la literatura idish es vivencial y profunda, para muchos de sus correligionarios de lo que hemos dado en llamar *Comunidad Judía Organizada* esto ya forma parte de plataformas ideológicas asimiladas en sus lugares de origen, con la consiguiente mayor incidencia del "idishismo declamado" en desmedro del auténticamente sentido ("Informe Final", op. cit.).

[19] Analizada en detalle en el capítulo 4, *ut supra.*

[20] Mendel Pschepiurka, "Miniaturas", incluido en las *Crónicas judeoargentinas/1,* op. cit., págs. 279-283.

[21] Ver el capítulo 10, *infra.*

El imaginario popular ha mitificado un tramo de la historia de los judíos argentinos: la lucha comunitaria contra las organizaciones de tratantes de blancas.

La historia no contada. La época de la *Migdal*: trata de blancas y rufianes. Vulgarización, mito e historia real. El imaginario popular y la lucha entre pistoleros: sexo y muerte. Enfrentamientos con la comunidad organizada. Rescate de pupilas. Lucha y exclusión de sectores "impuros" de la colectividad, los teatros, los cementerios y las sinagogas.

ESTEREOTIPOS Y TABÚES

Noventa días antes de la revolución del 6 de setiembre de 1930, que al derrocar a Hipólito Yrigoyen inauguraría la etapa de los golpes militares contra gobiernos civiles, el escritor Roberto Arlt escribía en su columna del diario *El Mundo*:

> *La sociedad Zwi Migdal hace una ponchada de años que existe en Buenos Aires. Todos ustedes saben que la dicha "Sociedad" está compuesta de tratantes de blancas polacos y judíos. Mejor dicho, polaco-judíos. La colectividad israelita la denunció numerosas veces a la policía. Incluso se me ha informado que en un teatro israelita había un letrero en idish que decía así: "Se prohíbe la entrada a los tratantes de blancas". Vale decir, que todo el mundo los conocía. Incluso los porteros. Recuerdo más: una vez, yendo por la calle Corrientes en compañía de un tenebroso, éste me señalaba comercios de telas y pieles al tiempo que me decía:*

—¿Usted cree que este negocio rinde algo? No, hombre. Este negocio da pérdidas. Le sirve únicamente al patrón para encubrir sus actividades de "tratante".

Otro tenebroso, a su vez, me informó que la colectividad de "tratantes" estaba dividida entre "rusos" y "marselleses", aunque la más potente y organizada era la Migdal, con capitales extraordinarios para comprar mujeres, perseguirlas, dar coimas a ciertos funcionarios policiales y portuarios, ayudar a los compañeros caídos en desgracia, es decir, presos, o a aquellos a quienes sus mujeres se les habían fugado.

(...) A este propósito voy a contar una anécdota, de la que fui semitestigo.

Hace más o menos dos años, con motivo de unas denuncias que se hicieran contra el Asilo Israelita por maltrato de huérfanos, fui invitado por el presidente de dicho asilo a interrogar a los menores a efecto de comprobar si eran o no ciertas las denuncias de las que se había hecho eco un diario de la tarde en el cual yo trabajaba como redactor. Después de la visita, hablando respecto a los tratantes de blancas, me dijo uno de mis acompañantes:

—Nuestra sociedad denunció a la Migdal. ¿Y sabe usted lo que ocurrió? Una noche nuestro local fue allanado porque se nos denunció a la policía como jugadores. La denuncia partía de la Migdal.[1]

El mismo Arlt incluiría el tema —adecuadamente transformado en material literario— a través de la figura del "Rufián Melancólico", en su novela *Los siete locos*. Este tramo tabú y mitificado de la historia argentina transcurrió durante las primeras tres décadas del siglo, coincidiendo en su inicio con las fuertes corrientes inmigratorias europeas y finalizando con los procesos judiciales de 1930/31, que desarticularon a la organización *Zwi Migdal*. Esta época coincidió con la elaboración de un imaginario fantasioso, muchas veces teñido de xenofobia, acerca de "esos extranjeros que venían a corromper el estilo de vida argentino". En su variante extrema, las manifestaciones antijudías —coincidentes con el ascenso al poder del nazismo en Alemania— alimentaron teorías racistas que señalaban a los hijos del pueblo de Moisés como integrantes de una sinarquía internacional que, a través de un monstruoso plan de dominación mundial, procedería a destruir las bases morales de cada nación para, una vez debilitadas las defensas, estrangularla entre los brazos de la tenaza comunismo-capitalismo, dos variantes demoníacas de los "rabinos del Sanhedrín".[2]

Sin llegar a estos extremos paranoides de utilización política de los episodios generados por el juicio a la organización *Migdal*, la historia popular de esos años de prostitución legalizada (en Buenos Aires y las principales ciudades del interior) alimentó la fantasía de los medios de comunicación masivos de la época[3] y se prolongó hasta nuestros días.

Así, en el terreno literario, desde los novelones antisemitas de Hugo Wast sobre conspiraciones y razas inferiores (*Kahal*, *Oro*) hasta la recreación de vida y época —*Rapsodia de Raquel Liberman*— que la muerte impidió completar a Humberto Costantini, esa mezcla de sexo, muerte e influencias políticas no ha dejado de fascinar a creadores y público.[4]

El cine argentino, además de las menciones parciales, ha dedicado a la cuestión dos películas contemporáneas: *La mala vida* (dirigida por Hugo Fregonese, donde se escenifica el remate de prostitutas en el restaurante del presidente de la *Migdal*, una imagen característica para definir el tono de época) y *El camino del sur*, de Juan Bautista Stagnaro, coproducción argentino-yugoslava que retoma el periplo de las jóvenes "seducidas y luego engañadas" que los *macrós* reclutaban en los villorrios judíos de la Europa oriental, para casarse con ellas y luego entregarlas en los burdeles de Buenos Aires.

En un tono de mayor divulgación, el lenguaje de las historietas ha accedido a la bibliografía básica sobre el tema como punto de partida para su recreación en el imaginario popular. Algunas veces el guión arrima un enfoque ideológico, como el que brinda el famoso *Corto Maltés* de Hugo Pratt. En el episodio, que transcurre en Argentina en 1923,[5] el personaje que mueve los hilos explica a su interlocutor que "políticos argentinos, testaferros entre los hijos de inmigrantes galeses y préstamos de bancos americanos e ingleses, han hecho de la Patagonia una especie de colonia británica". Y ante la pregunta sobre la implicación de los jerarcas de la "Varsovia" como organización judía de tratantes de blancas, explica que se trata de una maniobra distractiva para desviar la atención:

> *Los intereses de la Varsovia no juegan ningún papel. No son*
> *nada en comparación a los de la Compañía de Tierras Argentinas*
> *del Sur o de la Patagonia Sheep Ltd., que limitan con las*
> *estancias chilenas pertenecientes a los mismos propietarios...*

En otras ocasiones la versión recoge algunos datos de lugar y época y deriva el relato por las variables más tradicionales de la acción y el romance, con el telón de fondo del enfrentamiento entre dos bandas de tenebrosos ("franceses" y "polacos") que se disputan el mercado de la demanda sexual porteña. Es interesante el planteo argumental de la historieta de Barreiro y Oswal *Buenos Aires, las putas y el loco*[6]: el "Loco" —una especie de "guapo argentino"— concurre como cliente al prostíbulo "francés", participa ocasionalmente en una refriega sangrienta durante una incursión de los "polacos" y es contratado como "pistolero" por el primero de estos grupos. La historia —popularizada a niveles elementales en el lenguaje del *cómic*— toma como punto de partida una versión muy libre de las crónicas del periodista galo Albert Londres (1864-1932) *El camino de Buenos Aires*, publicadas en 1923 en Francia y que se transformaron en un texto legendario de autor casi desconocido. Hacia fines de la década del 20 ya circulaba en el Río de la Plata una traducción al español de este libro humorístico y punzante, casi inhallable hasta hace poco, y al que no pocos investigadores sociológicos consideran como fuente testimonial imprescindible de la época.[7]

Las crónicas de Albert Londres merecen, en el contexto que estamos resumiendo, una digresión especial, ya que funcionan como contracara simétrica —desde la mirada europea— del prejuicio ante lo distinto que tiñe permanentemente la producción escrita de esos años inmigratorios. Aunque alegres y no mal intencionadas, las acotaciones del periodista francés se suceden apenas pisa el puerto y contesta en son de burla las inquisiciones aduaneras:

> *Pidieron un guardián y éste llegó. Su padre era alemán, su*
> *madre francesa, y sus abuelos eran, uno italiano, el otro*
> *sirio, y sus abuelas, portuguesa una, polaca la otra; sinte-*
> *tizando, mi carcelero era un perfecto argentino.*

E insiste, algo más adelante:

> *Yo me preguntaba por qué la República celebraba cada año la fiesta de la raza. ¿La raza?, me preguntaba, en un país justamente hecho de la fusión de razas; eso prestaba a la confusión. ¡Festejad la raza, hermanos casi latinos! ¡Es buena!*

El periodista recorre la ciudad, se conecta con el ambiente del hampa marsellés y agrega:

> *Decididamente Buenos Aires admite tanta fantasía como una geometría: paralelas, perpendiculares, diagonales, cua-*

La publicidad de cigarrillos de la época traía consigo algo de ese mundo pecaminoso de "francesas" y macrós, que estimulaba la imaginación masculina.

drados. Los mismos habitantes no tienen derecho a ser re-
dondos en las calles. ¡Ciudad que me provocó una crisis de
nervios! En revancha se debe decir que de todos los arquitectos
que trabajaron en su concepción, ninguno murió de un
ataque cerebral.

Para explicar el surgimiento de las casas de prostitución,
vuelve a incursionar en reflexiones de involuntario valor
sociológico:

¡Buenos Aires!
Un puerto en lugar de corazón.
Italia, España, Polonia, Rusia, Alemania, ¿y quién más?,
Siria y el país vasco, cada día, cualquier día, como si se
tratase de rellenar un terreno donde se edificará algo, de-
rraman allí su suplemento de material humano.
En todas partes los horizontes tienen campanarios, y en
otras hay minaretes, y los hay con cúpulas. Cada uno con
su religión. Aquí solamente hay chimeneas de barcos. (...)
Desembarcan todos los materiales indispensables para la
construcción de una inmensa ciudad en parto.
¡Todo!
Solamente falta lo más indispensable.
¡La mujer!

Y llega finalmente al capítulo que retomará la historieta popular: la relación entre los macrós franceses y
sus similares argentinos, quienes habrían tratado de con-
quistar —enamorar— a las pupilas parisinas, para birlárselas
a sus "dueños capitalistas", que habían "invertido" en
el negocio de la trata de blancas.

La mujer que representaba el más alto valor comercial era
la francesa. Venía después la polaca. Después la criolla: es
decir, la propia. Pues entonces: abandonar la criolla, hacerse
las uñas sobre la polaca y esperar la francesa. ¡Adelante!

Las sangrientas peleas que se suceden entre los pistoleros de ambos bandos:

Son bellos combates. De ningún modo te embarco en un
mal negocio. ¡Hay un montón de muertos!
Entonces los franceses se dejaron caer sobre los criollos.
El honor de la bandera estaba en juego.
A diez contra treinta, bravamente, los nuestros entraron en
el reino enemigo.
Y yo os ruego que crean que la furia francesa se destapó.
Se informaron debidamente antes de volver a hacer el torero
en una casita: una buena lección es siempre entendida.
Nunca más atacaron a la mujer de un poderoso.

Ingenua imagen de la vida disipada, en una tarjeta postal de principios de siglo.

La detención (quizás excesiva) en las citas del libro de Albert Londres permite verificar, además del juego necesariamente simplificador que supone trasladar a planchas dibujadas y lenguaje popular una realidad tan alejada en el tiempo como mitificada, un clima de época que en su versión simétrica contamina las expresiones gráficas y escritas, inundándolas de estereotipos y racismo para provocar la rápida identificación de posibles lectores.[8]

Como otra variante de esta experiencia histórica incorporada a la memoria argentina es posible citar un territorio impensado: el del lenguaje lunfardo. El mismísimo Edmundo Rivero[9] recuerda sus años de niñez en un tono coincidente con el del periodista francés que nos visitara:

Mi propia infancia en aquel barrio tuvo algo de vida en una nueva frontera. Buenos Aires tenía ya mitad de inmigrantes en el total de su gente. Habían llegado anticipándose a la tremenda guerra o escapando de sus horrores y, aunque Saavedra no fuese de los barrios de mayor concentración de recién llegados, su criollismo se enfrentaba a vientos de zarzuela y de canzoneta.

Mis compañeros de colegio eran —y así sería la cosa por muchos años— también "El Gallego", "El Tano", "El Ruso", como los llamábamos sin mala fe ninguna, hasta con cariño; atendiendo más a la patria de origen de sus padres que a la de ellos mismos. Y estos pibes parecían a veces más apasionados que nosotros, los hijos de criollo, por las cosas de esta tierra.

E incursionando en la historia del lunfardo, ese *slang* porteño del que Rivero fuera uno de sus más destacados conocedores —como músico, cantor e investigador— señala que una de las curiosidades del lunfardo de los prostíbulos, suerte de dialecto de otro dialecto, es el lunfardo-idish,

caricatura que tuvo una breve vigencia a partir de 1905 y que, ocho años más tarde, daría también lugar a una revista que una vez me mostraron y que se llamó "Qui me cointas". Duró poco, apenas diez números.

El autor recuerda que uno de los famosos porteros de burdel de la época fue Abraham. En los "establecimientos"

había muchas prostitutas judías de religión y polacas por nacimiento, generalmente galitzianas. Sus explotadores (...) solían ser compatriotas de las muchachas o rusos.

La popularidad del tal "Abraham Murieira" no se debió a sus hechos gloriosos, sino a la caricatura que quedó en uno de esos poemas del lunfardo-idish, que Edmundo Rivero cita textualmente. En él, se compara a Abraham con el héroe popular Juan Moreira y se le atribuye el progreso del prostíbulo, en estrofas como éstas:

Qui Murieira qui 'stás Abraham,
Más mijior Murieira gumu antes!

> *Ora no llamás vajalantes*
> *Y has vinido una lindo rufián.*
> *Ora coicidas mijior la cancela.*
> *Y gonocis la cliente qui paga.*
> *Nunca dajás qui entra franela*
> *Per más muchas minazas qui ti haga.*
>
> *Desdi qui vos 'stas a la poirta*
> *La moquier tene mucha 'legría*
> *borque boide hacerse la forta. (...)*

Y finaliza:

> *La nigocia adelanta más mucha,*
> *Bois stá la miquior de 'sta calle,*
> *Ora 'briremos sobre la pucha*
> *Ona gran socorsal a Lavalle.*

La frase con la que Edmundo Rivero cierra este capítulo es toda una definición: "A pesar del breve noviazgo, el idish no contagió mayormente al lunfardo. Por el contrario, me parece que los judíos de nuestra época y nuestra ciudad de Buenos Aires dominan muchísimo más a fondo el lunfardo que el viejo idioma de sus abuelos".

LA TRATA DE BLANCAS Y LA *ZWI MIGDAL*

Las investigaciones realizadas en el año 1930 contra la organización de la *Zwi Migdal* —resumidas en el libro escrito por el comisario Julio Alsogaray[10] y en los abultados expedientes (más de 4.000 fojas) del proceso judicial llevado adelante por el juez Manuel Rodríguez Ocampo— señalan el año de 1890 como fecha de iniciación del comercio de "esclavas blancas" en gran escala en la Argentina.

El escritor Ernesto Goldar, en un libro especialmente dedicado al tema *La mala vida*[11], estudia las vinculaciones entre inmigración, aumento demográfico y desajuste sexual; la relación entre prostitutas criollas e importadas, ante la escasez de mujeres que acompañaran a los recién lle-

Inmigrantes de distintas nacionalidades, a comienzos de siglo. La cantidad de varones extranjeros casi duplicaba a la de mujeres.

gados —argumento que es retomado periódicamente para explicar la integración armoniosa de colectividades tan diversas en el país[12]—; la reglamentación de una prostitución legalizada, el funcionamiento de los burdeles y los tres "grupos étnicos" —polacos, franceses y criollos— que conformaron las diversas organizaciones de proxenetas.

Más allá de sus valores informativos, las obras de Alsogaray y de Goldar dejan traslucir juicios prejuiciosos o una ligereza en las cifras estadísticas que mezclan realidad y fábula, como ha ocurrido desde siempre con este tema en la sociedad argentina.

Boleslao Lewin descubre

*el amargor que me invadió cuando en el libro de Julio
Alsogaray sobre la prostitución en Buenos Aires me encon-
tré con que el capítulo introductorio estaba dedicado a la
historia del pueblo judío. Según el autor, pues, el devenir
judío está vinculado con la trata de blancas, en general, y
en particular, con ese infame comercio en la Argentina,
cosa totalmente infundada y cuya comprobación está tan a
la vista que no requiere más explicaciones.*[13]

Con el mismo criterio de investigación habría que anali-
zar a los otros dos grupos de rufianes (franceses y argentinos) a partir de la historia de ambos pueblos. Absurdo.

También el libro de Goldar afirma: "La Zwi Migdal estaba compuesta por 500 socios, que controlaban 2.000 prostíbulos en los que trabajaban 30.000 mujeres", según el
autor, todas ellas judías. Lewin señala que la ordenanza de
1919 que reglamentaba el comercio sexual establecía que
"sólo podrá haber una prostituta por prostíbulo". Albert
Londres relata su visita a uno de esos lugares:

*Las "casas" en Buenos Aires solamente son habitadas por
una sola mujer. Apenas si toleran la compañía femenina de
alguna sirvienta, que no debe tener más de cuarenta y cinco
años.*
Toco timbre. Nos abren.
—¿Dónde está la señora?
—Ocupada.
—Dígale que se apure.

CUADRO 16
Proporción de varones cada 100 mujeres en Argentina

AÑO	POBLACIÓN TOTAL	POBLACIÓN EXTRANJERA
1869	106	251
1895	112	173
1914	116	171
1947	105	138

Fuente: Gino Germani, *Política y sociedad en una época de transición*,
Buenos Aires, 1968, pág. 252.

Entramos en el comedor.
—Aún quedan dos personas esperando en el comedor, señor
—dijo la menor de cincuenta años.
—Echelos.
Todo bien claro.

El mismo comisario Alsogaray señala que hubo algunas transgresiones a esta disposición y dice, refiriéndose al año 1930: "La 'Migdal' con sus 'caftens' asociados explota en nuestro país dos mil prostíbulos con tres mil mujeres".

¿Cómo las *tres* mil prostitutas de Alsogaray se convirtieron en la alucinante cifra de *treinta* mil de Goldar? Lewin no otorga el beneficio de la errata tipográfica (¿un cero de más?) y cita a otro escritor que repite lo de "las 30.000", lo cual lo lleva a afirmar: "Quiere ello decir que cualquier cifra lanzada al voleo es repetida por buena fe o falta de criticismo".

Algo similar parece suceder con el "cementerio" de los "impuros" en Avellaneda, que funcionó en una parcela en la calle Agüero el 4400, según relata Goldar:

> *Se puede observar, entrando a la izquierda, un muro encalado de dos metros de altura. La superficie rodeada por el muro ocupa aproximadamente unos 400 metros cuadrados. La*

Lápidas abandonadas y rotas, restos del cementerio de la Zwi Migdal *(1989).*

*puerta de entrada está clausurada. (...) Hay más de 500
tumbas. Todos los enterrados son israelitas...*

Lewin pudo visitar ese cementerio abandonado y lo
asombró

*la pequeñez de esa singular necrópolis. ¡Había escuchado tanto
acerca de la vastedad de la prostitución polaca! Sus tan reducidas
proporciones me hacen sospechar que allí eran enterrados los
rufianes y las "madamas"; en cambio las simples prostitutas
iban a las morgues o a las mesas de disección.*

También pudo comprobar el lugar común —por lo menos
parcial— que significa hablar del supuesto monopolio
"polaco" de la trata de blancas:

*En las lápidas sepulcrales allí existentes se puede compro-
bar que entre esa hez también estaban representados sujetos
procedentes de Odessa, de Galatz y de Galitzia.*

Llevar a sus términos reales este aspecto poco conocido de
la tenebrosa organización ayuda a visualizarla en sus verdaderos términos. Si bien alguna mitología popular adjudica a
ciertas fortunas actuales un origen *non-sancto* para explicar la
falta de datos y referencias, se comprende que durante años
este tema fuera tabú en círculos judíos, puesto que se temía
que el comercio infame de un pequeño número de rufianes
pudiera involucrar a toda la comunidad y proporcionara argumentos a los publicistas antisemitas. Menos conocida es la
acción del resto de la comunidad judía organizada del país en
la denuncia y lucha permanente contra esta lacra. De esta manera,
también el epílogo es distinto: a la no referencia del comisario
Alsogaray a la historia de los pueblos francés y argentino en
su prólogo, es posible agregar que *solamente* desde las instituciones judeoargentinas se enfrentó abiertamente a los
proxenetas y se los expulsó de la comunidad.

Entre los promotores y víctimas de la trata de blancas en
la Argentina aparecen algunos nombres judíos a comienzos
de la década de 1870. A medida que se suceden las olas
inmigratorias crece este número: según un informe policial
de 1879, citado por Boleslao Lewin, había en Buenos Aires
treinta y cinco prostíbulos; de ellos —a juzgar por los ape-

*Cementerio de los disidentes, en
Avellaneda (1911). Una pequeña
necrópolis, agigantada por la fantasía y
el prejuicio.*

llidos— tres o cuatro pertenecían a judíos. Pero "un folleto aparecido en 1885 y titulado 'La prostitución en Buenos Aires' ya destaca la considerable prostitución de polacas, vale decir judías, entre las rameras".

El juez Carlos Bernaldo de Quirós ofrece estas cifras de la prostitución reglamentada en Buenos Aires entre los años 1899 y 1915: rusas: 3.687; argentinas, 3.212; francesas, 2.484; italianas, 1.765; uruguayas, 1.507; españolas, 1.454; austro-húngaras, 1.066; alemanas, 435; rumanas, 175; inglesas, 126; belgas, 117; paraguayas, 87; turcas, 87; brasileñas, 35; chilenas, 31; otras nacionalidades, 200.

"Puesto que la aplastante mayoría de las prostitutas de origen ruso fueron judías, y también lo fue una parte de las rumanas y austrohúngaras —señala Lewin— puede llegarse a admitir un total de 4.000 mujeres judías en este 'antiguo oficio'."

A causa de la lucha contra ellos emprendida y de su exclusión de todas las asociaciones comunitarias, incluso las religiosas, los rufianes judíos formaron una entidad propia que comenzó a actuar a fines del siglo pasado. Se denominaba *Varsovia*, nombre que mantuvo hasta 1928, cuando lo cambió por el de *Zwi Migdal*. Pronto la *Migdal* se dividió en dos grupos: el más numeroso, que conservó el nombre original, estaba compuesto principalmente por individuos procedentes de Polonia; el otro, que se denominó *Ashkenazum*, era integrado por sujetos originarios de Rusia y Rumania.

En su investigación dedicada al tema[14], Gerardo Bra señala que, ateniéndose a los documentos disponibles, la entidad *Varsovia* fue creada legalmente el 7 de mayo de 1906. Su primer presidente fue Noé Trauman. El acta de fundación está fechada y datada en Barracas al Sud (la Avellaneda actual) y en ella queda asentado que los firmantes "resuelven fundar una Sociedad de Socorros Mutuos, cuyos fines sean como lo indica el lema, la ayuda mutua a todos sus asociados...".

Los artículos del estatuto parecen transcripciones casi idénticas de los de instituciones similares y, según Bra, constituyen parte de

> *la fachada pretendida para disponer de dos fines básicos: organizar una sociedad que ofreciera los beneficios sociales*

y el apoyo religioso que les negaban a los rufianes las en-
tidades respetables y que sirviera, con el correr del tiempo,
como medio legal para encubrir y hasta incrementar las
oscuras actividades de sus componentes.

La sociedad *Varsovia* fue incrementando su patrimonio.
A la sede de Avellaneda se fueron sumando otros domici-
lios en las calles Ombú, Lavalle y Tucumán. Finalmente, se
asentó en una lujosa mansión de la calle Córdoba 3280. Era
un edificio de dos plantas, con un jardín con palmeras al
frente; su interior contenía un amplio salón para fiestas, un
bar y comedor, una sala de velatorios, el despacho de la
comisión directiva, una sala de reuniones, un lugar para
"conversaciones de negocios" a disposición de los asociados
y una sinagoga, elemento fundamental para la operatoria
de la organización.

Allí se realizaban falsos casamientos —en ese lugar fue
engañada, una vez más, Raquel Liberman, lo que la decidió
a presentar su denuncia contra la sociedad de tenebrosos
ante el comisario Julio Alsogaray—, y los oficios del culto
seguían el rito ashkenazí.

La forma de "reclutamiento" de las pupilas es resumida
de esta forma por Bra:

Los rufianes viajaban a Polonia, también a otros lugares de
Europa, pero con mayor asiduidad al país citado. Allí
concertaban noviazgos con jovencitas (...) Los "importadores
de esclavas" asumían la falsa personalidad de prósperos
comerciantes enriquecidos en América, de regreso a su tierra
natal en búsqueda de esposa. El medio ambiente económica
y culturalmente precario, la falta de oportunidades indivi-
duales y otros elementos afines, les resultaban propicios
para embaucar a esas inocentes mujeres, que por ignorancia
estaban predispuestas a creer en la llegada del soñado
"Príncipe Azul", que no sólo les ofrecía matrimonio; también
una brillante posición en un país que se les sugería rebo-
sante de posibilidades. (...) Muchos de los explotadores
utilizaban Montevideo como escala, por ser un lugar donde
por aquel entonces no regían leyes estrictas sobre entrada
de inmigrantes; para luego llegar a Buenos Aires en el
vapor de la Carrera. Una vez aquí, el rufián obligaba a la

mujer a entregarse a la prostitución, valiéndose de cualquier medio: desde los argumentos persuasivos hasta el castigo corporal, las privaciones y el encierro. Había los que contaban con la cooperación de esposa, concubina o hermana, asociadas a la vil empresa o deseosas de complacer al tenebroso.[15]

Albert Londres coincide, en sus crónicas de época, con esta descripción de los miembros de la organización:

Todos no son necesariamente judíos, pero los viajeros, los tratantes que andan de feria en feria lo son. Es indispensable para entrar en la familia. Pues su trabajo no es como en Francia, un trabajo de calles, sino que aquí operan a domicilio. Primero se dirigen a los padres y después, solamente después, a la muchacha. No la roban, la negocian. Las familias que tienen muchas hijas son las más solicitadas, ya que presentan dos ventajas: una pobreza más negra, un botín más seguro...[16]

Apenas adolescentes, sin conocer el idioma ni las costumbres, las jóvenes aldeanas —ingresadas al país sin do-

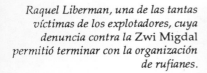

Raquel Liberman, una de las tantas víctimas de los explotadores, cuya denuncia contra la Zwi Migdal permitió terminar con la organización de rufianes.

cumentos con la complicidad de funcionarios aduaneros y policiales— se convertían en verdadera "carne de prostíbulo", eran arrojadas a la desesperación y rematadas como ganado en licitaciones públicas o compras particulares, según lo que concertaran los tratantes bajo la supervisión de la Comisión Directiva. La infeliz mujer, extranjera y sin medios, no sabía dirigirse a la policía y el primer tiempo permanecía constantemente vigilada. Era presionada de tal forma que, agobiada por las condiciones inhumanas de su reclusión, terminaba tarde o temprano por someterse a las exigencias del rufián, quien no vacilaba en castigarla físicamente para quebrar su resistencia. Esta trampa sin salida influiría, según las reconstrucciones posteriores, en la decisión de Raquel Liberman que precipitó el final de la sociedad.

Bra señala que la *Varsovia* también intervenía en las indemnizaciones que se pagaban a los asociados que por cualquier motivo quedaban sin esclava. Financiaba los viajes de "remonta", otorgando préstamos especiales para tal fin. Actuaba en los traslados de pupilas de un prostíbulo a otro e imponía multas por incumplimiento de compromisos contraídos en las actividades de la trata. También tenía injerencia en los conflictos suscitados por la explotación de determinado lugar o de una esclava.

La influencia de la organización aumentó con el correr de los años: se fue haciendo sentir en la justicia, en la política, en la policía, además de extenderse a la Municipalidad (lo cual era imprescindible para la apertura de lenocinios) y a la Dirección de Inmigración (para el contrabando de esclavas). Pero no eran los únicos que realizaban este operativo. El periodista Londres, que en el viaje marítimo hacia Buenos Aires conoció a un macró francés con su "esposa" adolescente, hizo un relato prácticamente idéntico de los pasos que aquél seguía:

> Hay "paquetes" de diecisiete a veinte kilos, es decir, mujeres de diecisiete a veinte años. Esos "paquetes" no tienen pesos. Necesitan papeles falsos. De tal modo se las embarca clandestinamente. La gente del hampa tiene cómplices en todos los barcos. Cuando no son del personal "mozos", se encuentran en el personal "oficiales". Sé bien lo que digo. (...) Continúan viaje hacia Buenos Aires... Cuando las

Portada del diario Crítica *del 30 de setiembre de 1930: cuatro "famosos tenebrosos" de la* Zwi Migdal *son detenidos, junto a otros 108, por el juez Ocampo.*

muchachas son descubiertas y no resultan suficientemente atractivas, las autoridades sudamericanas vuelven a embarcarlas en los mismos barcos. Pero nunca se vio a una linda franchuta *(expresión argentina que significa, a la vez, francesa y muchacha de la vida) vuelta a embarcarse para el viaje de vuelta.*[17]

Estas similitudes se prolongaban en el ambiente del hampa a los negocios conjuntos. En la segunda década de este siglo, en la Avellaneda de Barceló, uno de los socios de la *Varsovia* —Posnansky— tenía intereses comunes con el célebre Ruggierito en el prostíbulo "El Farol Colorado", de la Isla Maciel. El comité político y la prostitución corrían juntos, dentro del esquema de fraude electoral que sostenía a los gobernantes de entonces.[18]

El principio del fin en términos jurídico-policiales se produjo en 1930 con la denuncia de Raquel Liberman. Es indudable, sin embargo, que el contexto político-social de la época —pocos meses antes del golpe militar del 6 de setiembre de 1930 que derrocó al gobierno civil— debe de haber posibilitado el reclamo de "moralidad y orden" que permitió actuar al comisario Julio Alsogaray y al juez Ocampo. Estos contaron, como veremos más adelante, con el apoyo de la comunidad judía organizada.

Raquel Liberman, nacida en Lodz, fue una de las tantas víctimas de los explotadores. Engañada por el rufián Jaime Cyssinger con falsas promesas de casamiento, una vez en América terminó recorriendo el trágico camino que hemos descrito.

Después de diez años de esclavitud, Raquel logró reunir —sin que su rufián lo supiera— cierta cantidad de dinero. Ayudada por un paisano de su pueblo que se apiadó de ella, utilizaron esa suma para fraguar entre ambos una "compra de prostituta". Habiendo conseguido así comprarse a sí misma, Raquel Liberman se instaló con un negocio de antigüedades en la calle Callao al 500.

Pero la organización, al enterarse del fraude, decidió no permitir que cundiera el mal ejemplo. Cuando las amenazas y los golpes no surtieron efecto, recurrió a otro proxeneta —José Salomón Korn, amigo de Cyssinger— para que enamorase a la pobre mujer y le propusiera casamiento. Ella se ilusionó una vez más, y al cabo de algunos meses se llevó a cabo la parodia de "la boda" en la sinagoga de la *Migdal*, en el edificio de la calle Córdoba 3280. Diez asociados figuraron como "testigos del enlace".

A los pocos días Raquel pudo comprobar el engaño: Korn le quitó todos sus ahorros —unos 100 mil pesos de la época— y alhajas y la obligó a reintegrarse al prostíbulo de la calle Valentín Gómez, el mismo que abandonara al liberarse de Cyssinger. Desesperada, concurrió a una entrevista con el presidente de la *Zwi Migdal*, Simón Brutkievich, para pedir ayuda y que le devolvieran sus ahorros. Cuando la "sociedad" mandó al matón Mauricio Kirshtein para amedrentarla (la amenazó con cortarle la cara si continuaba con sus denuncias), la mujer comprendió que no tenía salida y debía optar: o volvía a transformarse en una esclava o se jugaba la vida para destruir a esa organización cuyo gran poderío sólo entonces llegó a adivinar.

La denuncia que presentó ante el comisario Julio Alsogaray, quien desde hacía tiempo buscaba elementos para actuar

Estado actual de la necrópolis que pertenecío a la Zwi Migdal. Expulsados de la colectividad organizada, los tmeim *(impuros) debieron adquirir un terreno para utilizarlo como cementerio.*

contra los tenebrosos, desencadenó el proceso que terminaría con la *Zwi Migdal*. Los diarios de la época se hicieron eco de los procedimientos con grandes titulares que ocuparon las primeras planas.

El 20 de mayo de 1930 el juez Ocampo ordenó la captura de todos los integrantes de la *Migdal* sin excepción. Las instituciones judías organizadas aprovecharon la oportunidad para llevar a la práctica su prolongada y solitaria lucha contra los rufianes, expulsados en su momento de la comunidad. El 23 de mayo el presidente y secretario de la Asociación Israelita Chevra Kedusha Ashkenazí (que tenía 18.000 asociados) visitaron al juez Ocampo, ofrecieron la cooperación de la entidad central del judaísmo organizado y le entregaron una nota, algunos de cuyos párrafos decían:

Si bien es cierto que no estamos interiorizados detalladamente de la gran acción en contra de la trata de blancas más que por la prensa argentina y el "Diario Israelita", entendemos, sentimos y apreciamos en todo su valor, la figura majestuosa que por su digno intermedio levanta la justicia argentina en contra de esta lacra humana.

Sabemos, porque es público y notorio, que la sociedad que otrora se llamara "Varsovia" y hoy "Zwi Migdal", no es más que un antro donde esa gente de mal vivir se reúne para deliberar y resolver cómo, dónde y cuándo poner en práctica su nefasta obra, amparándose en las leyes jurídicas del país. No escapará a su elevado criterio el interés con que nosotros, los israelitas del mundo entero y especialmente los de este libérrimo país, estamos empeñados en que la opinión general de la República Argentina conozca nuestro franco repudio a los que pueden manchar con su "modus vivendi" el cristalino nombre de los israelitas. Y por estos tan elevados motivos nos permitimos llevar a conocimiento del señor juez, que siempre fue y será nuestro principio de vida social, perseguir a esos elementos, despreciándolos, excluyéndolos de todo contacto directo o indirecto, no sólo en calidad de socios de nuestras instituciones religiosas, filantrópicas, culturales y de beneficiencia, sino que fuimos más lejos aún, y es del dominio público que no los admitimos en las salas de teatros para evitar que nuestros hijos los vean.

Esta declaración distaba mucho de ser un conjunto de frases de circunstancia. Como se verá enseguida, la expulsión de los *tmeim* (impuros) de todo lugar de la colectividad contribuyó a su aislamiento y fue una decisión de enorme peso moral.

El sumario instruido por el juez Ocampo finaliza el 26 de setiembre de 1930 y contiene aproximadamente 4.000 fojas, que incluyen las declaraciones de 108 detenidos, un detalle de las diligencias efectuadas y el auto con la consideración y resolución final, que abarca unas 300 fojas. Más allá del destino de cada uno de los acusados, el proceso marcó el fin de la sociedad *Zwi Migdal*. La opinión pública siguió paso a paso las noticias sobre el tema y, según Bra, fue alertada sobre

> *los problemas que engendraba la prostitución legal y los entresijos inherentes a su insoslayable envilecimiento. Fue un detonante que hizo posible un movimiento que culminó con la sanción de la llamada "ley de profilaxis", que abolió el ejercicio permitido de la prostitución, en todo el país, en 1935.*[19]

Un halo de fábula, al que Bra no parece poder sustraerse, le lleva a concluir:

> *también existió prostitución sustentada por proxenetas franceses, catalanes, italianos y criollos, (pero) ninguno de esos grupos poseyó el poder que brindaba un nucleamiento institucionalizado como el de la Migdal.*[20]

La imprecisión numérica que ayuda a magnificar el "poder de la prostitución judía" preocupa a Boleslao Lewin:

> *El comisario Julio Alsogaray da la nómina de 459 tenebrosos pertenecientes a la "Zwi Migdal" y de 146 a la "Ashkenazum" Sin embargo, en 1930, cuando se inició la campaña contra la "Migdal", las órdenes de arresto sólo sumaron 424, incluyendo un número de ya fallecidos, lo que demuestra que esa nómina requiere correcciones.*[21]

Pero, más allá de los datos magnificados y la utilización prejuiciosa de este segmento de la historia, el papel de la

"Cafishio" ajustando negocios, según Fray Mocho (1913). Grupos juveniles participaban en operativos de "rescate" de muchachas judías en el barrio de los prostíbulos.

comunidad judía organizada contra este grupo de tenebrosos fue única entre los grupos inmigratorios, y es menos conocida por la opinión pública que la mitología escandalosa. Merece ser recordada ahora.

LA LUCHA DE LA COMUNIDAD JUDÍA

Junto a la actitud de resistencia pasiva —expulsión de los tratantes de blancas de las instituciones comunitarias, incluyendo sinagogas, teatros y cementerios—, la colectividad judía mantuvo durante años una tenaz lucha contra los *tmeim* y por tratar de salvar a las muchachas traídas desde Europa de las garras de sus rufianes.

Ya en la temprana fecha de 1908 la organización obrera *Iungt* (Juventud) se lanzó a la lucha abierta contra los proxenetas. Su primera consigna fue: "¡No alquilar locales a los rufianes!". Con tal propósito imprimió un cartel para que fuera fijado en lugares visibles.

La campaña juvenil motivó peleas en las plazas Lavalle y Larrea, entonces muy frecuentadas por judíos.[22] Existen testimonios orales: el autor de estas líneas escuchó a uno de los protagonistas de la época relatar su participación en grupos de muchachos que realizaban "expediciones de rescate" de jóvenes judías en el barrio de los prostíbulos, para arrancarlas de manos de sus "propietarios".

La acción también se trasladó al teatro idish, cuyas entradas más costosas solían adquirir los rufianes. Zalman Sorkin, el joven líder sionista-socialista, en medio de una de las funciones lanzó el grito de "¡Fuera los rufianes!", lo que provocó la interrupción del espectáculo y el consiguiente escándalo.

El teatro en idish, con actores locales y algunos procedentes de Europa y Estados Unidos, tuvo un desarrollo lento pero sostenido desde los primeros años del siglo. Antes de la Primera Guerra Mundial el público prefería "los artistas burdos a los refinados, la farsa al drama serio"[23], y el auditorio estaba dominado en gran medida por los tratantes de blancas.

La primera representación, en 1901, consistió en la comedia

satírica *Kuni Lemel*, de Abraham Goldfaden. Un viejo residente judío de Buenos Aires describía así el auditorio al día siguiente de la función:

> *Una multitud de rufianescos hombres de tosco aspecto a los cuales podría "señalar", y los palcos poblados en su mayoría por mujeres hermosas, muy extravagantemente vestidas y cargadas de joyas. A cada chiste o agudeza en idish, los aullidos de risa más estentóreos y prolongados eran los salidos de esos labios pintados. Era penoso oírlos, pese a lo cual permanecí allí; había venido a ver y averiguar qué era esto...*[24]

Diversos grupos trataron de combatir a los "impuros". Las anécdotas sobre estos enfrentamientos son mencionadas también en los testimonios del escritor y periodista Pinie Katz:

> *Sobre el teatro y el ambiente judíos que ya entonces, digamos de paso, se había ampliado hacia el Mercado de Abasto y más allá, y ya tenía representantes en otros sectores de la ciudad, Villa Crespo, Flores, Floresta, Barracas, flotaba todavía la herencia de la pre-historia, en la persona de los ricos tratantes de blancas que se desparramaban sobre todo, con mano abierta, y hacían depender de sí a un amplio sector de negocios y obreros, que vestían y cosían para toda la "banda" con sus "madames" y "muchachas" y les amueblaban y embellecían los prostíbulos y las magníficas viviendas. Especialmente dependían de ellos los actores judíos, ya que les financiaban las empresas y compraban las localidades más caras. La costumbre era que un "boletero" anduviera vendiendo entradas, y éste comenzaba por sus clientes más seguros, en sus "bolsas" y en los burdeles.*
> *Sucedió que, en una función a beneficio de Poale Sión, en vísperas de Iom Kipur de 1908, los actores, con la Vadi-Epshtein a la cabeza, representaban "Miriam", de Peretz Hirschbein. La "banda" vino al teatro como de costumbre, y más aún porque era estreno, y cuando la obra llegó al acto en que se muestra el fin que espera a sus víctimas, los "muchachos" (así se los llamaba entonces) sintiéndose tocados comenzaron a protestar, a lo que la juventud de entre el público los expulsó bulliciosamente de la sala.*

Y en otro lugar, señala:

> *Sucedió en 1926. (...) La cosa dio comienzo con una obra*
> *del fallecido Leib Malaj, en la que se presenta la lucha*
> *librada por la comunidad judía en Brasil contra los tratan-*
> *tes de blancas que allí, igual que en Argentina, tenían su*
> *Kehilá organizada y habían irrumpido en la comunidad por*
> *medio de las dádivas a los pobres y su proximidad con el*
> *teatro. Un empresario tomó la obra para su representación*
> *pero después se arrepintió y le puso al autor la condición de*
> *eliminar las escenas que señalan la vinculación de los ru-*
> *fianes con el teatro. El autor se negó e informó a Di Presse".*
> *El empresario reaccionó amenazando a "Di Presse" con*
> *balear a sus redactores si el asunto salía a luz y como "Di*
> *Presse" entendió que tanto la exigencia al autor como la*
> *amenaza a sus redactores ponía en peligro al teatro judío y*
> *al mismo tiempo desafiaban a la prensa, el hecho tuvo pu-*
> *blicidad y produjo grandes discusiones en el ambiente. La*
> *colectividad vio en ello una secuela no superada de los*
> *primeros años de la inmigración, en que el teatro estaba en*
> *manos "non sanctas" y pretendía aterrorizar a la prensa.*
> *Coincidió con esto un escándalo sobre el mismo asunto en*
> *uno de los teatros judíos. Dos destacados activistas*
> *societarios se levantaron en medio de una función y*
> *abandonaron la sala manifestando que lo hacían porque*
> *no querían estar en el mismo ambiente con rufianes. Con*
> *la participación de "Di Presse" comenzó entonces un mo-*
> *vimiento en pro de un teatro judío limpio, sin tratantes*
> *de blancas y sin influencia.*[25]

La citada obra de Malaj, *Regeneración*[26], fue estrenada en
el Politeama, el teatro idish más grande de la capital, ante
más de dos mil espectadores. En la polémica desatada in-
tervinieron numerosas personalidades de la colectividad. El
autor publicó una carta en el diario norteamericano *The
Menorah Journal*, donde describía los pormenores del conflicto en Buenos Aires:

> *Pronto se dio lugar a una lucha abierta. Corrió sangre por*
> *las calles. Los obreros judíos se armaron de palos y bastones*
> *e invadieron el barrio judío, determinados a castigar a sus*

Matías Stoliar y N. Sprinberg, de El Diario Israelita *(1918): recibieron un mensaje escrito en idish por una de las jóvenes traídas con engaños al país, Perla Pzedborska, la que pudo ser rescatada de manos de los rufianes.*

hermanos envilecidos y expulsarlos, si no de la ciudad, al menos de la comunidad judía. La guerra se libró en las calles, en los cafés, en los teatros, hasta que finalmente el barrio judío quedó limpio, digno de aquellos que venían a construir y a vivir honestamente...

Se intentó impedirles la entrada al teatro, pero el elemento indeseable, así como los empresarios teatrales —quienes veían en ellos una espléndida fuente de ingresos— se resistieron vigorosamente.

La colectividad los boicoteó aunque no pudo contar con la mayoría que, ávida de entretenimiento, continuaba acudiendo secreta o públicamente al teatro. No obstante, cuando se divulgó la noticia que ni una sola obra se representaba sin el control del elemento corrupto, el público respetable reaccionó debidamente. Todas las instituciones, la sociedad de actores y los diarios, declararon la guerra al teatro, hasta que por fin un teatro se rindió y puso el siguiente cartel:

"NO SE ADMITE LA ENTRADA A PERSONAS INMORALES"

Otros siguieron el ejemplo y, actualmente, los tres teatros judíos de Buenos Aires exhiben el siguiente cartel:

"NO SE ADMITEN TRATANTES DE BLANCAS"[27]

Esta campaña contra la presencia de los proxenetas y sus allegados en los teatros duró hasta 1927, año en que se logró su completa eliminación. Contribuyeron a ella, como queda anotado, los dos diarios en idish, los actores judíos y el público en general.

Menos espectacular quizás, pero mucho más importante, fue la sistemática acción desarrollada por la "Sociedad de Protección a la Mujer" (*Ezrat Nashim*), filial de la asociación del mismo nombre con sede en Londres. Esta entidad fue fundada en la Argentina en 1895 por iniciativa de la central británica, la cual hasta 1926 cubrió también sus erogaciones.

> *Para tener una idea de la actividad desarrollada por "Ezrat Nashim", basta decir que desde 1920 hasta 1935 inspeccionó en el puerto de Buenos Aires 1.603 barcos, y durante la navegación desde Montevideo fue investigada la "carga" de 108 vapores. Pasaron la inspección de la entidad, en el citado período, 7.438 mujeres llegadas solas. Fueron ayudadas 983 mujeres —casadas y solteras—, que no tenían parientes en el país, a encontrar vivienda y trabajo. Se pudo impedir que los rufianes lograran el dominio sobre 163 víctimas de sus criminales manejos. De sus garras fueron rescatadas ocho mujeres, algunas menores de edad y enviadas —por su expresa voluntad— a sus lugares de origen. Esta es sólo una muestra de la múltiple actividad desplegada contra la trata de blancas.*[28]

El secretario de la Sociedad Israelita de Protección a Niñas y Mujeres se presentó el 28 de octubre de 1927 ante la Inspección de Sociedades Jurídicas de la provincia de Buenos Aires, formulando una denuncia que quedó asentada en un acta labrada por ese organismo provincial. El documento señala con múltiples detalles y citación de casos puntuales las actividades de la organización de tenebrosos:

> *(...) Selig Ganopol, secretario de la Sociedad Israelita de Protección a Niñas y Mujeres, afiliada a la Liga de las Naciones, constituida por las sociedades Congregación Israelita de la República Argentina, Sociedad de Damas Israelitas, Sociedad de Beneficencia Ezrah de Buenos Aires, Sociedad de Protección a los Inmigrantes Israelitas y el*

Comité Central de Londres, todas con personería jurídica (...) asociación [que] realiza una obra de bien, conocida en todo el país, y para ello tiene franquicia y consideraciones especiales dadas por la Policía de la Capital Federal, para facilitar su misión, y una autorización expresa de la Dirección General de Inmigración, para realizar inspecciones en los barcos que conducen inmigrantes, lo que justifica todo en este acto con los documentos que exhibe.

Que en tal virtud viene a formular la siguiente denuncia: que tiene conocimiento y pruebas suficientes que acompaña y hace entrega en este acto, de que la Sociedad Israelita de Socorros Mutuos "Varsovia", que tiene personería jurídica acordada por el gobierno y con domicilio en Avellaneda, está formada exclusivamente por personas de vida deshonesta unos, delincuentes otros, traficantes de blancas y prostitutas, lo que consta en los documentos a que se ha referido y ha hecho entrega en esta Inspección...[29]

El detallado informe de los archivos de la Sociedad de Protección a Niñas y Mujeres relata algunos casos escalofriantes. Citaremos uno de ellos:

Neuman Aroon o Noyman:
El caso de este conocido tenebroso ha sido profundamente comentado por la prensa. Gracias a nuestra intervención se encuentra bajo proceso por tentativa de corrupción en perjuicio de la joven Perla Pszedborska, su sobrina, a quien hizo venir de Polonia, desembarcando el 8 de setiembre de 1926, del vapor "Asturias". Por ser socio de la "Varsovia", el juzgado en lo criminal —Juez Dr. García Rams, secretaría Twaites Lastra— que entiende en la causa nos dirigió un oficio recabando informe acerca de la moralidad y ocupación de las personas que componen esa asociación. Noyman también hizo venir a nuestro país a la mujer Sara Warschavsky, siendo recibida por gente de nuestra institución, el 18 de noviembre ppdo., cuando el nombrado ya se encontraba detenido. (...)

En sus memorias, el comisario Julio Alsogaray cita la misma historia de Perla Pzedborska, proveniente de Lodz, quien viajó al país llamada por el rufián Arnoldo Noyman, que era su pariente:

...LA SOCIEDAD ISRAELITA DE SOCORROS MUTUOS "VARSOVIA" ESTÁ FORMADA EXCLUSIVAMENTE POR PERSONAS DE VIDA DESHONESTA UNOS, DELINCUENTES OTROS, TRAFICANTES DE BLANCAS Y PROSTITUTAS...

SELIG GANOPOL
(Secretario de la Sociedad Israelita de Protección a Niñas y Mujeres)

Agraciada, simpática y no desprovista de cultura, a la joven Perla, que no había cumplido 22 años, le resultó fácil advertir, a los pocos días de hallarse entre sus parientes, que éstos, en complicidad, le reservaban una sorpresa nada tranquilizadora. (...) Entonces no esperó más para librarse de sus garras, presagiando la tragedia que la amenazaba. Por conducto desconocido [lanzando una piedra envuelta en papel por la ventana de su habitación] *hizo llegar una esquela* [en idish] *a la administración del "Diario Israelita", calle Larrea 331, solicitando amparo. Merece consignarse literalmente lo que expresaba, traducido a nuestro idioma: A la Sociedad de Protección de las Mujeres. Ruego que vengan a sacarme de la casa de Noyman y de J. Majaaibska, la señora de Noyman. Ruego venir enseguida a recogerme. Perla Pzedborska. Lavalle 2038. El redactor del diario, señor Matías Stoliar, a cuyo poder llegó la misiva, tuvo sus temores, ampliamente justificados, para no formular la denuncia en la comisaría 5a., a la que correspondía intervenir. De ahí su concurrencia deliberada a la 7a. Traspuesta la distancia, en contados segundos, al domicilio indicado, nos encontramos frente a un cuadro impresionante. Dominada por el terror, ante la mirada iracunda de los proxenetas, la joven Perla no daba señales de vida. Tendida sobre una cama, su cuerpo parecía insensible; pero en el fondo de sus ojos advertíase la tragedia...*[30]

A los inculpados no les faltaron abogados defensores, que los liberaron rápidamente del proceso. La joven Perla fue ayudada por el doctor Samuel Godstraj, y ésta fue una de las pocas ocasiones en que una mujer secuestrada pudo salvarse.[31]

Luego de ennumerar otra cantidad de casos puntuales y detallados, la denuncia de Selig Ganopol, secretario de la *Ezrat Nashim*, queda asentada con todos los datos necesarios. El 2 de noviembre de 1927 el director letrado de la Inspección de Sociedades Jurídicas designa al inspector Martín Pérez Estrada, quien no encuentra mejor manera de investigar que ir a preguntarle al presidente de la sociedad cuestionada, Zitnitzky, sobre la reputación de los tenebrosos acusados, entre los que figuraba el mismo interrogado. Con tiempo para preparar una "defensa" legal, el 23 de noviembre la *Sociedad Varsovia* contesta, indignada, las acusaciones que "no sabemos por qué motivos inconfesables" les han endilgado: "nos achacan delitos y felonías que solamente en unos cerebros enfermos y afiebrados pueden caber semejantes cosas".[32] El inspector Pérez Estrada repite los términos de la defensa, obvia el prontuario de los acusados y envía a vía muerta la acusación, que es finalmente desestimada por el director letrado de la Inspección de Sociedades Jurídicas. Esta historia suena conocida para varias generaciones de argentinos.

Desde el periodismo judío la lucha contra la trata de blancas comenzó muy tempranamente, a fines del siglo XIX. Durante la década de 1890 Abraham Vermont, uno de los precursores del periodismo en idish en la Argentina, escribió acerca de los judíos complicados en el tráfico de mujeres numerosos artículos publicados en *Hamelitz* de San Petersburgo, y *Hayehudi* de Londres.[33] También Alexander Zederbaum, el director de *Hamelitz*, y el mismo Scholem Aleijem en algunas de sus narraciones, trataron de prevenir a las víctimas potenciales del tráfico, difundiendo sus propósitos y formas de operar. Estos y otros publicistas emitieron reiteradas advertencias sobre el infame comercio, impidieron que los *tmeim* se incorporaran a las instituciones judías de Buenos Aires, fundaron la sociedad de protección y ayuda a las mujeres antes mencionada e interpusieron su influencia para promover leyes que regularan la prostitución.

La comunidad judía argentina no sólo prohibió el ingreso de los *tmeim* a sus instituciones sino que logró extender el anatema a otros campos. Las principales batallas que libró fueron para que se les negara inhumación en los cementerios de la colectividad "pura" y para eliminarlos de las funciones del teatro idish.

Algunas memorias de los dirigentes de esa época —el activista del sionismo Jacobo S. Liachovitzky, el rabino Reuben Hacohen Sinai y otros— ratifican esta lucha. En uno de sus sermones de protesta, el rabino Sinai anunció que "en el caso de que se aceptara a los *tmeim* en el camposanto, él haría constar en su testamento que después de su muerte lo enterraran en un cementerio municipal. 'Prefiero —dijo— yacer entre gentiles honorables que entre nuestros *tmeim*'".[34]

También participaban dirigentes judíos en entidades generales que luchaban contra la trata de blancas. El más destacado fue el rabino Samuel Halphon, de la Congregación Israelita, quien tuvo un destacado papel en la Asocia-

PREFIERO YACER ENTRE GENTILES HONORABLES QUE ENTRE NUESTROS TMEIM.

RABINO REUBEN HACOHEN SINAI

Comisario Julio Alsogaray: llevó adelante la denuncia de Raquel Liberman y terminó con las andanzas de la Zwi Migdal. Sus memorias revelan, también, una mentalidad prejuiciosa.

ción Nacional contra la Trata de Blancas hasta que esta entidad se disolvió en 1928, por "falta de fondos e interés, y principalmente la ausencia de personas de buena voluntad que colaboraran". Halphon escribió al respecto:

> *Aquí en América, el gran defecto de las sociedades colectivas —y ello es común a todas las agrupaciones extranjeras en el país— es la carencia de personas dispuestas a sacrificar parte de su tiempo para dedicarlo a asuntos que no sean los suyos personales. A este respecto, la comunidad judía local ofrece a menudo el mejor ejemplo de espíritu de sacrificio y noble altruismo.*[35]

La deportación de la mayoría de los integrantes de la *Zwi Migdal* a partir del proceso iniciado con la denuncia de Raquel Liberman, terminó con esta pesadilla comunitaria. Otras colectividades asentadas en Buenos Aires con índices elevados de prostitución eran la francesa, la española y la italiana; hablaban lenguas romances, afines al castellano, eran católicas y sus países de origen eran familiares en la Argentina. Aunque preocupados por la mala reputación que la actividad delictuosa significaría para sus comunidades, los dirigentes de las instituciones francesas, italianas y españolas no se mostraban tan inflexibles como los judíos porque tenían mucho menos que perder.[36] Se impone, pues, un interrogante: ¿por qué una actitud comunitaria tan valiente y audaz como la de los dirigentes judíos de esas décadas fue alternativamente denunciada y ocultada por protagonistas y antagonistas, en una discusión que se prolonga hasta la actualidad?

La "conciencia de inmigrante con escasa historicidad en el país" —un tema más apto para psicólogos que para historiadores— puede ayudar a entender el aspecto interno de la cuestión. En cuanto a su significación sociológica, aparece una pauta étnica que sirve de puente para la conexión, real o supuesta, entre inmigración y economía ("las depresiones son causadas por el bajo precio de la mano de obra de los inmigrantes"), entre inmigración y sicología ("los inmigrantes bajan el nivel cultural de la vieja población... revelan altos niveles de enfermedad mental") y entre inmigración y sociabilidad ("los inmigrantes operan un descenso de la moral social..."). Estas falsedades recorren el trabajo de Maciel acerca de la "italianización" de Argentina durante la década del 20. Diez años más tarde las usó Julio Alsogaray para atribuir a los judíos el aumento de la prostitución en Buenos Aires. Es cierto que este tipo de alegatos en general han sido dejados de lado por los estudiosos serios, pero evidentemente la conciencia popular se retrasa con respecto a la científica.[37]

La mezcla de prejuicios y falta de información —resumidas en parte del imaginario popular, en fantasías y estereotipos que aparecen en los medios de comunicación— puede sintetizarse en unas pocas citas de autores no declaradamente xenófobos. En sus recuerdos editados en 1933, luego de aquella introducción sobre la "historia del pueblo judío" que delataba su inclinación negativa hacia este grupo humano, el comisario Alsogaray rememora:

Afiches en la calle Florida, década del 80. La propaganda antijudía se monta en aspectos mitificados de una historia poco conocida.

> *La figura abominable del judío tratante de blancas fue una de mis mayores preocupaciones desde que ingresé a la Policía, a los catorce años, edad en que sólo se reciben impresiones y poco o nada se observa ni asimila...*"[38]

Y más adelante, en una "profesión de fe democrática" que devela la objetividad de su mirada, dice:

> *Concentrados los prostíbulos en el cruce de las calles Lavalle y Junín, ocupaban las casas ambas aceras en una extensión de tres cuadras. Se los llamaba por nombres o calificativos que el espíritu eficaz o malicioso de algunos había acertado en asignarles: "Mamita", "Norma", "El Chorizo", "Las Ñatas", "Clarita", "Las Esclavas", "Gato Negro", "Las Perras"; eran tan conocidos, que en rigor de verdad los políticos actuales, del nuevo cuño democrático, hubieran tenido motivos de inquietud por esa popularidad. Para alojar mujeres no importaba el número de habitaciones; en caso de necesidad utilizábanse altillos, baños, cocinas y biombos; los había con más de 70 esclavas, cuyos poderosos explotadores, "señores" José Bard, Simón Rosemberg, Israel Chores, Moisés Silverstein y tantos*

otros, "amasaron" grandes fortunas que facilitarían a sus felices descendientes, sin repudiar la moral adquirida, su paso por las universidades, la administración, o para difundir las "grandes ideas" por la "prensa", hasta plasmar la democracia que hoy enorgullece a tantos.[39]

También Gerardo Bra observa:

Desconocemos si [el proceso] ha repercutido en lo que atañe a las corrientes inmigratorias que arribaban a nuestro país. Pero está dentro de la lógica suponer como posible una concientización del problema que podía representar a la salud moral de la población, si en lo sucesivo no se adoptaban medidas para aplicar una estricta selección previa, impidiendo el ingreso de seres indeseables que abusando de la hospitalidad que confiere la Carta Magna y la deficiencia de algunas de nuestras leyes, atentaban contra la moralidad pública.

Y, refiriéndose concretamente a la comunidad judía organizada, afirma:

Ni la Migdal ni la Ashkenazum hubieran existido si los judíos que no eran tratantes de blancas los hubieran aceptado, tanto en el culto como asegurándoles que al fallecer serían sepultados en sus cementerios con el ritual de rigor. (...) queremos hacer notar las incongruencias que se presentan a toda colectividad organizada, como en el caso narrado, que pone en evidencia que una acción purificadora puede producir un aislamiento que, por gravitación propia, genera poder y una expansión utilizada con fines perniciosos.[40]

Esta curiosa interpretación de la acción comunitaria —que trasladada a la totalidad de la sociedad resultaría por lo menos grotesca— proviene, en el mejor de los casos, de la falta de comprensión del momento histórico. La lucha contra la organización de los "impuros" que ensuciaban la imagen de la colectividad judía en la Argentina, coincidió con la denuncia de las atrocidades nazis en Europa y sus repercusiones racistas y antisemitas en este continente, donde encontraron un amplio eco que se prolonga hasta nuestros días. Dentro del contexto de ascenso del fascismo en el que debieron moverse, los dirigentes comunitarios judíos creyeron aconsejable desarrollar el combate contra la trata de blancas sin debates públicos, para su mejor interés y seguridad, salvo en lo referido a las denuncias y acciones concretas contra los rufianes y sus conexiones en los aparatos administrativos y policiales de la nación.

Esa actitud, en perspectiva histórica, puede ser analizada desde una especulación ucrónica (lo que "pudo" haber sucedido). En los hechos concretos la comunidad judía de aquel entonces emprendió un combate que enorgullece a sus descendientes para extirpar a un sector económicamente poderoso e influyente de correligionarios que se dedicaban a un comercio inmoral.

No existió una lucha similar desde ninguna otra colectividad en situación similar. Otra vez los judíos deben "hacer más" para ser admitidos como iguales, como señalara Jean-Paul Sartre.[41] Y a veces ni siquiera eso es suficiente. La adolescente Ana Frank lo escribió en su *Diario* el 22 de mayo de 1944, poco antes de ser asesinada por los nazis:

> Es triste tener que admitir el viejo aforismo: "de la mala acción de un cristiano es éste mismo responsable; la mala acción de un judío recae sobre todos los judíos".

NOTAS:

[1] Roberto Arlt, "Que no quede en agua de borrajas", diario *El Mundo*, Buenos Aires, 6 de abril de 1930.

[2] Todavía en estos años es posible adquirir folletos antisemitas que reiteran la imagen del judío como "despreciable sanguijuela que debilita las bases morales de la sociedad" a través de, entre otras actividades, la trata de blancas. Una de las últimas publicaciones, perteneciente al nazi confeso Rivaneras Carlés, se vendía en la calle Florida, de Buenos Aires, en 1987; incluía fotografías de prontuarios de los "tenebrosos", y el autor agradecía la colaboración del Archivo de la Policía Federal que le había facilitado el material (véase más adelante, en este capítulo, la cita correspondiente a Irving Louis Horowitz y la nota 37).

[3] El diario *Crítica*, por ejemplo, dedicó páginas enteras ilustradas a la cobertura del proceso a los "tenebrosos" de la *Zwi Migdal*.

[4] A estas manifestaciones suelen referirse los autores de "estereotipos" aplicados a la "chusma" inmigratoria, muchas veces con una buena carga de prejuicio antisemita, como puede observarse en famosos novelistas de la época: Julián Martel (*La Bolsa*, 1891); Manuel Gálvez (*Nacha Regules*, 1913), y la saga antiinmigratoria de Eugenio Cambaceres sobre su "Gran Aldea", abruptamente modificada en composición étnica y

costumbres por los recién llegados. El sainete, con Alberto Novión, también cristaliza y resume esa actitud. Distinta es la visión de Humberto Costantini (en la obra citada) o Mario Szichman (*Los judíos del Mar Dulce, A las 20.25 la señora entró en la inmortalidad*), que aportan, a través de sus personajes, datos vivenciales y literarios sobre la cuestión de una identidad judeoargentina.

[5] Hugo Pratt, *Corto Maltés en Argentina, 1923* (historieta), Cuadernos de *Fierro* Nº 1, Ediciones de la Urraca, Buenos Aires, s/f.

[6] *Buenos Aires, las putas y el loco* (historieta), de Ricardo Barreiro (guión) y Oswal (dibujos), en revista *Hora Cero* Nº 2 (segunda época), Buenos Aires, Ediciones de la Urraca, s/f.

[7] Hay una edición reciente: Albert Londres, *El camino de Buenos Aires. La trata de blancas* (traducción de Bernardo Kordon), Buenos Aires, Editorial Legasa, 1991.

[8] Para un estudio más detallado de esta temática véase: Ricardo Feierstein, *Estereotipos y racismo en la historieta argentina*, Buenos Aires, periódico *Nueva Presencia* Nº 508, 27 de marzo de 1987, págs. 8-9, 10 y 11.

[9] Edmundo Rivero, *Una luz de almacén. El lunfardo y yo* (recopilado por Ignacio Xurxo), Buenos Aires, Emecé Editores, 1982, págs. 29 y 172-173. Comparar con el *valesko* (lunfardo-idish) citado en el capítulo 4 *ut supra*, en especial el poema *Abraham Murieira*.

[10] Comisario Julio Alsogaray *Trilogía de la trata de blancas: Rufianes, Policía, Municipalidad*, Buenos Aires, Editorial Tor, 1933.

[11] Ernesto Goldar, *La "mala vida"*. Buenos Aires, Centro Editor de América Latina ("La historia popular", No. 20), 1971.

[12] A mediados de 1992, con motivo de un comentario alrededor de la integración racial argentina y el Quinto Centenario de la llegada de los españoles a América, el comunicador televisivo Mariano Grondona volvió a exponer la teoría del "café con leche", desayuno típico del país y a la vez metáfora liberal sobre la "mezcla natural y armoniosa"(leche blanca y café negro), iniciada por el desbalance demográfico de hombres y mujeres de distintas procedencias, etnias y colores de piel. El cuadro estadístico 16 sobre la proporción de varones (cada 100 mujeres) en la población total y en la extranjera de la Argentina parece confirmar esta hipótesis.

[13] Boleslao Lewin, *La colectividad judía en la Argentina*, Buenos Aires, Alzamor Editores, 1974, pág. 150.

[14] Gerardo Bra, *La Organización Negra: la increíble historia de la Zwi Migdal*, Buenos Aires, Ediciones Corregidor, 1982.

[15] Op. cit., págs. 35-36.

[16] Londres, op. cit., pág. 129.

[17] Op. cit., págs 30-31.

[18] Posnansky asistió al entierro de Ruggierito, cuando éste fue asesinado. Para un buen retrato de época y personajes de la zona, véase: Norberto Folino, *Barceló y Ruggierito, patrones de Avellaneda*. Buenos Aires, Centro Editor de América Latina ("La historia popular", Nº14), 1971.

[19] Bra, op. cit., pág. 196.

[20] Op. cit., pág. 114.

[21] Op. cit., pág. 152.

[22] B. Lewin, op. cit., pág.153.

[23] Revista *Juventud*, Nº 49 (julio de 1916), pág. 66.

[24] *The Jewish Chronicle*, 25 de octubre de 1901, pág. 27. Esta cita, al igual que la anterior, están tomadas del trabajo de Víctor Mirelman que se cita más adelante.

[25] Pinie Katz, *Obras completas* (en idish), citado por su traductora Mina Fridman Ruetter en *Páginas selectas de Pinie Katz* (en castellano), Buenos Aires, Editorial ICUF, 1980.

[26] Hay versión castellana: Leib Malaj, *Regeneración* (traducción de Nora Glickman y Rosalía Rosembuj), Buenos Aires, Editorial Pardés, 1984. La edición incluye un muy recomendable estudio de Nora Glickman, *La trata de blancas*, que recopila los siguientes

temas: investigaciones en torno de la trata de blancas; las "polacas" en la literatura idish; la trata de blancas en dos dramas argentinos; perspectivas modernas sobre el tema, y finalmente un estudio crítico específico sobre la obra de Malaj.

[27] Leib Malaj, *Letter from Abroad: Two Generations in the Argentina*, en *The Menorah Journal*, vol. XIII, 1927, págs. 408-416 (citado por Nora Glickman, op. cit.).

[28] B. Lewin, op. cit., pág. 153.

[29] G. Bra, op. cit., págs. 91-92.

[30] Op. cit., pág. 63.

[31] Goldar, op. cit., pág. 90.

[32] G. Bra, op. cit., págs. 97-99.

Tenebrosos

[33] Víctor A. Mirelman "La comunidad judía contra el delito", en *Megamot-Revista Judía de Ciencias Sociales*, Nº 2, Buenos Aires, Editorial Milá, 1987, págs. 5-32. Es uno de los trabajos más documen-

tados sobre el tema, base de las citas que siguen.

[34] V. Mirelman, op. cit., pág.51.

[35] V. Mirelman, op. cit., nota 92.

[36] V. Mirelman, op. cit., pág.29.

[37] Irving Louis Horowitz, *La comunidad judía de Buenos Aires*, Buenos Aires, Ediciones AMIA, 1966, págs. 7-8. La obra citada es: Carlos Néstor Maciel, *La italianización de la Argentina*, Buenos Aires, 1924.

[38] Julio Alsogaray, op. cit.

[39] G. Bra, op, cit., págs. 60-61.

[40] G. Bra, op. cit., págs. 196-197.

[41] Jean-Paul Sartre: *Reflexiones sobre la cuestión judía*, Buenos Aires, Editorial Sur, 1964.

La comunidad judía aportó importantes personalidades a la vida cultural, artística, científica, política y deportiva de la Argentina.

Presencia de los judíos en la vida argentina: caminos paralelos de integración al país y afirmación del origen.

Personajes notables de las primeras décadas. Personalidades destacadas en: a) las disciplinas científicas y profesionales; b) la literatura; c) el periodismo y la comunicación; d) el arte; e) el deporte; f) la política y la vida pública.

Integración argentina y afirmación judía

La presencia judía en diversos planos de la vida argentina se revela, en algunos aspectos de repercusión pública —literatura, artes, periodismo, ciencia— notoriamente superior a su reducido porcentaje en la población general.

El intento de traducir esta "influencia" en un catálogo de nombres propios es, a esta altura de la historia, una labor prácticamente interminable y puede ser puesta en cuestión. Al mismo tiempo, la permanente descripción de "procesos" y "líneas históricas" llega a parecer abusiva (o aburrida) si no se intercalan sujetos concretos que encarnen el relato.

Las objeciones histórico-generacionales (desde y hasta cuándo se considera la "marca judía" en lo personal) y metodológicas (cómo se define una "producción judía") servirán como adecuado prólogo a este capítulo.

Capítulo 9

Objeciones histórico-generacionales:

Igual que en los restantes fragmentos de esta "historia de los judíos argentinos", la información es más nutrida y polémica en las décadas iniciales y tiende a languidecer, a diluirse, desde los años 60 hasta la actualidad. Ello no sucede por capricho del autor ni porque sea difícil encontrar los materiales adecuados —en realidad ocurre lo contrario— sino por la diversificación de las nuevas generaciones de origen judío nacidas en este suelo, que se van integrando con naturalidad en las más diversas actividades del país.

Un rápido vistazo al último siglo —si tomamos la fecha simbólica de 1889 como el inicio de las inmigraciones en masa de los judíos a la Argentina— permite verificar que la integración argentina y la afirmación judía constituyen las sendas paralelas a través de las cuales esta colectividad se ha desarrollado.

Es razonable suponer que la fuerza espiritual de las sucesivas generaciones va en descenso, sobre todo cuando la renovación biológica se produce en un contexto "abierto", en el que los "relevos nativos" van perdiendo el bagaje idiomático y costumbrista que sus abuelos trajeron de los "guetos espirituales" de Lodz, Estambul, Alsacia o Vilna.

Desfile por el aniversario de la colonización judía en Moisesville. Integración argentina y afirmación judía como sendas paralelas de desarrollo.

Estos ciclos históricos son difíciles de medir: algunos hablan de cuatro generaciones sucesivas que constituirían un "período completo" en el que la tercera y la cuarta "consumen" lo realizado por las anteriores, y tras el cual debe comenzar un nuevo ciclo.[1]

Sobre el particular, Liebermann señala:

> *esta amenaza no es externa, sino nuestra. Recordemos el extraño cementerio de "no cristianos" que se ha encontrado en el cerro de "Santa Lucía", en Santiago de Chile. Recordemos a los "sabataístas" de la provincia de Cautín, Chile, que sólo observan algunas tradiciones judías, pero han olvidado las otras. Recordemos que un jesuíta declaró que en 1754, entre los 10.000 habitantes de Buenos Aires, de 4 a 6 mil eran judíos portugueses... La comunidad judeoargentina puede esperar muy poco del exterior, y su porvenir depende de ella misma, es decir de los hombres que la orientan.*[2]

Samuel Eichelbaum (en un óleo de su hermano Manuel). Un dramaturgo indudablemente judío y argentino a lo largo de su obra.

A las tres o cuatro generaciones "cronológicas" de judíos argentinos nativos que se han sucedido en el país, deben sumarse cambios vertiginosos que apenas pueden ser mencionados aquí. Por un lado, la emergencia de Israel como Estado nacional constituido, lo que modifica de manera esencial la relación de los individuos judíos entre sí, con el entorno gentil y con el imaginario social.[3] Por el otro, la rápida (quizás imprescindible) adecuación a las pautas económico-sociales del medio argentino, que hacen triunfar (o sucumbir) en pocos años a los que perciben (o ignoran) las cambiantes reglas del juego, los códigos de una realidad que en apenas veinte años ha saltado de uno a otro extremo.[4]

Este entramado de circunstancias ha hecho que la "huella" judía sea más visible en las primeras décadas de este siglo —quizás hasta 1950, por tomar una fecha arbitraria— que en los últimos años, donde los jóvenes argentinos tienden a parecerse más entre sí que a sus abuelos o bisabuelos inmigrantes.

Objeciones metodológicas:

Discriminar lo judío específico en una novela o una sinfonía argentina lleva rápidamente a un callejón sin salida, si se pretende encasillar en moldes rígidos ciertas caracterizaciones de orden general. En esta senda, la producción teatral de Samuel Eichelbaum —por ejemplo— oscilaría entre lo indudablemente judío (por el origen del autor y el clima de sus primeras obras, especialmente la poco conocida *El judío Aarón*)[5] y lo no menos indudablemente nacional-argentino de uno de los "albañiles" del teatro criollista (*Un guapo del 900*, *Un tal Servando Gómez* y tantas otras). Estos límites artificiosos de la cultura habían sido señalados por Jaim Najman Bialik en un ensayo de 1932:

> *Todo lo que no contenga algo de judaísmo religioso específico, deja de ser judío y se hace de pronto humano (...) Si el contenido de un libro está dedicado a historia, literatura o cuestiones judías, eso es judaísmo. Si un médico escribe el mejor libro de medicina, eso deja de ser judío y comienza de pronto a ser humano. Así, cuando Einstein anotó su descubrimiento, ya no fue judío, sino alemán o francés. El mismo dijo: "si yo triunfo, alemanes y franceses disputarán por mí y cada uno me reclamará como suyo; si fracaso, dirán que soy judío". (...) Si, por ejemplo, un médico famoso o un filósofo famoso, o un mecánico famoso, crearan nuevos sistemas en su especialidad, no dejarían de ser alemanes, a pesar de no haber en sus creaciones ninguna especificidad alemana. Serían hombres y alemanes a la vez, al mismo tiempo. Si un judío cultiva una materia laica debe, para ser considerado judío e ingresar en el ámbito del judaísmo, pagar un impuesto especial y escribir un artículo: la medicina y el judaísmo, la mecánica y el judaísmo, el taled y el judaísmo. Si no lo hace, será un hombre alemán o francés, pero no judío.*

Si bien la cita de Bialik se inscribía en otro contexto —la situación "anormal" de un pueblo sin Estado nacional reconocido— resulta útil para tomar distancia de los fichajes apresurados y comprender la esencia bifronte de la cultura de los judíos argentinos, orientada (y germinada) hacia y desde una y otra vertiente. Algo similar sucede con las influencias étnicas de los grupos italianos, españoles o ingleses en el curso de este siglo de vida argentina.[6]

Un asunto distinto es la aceptación, por parte del propio

sujeto, de esta pertenencia. El cosmopolitismo intransigente de cierto imaginario social —en retroceso desde la caída del "muro de Berlín" y el resurgir de conflictos nacionales en Europa— origina la negación pertinaz de ciertas personalidades respecto del encuadre que mencionamos en este capítulo. Científicos, intelectuales y deportistas se reivindican —generalmente, con cambio de apellido incluido— como argentinos "totales" (sic), sin vínculo ni relación con el origen de su árbol genealógico. Quizás atemorizados por el fantasma de la "doble lealtad" —acusación frecuente del judeófobo—, reviven el absurdo enfrentamiento del "¿querés más a tu mamá o a tu papá"? y elevan el razonamiento infantil a categoría ideológica: "¿para qué bando peleás si hay guerra entre Argentina e Israel?". Más de una noche de insomnio habrá provocado esta ingenuidad no elaborada.

No existen "lealtades" unívocas, salvo en la doctrina autoritaria del Estado absoluto: para el nazismo nada hay más importante que el Fürher o el Duce —encarnación práctica de la "abstracción" Estado— y, por lo tanto, todo individuo le debe obediencia absoluta. Muchos millones de muertos costó a la humanidad desterrar esta ideología. Pretender reimplantarla aquí es absurdo: los argentinos de origen judío quieren a su país y lo respetan, lo que de manera alguna niega el derecho a expresar su relación con el pueblo judío,

La librería de Manuel Gleizer (1930), centro intelectual de la noche porteña.

sus tradiciones y su cultura, o su identificación con aspectos de las mismas. Cada ser humano posee múltiples lealtades en su vida, no necesariamente contradictorias.

Sin embargo, este fenómeno de autonegación es más común de lo que se cree y provoca su opuesto: la búsqueda "sanguínea" —por otros judíos o por gentiles— de la propia ascendencia. La confusión sobre la definición de esta identidad (¿una raza?, ¿una religión?, ¿un pueblo?, ¿un conjunto variable de tradiciones familiares a las que se puede adscribir o renunciar de manera individual y voluntaria?) tiende a opacar el aspecto esencial de la cuestión.

Los prolijos inventarios genealógicos (como sucede en el libro de Mario Saban)[7] no son cuestionados entre la gente común por sus deficiencias científicas —que posiblemente las contengan—, sino por "cocinar en su propia salsa" los argumentos de tufillo racista y alcurnia onomástica esgrimidos por un sector de la sociedad argentina.

El fenómeno lleva implícito un sesgo ideológico: junto con el "código semántico" se está incorporando una manera de pensar prejuiciosa. Descubrir los efectos no implica de manera alguna compartir los postulados que le dieron origen. Una obsesiva "búsqueda judía" de apellidos notables en la vida argentina es tan perniciosa como la omisión absoluta de esa influencia.

La cuestión judía no se define por herencia sanguínea o racial, mal que les pese a algunos aristócratas argentinos o a ciertos sectores del propio judaísmo que sólo admiten la "transmisión genética judía" por vía materna. Esta forma de marcar la pertenencia a un grupo determinado —étnico, cultural, nacional— difícilmente puede ser reivindicada por el ser humano de esta época.

A partir de estas prevenciones —generacionales y metodológicas— resulta posible ennumerar la presencia de importantes personalidades de origen judío en la vida argentina de este siglo.

Personajes notables de las primeras décadas

Hoy, al celebrar los judíos argentinos un siglo de su insta-
lación agrícola en la República Argentina, nos contempla-
mos a justo título como factor de desarrollo nacional en
todos los órdenes de la creatividad —económica, cultural,
científica y social— al punto que, sin cavilaciones, podemos
afirmar que también los judíos hicimos la Argentina. Nos
podemos sentir enaltecidos de sabernos militando nuestro
credo religioso y cultural, siguiendo la huella abierta por
los pasos de nuestros mayores, con visión y esperanza.[8]

El doctor Noé Yarcho, primer médico
judío que ejerció su apostolado en las
colonias de Entre Ríos.

escribió el profesor Máximo Yagupsky, integrante de una
de las primeras generaciones de judíos argentinos nativos,
nacido en la provincia de Entre Ríos y partícipe-relator de
una anécdota que posee valor metafórico:

En el Segundo Ejército de Infantería de Buenos Aires se
desarrolla el siguiente diálogo:
—¡Soldado! —dice el oficial.
—Ordene, mi capitán —responde, en posición de firme,
Yagupsky.
—¿Usted es ruso o argentino? —pregunta con sorna el
capitán.
—Ruso nacido en Entre Ríos —responde Yagupsky.
—¡Me jodiste! —dijo el capitán.

El ambiente de esas primeras décadas (vibrantes y con
fuerte carga ideológica-emotiva) que se vivió en las colonias
agrícolas judías hizo surgir, en una influencia recíproca difícil
de cuantificar, una serie de individualidades excepcionales.
Corresponde mencionar, por lo menos, algunas de ellas.

Entre los dirigentes espirituales de esos primeros años se
destacó, además de los que han sido nombrados en otros
capítulos de esta obra, el rabino Aarón Halevi Goldman
(1853-1932), quien fue el rabí de Moisesville (cuyo nombre
se debe a su inspiración) y el primero del campo argentino.
Llegó al puerto de Buenos Aires el 14 de agosto de 1889 en
el vapor *Wesser* y, dueño de una vasta erudición rabínica, se
constituyó prácticamente en el código civil y religioso del

primer contingente de judíos que llegó con él y en su guía espiritual.

Las consultas prácticas al rabí se multiplicaron en la nueva tierra, lo que originó respuestas meditadas y una profusa correspondencia con otros sabios conocedores de la ley religiosa judía residentes en Londres, Berlín o Kovno. De esta manera se fue integrando con el tiempo una verdadera compilación "halájica" sobre casamientos, funerales, purificación de alimentos o respeto del sábado en las condiciones de vida de las colonias. Durante cincuenta y tres años Goldman ejerció su misión con prudencia y sabiduría, siempre en Moisesville.

El doctor Noé Yarcho (1860-1912), cuñado del ingeniero Miguel Sajaroff, fue el primer médico contratado por la JCA

Patio de la cooperativa La Mutua Agrícola (Moisesville, 1929).

para sus colonias de Entre Ríos. Llegó al país en 1891 y se convirtió en el "médico milagroso" —según la definición de Gerchunoff, que lo inmortalizó en sus relatos— de los colonos judíos y del paisanaje criollo. A caballo, en sulky, en carro o a pie, por caminos intransitables, en noches de invierno o bajo la lluvia, al rancho del colono nuevo y al chalé de la ciudad, a la estancia del rico o a la tapera del gaucho pobre,

> allá iba Noé Yarcho con su chambergo, los anteojos de oro torcidos sobre la flaca nariz y sus zapatos de lona con punta de cuero amarillo a realizar sus "curas milagrosas".[9]

Su deceso conmovió profundamente a toda la provincia: las autoridades concurrieron al sepelio, las escuelas y los comercios entrerrianos cerraron sus puertas ese día y los edificios públicos fueron embanderados a media asta. Judíos y no judíos lamentaron la pérdida de este hombre excepcional.

Don Miguel Sajaroff (1872-1958) fue una figura señera de los colonos judíos y el líder del cooperativismo agrario argentino. Procedente de una acomodada familia de Crimea, ingeniero agrónomo y dotado de cultura humanista, se trasladó a la Argentina para dedicarse a las tareas agrícolas. No era un hombre agresivo y, al igual que su admirado maestro León Tolstoi, quiso ganar adherentes para sus ideas mediante la persuasión y el ejemplo propio.

Bajo la presidencia de Sajaroff, que rigió sus destinos —con una breve interrupción— desde 1908 hasta 1920, el Fondo Comunal creado en 1904 adquirió su verdadera importancia. Su labor pionera y la pureza de sus ideales pueden quizá resumirse en el discurso que pronunció en el primer congreso de cooperativas agrícolas de Entre Ríos, donde después de reconocer que la vida del hombre es antagónica, pues hay en ella elementos de solidaridad con el prójimo y de egoísmo lobuno, concluyó:

> Es indudable que el sentimiento humano debe tender a extirpar en nosotros al lobo. Mantenemos una dura lucha por la vida diaria, pero al mismo tiempo trabajamos por el bienestar general. Tenemos un ideal superior, consistente en

*realizar día tras día obras de bien y de afianzar entre noso-
tros la solidaridad humana. En esto consiste el ideal de la
cooperación, de la sociedad futura, a la que, a diferencia de
la sociedad comercial, no le interesa la especulación ni
ambiciona obtener ganancias cada vez mayores.*

José Axentszov (1888-1956), originario de Ucrania, vino
joven a la Argentina y se estableció en Domínguez, donde
obtuvo un empleo en el Fondo Comunal dirigido por Sajaroff.
Organizó la Sociedad Obrera de Oficios Varios, mayormente
compuesta por jornaleros criollos y cuya lucha afectaba básicamente a los colonos judíos.[10] En febrero de 1921, a consecuencia de una huelga en Villaguay, fue detenido por
"agitador profesional"; las manifestaciones por su libertad
y la represión que siguió —con intervención de las milicias
de la Liga Patriótica— dieron origen a escenas similares a
las de la Semana Trágica de 1919 en Buenos Aires.[11] Bár-
baramente torturado, Axentszov debió abandonar la provincia y se estableció en la capital, donde trabajó durante
muchos años en el semanario *Di Presse*, del cual había sido
corresponsal en Domínguez.

También de esa zona de Entre Ríos proviene un apellido
famoso, utilizado con inocultable malicia —al decir de Lewin—
por Ezequiel Martínez Estrada, cuando afirmó: "lo mejor
del Partido Socialista fueron las hermanas Chertkoff".

Muchas fábulas, algunas ingeniosas, otras malevolentes
y picantes, fueron creadas en torno a la progenie de Moisés
Chertkoff, que en 1894 llegó con su familia desde Odessa a
la Argentina y fue radicado por la JCA en Colonia Clara.
Las tres hijas y la única nieta de don Moisés, años después,
fueron a vivir a la capital.

Fenia Chertkoff (1870-1928), mujer de Nicolás Repetto, y
—en alguna medida— Adela, esposa de Adolfo Dickmann,
actuaron en política. La tercera hermana, Mariana, fue consorte
de Juan B. Justo, y Victoria Gucovsky, hija del primer matrimonio de Fenia, estuvo durante cierto tiempo casada con
Antonio de Tomaso. Si a ello se une que también los hermanos Isaac y Naum Chertkoff eran militantes del partido, la
"dinastía" socialista del apellido y el predominio femenino
en ella resulta, por lo menos, singular.

La aparición de la joven Fenia Chertkoff (a veces acompañada por sus hermanas) en los locales obreros llamó la atención, en una época en la que la mujer no actuaba en política. Fenia trajo a la Argentina su diploma de maestra y su filiación ideológica, ambas obtenidas en Odessa. Alicia Moreau sostenía que fue Gabriel Gucovsky, su joven y prematuramente fallecido esposo, quien la incorporó al movimiento socialista en su país natal. De todos modos, apenas llegada a Clara creó una biblioteca y se dedicó a despertar inquietudes políticas en la juventud. En 1902 fundó el primer Centro Socialista Femenino. Más tarde mostró vivo interés en la ayuda a los inmigrantes venidos al país después de la frustrada revolución rusa de 1905. Colaboró en *La Vanguardia*, participó en 1910 del Congreso Femenino Internacional y, pionera en múltiples campos, fundó en 1913 là Asociación de Recreos y Bibliotecas Infantiles. Ello no le impidió dedicarse a las tareas hogareñas y a la escultura, hasta su muerte a los cincuenta y ocho años.

Otra familia relacionada con los Chertkoff, la de los hermanos Adolfo —esposo de Adela Chertkoff— y Enrique Dickmann (1874-1955) ha sido mencionada en otros pasajes de este libro. Llegados de Rusia a bordo del vapor *Pampa* en 1891, ambos trabajaron la tierra en Colonia Clara, y se trasladaron luego a Buenos Aires.

Adolfo Dickman en el comité del Partido Socialista (1924), junto a José Pfleger, Felipe Di Tella, Américo Ghioldi y otros dirigentes.

Obreros de la fábrica Ducilo con Enrique Dickmann (periódico La Vanguardia, *1940).*

Adolfo Dickmann se recibió de odontólogo e ingresó en el Partido Socialista, donde tuvo una destacada actuación. Fue un parlamentario eminente, electo por la Capital Federal por tres períodos consecutivos: 1922-26, 1926-30 y 1932-36. Publicó importantes escritos sobre el salario mínimo, la defensa del petróleo nacional y el trabajo de las mujeres y los niños.

Enrique Dickmann cursó el bachillerato como alumno libre en Buenos Aires, continuando con su trabajo rural en forma intermitente. Entre 1898 y 1904 cursó la carrera médica en la Universidad de Buenos Aires y, apenas graduado, se incorporó al movimiento socialista, luego de conocer a Juan B. Justo. Periodista y director del diario *La Vanguardia,* orador popular, fue consagrado en 1914 primer diputado nacional de origen judío por el electorado de la Capital Federal, donde revalidó siete veces (1916, 1920, 1924, 1932, 1936 y 1942) su diploma de legislador socialista, hasta que la revolución del 4 de junio de 1943 disolvió el Congreso. Aludiendo a esta trayectoria escribió:

> *Ejercí el mandato de legislador durante veinticuatro años; mandato otorgado libremente por el voto libre de la ciudadanía porteña. Dejo expresa constancia de ello ante la his-*

toria, no por jactancia ni por vanidad, sino para destruir la opinión de un eminente conservador de entonces, quien dijo que hombres como yo representábamos la "resaca de ultramar", refiriéndose a la gran inmigración europea a la Argentina.[12]

Una anécdota sobre el debate parlamentario al que hace referencia Enrique Dickmann —que circuló profusamente durante los años 40 por las calles porteñas— relataba que, ante las acusaciones de "extranjerizante" que le lanzaba el furibundo legislador "nacionalista", el veterano socialista contestó: "Yo soy más argentino que usted, porque he elegido vivir en este país, mientras usted sólo ha nacido en él". Una idea que había dejado impresa en sus memorias de adolescencia, cuando se acercaba a estas costas:

Abandoné a la vieja Europa, considerándola como el pasado; y vislumbré en lontananza al Nuevo Mundo como el continente del porvenir. Soñé despierto en la nueva Tierra de Promisión, en la Argentina, adonde me llevaba el destino. Y con tal estado de ánimo, a fines de noviembre de 1890, después de veinte y tantos días de navegación, el "Pampa" entró en el ancho estuario del Río de la Plata; y a las pocas horas pisé la hospitalaria y bendita tierra argentina, donde como al caballero Lohnegrin, nadie me preguntó de dónde venía ni quién era. Bastaba la condición humana para ser acogido con cordial y generosa hospitalidad. Yo tenía quince años, sentí en aquel momento la íntima y profunda intuición de la Patria Nueva a la que me incorporaba voluntaria y libremente, y a la cual estaba dispuesto a servir material y espiritualmente. ¡Y en mis oídos sonaba la gran voz de la pampa infinita! ¡Bienvenido seas![13]

El mismo Dickmann, sin pelos en la lengua, se refirió explícitamente en otro de sus discursos a la acción positiva de la población judía del país, cuando la definió como "...un poco de fermento semítico que es, histórica y socialmente,

Los diputados Enrique y Adolfo Dickmann, de paseo por la Rambla (1915).

levadura de santa y fecunda rebeldía". Una expresión análoga a la utilizada por Sigmund Freud, cuando resumía los aspectos "judíos" de su personalidad que le habían posibilitado avanzar en la creación de la teoría y la técnica del psicoanálisis, en abierta oposición a los prejuicios y resabios de la época que le tocó vivir.

Puede concluir esta breve ennumeración de figuras de las primeras décadas ligadas a la política con Marcos Wortman, otra destacada personalidad actuante en las colonias judías y uno de los máximos dirigentes socialistas de Entre Ríos. Llegó al país cuando tenía tres años y logró formarse una sólida cultura, en su mayor parte por esfuerzo propio, que le permitió ejercer el periodismo y actuar desde 1912 en el movimiento agrario, oponiéndose a los métodos administrativos de la JCA. En el mapa político del país, fue uno de los militantes de la Federación Agraria Argentina y falleció en Buenos Aires en 1940.

Un personaje curioso fue Samuel (Schmil) Gavech, el gaucho matrero cuyo campo de acción era el linde entre la provincia de Buenos Aires y La Pampa. Aarón Esevich lo recuerda así:

> La colonia Barón Hirsch lo vio cruzar los campos cultivados sin prisa, sin jactancia. En primavera, quitada su chapona, se podía ver su facón ricamente cincelado, calzado tras el tirador, tachonado de botones de plata.
> (...) el caballo que montaba (...) él mismo [lo] boleó en las sierras de Curumalal. Recia retranca soliviaba la renegrida melena, (...) requintado su sombrero de holgada ala mitrista.
> Schmil Gavech, transitando bajo el sol de la media tarde en que todo él reverberaba, tomaba extraña prestancia de matrero.

Otras personalidades de esas décadas fueron los "fundadores de ciudades", como los llama Lewin. Entre ellos se encuentra Adolfo Julio Schwelm (1882-1948), cuya familia era originaria de Frankfurt. Hacia 1915 llegó a Buenos Aires, trabajando para la casa Rotschild, y aquí se relacionó con la alta banca y el mundo de los negocios. Auténtico *gentleman* y entusiasta de los deportes, particularmente los acuáticos, en una de sus excursiones al Alto Paraná quedó impresionado por la selva virgen y misteriosa y concibió la idea de fundar allí una ciudad. Administrador cuidadoso y capaz, eligió para su gran empresa a colonos suizos, alemanes y dinamarqueses, y el 1º de enero de 1920 inició la colonización de Eldorado, que se transformaría con el tiempo en una importante ciudad de Misiones.

PERSONALIDADES DESTACADAS EN DIVERSAS ÁREAS

Una rápida ennumeración de judeoargentinos que se destacaron en sus campos de acción puede incluir, de manera incompleta y algo arbitraria, los nombres que siguen:[14]

Científicos y profesionales

José Bleger.

EL PSICOANÁLISIS Y LA PSIQUIATRÍA. Quizás haciendo eco al imaginario popular, son numerosas las personalidades de origen judío que han contribuido al desarrollo de estas disciplinas en el país. Bastaría nombrar a Arnaldo Rascovsky (1907), uno de los iniciadores del psicoanálisis y a Gregorio Bermann (psiquiatra reconocido internacionalmente). Junto a ellos corresponde mencionar a Marie Glas de Langer (nacida en Viena en 1910); Heinrich Racker (nacido en Polonia y llegado a Buenos Aires a comienzos de los años 40); el talentoso y tempranamente desaparecido José Bleger; David Liberman, el presidente de la Asociación Psicoanalítica de Buenos Aires (una escisión de la Asociación Psicoanalítica Argentina); León Grinberg (vicepresidente de esta última entidad); León Ostrov; Mauricio Abadi y Santiago Dubcovsky. Al crecimiento del psicoanálisis y la psiquiatría argentinos aportaron también, sin duda, Salomón Chichilnitzky (especialista en clínica neurológica y secretario de Salud Mental durante el primer gobierno de Perón); Mauricio Goldenberg (creador del famoso Servicio de Psiquiatría del Policlínico de Lanús); Valentín Baremblit; Jaime Bernstein; Enrique Butelman; Eduardo Teper; Ludovico Rosenthal; Hebe Friedenthal, y otros. En el cruce entre psiquiatría y medicina no puede dejar de mencionarse al profesor José Itzigsohn, director del Departamento de Psicología de la Universidad de Buenos Aires.

Las hermanas Paulina y Sara Satanovsky.

LA MEDICINA ha sido una ciencia que siempre han cultivado los judíos y las contribuciones que han hecho a su progreso constituyen capítulos extraordinarios de su historia. En la Argentina se repite el fenómeno. Aunque la existencia del Hospital Israelita ha ejercido sin duda una enorme influencia, no faltan especialistas judíos en todos los lugares del país, que encuentran un símbolo en la vida y obra del inolvidable doctor Noé Yarcho.

Las hermanas Paulina Satanovsky (oftalmóloga) y Sara Satanovsky (traumatóloga) se destacaron en sus especialidades y en la docencia de sus materias en la Universidad de Buenos Aires. En el campo de las enfermedades infecciosas, especialmente la leprología, figura el profesor Salomón Schujman, de la Universidad del Litoral, cuya fama se extendió hasta China, donde cumplió honrosas misiones para su país. En la hematología química y biológica se ha destacado visiblemente el doctor Gregorio Bomchil, de extensa labor en los hospitales Ramos Mejía y Argerich y destacado participante en congresos de su especialidad.

Como histólogo de fama mundial fue calificado el doctor Moisés Polack, docente e investigador tempranamente desaparecido. Un reumatólogo muy conocido —además de prolífico escritor— es el doctor Samuel Tarnopolsky, descendiente de pioneros agrarios de La Pampa y autor de obras fundamentales sobre su especialidad. El doctor Germán Dickmann —hijo de Adolfo y sobrino de Enrique Dickmann— es uno de los más grandes especialistas argentinos en neurocirugía, autor de numerosos trabajos de investigación y entusiasta de la medicina social.

En la dermatología argentina se destaca el doctor Aarón Kaminsky, internacionalmente reconocido en su materia. El profesor Gregorio Kaminsky es un notable especialista en odontología (Universidad del Litoral); el doctor Mario Schteingart, un endocrinólogo de nota y académico de la Academia Nacional de Medicina. El doctor Pedro G. Belmes se ha destacado en la oxigenoterapia y el doctor Luis Corach en tisiología y salud pública, habiendo dirigido el hospital de Río Cuarto, en Córdoba.

A medida que avanza el siglo, la lista se hace tan numerosa que es imposible completarla con un mínimo de equidad. A simple título ilustrativo pueden mencionarse, entre otros especialistas destacados, a Manuel Albertal (tisiología); Hermán Albertal (reumatología); Isaac Berconsky (cardiología); S. Kirschbaum (fundador y director del Instituto del Quemado, subdirector de la Cruz Roja Argentina); José Matusevich (Otorrinolaringología); Alfredo Rabinovich (director de Enfermedades Transmisibles de la Dirección de Salud Pública, del ministerio del mismo nombre); Abraham Mosovich (electroencefalografía y neurología); Emilio Lida (clínico); José Swerdlick (oftalmología); Julio Aranovich (neurobiología); León Zimman (investigador en neurología), y David Sevlever y Emilio Budnik, ambos sanitaristas.

Debe mencionarse también a los médicos Fortunato Benaim (cirugía plástica) y David Cohen (odontología), ambos de origen sefaradí; Pedro Rubinstein (tisiólogo); Mauricio Rapaport (anatomía patológica); los doctores Isaac P. Wolaj (tisiólogo) y Marcos Meerof (gastroenterológo), que enseñaron muchos años en la Universidad de Córdoba; Adolfo Dujovich (cirujano y director del Hospital Israelita); Meny Bergel (leprólogo y miembro de la Academia Nacional de Medicina); D. Bensusán (radiosótopos relacionados con la medicina); Enrique Strajman (fisiólogo); Leopoldo Feldman (cirujano); Enrique Feinmann y Juan Kaplan (medicina del trabajo); Simón M. Neuschlosz (físico-biólogo); Marcos Steinsleger (ortopedia); Mario Strejilevich (gerontología); Marcos Turner (neurología infantil); Abraham Sonis (Escuela Nacional de Salud Pública); Boris Rothmann (alimentación y dietología); Gregorio Waisman Schuarzberg (químico-biólogo); Alfredo Givré (neurólogo); Sara Schnitman (endocrinóloga).

Una personalidad múltiple en la ciencia odontológica argentina fue Alejandro Zabotinsky, eminente médico, fundador y primer director del Hospital Israelita. En la rama odontológica se destacan también los doctores José Chudnovsky (a la vez novelista de fuste) y Ana W. de Chudnovsky. No podemos cerrar esta lista incompleta —que no pretende equiparar valoraciones científicas— sin dos nombres de ayer y de hoy: Nicolás Rapaport, destacado desde principios de siglo por sus investigaciones sobre enfermedades contagiosas, especialmente sexuales, y director durante muchos años del Hospital Israelita, y César Milstein, desde hace unos años residente en Inglaterra y reciente Premio Nobel de Medicina por sus trabajos de investigación.

Igualmente extenso (e incompleto) es el listado de los judíos que descollaron en las CIENCIAS EXACTAS, FÍSICAS Y NATURALES, así como en AGRONOMÍA y VETERINARIA. El nombre de José Liebermann[15], nacido en Colonia Clara en 1897, ha sido reconocido internacionalmente como entomólogo y acridiólogo. Otro hijo de agricultores, Salomón Pavé, se ha destacado en la medicina veterinaria, al igual que el doctor Sholem Rivenson, investigador especializado en fiebre aftosa y director del INTA. En el campo de la agronomía, el ingeniero Leopoldo Halperín trabajó en fitopatología e investigó los organismos criptogámicos del suelo, mientras su esposa, la doctora Delia Rabinovich, fue especialista en sistemática de vegetales inferiores, especialmente las enigmáticas algas pardas. Ignacio Pirosky, investigador en microbiología, trabajó en problemas de zoonosis.

Otros nombres de esta provisoria nómina podrían ser los del ingeniero agrónomo Julio Hirschorn, destacado investigador de los cultivos de arroz en el país, y de la doctora Elisa Hirschorn, fitopatóloga que trabajó intensamente sobre las enfermedades criptogámicas de los cereales. El ingeniero agrónomo Salomón Horovitz, genetista en fitotecnia, ha creado por selección el llamado "maíz amargo", que la langosta no come. Samuel Lamdam ha investigado en química orgánica, y el doctor Max Avshalom trabajó durante muchos años como talentoso químico en la Universidad Nacional de Tucumán y contribuyó con sus estudios al avance de la yodometría.

En el campo de la GEOLOGÍA, Miguel M. Mulhmann se ha dedicado fundamentalmente a la pasmología, mientras en la especialidad dedicada al petróleo la doctora Paulina Mulhmann realizó una larga carrera en la petrolera estatal Yacimientos Petrolíferos Fiscales. En la misma empresa trabajaron las geólogas Clara Yusem (investigadora en geología sedimentaria) y Rosa Rosenblat.

Con el paso de los años la lista de personalidades y contribuciones se hace prácticamente imposible de abarcar. A título de ejemplo de la variedad y número de los aportes en todas las ramas de la ciencia, puede mencionarse a Marcos A. Freiberg (naturalista), Oscar Varsavsky (especializado en física y altas matemáticas), José Abitbol (que dirigió la estación experimental del INTA en Catamarca), Simón Gershanik (especialista en sismología), Máximo Resnik (ingeniero especializado en problemas de nutrición vegetal), E. H. Rapaport (entomólogo), Salvador Debenedetti (uno de los fundadores de la arqueología argentina), Adolfo Dorfman (ingeniería industrial), J. L. Tenenbaum (economía y cooperativismo agrario, asesor de la FAO), Manuel Sadosky (matemáticas aplicadas, secretario de Ciencia y Técnica del gobierno de Alfonsín) y tantos otros.

En el campo del DERECHO se inscriben los doctores Marcos e Isidro Satanowsky, el penalista Bernardo Beiderman, el profesor Ignacio Winizky y el criminólogo Elías Neuman. Es interesante señalar que la carrera judicial, donde —al igual que en las Fuerzas Armadas y en la diplomacia—, pareciera existir en límite tácito para el nombramiento de personalidades de origen judío, ha visto en los últimos años el ascenso de algunos jueces de ese origen.

En cuanto a la PROFESIÓN MILITAR, Liebermann menciona como nombres destacados al capitán de fragata Carlos S. Korimblum (que fue comandante de la *Fragata Sarmiento*) y a los capitanes de navío José Sinay y Aarón Wolf Sinay,

Autoridades policiales de Moisesville (1940): comisario Pablo Novik, subcomisario B. Waisman, auxiliar N. Dolinsky y personal subalterno.

todos en la Marina argentina. En el campo de la ingeniería naval suma a Tobías Efron (uno de los más destacados constructores de barcos) y a Luis Segal, reconstructor de antigüedades de arte y autor de libros sobre historia y técnica navales. Por las razones antedichas, es muy escasa la nómina de oficiales y suboficiales de origen judío en el Ejército y la Fuerza Aérea.

Algo más nutrida —aunque no demasiado— se presenta la lista de los profesionales de la SEGURIDAD que integran las filas de la Policía y la Gendarmería, sobre todo en algunas localidades del interior del país que registraron el impacto de la temprana colonización de la JCA. Hacia 1940, por ejemplo, las autoridades de la comisaría de Moisesville estaban encabezadas por el comisario Pablo Novik, el subcomisario B. Waisman y el auxiliar N. Dolinsky.

Dentro del campo de la INGENIERÍA y la ARQUITECTURA, los nombres pioneros deberían incluir a Simón Gershanik, un hijo de colonos entrerrianos nacido en Basavilbaso en 1907 y graduado como ingeniero en la Universidad de La Plata, quien realizó una larga carrera científica y de investigación sobre Sismología e Ingeniería Antisísmica —después del terremoto de 1944 que destruyó a San Juan— y fue fundador y primer presidente de la Asociación Argentina de Geofísicos y Geodestas y director del Observatorio Astronómico de La Plata, y a Alberto Klein, nacido en 1897 en Rosario, ingeniero civil de vasta actuación y consultor en temas de urbanismo y normas edilicias. Entre los constructores figura el arquitecto Jacques Spolsky, nacido en 1887 en Odessa, emigrado a Francia —donde cursó sus estudios— y, ya en el país, autor de obras fundamentales como el Palacio Central de Correos y Telégrafos de Buenos Aires (1927), el Colegio Nacional de Buenos Aires (1914), el edificio de Correos y Telégrafos de Rosario en la década del 30 y multitud de obras públicas y particulares.[16]

A partir de 1948 —año en que se promulgó la Ley 13.512 de Propiedad Horizontal— las camadas de arquitectos e ingenieros de origen judío constituyeron un importante porcentaje, sobre todo en las grandes urbes, de los profesionales encargados del proyecto y dirección de numerosas obras públicas y particulares. Con el tiempo, algunos de ellos formaron empresas constructoras y, al igual que sucedía con otras comunidades, buscaron a sus correligionarios para realizar transacciones comerciales y formar grupos de inversores en la industria de la construcción.

En el terreno de las CIENCIAS SOCIALES Y HUMANISTÍCAS no pueden omitirse nombres como el de Rodolfo Mondolfo (1877-1976), quien había nacido en Italia y llegó al país en 1939, huyendo de la barbarie fascista. Enseñó griego en la Universidad de Córdoba y luego en la de Tucumán. En 1974, a los 97 años, fue nombrado miembro correspondiente de la Academia Nacional de Ciencias de Buenos Aires, lo que completó el reconocimiento de su vasta y erudita obra. León Dujovne (1899-1985) fue "el mayor judío de la filosofía argentina y el único argentino de la filosofía judía", difundiendo en el país —como traductor y profesor universitario— las polémicas que en todo el mundo se mantenían sobre Teoría de los Valores y Filosofía de la Historia; abogado y escritor prolífico, su obra cumbre fueron los tomos que dedicó a Spinoza.[17]

Rodolfo Mondolfo (1967).

Gregorio Klimovsky.

No debe olvidarse a Salomón Suskovich, nombre poco conocido fuera de los círculos idishistas, un erudito que publicó durante muchos años en Buenos Aires una revista de filosofía en idioma idish; Jacobo Kogan (1911), especializado en estética y filosofía kantiana, cuyos trabajos al respecto aparecen compendiados en su libro *Arte y Metafísica*; a Abraham Haber, un estudioso de la simbología en el arte, bajo la influencia de Ernst Cassirer; a Gregorio Klimovsky (1925), epistemólogo de larga trayectoria y autoridad reconocida internacionalmente en filosofía de la ciencia; a León Rozitchner, autor del ensayo *Ser Judío*, que enriqueció la escasa bibliografía sobre el tema; a Luis Jalfen, que ha escrito sobre la problemática actual de las crisis ideológicas, y Jaime Barylko, escritor y docente de amplia trayectoria comunitaria y argentina.

Otros intelectuales dedicados a problemas de las ciencias sociales y humanísticas fueron los historiadores Beppo Levi (1875-1961), nacido en Turín y llegado al país en 1939, una figura fundamental por sus contribuciones a la geometría, la lógica y el análisis matemático, y Desiderio Papp (1895-1993), quien se doctoró en Budapest, arribó a la Argentina

en 1942 refugiándose de la barbarie nazi, enseñó en las universidades de Buenos Aires, Montevideo y Santiago de Chile y es autor de una extensa bibliografía sobre Historia de la Ciencia. Otra personalidad destacada es la de Aldo Mieli, nacido en Italia y emigrado al país como consecuencia del fascismo en 1939; creó aquí el Instituto de Historia y Filosofía de la Ciencia en Santa Fe e inició una monumental obra sobre la *Historia Universal de la Ciencia*, de la que alcanzó a redactar dos tomos hasta su muerte en 1950 (el trabajo fue completado en otros siete tomos por Desiderio Papp y José Babini). También el doctor Mischa Cotlar se destacó como estudioso de las Ciencias Exactas.

Alberto Palcos, nacido en Carlos Casares (1894-1965), historiador y entusiasta sarmientino, fue colaborador de *La Prensa*, autor de innumerables estudios sobre figuras históricas, académico estimado y profesor de la Universidad de La Plata. Sobre esta personalidad, Lewin comenta:

Beppo Levi (izquierda) en la Universidad del Litoral (1946).

Aldo Mieli (1940).

> quien conocía al profesor Palcos en los últimos lustros de su existencia, no se podía imaginar que este amable caballero tuvo destacada actuación en la rebeldía social de los años 20; pero menos aún habría podido creer que una década antes fue integrante del Centro Juventud Israelita y perteneció a la dirección de su revista. Cabe consignar que ya entonces estuvo a favor del abandono de todo rasgo de peculiaridad judía. Por lógica consecuencia, Palcos y sus compañeros de ideas pronto se desligaron de toda vinculación con entidades israelitas.[18]

El mismo Boleslao Lewin (1907-1987), nacido en la ciudad de Lodz, Polonia, fue uno de los nombres mayores de la historiografía argentina. Profesor en las universidades del Litoral, La Plata, Rosario y Córdoba, su polémica personalidad se destacó en el ámbito de la historia americana, donde fue universalmente reconocido como investigador sobre el criptojudaísmo de la época colonial y la rebelión encabezada por el inca Túpac Amaru. El egiptólogo Abraham Rosenvasser, nacido en 1896 en Carlos Casares y graduado como abogado e historiador en Buenos Aires, se ha especializado en arqueología egipcia y es autor de numerosos trabajos sobre el tema. Otro renombrado historiador es Gregorio Weinberg, estudioso y responsable de numerosas ediciones críticas de textos filosóficos y literarios, profesor universitario, director del Centro de Documentación Internacional de la UNESCO y director de la Biblioteca Nacional (1984-85).

Un párrafo especial merece el tema de la EDUCACIÓN, pese a que ha sido mencionado en otros capítulos. Sería kilométrica la lista de esforzados maestros rurales que actuaron en las escuelas judías de las colonias (setenta y ocho en un tiempo), verdaderos pioneros de la pedagogía en las provincias. Esta red educativa desde fines del siglo pasado cumplió una función social relevante, tanto para divulgar la enseñanza nacional en los ambientes rurales como en la instrucción cultural judía.

Entre los esforzados maestros que iniciaron esa labor, figuran docentes oriundos de Rusia, Polonia y Lituania entre los ashkenazíes, y de Bulgaria, Turquía y Marruecos entre los sefaradíes. Estos últimos, recibidos en las escuelas de la Alliance, dominaban perfectamente el castellano y lo difundieron entre los inmigrantes de las colonias (Alberto Gerchunoff fue alumno de alguno de ellos).

El primero que escribió una reseña histórica de esta epopeya fue Jedidio Efrón, maestro durante muchos años en Entre Ríos y director de los "Cursos Religiosos Israelitas", transformados posteriormente en el Comité Central de Educación Israelita en la Argentina.[19] Su sucesor en la dirección de las escuelas, un intelectual de nota nacido en las colonias, fue Máximo Yagupsky, que ha publicado *La educación hebrea en el interior del país* (1939), donde analiza las vicisitudes y triunfos de las primeras escuelas, sus programas de estudio y su influencia sobre la juventud.

Entre los centenares de maestros que sembraron cultura y acción pionera puede mencionarse al ya citado Gran Rabino Samuel Halphon, a Lepoldo Najenson, Miguel Wollach, Jacobo Steinberg (estos tres últimos de Entre Ríos); al filósofo Iehuda Leib Winocur, autor del primer diccionario hebreo-castellano; al maestro Moisés Rubin y, ya en décadas más recientes, a José Mendelson, organizador y director del Seminario de Maestros Hebreos; José Monín, del mismo Seminario; Jaime Finkelstein, que escribió la historia de las es-

Boleslao Lewin.

cuelas "Sholem Aleijem", de orientación universal judía; N. Naihois (que historió la red de escuelas "J. L. Peretz", laicas y federales) y P. Erlich, que escribió sobre las escuelas "Tel Aviv", de orientación más hebraísta.

Una educadora muy conocida en el ámbito de la docencia argentina es Rosa Weinschelbaum de Ziperovich, famosa como "Rosita" o "la Ziperovich" entre los maestros de todo el país; oriunda de la provincia santafesina, se destaca su larga carrera humanística como pionera en métodos didácticos, en la enseñanza de Matemática Moderna, en la renovación pedagógica a través de la "Escuela Activa" y por una tarea gremial que sus colegas reconocen como modelo institucional.[20]

Figuras de la literatura, el periodismo y la comunicación

El músico Ben Molar (junto a Aníbal Troilo).

El rabino Ioshúa Aizenberg (de Queens, Nueva York) no pudo contener un gesto de sorpresa en el atiborrado colectivo que recorría las calles porteñas en esa mañana primaveral de 1989: a su lado, muy concentrada, una señora de mediana edad leía *La Cábala y su simbolismo* de Guershom Sholem, en una edición popular de bolsillo que el azorado rabino pudo luego hojear, varias veces, en los quioscos de diarios y revistas de muchas esquinas de Buenos Aires.

"Algo así es inimaginable, incluso en los Estados Unidos", confesó. "¿Cómo una comunidad tan reducida numéricamente ha logrado este nivel de difusión masivo de textos de cultura judía?"

La respuesta no es sencilla. Altamente alfabetizadas y con la tradición de "Pueblo del Libro" a cuestas, la inserción de las generaciones judeoargentinas en los ámbitos culturales y periodísticos fue intensa y significativa. Más de dos centenares de escritores de este origen han sido fichados sólo en este siglo[21], además de innumerables músicos, pintores y actores. Limitadas sus posibilidades como militares, jueces o diplomáticos, la tarea educativo-cultural se reveló una vía de acceso a la movilidad social, a lo cual cabe sumar el atractivo del catártico medio de expresión.

Algo similar sucede con la gran masa comunitaria, radicada hoy fundamentalmente en los centros urbanos. Los memoriosos recuerdan que, ya desde los años 30, todo empresario teatral que se respetara tenía en cuenta en sus cálculos la importante presencia de sectores judíos entre el público permanente de la cartelera de espectáculos.[22] Ese mismo público, ávido de lectura y conocimiento, es el que posibilita iniciativas editoriales como las que conmovieron al rabino Aizenberg durante su visita a Buenos Aires: una colección —Raíces/Biblioteca de Cultura Judía— que durante cincuenta semanas consecutivas ocupó todos los quioscos y librerías del país, difundiendo decenas de miles de ejemplares desde un grupo comunitario que representa apenas el 0,6 por ciento de la población argentina.

En el terreno del PERIODISMO ESCRITO, las sucesivas migraciones (1889, 1905, 1920 y 1938), dirigidas primero a las colonias y después a las ciudades, aumentaron el tamaño de la colectividad y sus necesidades culturales. Entre los numerosos medios de prensa que fueron apareciendo desde esos años pueden mencionarse: *Viderkol* (El Eco), dirigido por M. Hacohen Sinai; *Der Idisher Fonograph* (El Fonógrafo Judío) y *Di Folks Shtime* (La Voz del Pueblo), todos de 1898. La primera publicación periódica en castellano es *El Sionista*, 1904, J. Liachovitzky. Luego aparecieron *Der Avangard* (La Vanguardia, 1908), bundista; *Broit un Ehre* (Pan y Dignidad, 1909), dirigido por León Jazanovich, sionista-socialista; *Idisher Colonist in Arguentine* (El Colono Israelita en Argentina, 1909), una publicación dirigida a los agricultores; *Di Idishe Zaitung* (El Diario Israelita, 1914), que inaugura el periodismo profesional judío (León Maas, José Mendelson y Matías Stoliar fueron sucesivamente sus directores); *Di Presse* (1918), editado por una cooperativa que se escinde del grupo anterior, con un lenguaje dirigido a las clases populares y cultas a la vez (allí escribieron Pinie Wald, Jacobo Botoshansky y otros, y los obreros judíos conocieron a través de sus páginas a Freud y Marx vertidos al idish).

Vida Nuestra, una revista cultural en castellano dirigida por León Kibrik, que apareció entre 1917 y 1923 y fue la que

CUADRO 17

Publicaciones periódicas de distintas nacionalidades publicadas en Buenos Aires entre 1920 y 1930.

	DIARIOS	REVISTAS
Italianas	3	15
Españolas	4	11
Francesas	5	-
Israelitas	6	18
Inglesas	2	6
Alemanas	2	8
Arabes	2	1

Fuente: Ficheros de la Biblioteca Nacional, citado por Francis Korn, "Los huéspedes del 20", en *Los inmigrantes judíos*, op. cit., pág. 170.

Publicaciones judeoargentinas de diversas épocas.

León Dujovne.

publicó la famosa encuesta a intelectuales argentinos sobre los sucesos de la Semana Trágica; *Judaica*, dirigida por Salomón Resnick entre 1933 y 1946, fue una revista literaria de alto nivel; *Davar*, de la Sociedad Hebraica Argentina, reaparecida en 1993 bajo la dirección de Bernardo E. Koremblit, retomando una tradición literaria que se inicia en 1945. A ello se suman innumerables periódicos, desde los tradicionales como *Mundo Israelita* (fundado en 1923 por León Kibrick, continuado por Salomón Resnick, León Dujovne, Gregorio Fainguersch y otros, y dirigido en la actualidad por José Kestelman), hasta experiencias como las de *Amanecer* (diario judío en castellano), *Nueva Sión, Fraie Shtime, Nueva Presencia*, y revistas como *Davke, Majshavot, Heredad, La Luz* (fundada en 1931), *Raíces* (en sus dos etapas), *Comentario* (del Instituto Judío Argentino de Cultura e Información), *Renovación, Tiempo, Plural* y varias más.

Muchas de estas publicaciones perduraron décadas, otras sólo alcanzaron algunos números. Cada grupo de la comunidad encontró la manera de sacar a la luz su "propio" órgano de prensa, que representa desde su grupo de origen o su ideología hasta la pertenencia comunitaria, institucional, religiosa, educativa o científica. Suman más de doscientas cincuenta las publicaciones periódicas que en distintos momentos circularon en la calle judía.[23]

Entre los PERIODISTAS judíos más prolíficos, a los nombres ya citados pueden agregarse los de Moisés Senderey; Simja Sneh; A. L. Schussheim; Aarón Esevich (especializado en temas gauchescos); Samuel Rollansky; Mark Turkow; J. Horn; Máximo Yagupsky; Enrique Stein (primer director de *El Mosquito*); Enrique Lipschutz (1864-1937), el primer periodista judeoargentino, colaborador desde 1895 en *La Prensa;* León M. Rosenwald, fundador de *El Orden* (Tucumán, 1882); José Mendelson; Julio Korn (nacido en 1906 en Buenos Aires), pionero en la edición de revistas y música porteña, creador de las famosas *Radiolandia, Vosotras, Labores, Antena, TV Guía* y tantas otras, e Isidoro Schlagman, creador y director de la revista *Ars*.

María Rosa Lida (1932).

También son incontables los escritores judíos que se han distinguido en el ámbito de la prensa nacional, como el patriarca Alberto Gerchunoff (en *La Nación*), Bernardo Verbitsky (en *El Mundo*), Antonio Portnoy (en *La Gaceta*) y otros. Asimismo, en el campo de la acción cultural y editorial, es notable el protagonismo de figuras como Samuel Glusberg (que bajo el seudónimo de Enrique Espinosa fundó y dirigió *Babel, Trapalanda, Vida Literaria, Cuadernos de Oriente y Occidente*); Jacobo Muchnik (Fabril Editora, *Mucho gusto*); José Isaacson (*Comentario*), Arnoldo Liberman (*El Grillo de Papel, El Escarabajo de Oro, Tiempos Modernos*); César Tiempo (*Columna*); Jacobo Samet (*Cartel, Bibliogramas*), y otros como el librero-editor Manuel Gleizer, la crítica y docente María Rosa Lida (1910-1962), David Viñas (*Contorno*), Noé Jitrik, Pedro Orgambide, Daniel Divinsky (Ediciones de la Flor). Otros periodistas destacados son Martín Müller, Daniel Muchnik, Jacobo Timerman, Any Ventura, José R. Eliaschev, Jorge Jacobson, Pablo Kandel, Carlos Ulanovsky, Jorge Halperín, Dov Segal, Rubén Sinay, Mario Diament y Pablo Mendelevich.

Simja Smeh.

La parábola descripta en el último siglo por la LITERATURA JUDEO ARGENTINA encuentra expresión metafórica en la siguiente correspondencia: en 1919 se publica en idish la primera antología de escritores judeoargentinos y se edita, simétricamente, la primera traducción al español de cuentos de I. L. Pérez. La antología se llamó *Oif di Bregn fun Plata* (A orillas del Plata) y ponía de relieve la consustanciación de los escritores judíos incluidos en ella (Noé Vital, Israel Helfman,

Bernardo Verbitsky.

José Mendelson, Baruj Bendersky, Aarón Brodsky y otros) con el paisaje, las tradiciones y la cultura del país. El profesor Lázaro Schallman señaló en ese libro, para dar fe del proceso de aculturación, la intercalación de argentinismos y criollismos. El volumen incluye un glosario de expresiones usuales en el campo y la ciudad argentinos, muchas de las cuales son adaptadas a una especie de "idish rioplatense", que pasa a ostentar un perfil propio —afirma Schallman— respecto al idish alemán o estadounidense.

Años después, en una dialéctica de espejo, la siguiente generación de escritores judeoargentinos, que escribe directamente en español, incorpora al catálogo lingüístico multitud de expresiones que vienen del idish escuchado en la casa familiar o en su infancia (lo que se verifica en textos de César Tiempo, Samuel Glusberg, Bernardo Verbitsky y otros). A una infiltración lingüística sucede la contraria. Ambas enriquecen los idiomas originales, produciendo un mestizaje cultural confuso y prolífico, que representa una etapa superior y de función realmente integradora con respecto a la imagen del "crisol de razas", horrible expresión "crematoria" para señalar la anulación de características particulares en aras de un "ser nacional" homogéneo e imposible, obtenido por la "fundición" a altísimas temperaturas de todas las características personales del origen. Es posible proponer, en cambio, que el movimiento inmigratorio argentino operó sobre la lengua del lugar, le otorgó un especial dinamismo y cargó de resultados expresivos a la literatura argentina.

Un enfoque diacrónico de esta evolución podría esquematizarse en tres movimientos: una primera etapa de proyecto integrador, hacia 1910, emblematizado por el Alberto Gerchunoff de *Los gauchos judíos*: el esquema político-cultural del liberalismo define a la nacionalidad como la suma de lengua y territorio; los "gauchos judíos" se mimetizarán con el entorno a través de un idioma que busca raíz hispánica y reconoce como modelo la "edad de oro" de Sefarad, cuando convivían en España cristianos, moros y judíos en perfecta armonía. Una segunda etapa la protagonizará el mismo Gerchunoff años después (en sus últimos y desengañados escritos de la época de ascenso del nazismo): será negación del idilio anterior, un contradiscurso apoyado en los temas de la errancia y el exilio (como en Mario Szichman, Mario Goloboff, Pedro Orgambide). Finalmente, la tercera etapa será una búsqueda de síntesis emprendida por la siguiente generación de escritores judeoargentinos, aún vigente, que se traducirá en una búsqueda de síntesis, de pluralidad y sobrevivencia (como la define la estudiosa Edna Aizenberg) en una identidad mestiza. En el plano del lenguaje, al idioma "limpio y castizo" de Gerchunoff la etapa siguiente opondrá una textura fragmentaria, "ensuciada" con palabras en idish, y la última camada de escritores tratará de asumir esa hibridez como valor positivo, no peyorativo.[24]

Desde luego, existen figuras de gran trascendencia literaria —como Bernardo Kordon, Isidoro Blaistein, Alejandra Pizarnik, Andrés Rivera (Marcos Ribak) y muchos otros— que no se adaptan prolijamente a las parábolas reseñadas pero son inequívocamente argentinos y judíos. En los apéndices de este libro se incluyen dos listas de escritores (que suman casi tres centenares en un primer relevamiento) que son actualmente objeto de estudio por investigadores e interesados en el tema.

El egiptólogo Abraham Rosenvaser.

Personalidades de la expresión artística

Entre los pioneros del CINE NACIONAL ARGENTINO se encuentran figuras como las de Max Glucksman (1875-1946), que desde los primeros años del siglo impulsa la naciente actividad cinematográfica (producción, distribución, venta y exhibición de documentales y cortos). Le pertenecen varios de los filmes más importantes de la época (dramas, policiales, temas históricos), incluyendo vistas tomadas en 1925 (Moisesville) y 1927 (asilo de huérfanos) recientemente descubiertas, que conforman un documento único sobre el proceso de colonización judía en el país. Alberto Soifer, hijo de un "gaucho judío" de Coronel Suárez, fue un enamorado del tango desde su infancia y, desde las primeras décadas del siglo, escribió música para más de ciento treinta películas y produjo alrededor de ochenta títulos (entre los más recordados están *La vida es un tango, La muchachada de a bordo, Mujeres que trabajan, El crimen de Oribe, Jettatore, El astro del tango* y otros).

León Klimovsky (nacido en Buenos Aires en 1907) dirigió películas en el país y el exterior, entre ellas *El Túnel* (1952, basada en la novela de Ernesto Sábato) y fundó en 1928 el primer cineclub del país. Luis Saslavsky (Santa Fe, 1908) escribió guiones cinematográficos y recibió el premio de la OEA por su aporte al cine latinoamericano. Otros

César Tiempo, poeta y dramaturgo, en una foto casi inédita: como actor, en la película Esta tierra es mía.

nombres destacados entre los directores cinematográficos son los de Leo Fleider (*La muerte en las calles*), Simón Feldman (*Los de la mesa diez, Memorias y olvidos*), Enrique Dawi (*Río abajo*), David Kohon (*Tres veces Ana*), Ricardo Wulicher (*Quebracho, Borges para millones, Saverio el cruel*), Alberto Fischerman (*Los días de junio*), Néstor Lescovich (*Mis días con Verónica*), David Lipshitz (*Volver*), Juan José Jusid (*Los gauchos judíos, Made in Argentina*), Silvio Fischbein (*Mamá querida*) y Bebe Kamin (*Los chicos de la guerra*).

Entre los ACTORES de los primeros años estuvieron Enrique Chaico (llegado a la Argentina en 1914, del que se recuerda su interpretación en *Dios se lo pague*) y Iaacov Ben Ami, famoso actor judío internacional que actuó por única vez para la pantalla argentina en la película *Esperanza* (1949), un homenaje a los inmigrantes que llegaron al país, dirigida por Francisco Mujica y Eduardo Boneo.

Jaime Yankelevich, pionero de la radio y la televisión argentinas.

Un párrafo aparte merece la historia del TEATRO JUDÍO, parcialmente mencionada en otros capítulos de esta obra. Excelsior, Ombú, Soleil, Nuevo y Mitre, así como el IFT, fueron las salas que albergaron las manifestaciones más logradas de la actividad teatral judía en Buenos Aires. Los elencos alternaban entre la capital y las colonias del interior del país, e ir al teatro era una verdadera fiesta para las familias, que se vestían con sus mejores galas. Los actores que venían del exterior (Iaacov Ben Ami, Maurice Schwartz, Jacobo Goldenburg, Joseph Buloff y otras glorias del teatro idish internacional) formaban elenco con actores locales, en esas primeras décadas del siglo, combinando las funciones de obras clásicas con recitales o festivales, con los que colaboraban en la labor filantrópica de la comunidad organizada.

Blackie (Paloma Efron).

Como pionero de la radiofonía y televisión argentinas no puede dejar de mencionarse a Jaime Yankelevich (1896-1952), oriundo de Bulgaria y cuya familia se radicó en las colonias de Entre Ríos. Casualmente instaló su primer negocio en un zaguán de la calle Entre Ríos, cuando vino a vivir a la capital; de arreglar radios ajenas pasó a tener la propia al com-

prar Radio Argentina, que en 1938 pasó a llamarse Belgrano. Hacia 1947 ya manejaba otras tres radios porteñas, siete emisoras del interior y dos de onda corta. Y en 1951 trajo al país la primera planta transmisora de televisión, Canal 7, que inauguró ese medio de comunicación en el país. Otro veterano del medio televisivo es Alejandro Romay, actual propietario de Canal 9 TV.

En esos dos medios —radio y televisión— se destacó una mujer que fue la gran "comunicadora social" durante décadas: Paloma Efrón ("Blackie"), todo un símbolo de inteligencia y feminismo activo en el micrófono y la pantalla chica argentinos. Mención especial merecen las hermanas Berta y Paulina Singerman, nacidas en Minsk (Rusia) en los albores del siglo, descendientes —como indica su apellido— de una familia de varias generaciones de cantores sinagogales (*Singerman* significa "persona que canta"). Paulina gustaba definirse como "actriz cómica" y su hermana Berta, la "gran trágica" americana, se destacó como recitadora y actriz de fama internacional.

Otros nombres destacados del cine y el teatro argentinos son los de Laura Hidalgo, Amelia Bence, Hedy Crilla (actriz y maestra de actores), María Duval, Rosa Rosen, Max Berliner,

ARRIBA: Hedy Crilla
ABAJO: David Stivel.
ABAJO DERECHA: Sergio Renán en la obra El centro foward murió al amanecer *(1955).*

Marcos Zucker, David Licht, Iankel Rotbaum, Oscar Fessler, David Stivel, Cecilio Madanes y Jaime Kogan (directores teatrales), Natán Pinzón, Rodolfo Relman, José Slavin, Salo Vasochi, Cecilia Roth, Luis Minces, Samuel Heilman, Frida Winter, Mario y Salo Pasik, Héctor Malamud, Lía Jelín, Sergio Renán, (Samuel Kohan, alumno de violín de Jacobo Ficher en su juventud, realizador cinematográfico, actor, director del Teatro Colón), Cipe Lincovsky, Golde Flami (que durante años fue la "hermosa malvada" del cine argentino), Aída Bortnik (dramaturga y guionista de, entre otras películas, *La tregua* y *La historia oficial*, que consiguieron galardones internacionales para el cine nacional). Ana María Muchnik, Leonardo Simmons, Mauro Viale (Mauricio Goldfarb), Silvio Huberman, Leo Gleizer, Chiche (Samuel) Gelblung, Guillermo Cervantes Luro, Marcelo Araujo (Lázaro Zilberman), Adrián Paenza, Ernesto Cherquis Bialo y Roberto Ayala (Mario Raúl Wolynski), se destacan como conductores de programas de noticias, deportes y entretenimientos.

Entre los HUMORISTAS notables —que los hay por decenas— es posible mencionar a Adolfo Stray (el decano de la revista porteña); Tato Bores (Borenstein), Marcos Caplán, Jorge Guinzburg, Gabriela Acher, Norman (Naum) Erlich, Santiago Bal, Pipo Pescador (Enrique Daniel Fischer), Norman Briski, Daniel Rabinovich (del conjunto *Les Luthiers*), los hermanos Gerardo y Hugo Sofovich y otros.[25]

Arriba: Tato Bores.
Abajo: Cipe Lincovsky.
Abajo Izquierda: El editor Julio Korn (centro), pionero en la edición de revistas de espectáculos.

María Duval
(junto a Pablo Vicaña
en Canción de cuna,
1941).

Paulina y Berta Singerman

Rosa Rosen

Adolfo Stray

Laura Hidalgo
(con Narciso
Ibáñez Menta
en La bestia
debe morir).

Luis Rubinstein.

Varios de los nombres citados, es obvio, no pueden encasillarse en un sólo género, salvo por comodidad expositiva. Entre los AUTORES TEATRALES no debe olvidarse al varias veces mencionado Samuel Eichelbaum (*Un guapo del 900,* entre muchas otras), Germán Rozenmacher (*Réquiem para un viernes a la noche*), Ricardo Halac (director del Teatro Nacional Cervantes), Mauricio Kartum, Jorge Goldemberg, Julio Porter (autor de libretos radiales y numerosas obras teatrales), Jorge Schusseim, Osvaldo Dragún, Ricardo Talesnik, y entre los narradores con humor a Bernardo Ezequiel Koremblit (autor, entre otros trabajos, de *El humor, una estética del desencanto*) y María Rosa Finchelman.

Otra catarata de nombres propios brota al incursionar en el terreno de la MÚSICA, en sus variantes clásica y popular. A título de ejemplo pueden citarse al maestro Jacobo Ficher, nacido en Odessa en 1896, egresado del Conservatorio Imperial de San Petersburgo en 1917 y radicado desde 1923 en la Argentina, donde realizó toda su tarea de compositor. Este docente estéticamente renovador formó en el país a toda una generación de jóvenes creadores musicales. Otros compositores importantes son Luzzatti, Guillermo Graetzer, Alejandro Pinto, Francisco Kropfl, Mario Davidovsky, Mauricio Kagel y Marcelo Koc. Autores de música religiosa y tradicional como Kalman Saslavsky (1870-1918, maestro de maestros), León Gidekel, Eliahu Kantor y otros han ayudado a la difusión de las melodías judías. Lo mismo vale para intérpretes como Jascha Galperín, Carlos Féler, Marcos Katz, el cantor popular Max Zalkind, el recientemente desaparecido Léibale Schwartz y muchos otros.

Abraham Jurafsky fue director del Conservatorio Nacional de Música y Ernesto Epstein es un reconocido musicólogo.

La lista de intérpretes destacados es realmente interminable: Alberto Lisy, Juan Tomassov, Lalo Schiffrin, Osías Wilensky, Martha Argerich (nieta de un maestro de hebreo), Daniel Barenboim, Bruno Gelber, Tomás Tichauer, Szymsia Bajour, Ljerko Spiller, Leo Feidman. Entre los directores se cuentan Teodoro Fuchs (1908-1969), Jaime Braude, Jorge Rotter, Simón Blech, Mario Benzecry y Roberto Kinsky.

Dina Rot y Eleonora Noga Alberti se han destacado en la investigación e interpretación de la música sefaradí.

En el terreno de la llamada "música popular", es notable la cantidad de intérpretes y compositores judeoargentinos ligados al tango. Los hermanos Luis, Oscar, Elías y Mauricio Rubinstein, hijos de inmigrantes judíos polacos y nacidos en Argentina, legaron al país más de mil doscientas composiciones que reflejan su amor por lo porteño. Luis (1899-1945) fue autor de tangos famosos (*Inspiración, Charlemos, Decíme..., Perro pekinés*); a Elías pertenecen temas como *Así se baila el tango, Gracias* y *La novia del mar;* Mauricio fue periodista especializado en música popular, y Oscar escribió *Lejos de Buenos Aires, Gime el viento, Al compás del tango* y *Calla, bandoneón,* entre otros tantos éxitos.

Otros nombres de la música tanguera son los de Ben Molar (Moisés Brenner), Santos Lípesker, Julio Jorge Nelson, Manuel Sucher, Samuel Friedenthal entre los compositores y comentaristas, además de decenas de instrumentistas.[26]

De manera similar, hay una importante presencia judía en la Academia Porteña del Lunfardo (en distintos momentos ocuparon sus sillones León Benarós, César Tiempo, Bernardo Verbitsky, Héctor Alberto Chaponick, Clark Zlochtew —quien vive en Fredonia, Nueva York— y el historiador cordobés Efraín U. Bischoff) y una relación amorosa y

Jascha Galperín.

Alejandro Lerner.

Jevel Katz.

creativa con el slang porteño, varias veces ejemplificada en otros capítulos de este trabajo.

Los ritmos bailables tienen adecuada representación en el cantante y compositor Chico Novarro o el popular Carlos Argentino, mientras que la "movida" de los así llamados "café-concert" tuvo, hacia comienzos de los 70, una expresión también numerosa en la calle judía.

En la música folclórica se destaca en la actualidad Isaco Abitbol, el chamamecero más famoso del litoral argentino, proveniente de una familia sefaradí de Alvear, su pueblo natal; antes, transitaron los escenarios una cantidad de conjuntos de origen judío (como Los Trovadores del Norte, dirigidos por R. Rubin y ganadores del Festival de Cosquín, y Buenos Aires Contemporáneo, que tiene como directora a Lidia Monin, y cuyos integrantes descienden casi todos de familias agrarias).

David Lebón y Alejandro Lerner son dos de los nombres importantes que actúan en el rock nacional, junto a Leo Sujatovich, Moris (Mauricio Birabent) y Rubén Goldin.

La síntesis posible de un "Gardel y Ál Jolson" comunitarios puede emblematizarse en la persona del tempranamente desaparecido Jevel Katz (1902-1940), cuya obra y figura perduran en la memoria de los veteranos que lo conocieron, ya que casi no han quedado grabaciones suyas.

Jevel Katz llegó a Buenos Aires desde Vilna (Lituania), a comienzos de la década del 30. En los apenas diez años que vivió en el país su nombre y sus canciones se hicieron tan populares como representativas de los inmigrantes judíos. Su humor, ácido e ingenuo, recreó una especie de idioma mixto (mezcla de idish y castellano de un gringo acriollado) que daba origen a rimas tan arbitrarias como desopilantes. Se recuerdan especialmente sus canciones *Con mucho ojo* (sobre el recién llegado, que debe abrir mucho los ojos para no ser embaucado), *Dominó*, *Basavilbaso* y *Yo soy así*.

En el campo de la DANZA y la EXPRESIÓN CORPORAL son varias las personalidades que, sobre todo en la última generación, han desarrollado carreras descollantes. Ricardo Novich, Ana Itelman, María Fux, Ana María Stekelman, Lía Jelin, Beatriz Chaikin y Renata Schotelius se han destacado en la coreografía y la docencia; Susana Zimmerman y Mauricio Wainrot, en el terreno del baile como expresión teatral.

Las artes visuales

Pese a la vieja tradición religiosa e histórica que prohibía a los hebreos el trabajo escultórico como forma de combatir la idolatría, son numerosos los ARTISTAS PLÁSTICOS que han sobresalido en el desarrollo de sus disciplinas en la Argentina.

Israel Hoffmann, nacido en Entre Ríos, ha dejado numerosas figuras esculpidas en las plazas de la ciudad de Paraná, donde ejerció muchos años la docencia pictórica. Después de los precursores Jacques Brodsky y Manuel Eichelbaum (1895-1957, hermano del dramaturgo Samuel), desarrollaron su trabajo grandes figuras de la escultura argentina como Noemí Gerstein, Martín Blaszko, Naum Knopp y Sara Cobresmann, entre otros.

Entre los pintores la lista es también numerosa: desde Mauricio Lasansky, largamente premiado y reconocido en el país y el extranjero, a Víctor Chaab, Raúl Schurjin, Paulina Berlatzky, Lea Lublin, Roberto Aizenberg, Gyula Kósice

Manuel Eichelbaum.

León Untraib.

(también conocido por sus "esculturas acuáticas"), Manuel Kantor, Nathan Saniewicz, Pedro Roth, Osvaldo Romberg, Marta Minujin, Guillermo Kuitca, Carolina Muchnik, Ester Gurevich, Horacio Vodovotz, León Poch y el "fileteador de Buenos Aires", León Untroib. (La variedad de estilos y tendencias sintetizados en esta primera nómina convierte en dudosas las afirmaciones del crítico Bruno Zevi acerca de una tendencia "expresionista" que sería dominante en el arte y la arquitectura judíos contemporáneos, aunque su dilucidación corresponde a otro nivel de profundidad).[27]

En el campo de la fotografía, entre los numerosos nombres involucrados no pueden omitirse los de Raquel Bigio, el maestro Anatole Saderman (afincado desde los años 60 en Buenos Aires) y Alicia Segal.

Finalmente, es necesario mencionar a otras figuras íntimamente relacionadas al mundo artístico como Jorge Glusberg (crítico y director del Centro de Arte y Comunicación y director del Museo Nacional de Bellas Artes) o la galerista Ruth Benzacar.

El deporte

El ajedrecista Julio Bolbochán (1964).

Además de la intensa participación en la vida científica, intelectual y creativa de la sociedad argentina, los judíos —en una historia quizá todavía poco conocida— tuvieron una importante participación en la deportiva, tanto de manera colectiva (a través de entidades como Hacoaj, la Organización Hebrea Macabi o la Sociedad Hebraica Argentina) como individual.

La difícil y conflictiva relación que, en el imaginario y la realidad de muchos siglos de exilio y dispersión, mantuvo el pueblo judío con su propia estructura física, parece sufrir profundas modificaciones en la experiencia argentina de este siglo y, desde luego, a partir de la existencia del Estado de Israel. "Pueblo del Libro" por tradición, costumbre y experiencia historica, su integración física al nuevo país —y su consiguiente actuación en los deportes— aparece "opacada" por las otras actividades.[28]

Sin embargo, una lista tentativa abarca la mayoría de las disciplinas. El campo donde más conocida es la participación de descollantes figuras judías es el ajedrez, donde se suman los nombres de Miguel Najdorf (oriundo de Polonia, en Argentina desde 1939), gran maestro que integró once veces el equipo olímpico nacional; Julio Bolbochán (tres veces olímpico); Hernán Pilnik; Jacobo Bolbochán; Carlos Bielicki; Bernardo Wexler; Saúl Schweber, y Luis Bronstein, todos ellos campeones argentinos y representantes olímpicos.

En atletismo, algunos de los nombres destacados son los de Guido A. Levy, Ingeborg Melho, Ruth Caro, Ilse Caro, Leopoldo Monastirsky, Alberto Gutnisky y otros, muchos de ellos campeones nacionales y sudamericanos. En básquetbol integraron en distintos momentos el Seleccionado Nacional Mauricio Kisman, Jorge Burstein, Adolfo Lubnicky, Adolfo Ejchembaum, Leopoldo Mirelman, Jaime y Adolfo Scheines, destacándose como técnicos de este deporte Rafael Finkelstein y León Najnudel.

Carlos Friederman (campeón argentino y subcampeón mundial) y Alegre Frekman fueron eximios jugadores de billar. Resulta curioso descubrir que es en el boxeo —un deporte de fuerza, agresividad y competencia— donde se registran los primeros campeones judíos: Mauricio Corinstein (compitió entre 1918 y 1926, fue campeón de la pro-

El gran maestro internacional Miguel Najdorf (derecha).

León Genuth, primer campeón argentino y panamericano de lucha (1951 y 1955).

vincia de Santa Fe); Pedro Cagen (quizá más recordado por su labor de cómico que como boxeador, ya que era el encargado de imitar al ingeniero Alvaro Alsogaray en el programa de televisión *Telecómicos*); Jacobo y José Stern; Alberto Babrof; David Werner; Aarón Nowina. Moisés Ortemberg (luego de profesión peletero), boxeó utilizando el seudónimo de Jimmy Wilde —que rememoraba al mejor peso mosca del siglo— y se retiró invicto después de realizar cuarenta y dos combates profesionales, un récord único en su actividad; Jaime Averboch; Jack Berenstein; Salomón Donoso, y Natalio Stein (quien durante la década del 50 llenó el Luna Park con espectadores ávidos de ver a un pugilista judío en acción y que incesantemente lo alentaban con un "baile, rusito, baile...") fueron otros apellidos importantes, como amateurs o profesionales, de esta práctica, en apariencia tan alejada de la mentalidad del judío de hace unas décadas.

El esgrimista José Krischevsky integró el equipo de florete campeón de la ciudad de Buenos Aires. Los gimnastas Mario Fiszbein (1951) y Andrés Jaichenko (1968) fueron campeones sudamericanos. En hóckey sobre césped se destacan Eduardo A. Guelfand (campeón juvenil, olímpico y panamericano), Liliana A. Guelfand y Jorge A. Guelfand.

La lista se incrementa notoriamente en la práctica del fútbol, e incluye entre otros a Jaime Rotman (Argentinos Juniors, Vélez), Aarón Werfigker (Ríver, Platense), Francisco Sohn (Argentinos Juniors, Boca), Isaac Scliar (Atlanta, Almagro, N.O. Boys y otros), León Strembel (Lanús, Rácing), Alberto Listerman (Rácing, Ríver, 1930-1935), Ezrah Sued (Rácing, Selección Nacional desde 1944 hasta 1951; formó una famosa dupla con Llamil Simes y se recuerda una anécdota curiosa: Sued fue un gran cabeceador en el área contraria, pero como era muy corto de vista el club le importó los primeros lentes de contacto que usó un futbolista argentino en el campo de juego).

Otros nombres fueron los de León Goldbaum (Chacarita); el "ruso" Schandlein (Gimnasia y Esgrima); Felipe Steinberg, "Semilla" Merenstein, Guillermo Fain, Roberto Zywica (todos de Ríver); Miguel Resnik (Huracán); Jack Danon (All Boys), Mario Singman y Héctor Singal (ambos de San Lorenzo); Luis Abramovich (Chacarita, Boca); Manuel Brailovsky (All Boys); Mario Katzman (Atlanta); Luis Darío Felman (Boca);

Daniel Brailovsky (Independiente); Darío Siviski (San Lorenzo, Independiente); y muchísimos otros.

Entre los dirigentes de clubes de fútbol se cuentan Epelboim, Kolbovsky y Carlos Heller. Las zonas de densa población judía y su club de fútbol —el caso típico es el del Club Atlanta, en Villa Crespo— han sido catalogados como de fuerte influencia judía, y hasta hace poco tiempo, las "barras bravas" de algunas hinchadas contrarias (especialmente Chacarita y All Boys) concurrían a la cancha "bohemia" con banderas pintadas con svásticas y consignas crudamente antisemitas.

En levantamiento de pesas se destacan Carlos Seiguelfisher (campeón panamericano 1951) y Alejandro Seiguelfisher (campeón argentino 1973). La figura más notoria en lucha es la del entrerriano León Genuth, campeón nacional y panamericano (1951 y 1955), quien obtuvo el primer título continental para el país. También ocuparon destacados sitiales Zoltan Gunz (campeón nacional), Gregorio Slonimsky (primer judío coronado campeón argentino), Adolfo Mogilevsky, Luis Platkowsky, Rubén Leibovich, Daniel Vernik y Sergio Fiszman.

La lista podría ocupar varias páginas más: en natación debe mencionarse a Osvaldo Schellemberg (campeón argentino), Oscar Kramer (campeón sudamericano), Leonardo Barenboim, Ricardo Prepelitchi, Viviana Marchevsky y Guillermo Wolff, estos tres últimos, campeones argentinos.

Hay deportistas destacados en remo (varios equipos clasificados campeones argentinos), sky acuático, yatching, tenis (en especial Adriana Korn, Roberto Graetz y Martín Jaite), tenis de mesa femenino y masculino, vóleibol, water polo, yudo, y hasta alpinismo; el primer escalador judío del Aconcagua, Daniel E. Eisenberg, manifiesta: "Yo amo este deporte, el único no competitivo. O sí, se compite con uno mismo, con la naturaleza...".

Banderas con svásticas en las tribunas: algunas "barras bravas" del fútbol reivindican un antisemitismo agresivo.

La política y la vida pública

En las primeras décadas de este siglo, las personalidades públicas judías —algunas de las cuales hemos mencionado al comienzo de este capítulo— se destacaron en las filas del ideario socialista, en sus diversas variantes, respondiendo a la composición ideológica y clasista de la inmigración europea que arribó al país.

A medida que avanzó el proceso de integración en prácticamente todos los sectores del país, la participación judía en el campo político argentino fue expandiéndose hacia otros partidos e idologías. José Eidelman fue gobernador de Neuquén; el doctor Gutnisky, de Formosa; recientemente Néstor Perl, de Chubut. Hubo y hay diputados nacionales representando a diversos partidos: León Patlis, Miguel Murmis, Arturo Mathov y otros. Jarotinsky, Trunsky y Adolfo Gass actuaron en el Senado. En las legislaturas provinciales fueron elegidos, en distintos períodos, Scaliter, Schapira, Kohan, Roisman, Rosenberg y muchos otros. José Ber Gelbard fue ministro de Economía del gobierno peronista, David Bleger ministro de trabajo del gobierno de Arturo Frondizi, el escritor Marcos Aguinis ejerció como secretario de Cultura del gabinete de Raúl Alfonsín.

Dos nombres muy importantes, por la trascendencia que adquirieron en sus respectivos partidos, son los de Moisés Lebensohn (radical) y Eduardo Jaime Cortés (peronista).

Moisés Lebensohn (1907-1953), que fue la más destacada personalidad política de origen judío de la época, desarrolló su acción más intensa entre 1940 y 1953. Militante radical de toda la vida, fundador del Movimiento de Intransigencia y Renovación (MIR) de su partido, combinaba una fervorosa adhesión a los principios democráticos con la lucha, sustentada en sus vigorosos análisis doctrinarios, por hondas reformas económicas y sociales. Esta renovadora ideología fue resistida por grupos conservadores de su propia filiación partidaria, que llegaron a agredirlo físicamente y a tacharlo de "comunizante, ambicioso y judío". Alcanzó a ocupar la presidencia del Comité Nacional del radicalismo, pero su prematura desaparición le impidió desarrollar desde allí sus ideas. La tradición radical —que lo recuerda en numerosas avenidas de las ciudades bonaerenses— lo ha convertido en un símbolo de su época, junto a Alem, Yrigoyen y Alvear.

Eduardo Jaime Cortés, nacido en Moisesville e hijo de colonos, fue el creador y primer presidente de la Organización

El entonces presidente Juan D. Perón y presidente pro peronista de la OIA (Organización Israelita Argentina) Matrajt Sujer (1949).

David Bleger, ministro de Trabajo del gobierno de Arturo Frondizi (1959).

Israelita Argentina (OIA), de neta orientación peronista, fundada en 1947 como alternativa de apoyo comunitario irrestricto al general Juan Perón, diferenciándose de la DAIA, que no quería comprometer a toda la colectividad detrás de un proyecto determinado o una personalidad carismática. Su hermano Natalio Cortés fue Presidente del Hospital Israelita (1946-1947). Representante de la clase media independiente argentina, la decisión de Eduardo Jaime Cortés de intervenir activamente en la política nacional generó algunas discusiones intracomunitarias. Un fragmento de su declaración de principios ayudará a entender la posición de Cortés y de la organización que presidió (uno de cuyos integrantes, Pablo Manguel, fue el primer embajador argentino en Israel):

> *Para nosotros, argentinos de origen judío, existe una sola patria, la argentina, y una sola lealtad, (la debida) a nuestro conductor Juan Domingo Perón. Hacia Israel, admiración, apoyo a su existencia y lazos de afecto, los mismos que unen a hijos de italianos con Italia o hijos de españoles con España. No, en cambio, una lealtad como la que profesamos a nuestra tierra, ya que no creemos tener doble nacionalidad. Eso lo deben entender todos nuestros compatriotas bien claramente...[29]*

Otros nombres destacados en la actuación pública son los de José Mazar Barnett (1906-1980), destacado empresario que actuó también durante el gobierno frondizista (presidente del Banco Central y del Banco Nación, director de Relaciones Culturales de la Cancillería); Santiago Nudelman, ideólogo e incansable activista de la Unión Cívica Radical; en el mismo partido actúan los hermanos Marcelo y Adolfo Stubrin, ambos desde muy jóvenes en la militancia política; Ismael Viñas fue dirigente de la UCRI y del izquierdista Movimiento de Liberación Nacional (MLN); Jorge Stolkiner se distinguió en la corriente Intransigencia Radical, así como David Diskin en el peronismo, Jorge Broner en la Confederación General Económica (ligado a la corriente que representaba Gelbard), Boris Pasik (socialista), Héctor Umaschi (demócrata progresista), José Bielicki (radical), Saúl Bouer (justicialista), Carlos Maslatón (UCeDé). Jorge Matzkin preside la bancada legislativa del gobierno de Carlos Menem, en un papel similar al cumplido por César Jaroslavsky, dirigente radical nacido en Entre Ríos, durante la gestión del presidente Alfonsín.

Arturo Mathov, convencional radical en la Asamblea por la Reforma Constitucional (1957).

Boris Pasik (1964), concejal por el Partido Socialista Argentino.

* * *

La confección de las listas de nombres incluidos en este capítulo posee un inevitable carácter arbitrario y limitador, y debe tomarse sólo a título de ejemplo de algunas personalidades de origen judeoargentino, no de todas, y no significa que ellas sean igualmente importantes en cada campo de actividad. En el caso de los políticos y la vida pública, este tipo de ennumeración es todavía más cuestionable. No incluye a algunos políticos de nota que han optado por acortar o cambiar su apellido —al igual que actores, escritores o animadores de televisión— y que no reconocen una pertenencia étnica común como determinante de su actividad.

Por otro lado, quizá tampoco sea muy importante señalar este tipo de raíces: grandes segmentos de la comunidad judía del país, con el transcurrir de los años, se integran naturalmente a la vida cotidiana y, a veces sin intención, renuncian "suavemente" a las marcas de origen.

De manera paradojal, este recorrido puede rastrearse en los nombres con los que las nuevas generaciones judeoargentinas bautizan a sus hijos: el Moishe europeo se ha castellanizado en el Moisés argentino, que rápidamente será transformado en Mauricio, Mario, Marcelo y —la última moda— Mariano. Quienes nacieron entre las décadas del 10 y el 40 expresan en sus nombres la "aculturación linguística" de sus padres al nuevo país. Esos "dobles" nombres castellanos serán signos de integración en la sociedad argentina.

A partir de 1950 nos encontraremos con una generación que lleva sistemáticamente dos nombres castellanos, o bien un nombre castellano que coincide con su nombre hebreo: Tamara, Débora, Salomé, Igal, Naomi, Sharón.... El furor "hispanista" completará a veces con Ramiros (o "Yamilas" en la versión "tercermundista") nombres de pila que anteceden apellidos acústicamente inconfundibles. "Cristian" es la última elección de un sector de judíos adinerados (y asimilados) de la porteñidad.[30]

Todo ello transforma esta cuestión en un asunto que requiere otras perspectivas de análisis, más allá de la enumeración histórica, para ser entendida: los diferentes modos del "ser judío" en la Argentina.

Santiago Nudelman: médico, presidente de la cooperativa Pampa, activista radical (1958).

Néstor Perl: justicialista, gobernador de Chubut (1989).

NOTAS:

[1] Alberjandún, citado por José Libermann, *Los judíos en la Argentina*, Buenos Aires, Editorial Libra, 1966, pág. 262. Este libro de Liebermann, que obtuvo el primer premio del Concurso auspiciado por la AMIA (1962) para celebrar el primer centenario del establecimiento judío en el país, proporciona parte de los datos sistematizados en el presente capítulo.

[2] Liebermann, op. cit., pág. 262.

[3] La presencia de Israel en la definición de la condición judía argentina (e internacional) excede las posibilidades de este capítulo. Puede encontrarse un desarrollo más prolijo en mi libro *Judaísmo 2000*, Buenos Aires, Lugar Editorial, 1988; así como en los siguientes artículos que he publicado en el periódico *Nueva Sión*, de Buenos Aires: "Israelíes y judíos: ¿enfrentamiento o diálogo?" (5 de mayo de 1989); "Etica e ideología en los tiempos del cólera" (4 de mayo de 1991) y "El judaísmo como contraexilio" (26 de diciembre de 1991).

[4] En el capítulo 10 se desarrollan más extensamente algunas de estas cuestiones. Un movimiento interesante —no cuantificado estadísticamente— se produjo hacia fines de los años 70 y co-

mienzos de los 80: los hijos de comerciantes judíos del barrio de Once, que vivían allí desde hacía muchos años, mudaron sus viviendas hacia Belgrano o la Zona Norte del Gran Buenos Aires y, de manera paralela, subdividieron los grandes locales familiares en pequeños negocios (de tres o cuatro metros de frente cada uno) que alquilaron o vendieron, aprovechando la brusca valorización inmobiliaria de esas manzanas, y multiplicando así el patrimonio familiar en pocos meses. Por otro lado, al abandonar la joven generación judeoargentina los rubros comerciales paternos y dedicarse a actividades profesionales o financieras, se posibilitó el recambio poblacional en ese barrio porteño, con el ingreso de gran cantidad de coreanos, una inmigración reciente que intenta repetir, en ciclos más breves, la experiencia de grupos étnicos anteriores ("guetos abiertos", aclimatación, etcétera).

[5] Véase capítulo 6 ut supra.

[6] El tema del "bifrontalismo" cultural está desarrollado en mi libro *Judaísmo 2000*, op. cit. Véase también: León S. Pérez, *La identidad reprimida-Judíos, negros*, Buenos Aires, Editorial Galerna, 1968 (especialmente el capítulo IV: "Cultura judía e identificación" págs. 75-89).

[7] Mario Javier Saban, *Los judíos conversos. Los antepasados judíos de las familias tradicionales argentinas*, Buenos Aires, Editorial Distal, 1990.

[8] Máximo G. Yagupsky: "La Gran Comunidad Judía de Buenos Aires. Más de un siglo de gestación y desarrollo", en revista *Coloquio*, Buenos Aires, Congreso Judío Latinoamericano, 1989, Nº 21, págs. 17-28.

[9] Boleslao Lewin, *La colectividad judía en la Argentina*, Buenos Aires, Alzamor Editores, 1974. Al-

gunos datos de semblanzas personales citados más adelante pertenecen a esta obra.

[10] Un joven judeoargentino, Samuel Eichelbaum, nacido en el mismo lugar de Entre Ríos en 1894, fue seguramente impresionado por estos hechos. Poco tiempo después, el que llegaría a ser gran dramaturgo nacional utilizaría este enfrentamiento entre peones y colonos como uno de los ejes de su primera obra teatral, *El judío Aarón*, escrita en 1925 (véase capítulo 6 ut supra).

[11] Sobre esta "mini Semana Trágica", véanse las opiniones de Pinie Katz, en capítulo 6 ut supra.

[12] Enrique Dickmann, *Recuerdos de un militante socialista*, Buenos Aires, Editorial La Vanguardia, 1949, pág. 263.

[13] Op. cit., págs. 34-35.

[14] En los apéndices incluidos al final de este volumen se incluyen listas más detalladas en algunas disciplinas.

[15] El libro del mismo Liebermann, como se señala en la nota 1, es fuente de muchos nombres aquí incluidos. Pueden consultarse también, entre otros, los dos volúmenes antes citados del editor y poeta Manrique Zago: *Los inmigrantes judíos* (1984) y *Judíos y argentinos* (1987).

[16] Los interesados en estos años de la arquitectura argentina pueden consultar la muy prolija nómina, correspondiente al período 1880-1930 ordenada alfabéticamente, de arquitectos, ingenieros y constructores que figura en: Federico Ortiz, Juan C. Mantero, Ramón Gutiérrez, Abelardo Levaggi, Ricardo G. Parera, *La arquitectura del liberalismo en la Argentina*, Buenos Aires, Editorial Sudamericana,1968, págs. 167-177 y 235-244.

[17] Véase Jaime Barylko, "Judíos en la filosofía argentina", en *Judíos y argentinos*, op. cit., págs. 184-185.

[18] Lewin, op. cit., pág. 204.

[19] Fallecido en 1952, Jedidio Efrón fue padre de la conocida comunicadora radial y televisiva Paloma Efrón (Blackie). Pueden consultarse su trabajo *La obra es-*

colar de las colonias judías, Buenos Aires, Ediciones DAIA, 1939, una importante contribución para el conocimiento de los orígenes y desarrollo de esas escuelas entre 1894 y 1939. Véase también: Zalman Waserzug, "Cincuenta años de enseñanza judía en Buenos Aires"; Máximo Yagupsky, "La educación hebrea en el interior del país", ambos en el tomo de homenaje a los *Cincuenta años de "El Diario Israelita"*, Buenos Aires, 1940. Para una cronología detallada pueden consultarse los apéndices al final de este libro.

[20] Véase la enciclopedia *Rosario-Historias de aquí a la vuelta*, Rosario, Ediciones de Aquí a la Vuelta, 1990-1992. Se trata de una colección de veinte fascículos sobre personajes e historias de la ciudad, que ha dedicado toda su cuarta entrega a "Rosa Ziperovich: una lección de vida", trabajo ilustrado de Liliana Olga Sanjurjo.

[21] Véanse apéndices, al final del libro.

[22] Escuché esta aserción de, entre otros, un conocedor del tema, el dramaturgo y poeta César Tiempo, la misma noche que recordaba al gran actor argentino Elías Alippi, "que en realidad se llamaba Isaías Alippi...".

[23] Véase Ana E. Weinstein, "Publicaciones", en *Judíos y argentinos*, op. cit., págs. 188-189. La lista completa de los periodistas del último siglo podría convertir a este rubro en una guía telefónica. El cuadro 17 (pág. 329) permite

"SOY JUDIO"

comparar la cantidad de publicaciones editadas en Buenos Aires por las diversas comunidades entre los años 1920 y 1930.

[24] Esta secuencia ha sido desplegada en varios artículos de Edna Aizenberg, especialmente en: "Parricide on the Pampa: decontructing Gerchunoff and his Jewish Gauchos", *Folio* (1987) págs. 24-39. Véanse asimismo mis introducciones a las tres antologías de escritores judeolatinoamericanos ya citados en la bibliografía: *Crónicas judeoargentinas/1* (1987); *Cuentos judíos latinoamericanos* (1989) y *Cien años de narrativa judeoargentina* (1990). Véanse también: Saúl Sosnowski,

La orilla inminente: escritores judíos argentinos, Buenos Aires, Editorial Legasa, 1987; Naomi Lindstrom, *Jewish Issues in argentine literature*, Estados Unidos, University of Missouri Press, 1989, y Ricardo Feierstein, "Cuchilleros e inmigrantes en Villa Pueyrredón", revista *Davar* Nº 128, Buenos Aires, SHA, 1992; reproducido también en revista *Hispamérica* Nº 60, Maryland, Estados Unidos, 1992.

La evolución personal de Alberto Gerchunoff grafica parte de este recorrido: es colono y testigo de los hechos en 1897-1900; socialista (1902-1908); liberal del diario *La Nación* e integracionista, en la línea Sión es Argentina (1909-1919). Después de la Semana Trágica y a fines de la década del 20 comienzan sus disidencias con sectores católicos, y llegando a 1940 se separa de los "antisemitas amigos de los judíos" y combate públicamente el nazismo emergente: su consigna pasa a ser, tácitamente, "Sión es Israel". Edna Aizenberg ha estudiado una se-

cuencia similar en las obras de Marcos Aguinis —*Maimónides, La cruz invertida y La gesta del marrano*— en su artículo: "El sefaradismo literario: una metáfora de la literatura judeoargentina", Buenos Aires, revista *Raíces* Nº 5, Editorial Agedyt-AMIA, 1992.

[25] Puede consultarse el artículo de Mirta y Jorge Guinzburg: "El humor judío llegó a la argentina", *Judíos y argentinos*, op. cit., págs. 206-208.

[26] Véase una lista de ejecutantes destacados del tango en los apéndices.

[27] Bruno Zevi, "El judaísmo y la concepción espacio-temporal del arte", Buenos Aires, revista *Raíces* Nº 3, 1991. El ejemplar de la publicación contiene un dossier sobre el tema "El arte y los judíos".

[28] Este punto se desarrolla en el capítulo siguiente. Para el tema de los futbolistas judíos argentinos, véase: Ricardo Feierstein, "Los judíos y el fútbol según el Sorrentino ilustrado", Buenos Aires, periódico *Nueva Presencia*, 2 de mayo de 1987, págs. 13-14. Para el deporte en general, la enumeración de Adolfo Moguilevsky en *Judíos y argentinos*, op. cit., págs. 138-143. Para los boxea-

dores, el artículo de Mauricio Wajnerman, "Los boxeadores judíos", en revista *Plural* Nº 20, Buenos Aires, SHA, mayo de 1979, págs. 44-47.

[29] Boleslao Lewin, op. cit., pág. 198.
[30] Veáse el estudio de Daniel Bargman "De Marías y de Moishes. Los nombres judeoargentinos, etiquetas de identidad", en *Agenda Comunitaria*, Año 2, Nº 6, Buenos Aires, AMIA, mayo de 1989. Se trata de un adelanto de una investigación mayor, actualmente en prensa.

Maternidad y tradición, gauchos judíos y estudiantes tercermundistas, ascenso social y mestizaje cultural. La compleja trama de una identidad.

Ser judío en la Argentina: asimilación y antisemitismo. La generación de inmigrantes y las nativas. Relación con el Estado de Israel. Identidad: del "gaucho judío" al negador y al mestizo. Autoodio y encierro. Del gueto al country. El estudiante talmudista y la profesora de danzas: el cuerpo como lenguaje.

Capítulo 10

TRES ANÉCDOTAS Y UN COLOFÓN

En todas las aldeas de Europa oriental se conocía la anécdota del rabí que definía, bromeando, a los judíos que habitan el mundo:

> *Hay cuatro clases de judíos. Primero, los que van todos los días a la sinagoga. Segundo, los que la frecuentan sábados y fiestas. Tercero, los que sólo la visitan el día de la expiación. Y cuarto, los que están enterrados en el cementerio judío.*[1]

Los judíos argentinos han inaugurado una *quinta* manera de ser judíos: no van nunca al templo, no cumplen los preceptos, son agnósticos, no circuncidan a sus hijos, integran matrimonios mixtos, les encantan los sándwiches de jamón y queso, pero... concurren masivamente a *cursos sobre la identidad judía*.

Esta versión "argentina" de la broma rabínica, al ser expuesta en público, no sólo despierta risas: muchos de los presentes se identifican con el sentido latente del chascarrillo. Porque, en realidad, *¿qué es ser judío en la Argentina?*

A lo largo del último siglo, los judíos argentinos han recorrido dos andariveles simultáneos para la definición de su identidad. Uno, el "interno", está relacionado con su propia y cambiante historia, con las generaciones inmigrantes y las nativas; el segundo, con la presencia (constante, con flujos y reflujos, violento o latente) de un antisemitismo "externo" que funciona como la *mirada del otro*, da forma al estereotipo que el mismo judío, a veces, termina por adoptar.

Separar estos dos niveles de análisis ayudará a comprender el sentido de esta cambiante identidad a lo largo de un siglo, metaforizada en tres anécdotas y un colofón.

PRIMER ACTO: *Los judíos alsacianos fueron aquí los fundadores de la primera* Congregación *pública. Entre ellos estaba el ya citado capitán Luis H. Brie (1834-1917), a quien el autor de estas líneas conoció como rico comerciante en una de las principales calles porteñas, y que era renombrado por su religiosidad. Recuerdo que pocos años antes de su muerte se interesó mucho por la carne* kasher *y vino a mí, que era redactor de* Di Presse, *con el proyecto de utilizar la entonces reciente Ley de Patentes para hacer una marca registrada de carne* kasher. *Me resultó bastante difícil explicarle al*

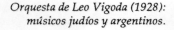

Orquesta de Leo Vigoda (1928): músicos judíos y argentinos.

devoto capitán y comerciante que es posible ser buen judío y no interesarse por el kasher.[2]

SEGUNDO ACTO: *En pocos años también los colonos judíos del interior, los* Gauchos Judíos *de Alberto Gerchunoff, escapados de los guetos europeos y los* pogroms, *han tenido una vida dura y de pobreza en los campos que debieron desmontar y fertilizar y desean una mejor educación y mejor vida para sus descendientes. La escuelita del pueblo no los satisface y anhelan enviarlos a la "ciudad", al colegio secundario y quizás, ¿por qué no?, a la universidad (...) Los descendientes hacen carrera como comerciantes o profesionales en las ciudades y apenas logran algún bienestar económico, traen hacia sus lares a sus familiares, brindándoles una vida más cómoda...*
Están en contraposición dos conceptos de vida. El primero es el de la generación de inmigrantes, con mentalidad de gueto... El segundo es el del niño que inicia su vida con el temor a posibles persecuciones que le inculcan las pasadas experiencias paternas... Es en este período [de entreguerras] *en el que se desarrollan dos generaciones de judíos* [argentinos], *en su mayoría carentes de conocimientos históricos o religiosos: son los que comúnmente se han dado en llamar "generaciones perdidas". El resultado de esta situación es fácil de adivinar. Las instituciones religiosas, de beneficencia y educativas, a medida que van desapareciendo sus dirigentes, carecen de quienes puedan o quieran suplirlos. La desintegración parece inevitable.*[3]

TERCER ACTO: *Pocas películas —quizás ninguna— han tenido el parto doloroso de* Los gauchos judíos [1974, sobre el texto homónimo de Alberto Gerchunoff]. *Las dificultades surgieron aun antes de comenzar su filmación y siguieron luego cuando un atentado —perpetrado en plena área militar de Campo de Mayo, donde se venía efectuando el rodaje— destruyó buena parte de la escenografía y el vestuario. Producida la consiguiente reconstrucción —y con fuerte custodia— se concluyó el film. Entonces comenzaron las odiseas de tipo legal, porque algunas escenas fueron cuestionadas por la censura. Cuando llegó el día del estreno, los "desconocidos de siempre" se movieron bastante tratando*

*de impedir la exhibición del film, cosa que esta vez no
lograron conseguir. De cualquier manera, además de arrojar
petardos y romper algunos vidrios en el cine Broadway;
además de pintar svásticas sobre algunos afiches que estaban
pegados en la zona de Corrientes y Uruguay; y además de
vociferar consignas adversas a la judeidad, arrojaron al hall
del citado cine gran cantidad de volantes, cuyo texto decía,
respetando repeticiones y errores de imprenta:*
Estos son los gauchos judíos: bronner; gelbard; todres;
nattín; mizragi; madanes; timmerman; borenstein;
kestelboim; stivel; sadovsky; asher; rapaport; tifenberg;
bunge y born; borenstein; kleiman; dreyfus; hirsch;
benberg; gerchunoff; goldenberg; mayansky; rapaport;
jaimovich; socolinsky; rottenberg; zapotinsky; todres;
dratman; romay; brisky; kuligovsky; trastenberg;
leverson; smukler; ERP; siguen las firmas... El oro fue
su semilla/ la usura su arado/ el hombre, su animal
de carga/ su fruto: la sangre de los argentinos. Por
una Argentina nacional-justicialista, sin judíos ni explotadores. Si usted combate la corrupción, el tráfico
de drogas, la pornografía y la prostitución organizada, el desabastecimiento y la guerrilla asesina, la usura
y el vaciamiento de empresas, la explotación del menor
y la venta de niños, la cultura antinacional y la destrucción de la familia, USTED ES ANTIJUDÍO. Por la reconstrucción nacional y una Argentina potencia,
combatamos al judaísmo apátrida.[4]

COLOFÓN: La película *Los gauchos judíos*, dirigida por Juan
José Jusid, se estrenó comercialmente el 22 de mayo
de 1975. Sobre las escenas censuradas, el crítico Agustín
Mahieu relata, en su nota en el diario *La Opinión* del
día siguiente, una secuencia totalmente eliminada:
*Durante los festejos del 25 de Mayo que muestra el film,
una carrera cuadrera es seguida de otra provocada por el
desafío del paisano Calamaco (Luis Politti) al jinete vencedor.
La apuesta se formaliza y Juan (Adrián Ghio), el hijo de
Calamaco, monta a la yegua Pangaré, que resulta triunfadora,
pero durante el galope Juan tiene que sacudirle un talerazo
al otro paisano (Martín Adjemian) cuando éste pretende
agarrarlo por la montura. Termina la carrera y en la copia
que se exhibe termina también la escena.*

En el original se prolonga con características muy dramáticas, porque el derrotado lo acusa a Juan de tramposo y se le responde que miente. El duelo a cuchillo es inevitable, pero Juan es ventajeado por las compadradas del otro que, ante la indecisión del muchacho, lo inmoviliza a ponchazos. Calamaco, ante las burlas de los presentes, interrumpe el duelo, abraza a su hijo y al mismo tiempo lo liquida hundiéndole el cuchillo en el estómago.

Juan cae muerto ante el estupor de todos que empiezan a alejarse asustados. Gabriel (Víctor Laplace), quien tiene una deuda de gratitud con Calamaco y su hijo, alcanza entonces al paisano tramposo que ha provocado la tragedia y le da una paliza para la historia, hasta que termina confesando lo falso de su acusación.

Gabriel es un "gaucho judío", algo que para la mentalidad de la censura probablemente no autoriza a valentías como

Animando un baile popular en una colonia judía (1933). Los "gauchos judíos", para la censura cinematográfica, no pueden ganarle una pelea a un criollo...

las que muestra el film. Es típico de esos criterios censores suponer que las virtudes y los defectos, los vicios y los pecados, tienen que ver con las nacionalidades.

En estos testimonios se resumen las diferentes secuencias que atraviesa el *ser judío* en la Argentina:

1) La imagen *ritual* traída (o recordada) desde Europa es asumida puntillosamente por figuras como la del capitán Brie, el primer "ciudadano judío argentino reconocido como tal". Casado con Rudecinda de los Ríos, que venía de una familia paraguaya, tuvo con ella cuatro hijos que fueron educados en una rígida formación católica y vinculados luego, por sucesivos enlaces, con viejos y aristocráticos apellidos cristianos. La preocupación de Brie por el *kasher* como símbolo de pertenencia no se reflejó en sus descendientes, que aceptaron sus preferencias religiosas pero nunca se identificaron con el judaísmo.

2) Esa identidad *formal*, más preocupada por los detalles y la nostalgia que por la esencia, se va diluyendo durante la aclimatación de entreguerras al nuevo país (las "dos generaciones" siguientes ya no son inmigrantes, pero tampoco se asumen como "ciudadanos cabales"), y se vuelve confusa en las generaciones actuales.

La identificación religiosa es central para las primeras generaciones judías, pero no siempre se continúa en sus sucesores.

3) A ello se superpone la figura del "gaucho judío" como identidad *acrisolada* (perfectamente fundida) con la tierra. Este ideal político-cultural del liberalismo se superpone a veces con la identidad del "ser nacional" argentino, que por su relativa juventud histórica necesita un "enemigo" en el que confluyan el imaginario demoníaco y las tensiones sociales: un "chivo emisario", encarnación del mal, que incluso en la ficción de un film no podrá aparecer triunfando sobre el criollo emblematizado. El antisemita, en suma.

EL ANTISEMITISMO EN LA ARGENTINA

La historia del antisemitismo en la Argentina puede extenderse desde "la invasión de judíos, que son responsables de la crisis financiera" (Julián Martel, 1890), o "esos inmigrantes judíos son individuos indisciplinados y buscapleitos" (definición de Francisco Latzina, *Diccionario Geográfico Argentino*, 1891), hasta las declaraciones del coronel "carapintada" Mohamed Alí Seineildín (1990): "no conozco caballos verdes ni judíos decentes". Por otra parte, este siglo de antijudaísmo explícito va acompañado de vaivenes políticos y de diversas reacciones comunitarias, que forman parte del acontecer cotidiano de las nuevas generaciones judeoargentinas nacidas después de los años 40 y de la locura nazi.

También es elocuente y significativa la corriente opuesta, representada por ejemplo en el fallo del doctor César Viale, que en 1937 rechazó la acusación por ejercicio ilegal de la medicina presentada contra un rabino, por practicar la circuncisión. Esto puso en evidencia que ni en el espíritu ni en la letra de las leyes argentinas existe raigambre racista; por el contrario, el mismo preámbulo de la Constitución abre las puertas del país "a todos los hombres de buena voluntad" que quieran habitar este suelo, sin distinciones ni prejuicios.

De manera paradójica existe a la vez una percepción —parcialmente fundada en datos históricos y estadísticos— de que la Argentina es el país con mayor tradición antisemita en el continente. Pareciera que la plena aceptación del judío

Marzo de 1992: un bárbaro atentado (29 muertos, 251 heridos) destruye la embajada de Israel en Buenos Aires. Los judíos argentinos, conmovidos, no alcanzan a explicarse esta furia homicida.

por los canales de acceso a la nacionalidad descansa en una condición negativa: debe renunciar al judaísmo "exterior" (apellido, manifestaciones costumbristas, fe religiosa) si quiere que su integración a la "sociedad cristiana" sea completa.[5]

Como hemos visto en episodios anteriores, la prédica antijudía no deja de producir cierta influencia sobre algunos funcionarios. El "mecanismo del prejuicio" funciona según un "razonamiento" que atraviesa las siguientes etapas: 1) se produce el "enganche" entre una categoría de personas (mujeres, bolivianos, psicólogos, curas) y un juicio ético negativo (los malos); 2) se "desengancha" parcialmente a dicha categoría de personas de la calificación negativa (también hay buenos); 3) continúa un enganche "residual" entre la categoría de personas y el peyorativo, vinculación que por lo general no aflora al nivel del consciente, y 4) se genera un proceso de "sospecha" ante la proximidad física o mental de un miembro de ese grupo: "Este es un boliviano, cuidado, no nos fiemos de él hasta estar seguros de que no es de los peligrosos". Si de acuerdo al derecho toda persona ha de ser considerada inocente mientras no se pruebe su culpabilidad, siguiendo este mecanismo todo miembro del grupo pasa a ser "sospechoso" mientras no garantice su "inocencia".[6]

Las investigaciones sociológicas efectuadas en el país han denotado la presencia de una fuerte dosis de latente prejuicio antijudío, cuya dimensión e intensidad crece en relación con el agravamiento del deterioro económico. Una encuesta realizada en Buenos Aires a comienzos de 1962 indica que el total de respuestas desfavorables a los judíos es alta en general y mayor aún en la clase media. Otra encuesta, realizada poco después por el Instituto de Sociología de la Universidad de Buenos Aires y dirigida por Gino Germani, revela que el antisemitismo de clase media y alta es del tipo conocido como "ideológico", o sea, más propenso a traducir su actitud en acción.

Una investigación de 1964 dirigida por el doctor Enrique Pichon-Rivière y realizada entre grupos de militares y civiles, registra en estos últimos la presencia de algo más que simples opiniones desfavorables: el 27 por ciento conforma un grupo netamente antisemita y agresivo, que combina prejuicios de tipo nacionalista y argumentaciones irracionales y contradictorias de todo orden. Esta situación siempre aparece agudamente agravada en el caso de los militares.

En 1967 otra encuesta de Joaquín Fisherman señaló que el *antisemitismo* aparece como una forma particular del

Atentado explosivo contra el edificio de la AMIA (1963): los desconocidos de siempre.

etnocentrismo: el rechazo hacia los extranjeros en general o hacia los grupos extraños. Los valores siguen siendo muy altos y están comparados segun educación, nivel económico y sexo.[7]

Una estadística posterior, no difundida oficialmente, señalaba un alto porcentaje de prejuicio antijudío en sectores de la clase obrera.

¿Cómo influye esta peculiar dialéctica: "mirada del otro —antisemitismo latente— integrante de un grupo minoritario" en la conformación de una identidad judeoargentina?

IDENTIDAD NACIONAL Y GRUPOS MINORITARIOS

¿Cuál es la "identidad nacional argentina"? Seis millones de inmigrantes llegaron al puerto de Buenos Aires entre 1850 y 1930. Un poco más de la mitad se quedaron en el país. Con suma ironía Jorge Luis Borges definió a los argentinos como "italianos que hablaban español, educados por los ingleses y que querían ser franceses". El peso de esa tradición inmigratoria, mestiza y a veces no asumida por sus descendientes, exige lealtades incondicionales —algunas de cuyas consecuencias ya mencionamos en el aspecto del proyecto educativo— y un sentido de "desarraigo" que parece caracterizar al "ser nacional" argentino.[8]

Existe sin embargo otra manera de "sumar" los beneficios de esa confluencia. Martínez Estrada escribió sobre las extensiones infinitas de la pampa y Copi (Raúl Damonte Taborda) resumió, con fino humor:

> *Todos los argentinos tienen algo de indios, si no por la sangre por el mimetismo propio de todo animal que vive en grandes espacios vacíos. A los judíos de Europa central les gustaba llamarse "paisanos" entre ellos, usar ponchos y bailar el pericón nacional, mientras que los verdaderos gauchos, para ir a la ciudad, creían de buen gusto vestirse como rabinos...*

Y agregó:

> *de esa nebulosa, las constelaciones más fuertes siguen siendo la española (desde vascos hasta andaluces), la italiana*

Homenaje de la ciudad de Buenos Aires al filósofo Maimónides: su nombre es impuesto a un plaza céntrica.

(desde genoveses hasta sicilianos), los libaneses, los turcos y los sirios (a todos los cuales se llama "turcos" por igual), una gota de sangre inglesa en el mate, un chorrito de limón alemán y nada o casi nada de esos negros que aparecieron en el Uruguay y se extendieron hasta Brasil. La verdadera antepasada común, la india, ha sido ignorada o escondida, y su lengua yace en el olvido... [9]

Decir que no existe una identidad argentina es lo mismo que afirmar que los argentinos no existimos, que sólo somos una suma de rasgos inmigratorios en transición. Ello es falso pues supone la conformación del ser nacional como algo puro —al estilo de "una sola raza"— y no como una mezcla de otros, del paisaje y de la historia, que a muy largo plazo cristalizará en algunos rasgos generales. La desmentida más rotunda a esta supuesta "falta de identidad" es el sentimiento de profunda *extrañeza* que afecta a casi todos los argentinos por igual —así descendamos de criollos, de italianos, de vascos o de judíos— cuando nos encontramos paseando o trabajando fuera del país. ¿Qué es lo que añoramos? Lengua, clima, paisaje, amigos, trabajos, códigos comunicacionales, amaneceres, una flor o una canción, una manera de ser... Esa identidad que negamos, claro está.

Algo similar dejó escrito César Tiempo en su síntesis

metafórica sobre las características del ser nacional: "todos los argentinos saben hacer la 'plancha' [*para mantenerse a flote*], pero muy pocos aprenden a nadar".

El pluralismo se vive de manera vergonzante, cuando se trata en realidad de un ingrediente que aporta riqueza. Muchos se niegan a asumir las virtudes de esta mezcla y este mecanismo social defensivo, este afán de autoindagarse se traduce en la pregunta individual: casi 50.000 psicoanalistas atienden a unos 150.000 analizados, cifras éstas que convierten a la Argentina en un "paraíso freudiano".

Dentro de esta búsqueda de identidad, los judíos argentinos pertenecen a una "minoría" claramente identificable, no sólo por su exiguo porcentaje numérico —que no llega al uno por ciento de la población y está concentrado en las grandes ciudades—, sino también, y sobre todo, por los elementos mencionados: religión distinta de la del grupo mayoritario (con las consiguientes limitaciones tácitas o expresas respecto del resto de los ciudadanos) y fobia antijudía persistente y organizada en importantes estratos de la población. En ese sentido, son vividos ("mirados") en una primera etapa como "hijos bastardos" de la sociedad, la

Concentración masiva de la comunidad judía y el pueblo todo en la Plaza Houssay, contra el antisemitismo (1987).

cual los acepta —al igual que a otras minorías (negros, mujeres, homosexuales)—, pero no plenamente: para ella son algo así como "ciudadanos de segunda", marginales. Los intentos de cerrar esa "brecha" reconocen un patriarca en Alberto Gerchunoff, quien quiso simbolizar una conjunción armónica entre la inmigración judía y la nueva y generosa tierra, precisamente en el año del Centenario (1910), con la improbable figura del "gaucho judío": el gaucho es un hombre de a caballo que recorre, solitario, los amplios espacios; los colonos judíos trabajaban sembrando su propia tierra en forma cooperativa.

Sin embargo, esta figura emblemática, convincente y de fuerte valor idílico, reemplazaba *funcionalmente* a la improbable cotidianidad del ortodoxo —que menciona Katz con referencia al capitán Brie— como estereotipo definidor del judío argentino. La "generación de los parricidas", que se desplegó cincuenta años después en la misma tierra, criticó esta visión embellecedora que ocultaba la complejidad de una integración laboriosa. Al mestizaje de la sangre, biológico y reaccionario, se le puede oponer el creativo "mestizaje cultural", que para los nacidos en Argentina enriquece a partir de la *particularidad*, no por renunciar a ella.[10]

El movimiento inmigratorio argentino operó también sobre la lengua del lugar, le otorgó un especial dinamismo. "Rotos los cordones umbilicales y los diafragmas linguísticos, se van plasmando una cultura y una lengua sobrecargados de energía evolutiva y de resultados expresivos" (Syria Poletti).

Los primeros inmigrantes debieron luchar contra un idioma ajeno y difícil:

> *Así estábamos: trabajando, sufriendo, gozando. Inmigrantes y jóvenes, llenos de vida, confiados en el futuro... Leíamos el diario en idish, por eso no aprendimos bien el castellano. Así nos enterábamos de las noticias de Europa. Formamos comités acá cuando la guerra, y luego con el nacimiento de Israel y todo eso...*
> *—Pero ya éramos "cancheros", nosotros "cargábamos" a los nuevos, nos decían "los polacos malos". Como el viejo Shmuel, siempre fue muy bruto, hizo mucha plata, pero sigue siendo bruto (...)*
> *—Sí, ahora es multimillonario. Pero sigue tan animal que*

La modificación de la comunidad judía a lo largo de las últimas décadas se refleja también en el humor.

no aprendió a hablar el castellano y ya se olvidó del idish. Ahora no sabe hablar ningún idioma. Gruñe.
—¿Para qué necesita hablar, con la plata que tiene? (...)
—Cuando Shmuel vino de Polonia siempre lo embromábamos. El era bruto y no aprendía el idioma, trabajaba en un taller de sastrería. No sabía ni saludar en argentino, y eso lo ponía violento. Un día viene y me dice: "che, enseñáme a saludar en castellano, por lo menos quiero decir 'buenos días' a la gente cuando entro a trabajar a la mañana". Entonces, yo le dije que "buenos días" se dice en castellano "la puta que te parió". Este va, estudia toda la noche en la casa —porque lo llevó escrito— y al otro día entra saludando así al taller: "la puta que los parió a todos". Los otros querían matarlo, pensaban que los estaba insultando...[11]

Se han señalado más de un millar de italianismos agregados al habla argentina, al igual que muchos galicismos y expresiones venidas del idish. El mayor vehículo de penetración lo constituyen los hijos de inmigrantes, que hablan perfectamente el español y transmiten como lícitas las formas absorbidas por ósmosis en sus hogares. Esto refuerza en los argentinos la necesidad de asumirse como diversidad cultural, étnica y lingüística.[12]

El judío argentino atraviesa, entonces, diversas etapas a medida que se suceden los años. Hay una primera época de "sobrevivencia": escapar de los *pogroms* europeos, llegar a la nueva tierra, ser aceptado como igual por los demás. Después se abre una segunda, de "intentos de integración" a los acontecimientos políticos y sociales, la cual es interrumpida por el golpe militar de 1930, que deroga la legalidad institucional que al judío argentino le servía de sostén espiritual, y le acerca la sombra del fascismo europeo.

Sobreviene entonces una tercera etapa, de "aislamiento", donde se ubican las dos "generaciones perdidas" a las que se refiere Adolfo Weil: ni "gauchos judíos" ni "ciudadanos de primera" desde una nueva manera de *ser judío*; esta etapa coincide con el desarrollo de las estructuras comunitarias centrales. Y a partir de la aparición del Estado judío en 1948, se incorpora a su imaginario un nuevo elemento que asegura la pertenencia a la sociedad argentina en un plano de igualdad.

Internamente, la colectividad también se modifica en su composición personal y clasista: los nuevos ciudadanos de la segunda y la tercera generaciones nativas han suplantado biológicamente a los nuevos inmigrantes. Tienen menos memoria histórica y disminuida formación judía tradicional, pero, en cambio, poseen una mayor *apropiación espacial del entorno*: un manejo de los códigos argentinos —idioma, costumbres, tics barriales, forma de gestionar un expediente— que es diferente de la de sus padres y abuelos y crece paralelamente a su ascenso socioeconómico y a su nivel educativo.[13]

Este judaísmo de la segunda posguerra va a adquirir una identidad más compleja y rica, de acuerdo con su lugar de residencia. No es lo mismo haberse criado en Pasteur y Corrientes que en un barrio periférico o en una ciudad del interior.

Judíos "del centro" y judíos "de barrio"

El "judío del centro" porteño ha nacido en el rectángulo de manzanas claves donde se concentran clubes, sinagogas y centros comunitarios judíos: Rivadavia, Callao, Santa Fe y Pueyrredón limitan con generosidad ese ámbito. El "judío de barrio", en cambio, se ha criado en aisladas viviendas de Villa Ortúzar, Mataderos, Balvanera, Floresta o Sáenz Peña.

El cambio generacional, desde los años 70, conlleva una distinta ubicación en el mapa urbano: los barrios del Once, Barracas y Villa Crespo son gradualmente abandonados, en un "exilio" que llegará a Palermo Chico, Barrio Norte y Belgrano, y se extenderá hacia el norte residencial del Gran Buenos Aires. Razones socioeconómicas inician la mudanza. Estilos de vida diferenciados la justifican luego, dando origen a un nuevo tipo de judío argentino: el que reemplaza el "gueto abierto" de sus abuelos en el Once o Villa Crespo por los "countries abiertos" a pocos kilómetros de la capital, donde la casi totalidad de los asociados son "paisanos" con los que comparte fines de semana, paseos y negocios.[14]

Mientras tanto, el "judío de barrio" se ha criado entre un mestizaje esencial de "rusitos" y vascos, italianos y españo-

CUADRO 18
Características educativas de la comunidad judía hacia 1960

POBLACIÓN JUDÍA (15 AÑOS Y MÁS), ELEGIDA SEGÚN CARACTERÍSTICAS SOCIOECONÓMICAS Y POR EDAD, ARGENTINA, 1960 (FRAGMENTO DEL CUADRO GENERAL DE SCHMELZ Y DELLA PÉRGOLA)

Logros educativos	Total	15-29	30-44	45-64	65-+	Pobl. gral.
Ninguno	5.3	0.6	1.1	7.1	23.4	10.5
Primario	51.3	27.7	55.6	63.6	60.8	71.6
Secundario	32.1	50.6	30.9	23.8	13.6	15.2
Universitario	11.3	21.1	12.4	5.5	2.2	2.7
TOTAL	100.0	100.0	100.0	100.0	100.0	100.0

Fuente: Schmelz y Della Pérgola, en base al censo de 1960.

les, el yugoslavo de la pinturería y el chileno pintor de letras, todos naturalmente acunados con los rumores del tango, el café-bar-billares, la barra de la esquina que cambia figuritas, el fútbol y la pizzería, el cine del domingo a la tarde y esas aceras arboladas cuyas baldosas reconoce desde el colectivo de tanto haberlas transitado con el juego de bolita y los *picados* de la esquina. Sus problemas esenciales —en esa infancia de reo porteño— poseen un matiz judío, pero dentro de un paisaje que puede generalizarse. Natalio Schmucler (1933, profesor de literatura y poeta lunfardo) lo recuerda así:

> ¡Chapá los brolis y estudiá, carajo!
> mi viejo, amargamente, me gritaba.
> Y yo no hacía caso, y por lo bajo,
> lleno de mufa y bronca, lo puteaba.
>
> Al fin se la gané; ingresé al feca
> y en vez de tordo, me gradué de rana.
> No fui a la Facultad, quedé en la yeca
> y no fui a la Academia; estuve en cana.

CUADRO 19
Nivel de escolaridad

NIVEL DE ESCOLARIDAD	HOMBRES		MUJERES	
	F	%	F	%
Primaria incompleta	104	1,17	51	0,54
Primaria completa	1.214	13,68	1.014	10,73
Secundaria incompleta	1.513	17,05	1.071	11,34
Secundaria completa	2.767	31,19	4.247	44,97
Terciario en curso	5	0,06	22	0,23
Universitario en curso	8	0,09	50	0,52
Universitario incompleto	771	8,69	623	6,59
Terciario completo	88	0,99	535	5,66
Universitario completo	2.393	26,98	1.822	19,29
No contesta	6	0,06	7	0,07
TOTAL	8.869	100,00	9.442	100,00

Fuente: Rubel, pág. 28, tabla Nº 8.

Entré de tallador en un garito
hice de punga, batidor, cafiolo
y ando de valijero, cuando ando.

Ahora escucho a mi viejo: le oigo el grito
—ahora que todos me dejaron solo—
y le pido perdón, y estoy llorando.[15]

El mensaje comunitario le llega al "judío de barrio" sobre todo por vía familiar, ya que está inmerso en una indiferenciada cofradía de inmigrantes que pueblan los aledaños de la gran ciudad.

El "judío del centro", en cambio, en las mismas décadas de los 40 y los 50 se ha concentrado en lugares con alta densidad poblacional judía, mayor "impronta" religiosa y muchas de las características del gueto europeo. La vida económica y social es básicamente gregaria: son judíos sus clientes, proveedores, amigos, colegas profesionales y los activistas junto con los cuales funda templos, escuelas, clubes y *kehiloth*.

CUADRO 20
Origen de los padres de los alumnos

PAÍS DE NACIMIENTO	HOMBRES		MUJERES	
	F	%	F	%
Argentina	8.238	93,90	8.908	94,34
Otro país	541	6,10	534	5,66
TOTAL	8.869	100,00	9.442	100,00

Fuente: Rubel, pág. 17, tabla Nº. 2.

De la serie Cafés de Buenos Aires ("La Brasileña"): a la izquierda, aparece sentado Manuel Eichelbaum. Junto a su hermano Samuel, Alberto Gerchunoff y César Tiempo, integraron la bohemia noctámbula de los porteños intelectuales.

Estas dos tipologías de judíos tendrán poco contacto entre sí. Los primeros incursionarán con naturalidad en los matrimonios mixtos, se asimilarán más fácilmente y evolucionarán en sus campos de actuación argentinos. Los otros dirigirán colegios e instituciones, mantendrán encendida la llama de la tradición y la cultura judías, pero insensiblemente se irán encerrando en un micromundo numéricamente menor al del resto de la colectividad. Ambas maneras de ser continuarán en la siguiente generación.

Este juego de pertenencia y de rechazo comunitario se combina con otro fenómeno del judaísmo argentino: la posesión de una "ideología" sionista —que apoya la concentración del pueblo en Israel— y una "praxis" asimilacionista, curiosa síntesis (algunos la llaman "judaísmo de saldos y retazos") que reemplaza funcionalmente la identidad no estructurada de comunidades judías de historia reciente, como son las latinoamericanas.

En este momento histórico es difícil desplegar un sistema de respuestas totales, una cosmovisión acabada. Quizá tampoco sea lícito exigir algo así del judaísmo argentino: el rasgo de su identidad actual es precisamente una *vacancia del ser*, una desjudaización en términos tradicionalistas. Ello se soluciona *estando* (en un club judío, una sinagoga, un *country* o un *tour* a Israel) en lugar de *siendo*, lo que constituye un síntoma elocuente de la dificultad para precisar valores judíos y argentinos que respondan a la vida concreta.

El extremo casi ridículo —pero real— de esta confluencia de necesidades y rechazos es el "judaísmo gastronómico", al que se ven reducidas muchas familias israelitas, cuyo único vínculo con la tradición se limita a una (insegura) ingestión de las comidas que corresponden a cada festividad:

> La discusión amenazaba subir de tono, pero se interrumpió por la entrada de Ruth, que volvió desde la cocina llevando un plato de latkes *humeantes, todavía ronroneando en su fritura.*
> —*Especialidad de la casa —dijo—. Pueden comerse solos o con azúcar.*
> —¿*Latkes en Rosh Hashaná? ¿Qué es eso? —inquirió Manuel.*
> —*Es el plato preferido de papá.*

—*¿Qué tiene que ver? Hoy se come pollo y guefilte fish, los* latkes *sólo se sirven en Pésaj.*

Marcelo rió entre dientes.

—*¿Así que sólo en Pésaj? Su formación gastronómica, mi querido futuro dirigente comunitario, es muy escasa. Los* latkes *se comen en Sucot.*

—*¿Sucot es Sukkes? ¿Es la fiesta de las primicias?* —*inquirió Bernardo, algo confundido. Ruth no salía de su asombro.*

—*¿Qué importancia tiene? A papá le gustan los* latkes *y estamos en una fiesta judía. ¿Qué más da que comamos una u otra cosa?*

Manuel negó con la cabeza.

—*Es una cuestión de principios. Los* latkes *se hacen con harina de* matze, *que a su vez recuerda la* matzá, *ese maná que Dios les lanzó a los judíos desde el cielo cuando salieron de Egipto* —*pontificó, con voz doctoral*—. *Es la comida de Pésaj.*

—*Matzá es simplemente pan sin levadura, una galleta que se hicieron los judíos en el desierto porque no tenían otra cosa a mano* —*dijo Marcelo*—. *¿Qué tiene que ver Dios con todo esto?*

—*Yo juraría* —*dijo Berta*— *que cuando festejamos Sucot en la escuela de los chicos, este año, sirvieron* latkes.

—*Qué confusión* —*agregó Marcelo en tono de chanza y como si el asunto no le importara demasiado.*

—*El que está confundido es mi cuñado* —*intervino Bernardo, que había guardado hasta ese momento un prudente silencio*—. *Recuerdo que hace unos años, en el partido sionista donde yo activaba, hicimos un* séder *de Pésaj al estilo tradicional y se mojaban verduritas y huevos en agua salada y los chicos hacían las cuatro preguntas y todo eso. Pero ni sombra de* latkes...[16]

Las ignorancias y culpas del "deber ser" generan así un marco normativo opuesto a las experiencias individuales o, lo que es lo mismo, una generación de *judíos sin judaísmo*. Hay individuos judíos, no un dogma que pueda aplicarse de manera indiferenciada en la vida cotidiana. El problema se hace más complejo: ya no se trata sólo de *ser judío* en la Argentina, sino de *cómo* serlo.

De manera paradójica, el tema de los "entierros comunitarios" vuelve a pasar en los años 90, igual que a comienzos de la *kehilá* un siglo atrás, al primer plano del conflicto entre grupos. Parte de la reciente elite económica judía comienza a adherir a los cementerios privados extracomunitarios para sepultar a sus familiares: representan una señal de prestigio para la sociedad argentina y, al decir de sus detractores, por su ubicación en la "zona norte" del Gran Buenos Aires permiten "llevar unas flores a la tumba de mamá y seguir viaje al country sin perder mucho tiempo".

Por otra parte, la aguda polarización social lleva a estratos con serios problemas económicos a "despegarse" de la grey judía, incluyendo del que suponen alto costo del entierro tradicional; optan por llevar a sus familiares a camposantos gratuitos, municipales (pese a que existe esa posibilidad también en los marcos de la *kehilá*). La cuestión tiene aristas

El Festival Dalia de la canción judía. Organizado por entidades sociodeportivas, trata de generar nuevos espacios de encuentro para las jóvenes generaciones.

económicas y religiosas, y amenaza con transformarse en un asunto central de discusión en los próximos años.

Pero esto tiene también otra cara, simétrica de la anterior. Confrontados con una historia que los excede, los padres judíos —aquellos que se criaron en el "barrio" o en el "centro" de una urbe argentina— optan en buena proporción por un camino que se revela impensadamente fértil: educar a sus hijos en colegios y congregaciones judías organizadas. Más allá del *status* que supone para una clase social en ascenso, la educación privada otorga a los niños una formación sistemática —historia, cultura, tradición hebreas— que los hogares de las nuevas generaciones nativas en general no son capaces de transmitir.

El "camino de retorno" que se produce a continuación es inesperado y placentero: ahora son los padres los que, a través de los hijos, vuelven al encendido de las velas, a las festividades, a la literatura y el pasado, a las raíces recuperadas. La escuela posibilita, así, un reencuentro generacional del que la realidad desconfiaba, unificado bajo el común denominador del hebreo, la lengua renacida en Israel. Ataca la marginalidad del judío argentino y posibilita su integración en un pie de igualdad con el resto de las comunidades que conforman la ciudadanía.

Este mestizaje cultural es poco teorizable y encuentra

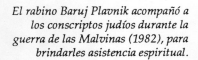

El rabino Baruj Plavnik acompañó a los conscriptos judíos durante la guerra de las Malvinas (1982), para brindarles asistencia espiritual.

ciertas dificultades para desplegarse en sectores intoleran-
tes de la sociedad; pero abre la posibilidad de aprovechar
en lo racional y afectivo el sentido positivo de la *hibridez* de
un país en formación. Despoja al mestizaje de sentidos pe-
yorativos y suma la riqueza de todas las vertientes que
componen la manera del ser nacional.[17]

"MARCAS" DE UNA IDENTIDAD

Un joven judío peruano contaba que hasta los dieciocho
años de edad jamás había tenido contacto con la población
de la ciudad de Lima, ya que concurría en un ómnibus que
lo recogía en su domicilio a la escuela integral judía, y luego
culminaba la jornada en un centro social de la colectividad.
Al llegar a la Universidad sufrió un tremendo choque cultural: comprendió que, además de los judíos, multitud de
peruanos a los que sólo conocía desde atrás de la ventanilla
de un vehículo formaban el "desconocido" conglomerado
ciudadano con el que debería naturalmente convivir el resto
de su vida. Este "gueto espiritual" —que se completa en la
edad adulta con una vida social desarrollada en clubes,
countries y centros culturales, y mínimamente en sinagogas—
tiende a otorgar seguridad a un grupo minoritario y con
amarga memoria histórica de persecuciones y discriminaciones. Como reacción simétrica y opuesta, no son raros los
casos en los que el cambio de apellido y el voluntario aislamiento respecto de otros judíos deriva en un deseo de
asimilación a cualquier precio, que muchas veces desemboca
en feroz autoodio.
Samuel Pecar captó muy agudamente en su cuento *El rusito*
esa necesidad patológica, sentida desde niño, de ser aceptado
por el entorno mayoritario en un barrio porteño:

> *habíamos resuelto ir a un teatro de revistas. El rusito es-*
> *taba contento, como chiquilín con zapatos nuevos. Se daba*
> *cuenta que había ingresado en la barra, y eso, usted sabe,*
> *no lo consigue cualquiera tan fácil. Lo curioso del caso es*
> *que nada sabíamos de él. Y tampoco nos interesaba mayor-*
> *mente, no crea. (...) Nunca le preguntábamos nada al rusito...*

Aunque yo adivinaba que él nos agradecía esa indiferencia. Sí; porque cuando, por ahí, aludíamos de paso a cualquier cosita relacionada con los judíos, él cambiaba de color y se le congelaba la boca...

Sorprendido por la actitud del nuevo integrante de la pandilla, que se empeña en pagar entradas de cine y boletos de colectivo para todo el grupo, el narrador lo interpela:

—¿Por qué lo hiciste?
—¿Qué cosa? —se sorprendió él.
—Los boletos. ¿Por qué los pagaste?
—Porque... —se turbó horriblemente— para mí es una satisfacción...
—¡No mientas! —lo frené, brutal—. Podrás sentirla en una ocasión, en dos; pero no siempre. A vos no te sobra la plata. ¿Por qué la tirás así?
—Ya te lo dije: me gusta...
—¡No es cierto!

Y el texto finaliza con una pregunta:
Usted, que conoce a sus paisanos, explíqueme: ¿qué le pasaba al rusito? Porque yo le juro que no alcanzo a comprenderlo. ¡Palabra de honor que no lo entiendo![18]

Sartre había definido esa condición existencial en sus conocidas *Reflexiones...*, explicando la imposibilidad de "escapar de la propia piel":

Sea como fuere, algún día los niños judíos tienen que saber la verdad: a veces es por la sonrisa de la gente que los rodea; otras, por un rumor o por insultos. Cuanto más tarde el descubrimiento, más violenta la sacudida; de pronto advierten que los demás saben sobre ellos algo que ellos ignoraban...

Estadísticas realizadas en la década del 60, en los Estados Unidos permitieron comparar la conciencia grupal de niños protestantes, católicos y judíos, de entre cinco y ocho años. Se comenzaba mostrándoles una lámina en la que se ve una iglesia y niños en su puerta, y una lámina similar de una sinagoga. Se les pedía que describiesen la lámina y que luego dijesen algo acerca de los niños de la misma y de su religión. A partir de las respuestas obtenidas se clasificó la familiaridad con el grupo religioso en distintas categorías, de acuerdo a la información que demostraban poseer.

A través del estudio precedente y de otros similares se puede concluir que los niños de las minorías (raciales o religiosas) muestran mayor conciencia de su pertenencia a un determinado grupo a edades más tempranas que los otros niños. Simultáneamente aparece la conciencia de la existencia de otros grupos y éstos son percibidos a menudo en términos negativos. El fenómeno del autoodio aparece ocasionalmente en las respuestas de los niños, y se lo encuentra más a menudo entre los niños negros que entre los niños judíos.

El mismo tipo de trabajo se hizo con cien padres de alumnos del segundo grado, a quienes se preguntó qué explicaciones daban a sus hijos respecto de la pertenencia a un grupo minoritario. Casi todos los padres judíos creían que sus hijos eran conscientes de sus grupos raciales y religiosos. Los que negaban ese hecho, al relatar luego anécdotas de sus hijos, se contradecían a sí mismos. Una madre judía, luego de haber dicho que su hija era muy pequeña para saber "qué es ser judía", relató que la niña le preguntó "por qué no podía tener una Navidad como los otros niños". Muchos de los padres referían que sus hijos les preguntaban cosas como: "¿por qué tengo que ser judío?, ¿de qué color soy yo?, ¿por qué no son los católicos tan buenos como nosotros?".[19]

Las reacciones de los judíos a los prejuicios y discriminaciones de los gentiles toman muchas formas. Las más frecuentes son, por un lado el cultivo deliberado de aquellas cualidades o habilidades que los judíos creen más desagradables para los gentiles —vale decir, una autoafirmación agresiva—, y por el otro los esfuerzos por adoptar pautas de conducta que los judíos creen aceptables para la mayoría de los gentiles, vale decir una autonegación agresiva, cuya versión extrema sería el ocultamiento de la identidad judía. Cuando la autonegación es impracticable o psicológicamente imposible, estos judíos aceptan y justifican el antisemitismo y aun se desprecian a sí mismos y a su total identidad como judíos, se autoodian, ya que el pertenecer a un grupo marginal es considerado un impedimento

BAJO EL AUSPICIO DE
LA EMBAJADA DE ESPAÑA y LA EMBAJADA DE ISRAEL
EL ENTE COORDINADOR SEFARADI ARGENTINO (ECSA)
y EL CENTRO DE INVESTIGACION Y DIFUSION DE LA
CULTURA SEFARADI (CIDICSEF)

PRESENTAN

RECITAL DE CANTO SEFARDI

Canto y comentarios:
SOFIA NOEL

Guitarra:
PEDRO ELIAS

28 de Abril de 1983 21.15 Horas
Buenos Aires - Argentina

para llegar a cumplir las metas personales. Tal frustración puede llevar a un sentimiento de odio contra el propio grupo de origen.[20]

La identidad deriva de un conjunto de procesos identificatorios de diverso orden:

> *de la misma manera, respecto de la llamada identidad judía existe un camino que va desde el nacimiento de un vientre judío hasta una compleja serie de identificaciones: con los nombres y apellidos, con los rasgos anatómicos, con el linaje, con el idioma, con la tradición familiar, con la "patria chica", es decir el barrio y su cotidianidad, con los mitos, héroes y valores comunitarios, con la escritura, con la religión y sus rituales, con la producción intelectual transmitida por maestros y textos, con los poderes políticos y religiosos.[21]*

Bailes israelíes en el centro de Buenos Aires (Plaza de la República). Una identidad que se expresa con libertad.

¿Cuáles son los efectos psicológicos y corporales —si es que se puede generalizar en estos términos— de la identidad judeoargentina sobre sus portadores individuales?

Existen experiencias cotidianas, aunque no estén fijadas de manera estadística: la proporción de psicoanalistas (y piscoanalizados) judíos supera notoriamente a la que se da en la población en general. Lo mismo sucede con las profesoras de danza o expresión corporal, para no limitar esa tendencia a las tareas intelectuales. ¿Necesidad de introspección, de superar inhibiciones, de combatir la marginalidad atávica de su condición?

"Cuando un judío no tiene penas, las inventa", confesaba el novelista Wasserman. "Su último reflejo seguía siendo un sentimiento de preocupación", anotaba el poeta Pasternak. El sabio Einstein hablaba de la "inseguridad del individuo judío". El filósofo Yankelevich, de "ese sentimiento de extranjería...". El historiador Jules Isaac, en fin, de "un signo constante: la precariedad, la incertidumbre, la angustia del mañana". Ernesto Sábato escribe:

> *El judío vive observando las reacciones de cada una de las personas o colectividades que lo rodean, como un delicadísimo sismógrafo que registra hasta las más leves trepidaciones que pueden preceder a los grandes terremotos; y esa cons-*

*tante gimnasia le ha concedido una habilidad, una sutileza,
una penetración que sólo se encuentra en aquellos no judíos
dotados por circunstancias excepcionales: enfermedad, tara,
genio, sentimiento de inferioridad. En cuanto a su retor-
cimiento psicológico, es quizás también producto del temor,
de un espíritu cauteloso a fuerza de escapar a reiterados
peligros...*

Y agrega:

*No pretendo con todo esto caer en una sistematización al
revés, adjudicando a los hebreos los atributos inversos a los
señalados por Sartre. No he sostenido que no haya judíos
apasionados por el dinero, no digo ahora que la pasión
racionalista sea ajena al alma judaica... Me he limitado a
mostrar los peligros de la sistematización en un problema
tan infinitamente complejo.*[22]

Registros psicológicos y corporales

En efecto, las generalizaciones son peligrosas, sobre todo
tratándose de una personalidad que debe combinar una
fuerte carga histórica —siglos de humillaciones, persecuciones, violencias y exterminio por el mero hecho de *ser*—
con una realidad rápidamente cambiante. Los judíos argentinos nacidos en la posguerra han vivido en un breve
lapso experiencias traumáticas conmovedoras, como el
genocidio a manos de los nazis y el resurgimiento de un
Estado judío luego de veinte siglos, que resultan difíciles
de procesar de manera estadística por esta nueva "generación del desierto".[23]

Algunos especialistas señalan la existencia de una entidad
psicofísica que puede calificarse de "personalidad judía",
en la que con gran frecuencia es posible observar una serie
de síntomas o "registros": ansiedad, angustia, intranquilidad,
susceptibilidad, nerviosidad, irritabilidad, hiperemotividad,
escisión y taquipsiquia (psicomotricidad acelerada).

A esto puede añadirse que si la inseguridad caracteriza la vida del hombre contemporáneo, no sería aventurado afirmar que ese sentimiento constituye por excelencia el rasgo básico de la personalidad judía, encubierta con frecuencia por un mecanismo defensivo de formación reactiva. Inseguridad que de manera flotante, ambigua, difusa, parece descansar en un profundo sentimiento de desarraigo, de marginalidad en mayor o menor grado consciente...[24]

Luego, aparecen las series estadísticas: pareciera haber mayor número de enuresis (incontinencia de orina nocturna) e inapetencias infantiles, cuadros depresivos habituales, personalidades melancólicas y más propensión que otros sectores de la sociedad a tener complejos. Y sobre todo la frecuente "negación voluntarista de una parte de su personalidad", mecanismo defensivo que implica la existencia de un núcleo conflictivo oculto. Todas estas "marcas" van decreciendo a medida que las nuevas generaciones judías reemplazan biológicamente a las anteriores. Así como sucede en el plano de la condición judía en general, los elementos de *continuidad* y de *cambio* van alternando su influencia con el paso de los años: dentro de unas pocas generaciones un judío porteño se parecerá más a cualquier otro porteño que a un judío francés o norteamericano, si su proceso de integración se verifica normalmente.

Estas consideraciones pueden extenderse al *lenguaje no verbal*, que precede —o es la consecuencia somática— de los cambios en la personalidad. La imagen de uno mismo que se desea presentar ante los otros es una dimensión fundamental de la interacción. Esa imagen es ante todo corporal y está dada por el aspecto, la actitud, la mímica y la postura.

Existen dos vertientes que conforman el lenguaje no verbal o corporal. La primera es *genética*: el judío argentino recibe una herencia —gestual, tácita— de su familia y sus antepasados. La segunda es *aprendida*: de origen cultural, imitativo, influyen en ella los códigos comunicacionales de la sociedad circundante.

Algunos ejemplos permitirán entender esta diferencia y la relación que se establece entre lenguaje no verbal y pertenencia étnica, así como la influencia del medio.

Un antiguo alcalde de Nueva York, Fiorello La Guardia,

se expresaba perfectamente en varias lenguas. Se tomaron noticiarios de época en los que aparecía dirigiéndose a auditorios de judíos, norteamericanos e italianos y expresándose alternativamente en las tres lenguas: inglés, italiano e idish. Se suprimió el sonido de las grabaciones y se mostró las películas mudas a un observador que conocía las tres culturas. Este pudo discernir sin dificultad la lengua utilizada en función de los gestos del orador. Se puede deducir, por lo tanto, que existen indicios kinéticos específicos de un grupo étnico... [25]

El segundo ejemplo se refiere a la influencia del medio: cualquier niño judío argentino besará a sus padres, amigos y familiares en cada encuentro; en cambio en los Estados Unidos —y algo similar parece suceder en Europa central— el contacto físico establecido para los usos sociales queda reducido a una especie de pantomima: simulacro de beso, simulacro de acercamiento, simulacro de abrazo (el niño judío norteamericano dirá ¡hello! a un metro de distancia y con un gesto de la mano que más que atraer aleja).

Hacia fines de los años 40, Sartre mencionaba —en su descripción "fenomenológica" del judío— una serie de características psicológicas: fuertes tendencias gregarias, propensión al análisis y la introspección, masoquismo, racionalismo, inquietud, utilitarismo, gusto por el dinero y... "negación del cuerpo físico". Y afirmaba:

> los únicos caracteres étnicos del judío son físicos. El antisemita se ha apoderado de ese hecho y lo ha convertido en mito: pretende descubrir a su enemigo a la primera ojeada. La reacción de los israelitas consiste, pues, en negar ese cuerpo que los delata... Estando para el judío la "universalidad" en la cima de la escala de los valores, concibe una especie de "cuerpo universal y racionalizado". No tiene por su cuerpo el desprecio de los ascetas; no ve en él un "harapo" o una "bestia", pero no lo ve tampoco como un objeto de culto. En la medida en que "no lo olvida", lo trata como a un instrumento, preocupándose únicamente de adaptarlo con precisión a sus fines...[26]

Esta "negación del cuerpo físico" encuentra rápida metáfora asociativa en la circuncisión: en el baño de una escuela

Equipo de remo del Club Náutico Hacoaj: asumir el propio registro corporal a través del deporte.

pública o en el vestuario del club de fútbol barrial, el niño judío se percibe "objetivamente diferente" de sus compañeros. Sin embargo, esa "marca" de transmisión hereditaria posee fuertes connotaciones positivas —aun para los judíos no observantes— y no necesariamente se la debe entender como negatividad impuesta.[27]

Junto a las variables *genéticas* y *aprendidas*, en el último medio siglo el lenguaje corporal del judío argentino se ha visto reforzado por la *coyuntura histórica*, que se desarrolló de manera contemporánea al aprendizaje, a través de rasgos "superestructurales" incorporados al imaginario colectivo.

La creación de Israel modificó profundamente la imagen estereotipada del judío: débil, encorvado, sumiso, poco combativo, nariz aguileña y patillas enruladas, sumergido en el estudio de textos talmúdicos dentro de exóticas vestimentas (sombreros, oscuros y largos capotes, medias blancas...). En los barrios porteños de los años 40 se decía que iban como "ovejas al matadero" y clamaban "*¡Shemá Israel!*" mientras eran degollados...

Compárese esta versión con la iracunda frase del general De Gaulle, durante la Guerra de los Seis Días (1967): "Los judíos, ese pueblo seguro de sí mismo, dominador..." y la propia visión admirativa de numerosos oficiales de la Fuerza Aérea Argentina, que pasaron de ser furiosos antisemitas —adoctrinados por muchos de los nazis ingresados al país en la posguerra— a convertirse en fanáticos incondicionales de la precisión y valentía del pequeño ejército israelí, triunfador —ante todo por el desempeño de su aviación— sobre un enemigo infinitamente superior en número. Los israelíes de camisa abierta, musculosos y pioneros, de postura erguida y modales bruscos, criados en contacto con las fuerzas telúricas superponían su "imagen corporal" al estereotipo de la propaganda fascista. La cambiante "mirada del otro", del gentil, fue asumida por el propio judío argentino.

Un desarrollo clásico de esta hipótesis podría resumirse en la secuencia siguiente: a) creación del Estado de Israel; b) recuperación del "cuerpo físico"; c) revalorización de la fuerza, el coraje, la valentía personal, y d) alta proporción de jóvenes judíos argentinos en el deporte, la expresión corporal, las disciplinas relacionadas con alpinismo, campamentismo, etcétera.

Entre estas variables se va conformando un nuevo lenguaje, verbal y gestual, en la definición del judío argentino. Un proceso siempre abierto y cambiante.

NOTAS:

[1] Chaim Bloch, *El pueblo judío a través de la anécdota,* Buenos Aires, Ediciones Anaconda, 1950.

[2] Pinie Katz, *Páginas Selectas,* Buenos Aires, Editorial ICUF, 1980, págs. 13-14.

[3] Adolfo Weil, *Orígenes del judaísmo conservador en la Argentina. Testimonio,* Buenos Aires, Ediciones del Seminario Rabínico Latinoamericano, 1988, págs. 21-22.

[4] *Veinte siglos de oscurantismo.* Buenos Aires, Ediciones DAIA, 1975, pág.35.

[5] En un artículo publicado quince años atrás, el periodista Mariano Grondona —inteligente ideólogo del nacionalismo cristiano (en versión liberal, algo difícil de entender para no argentinos)— publicó un "artículo de tapa" titulado "Los judíos", en la revista que entonces dirigía: *Carta Política* (Buenos Aires, 1977). Allí editorializaba sobre la "timidez de un pluralismo disolvente", y explicaba que en países en formación como el nuestro era necesaria cierta homogeneidad étnica y religiosa para "construir" una nación. Los judíos, en tanto minoría nacional, podían optar por la conversión o el exilio, tácitas recomendaciones que adquieren particular relevancia en estos días del Quinto Cen-

tenario del Decreto de Expulsión de los judíos españoles. Corresponde señalar que en los dos últimos años Grondona ha reconocido errores en algunas de sus posturas de esa época.
En lo que respecta al "mimetismo" con la sociedad cristiana por parte de los judíos que quieren asimilarse, son puntillosas y amargamente divertidas las novelas de Mario Szichman aparecidas en las dos últimas décadas: *La verdadera crónica falsa, Los judíos del Mar Dulce* y *A las 20.25 la señora entró en la inmortalidad.*

[6] Padre Ignacio Pérez del Viso S. J., *El mecanismo del prejuicio,* Buenos Aires, revista del CIAS, octubre de 1987. La bibliografía sobre el antisemitismo —como fenómeno religioso, psicológico, económico y social— es tan extensa y varia-

da que escapa a las posibilidades de ser citada aquí.

[7] El trabajo de Gino Germani para la UBA (reproducido en: "Antisemitismo ideológico y antisemitismo tradicional", Buenos Aires, revista *Comentario,* N° 39, 1962) se realizó sobre una muestra aleatoria de 2.078 casos de la población del conglomerado urbano de Buenos Aires. La encuesta dirigida por Enrique Pichon-Rivière se efectuó sobre una muestra de 440 civiles y 60 militares, en Capital Federal y Gran Buenos Aires (véase periódico *Nueva Sión,* 31 de enero de 1964). La investigación de Joaquín Fisherman para el Centro de Estudios Sociales de la DAIA (1967) abarcó 1.000 casos de una muestra estadística entre la población no judía mayor de 18 años del área metropolitana de Buenos Aires (véase "Etnocentrismo y antisemitismo", Buenos Aires, revista *Indice,* N° 1, diciembre de 1967).

[8] Julio Mafud, *El desarraigo argentino,* Buenos Aires, Editorial Américalee, 1966. Este ensayo indaga en el tema del "desarraigo" en el indio, el gaucho, la institución, los inmigrantes, la literatura, la política, lo social... Su búsqueda de "rasgos nacionales" es un curioso compendio de datos

empíricos, de valiosa explicitación, con otras afirmaciones fuertemente prejuiciosas e improvisadas, como asegurar que la obsesión de *todos* los inmigrantes "fue siempre la misma: acumular dinero y ocultarlo" y que "su fortuna apilada en los campos o en la ciudad, tras el mostrador de un negocio o en la bolsa, era lo único que justificaba su existencia. (...) Se hizo rico por proceso individual, solo. No creó ni mutualidades ni cooperativas. Tampoco enriqueció al país. Ni a los que no se habían enriquecido. No legó nada de su haber a los otros. A lo sumo, algo a los más íntimos..." (op. cit., parte IV: "El desarraigo en el inmigrante", págs. 71-91).

[9] Diario *Página/12*, Suplemento Literario, Buenos Aires, 28 de junio de 1992. Otros textos de consulta son: S. N. Eisenstadt: "Investigación sobre la adaptación social y cultural de los inmigrantes", en revista *Indice*, Buenos Aires, CES, Año I, Nº 3, agosto de 1968, págs. 56-62; Dora Schwartzein, Beatriz Tajtachian, Fernando Devoto, Ada Nemirovsky y Haim Avni: "Pautas diferenciales

de inserción de las minorías étnico-culturales en la Argentina", en revista *Majshavot* (Pensamientos), Buenos Aires, Seminario Rabínico Latinoamericano, Año 28, Nº 1-2, 1989, págs. 64-89.

[10] La ensayista Edna Aizenberg ha estudiado en varios trabajos puntuales sobre escritores judeoargentinos las etapas de esta secuencia de "parricidio" sobre la figura de Gerchunoff.

[11] Ricardo Feierstein, *Mestizo* (novela), Buenos Aires, Editorial Milá, 1988, págs. 77-78.

[12] Para el tema "Pluralismo y ser nacional", véase el *dossier* de la revista *Raíces* Nº 1, Buenos Aires, 1991, págs. 6-31, con opiniones de Ernesto Sabato, Marcos Aguinis, Gregorio Klimovsky, Kive Staiff, Pepe Eliaschev, David Goldberg, Andrés Avellaneda, Saúl Sosnowski y otros.

[13] Las características educativas que presentaba la comunidad, hacia 1960 pueden visualizarse en cuadros 18, 19 y 20.

"Según los estándares actuales, los logros educativos de los primeros inmigrantes judíos en América Latina eran bastante bajos. Tan es así que el censo argentino de 1960 revela que sólo el 15.8 por ciento de los judíos de más de 65 años tenían estudios superiores a los primarios, mientras que el 23.4 por ciento no tenía ninguna educación formal. Cuando se compara esto con el grupo más joven se ve el rápido ascenso de logros educativos. La proporción de aquellos con estudios secundarios y universitarios (ya sea completos o no) pasa del 2.2 por ciento entre los judíos con más de 65 años al 21.1 por

ciento en el grupo de edad 15-19" (Schmelz y Della Pérgola, op. cit., pág. 179).

Estos datos pueden compararse con otros posteriores, que surgen de la investigación de Iaacov Rubel para el CEHIS.

Este trabajo se llevó a cabo a partir de encuestas a padres de alumnos de los colegios judíos de Capital Federal y del interior. Incluyó a 11.700 núcleos familiares, lo cual involucra a cerca de 50.000 judíos.

La inmensa mayoría de los padres son argentinos nativos, lo cual refuerza las tesis de Della Pérgola sobre las corrientes inmigratorias. El nivel de escolaridad es altísimo al compararlo con el de la población general. Las tendencias que se prefiguran hacia 1960 cobran una importancia central en este período.

Dentro del sector universitario es interesante el dato de que los hombres se vuelcan básicamente hacia Ciencias Económicas, Medicina o Ingeniería, respetando las tendencias generales de la población; en tanto que las mujeres ubican sus preferencias en las carreras médico-biológicas y humanísticas. (Para mayor ilustración véanse tablas 9, 10 y 11 del traba-

jo de Iaacov Rubel, *Padres que envían a sus hijos a las escuelas judías. Perfil socio-demográfico*, Buenos Aires, AMIA-CEHIS, tomo I, 1989.)

[14] Para una versión irónica de este "nuevo tipo" de judío puede consultarse: Pedernal (textos) y Nomi Hendel (ilustraciones), *El pequeño Kleinmentch ilustrado*, Buenos Aires, Ediciones Nueva Presencia, 1980. Incluye un glosario que ayuda a entender algunos juegos de palabras: *klein-mencht* (literalmente "pequeño hombrecito") posee en idish un sentido peyorativo. El libro contiene capítulos humorísticos como, entre otros, "El que nace pobre es al ñudo que vaya al country", "La terrible venganza de los herederos sionistas" y "Elogio de la ignorancia o el complejo del universitario".

[15] Natalio Schmucler, "Tarde", incluido en *Filosofía Lunfarda*, Buenos Aires, Ediciones Corregidor, 1987, pág.146.

[16] Ricardo Feierstein, "El plato de latkes", relato incluido en el libro *La vida no es sueño*, Buenos Aires, Ediciones de la Flor, 1987.

[17] El tema del mestizaje cultural y la identidad judeoargentina ha sido extensamente desarrollado en Ricardo Feierstein: *Judaísmo 2000*, Buenos Aires, Lugar Editorial, 1988.

[18] Samuel Pecar, *El rusito*, incluido en la antología *Cuentos Judíos Latinoamericanos*, Buenos Aires, Editorial Milá, Colección "Raíces" Nº 43, 1989.

[19] Marian Radke-Yarrow "Desarrollo de la personalidad y pertenencia a un grupo minoritario", trabajo incluido en el libro *The Jews, Social Pattern of an American Group*, edición dirigida por Marshall Sklare, Estados Unidos, 1962. El estudio al que se refiere la cita fue realizado por los investigadores Radke, Trager y Davis.

[20] La bibliografía sobre el tema de la identidad judía es muy amplia y variada. Sin criterio exhaustivo, pueden consultarse: Abraham Genis, *Psicología del judío*, Montevideo, Comunidad del Sur, 1968; *Journal of Applied Psychology* vol. 19, Nº 1, febrero de 1935, Estados Unidos (para una muestra estadística sobre el "temperamento judío"); Jean-Paul Sartre, *Reflexiones sobre la cuestión judía*, Buenos Aires, Editorial Sur, 1964; *Actas de la Primera Conferencia sobre Identidad Judía*, organizada por la Oficina Latinoamericana del Comité Judío Americano, Buenos Aires, 1965; John Slawson, *La cuestión de la identidad judía*, Buenos Aires, Comité Judío Americano, 1965; Kurt Lewin, "Autoodio entre los judíos", en el *Contemporary Jewish Record*, vol. 4, Nº 3, Estados Unidos, junio de 1941; Moshé Davis, "Comunidades Judías del Hemisferio Occidental: un estudio comparado", en *The Jewish Journal of Sociology*, vol. 5, Nº 1, Estados Unidos, junio de 1963.

También han trabajado el tema los pensadores de la "escuela francesa": Vladimir Yankelevich, *El judaísmo, problema interior*, y Alain Finkelkraut, *El judío imaginario* (hay versiones en español de ambos libros). Véanse asimismo los ensayos de Albert Memmi, *Retrato de un judío* (Buenos Aires, Editorial Candelabro, 1964) y *La liberación del judío* (Buenos Aires, Ediciones OSA, 1973), y de Robert Misrahi: *La condición reflexiva del hombre judío* (Buenos Aires, Siglo XX Editores, 1965) y *Mesianismo Laico* (Buenos Aires, Editorial Pardés, 1984). A estos trabajos debería sumarse todos los escritos psicoanalíticos, desde Sigmund Freud a Jacques Lacan y los autores actuales.

[21] David Maldavsky, "Marginalidad judía: un panorama de los problemas", en revista *Actualidad Psicológica*, Buenos Aires, Nº 187, mayo 1992, págs. 7-11. El autor señala que la comunidad judía posee un carácter marginal y, dentro de ella, distingue otros cinco tipos de "marginalidades internas" (psicótica, transgresora, organizada, por el origen y creadora), a través de un profundo e intere-

sante análisis que excede los marcos de este libro.

22 Ernesto Sabato, "Judíos y antisemitas", Buenos Aires, revista *Comentario*, Año 11, Nº 39, año 1964.

23 Véase desarrollado el concepto de "generación del desierto" en mi libro *Judaísmo 2000*, op. cit., así como en la trilogía novelística *Sinfonía Inocente*: I. *Entre la izquierda y la pared*, Buenos Aires, Editorial Pardés, 1983; II. *El caramelo descompuesto*, Buenos Aires, Ediciones Nueva Presencia, 1979; III. *Escala uno en cincuenta*, Buenos Aires, Editorial Pardés, 1984.

24 Abel Bolotnicoff, *Trastornos psicopatológicos del judío* (inédito), Buenos Aires, 1971.

25 Dominique Picard, *Del código al deseo. El cuerpo en la relación social*, Buenos Aires, Editorial Paidós, 1986, pág. 123. El tema del lenguaje corporal es muy extenso y abarca infinidad de aspectos. Véase también: Julius Fast, *El lenguaje del cuerpo: sexo, poder y agresión*, Barcelona, Club de Lectores de Puerto Rico, 1979.

26 Jean-Paul Sartre, *Reflexiones sobre la cuestión judía*, op.cit., págs. 109-111.

27 El tema de la circuncisión es sin duda polémico y existe amplia bibliografía en uno y otro sentido. Los relatos clínicos indican que integra la fantasía de muchos adolescentes judíos la siguiente secuencia: se conoce a una mujer gentil, se la lleva a la cama y, en el momento de desnudarse, ella descubre su judaísmo por el pene circunciso y se niega a la relación. Pero a la vez la experiencia inversa se produce con frecuencia: un muchacho judío incircunciso, entre otros jóvenes o chicas judías, se sentirá ajeno y "extranjero" al grupo de modo que también la no circuncisión posee un efecto traumático sobre el niño, al privarlo de un elemento de "transmisión" de la ley paterna y familiar, que se traduce en rasgos físicos y mentales. Sobre la relación entre el psicoanálisis y la circuncisión, un aporte novedoso puede leerse en el artículo de Mario Faust, "Jacques Lacan y la circuncisión", en revista *Raíces*, Nº 2, Buenos Aires, Editorial Agedyt, diciembre de 1991.

Sumario

Cronología:

Historia de los judíos argentinos

Apéndices

APÉNDICE I*

Nómina de los inmigrantes llegados en el vapor *Wesser* el 14 de agosto de 1889

Lista facilitada por la Dirección General de Inmigración

Apellido	Edad	Apellido	Edad	Apellido	Edad
Salomón ROSEN	37	Libe UBERMAN	18	Sure KONDEN	44
Libe ROSEN	30	Leiser GULLER	42	Brañe KONDEN	8
Meier ROSEN	19	Zviel GULLER	30	Schepsel KONDEN	16
Gabriel ROSEN	20	Moises GULLER	17	Reise KONDEN	5
David ROSEN	8	Henni GULLER	7	Menasche SASS	45
Hirsch ROSEN	5	Rifke GULLER	5	Itzik SASS	20
Frima ROSEN	2	Srul GULLER	3	Freide SASS	18
Chane ROSEN	8 1/2	Abe GULLER	1	Wolf SASS	13
Chaje SEGZER	40	Isak SCHULMAN	45	Mayer SASS	9
Eti SEGZER	36	Rossel SCHULMAN	45	Rechel SASS	7
Alter SEGZER	18	Salmen SCHULMAN	20	Menuje SASS	5
Leib SEGZER	26	Faivesch SCHULMAN	18	Pinkus FELDMAN	38
Esther SEGZER	22	Hirsch SCHULMAN	13	Scheina FELDMAN	38
Beril SEGZER	14	Leie SCHULMAN	7	Abe FELDMAN	12
Chaim SEGZER	12	Moses REUTMANN	50	Avrum FELDMAN	7
Menasche SEGZER	10	Guitl REUTMANN	48	Enoch FELDMAN	9
Moses SEGZER	6	Berke REUTMANN	20	Mordke FELDMAN	7
Chaje SEGZER	4	Rochel REUTMANN	18	Schalem ZEIVICK	41
David SEGZER	1	Makel REUTMANN	7	Schopse ZEIVICK	41
Samuel UBERMAN	43	Schulem OBERMAN	40	Nachum ZEIVICK	17
Dine UBERMAN	32	Guite OBERMAN	38	Ziml ZEIVICK	11
Sane UBERMAN	18	Feigue OBERMAN	19	Iosel ZEIVICK	10
Rivechka UBERMAN	15	Leie OBERMAN	17	Freide ZEIVICK	5
Schulem UBERMAN	11	Martje OBERMAN	16	Susse ZEIVICK	3
Esther UBERMAN	10	Schifre OBERMAN	8	Hirsch SANDLER	32
Berel UBERMAN	8	Herschke OBERMAN	6	Ratze SANDLER	32
Hirsch UBERMAN	4	Rujl OBERMAN	2	Inde SANDLER	8
Pese UBERMAN	3	Wolf PACK	56	Heike SANDLER	4
Chaje UBERMAN	8 1/2	Prive PACK	39	Scheive SANDLER	1
Ioseph UBERMAN	60	Chaim PACK	21	Wolf SKALITER	38
		Esther OBERMANN	20	Leie SKALITER	36
		Wewik OBERMANN	17	Sosse SKALITER	12
		Sofe OBERMANN	15	Dudie SKALITER	7
		Menasche KONDEN	44	Ieinnie SKALITER	5

_____

* Véase capítulo 2

Sure Skaliter	1	Dina Linger	8	Duvid Carschenbaum	3
Moses Kohn	29	Taube Linger	4	Schmuleb Rudoy	45
Scheindl Kohn	29	Marcos Cosedoy	23	Inde Rudoy	40
Peretz Schmulevitz	37	Lea Cosedoy	23	Menasche Rudoy	20
Froim Vainstein	3	Esther Cosedoy	6 1/2	Elsie Rudoy	14
Isaak Morgenstern	35	Ite Schvigermutter	42	Enie Rudoy	8
Pesia Morgenstern	35	Chase Dreispil	48	Elite Rudoy	7
Rachel Morgenstern	15	Abraham Dreispil	20	Eisik Rudoy	5
Sara Morgenstern	12	Mirle Dreispil	20	Idis Rodan	3
Rebeca Morgenstern	10	Nesi Grinberg	42	Ianke Vaschenberg	43
Rosa Morgenstern	8	Anna Grinberg	22	Cave Vaschenberg	40
Lea Morgenstern	5	David Grinberg	20	David Vaschenberg	19
Feiwel Morgenstern	2	Esther Grinberg	18	Leie Vaschenberg	19
Hirsch Vainer	45	Nachman Grinberg	15	Mosche Vaschenberg	12
Esther Vainer	45	Chaye Grinberg	13	Kive Vaschenberg	10
Chaim Vainer	10	Moses Grinberg	10	Schmul Charmez	44
Abraham Vainer	26	Israel Grinberg	8	Duved Grinbal	45
Chane Vainer	24	Fischel Grinberg	4	Schmul Rothman	35
Dobrusch Vainer	5	Samuel Grinberg	20	Midje Rothman	30
Salomón Vainer	1	Iankl Foigelman	50	Itzik Rothman	5
Roze Vainer	2	Feigue Foigelman	48	David Rothman	3
Hirsch Cosedoy	27	Meyer Foigelman	29	Chaje Rothman	1 1/2
Glike Cosedoy	24	Granzie Foigelman	25	Abraham Rothman	24
Suse Cosedoy	6 1/2	Basil Foigelman	6	Markus Takus	42
Moses Simma	26	Leie Foigelman	4	Scheine Takus	40
Chane Simma	26	Kive Foigelman	26	Ichil Takus	19
Leyb Simma	4	Reise Foigelman	20	Israel Takus	14
Hilde Simma	6 1/2	Brane Foigelman	4 1/2	Yankel Takus	8
Isak Segal	30	Schimel Foigelman	23	Aida Takus	7
Charne Segal	25	Geme Foigelman	38	Leib Takus	4
Chaie Segal	4	Schlome Foigelman	15	Arón Takus	1 1/2
Indel Brannfin	26	Michel Foigelman	13	Iankel Fleischman	55
Beyle Brannfin	25	Nachman Milschtein		Ioseph Fleischman	30
Dvora Brannfin	16	Siomme Milschtein	40	Hirsch Fleischman	25
Perla Brannfin	3	Feigue Milschtein	16	Salomón Fleischman	17
Chaie Brannfin	2	Debora Milschtein	18	Israel Pukah	23
Berl Brannfin	6 1/2	Menasche Milschtein	14	Minije Pukah	19
Jaim Linger	50	Iancol Milschtein	12	Wolf Denismann	45
Chane Linger	48	Greie Milschtein	8	Beile Denismann	47
Sara Linger	28	Sara Milschtein	4	Leib Denismann	22
Henne Linger	3	Chanyan Carschenbaum	48	Salomón Denismann	13
Chaskel Linger	17	Ichil Carschenbaum	17	David Denismann	13
María Linger	6	Nege Carschenbaum	44	Freidel Denismann	7
Rosa Linger	18	Revelí Carschenbaum	10	Pinches Fischman	25
Michel Linger	15	Guitl Carschenbaum	7	Vitte Fischman	4
Isaak Linger	12	Madge Carschenbaum	4	Sise Fischman	23

Luser Kohn	6	Babe Venzelblatt	28	María Ludner	2
María Schmulovitz	34	Moses Venzelblatt	8	Hanne Ludner	1/2
Schmul Schmulovitz	13	Wolf Venzelblatt	6	Ioseph Schapiro	46
Menasche Schmulovitz	10	Sure Venzelblatt	2	Roche Schapiro	25
Hirsch Schmulovitz	8	Abraham Glanzer	29	Meyer Schapiro	11
David Schmulovitz	5	Henye Glanzer	22	Ber Schapiro	9
Mendl Schmulovitz	6	Moses Malamud	49	Rebeca Schapiro	2 1/2
Moses Cahanovich	40	Sure Malamud	48	Perez Schapiro	8 1/2
Heike Cahanovich	40	Abraham Malamud	23	Leyb Teper	36
Sura Cahanovich	18	Feigue Malamud	18	Esther Teper	36
Iosef Cahanovich	15	Rifke Malamud	12	Meyer Teper	20
Ides Cahanovich	12	Chiel Malamud	9	Rose Teper	20
Froim Cahanovich	9	Iente Malamud	6	Samuel Teper	18
Guitl Cahanovich	5	Bruche Malamud	4	Wolf Teper	16
Schifre Cahanowicz	3	Schmul Rabinovitz	37	Iosef Teper	6
Hirsch Braunstein	28	Dawra Rabinovitz	35	Malke Teper	2
Leib Sapier	15	Mere Rabinovitz	18	Iankel Vinokur	48
Rifka Braunstein	3	Iankel Rabinovitz	16	Dwosa Vinokur	48
Pinkus Sapier	36	Frima Rabinovitz	14	Salomón Vinokur	30
Rose Sapier	34	Sura Rabinovitz	10	Moses Vinokur	20
Leib Sapier	15	Mordke Rabinovitz	8	Benjamín Vinokur	16
Hirsch Sapier	10	Arón Rabinovitz	5	Mendel Vinokur	14
Freide Sapier	7	Schmul Melmann	40	Pesia Vinokur	8
Leah Sapier	4	Taube Melmann	39	Leib Vinokur	23
Meier Schapierer	45	Moses Melmann	24	Mechle Vinokur	22
Chaje Schapierer	40	Isaak Melmann	22	Genta Vinokur	1 1/2
Pesie Schapierer	16	Sure Melmann	17	Isaak Herschenson	39
Moses Schapierer	15	Golde Melmann	15	Leiser Braver	29
Martel Schapierer	7	Channe Melmann	9	Isaak Lander	50
Itzik Schapierer	4	Naftule Yosem	40	David Rosenthal	45
Faivesch Glogatsch	24	Feigue Yosem	37	Chane Rosenthal	44
Feigue Glogatsch	20	Paie Yosem	17	Esther Rosenthal	19
Leia Glogatsch	6 1/2	Sapse Yosem	15	Beile Rosenthal	15
Israel Glogatsch	18	Pesie Yosem	11	María Rosenthal	5
Golde Mestmann	36	Mordje Yosem	9	Matle Rosenthal	3
Chaje Mestmann	12	Volke Yosem	7	Salomón Vainstein	36
Zivie Mestmann	6	Aaren Yosem	3	Sara Vainstein	36
Nuke Gruberman	36	Slote Yosem	9 1/2	Schepsel Vainstein	13
Fobe Gruberman	30	Joseph Ludner	38	Leiwi Vainstein	13
Alte Gruberman	12	Brane Ludner	36	Saphie Vainstein	12
Srul Gruberman	8	Iocheved Ludner	18	Moses Vainstein	10
Mendel Gruberman	7	Szaie Ludner	16	Chaim Vainstein	9
Breine Gruberman	4	Itzik Ludner	13	Sara Fischman	1
Scheine Gruberman	3	Iankel Ludner	9	Scheine Rudler	24
Chaje Guberman	1	Barusch Ludner	7	Taube Rudler	22
Chaime Venzelblatt	34	Henoch Ludner	4	Israel Rudler	1

Moses ALEXANITZER	26	Abraham GLASBERG	9	Rebeca BALLAN	19
Sara ALEXANITZER	20	Sufse GLASBERG	7	Leika BALLAN	16
Abraham CALUSICK	52	Ioll ROSENBLATH	26	Arón BALLAN	15
Reise CALUSICK	22	Rachel ROSENBLATH	21	Pejsa BALLAN	11
Israel SCHAFER	28	Anna ROSENBLATH	2	Chaika BALLAN	8
Etye ALEXANITZER	38	Moritz ROSENBLATH	11 1/2	David BALLAN	18
Moses ALEXANITZER	18	Abraham PFEFERMAN	45	Wolf SCHAPIRO	35
Chaike ALEXANITZER	11	Golde PFEFERMAN	40	Rachel SCHAPIRO	33
Salomón ALEXANITZER	4	Lipe PFEFERMAN	18	Elia SCHAPIRO	15
Meyer ALEXANITZER	8	Reife PFEFERMAN	13	Marcus SCHAPIRO	13
Salme ALEXANITZER	40	Ide PFEFERMAN	16	Liebe SCHAPIRO	10
María ALEXANITZER	1	Mordche PFEFERMAN	9	Moses SCHAPIRO	8
Michel SLOSITEL	60	Moses PFEFERMAN	17	Simón SCHAPIRO	5
Nosen SLOSITEL	45	Scheine PFEFERMAN	4	Schaie SCHAPIRO	3
Perl ALEXANITZER	40	Sara TALMUCH	24	Keyle SCHAPIRO	1 1/2
Dobe ALEXANITZER	16	Leivi TALMUCH	28	Moses FLEDMAN	43
Malke ALEXANITZER	18	Mordje VAINGART	42	Isaak KLEIMAN	28
Friedel ALEXANITZER	13	Salomón SCHEROSKY	17	Indel MALAMUD	
Pinie ALEXANITZER	9	Israel ELMANT	36	Sim OBERMAN	40
Rachel ALEXANITZER	5	Perl ELMANT	23	Divara OBERMAN	36
Scholem ALEXANITZER	17	Itche ELMANT	18	Salomón OBERMAN	16
Schazhl SLOSITEL	40	Leser ELMANT	16	Benzel OBERMAN	17
Schame SLOSITEL	37	Rachel ELMANT	7	Markus OBERMAN	10
Isaak SLOSITEL	11	Chajim ELMANT	3	Hirsch OBERMAN	6
Scheine SLOSITEL	6	Isaak RECHTER	46	Schmerel OBERMAN	3
Elye SLOSITEL	2	Moses RECHTER	20	Heinach OBERMAN	30
Peretz FEIGENBAUM	50	Arón RECHTER	22	Israel OBERMAN	1 1/2
Sara FEINGENBAUM	52	Iave RECHTER	20	Golde OBERMAN	28
Ioseph FEIGENBAUM	30	Chane RECHTER	18	Chaye CLEINER	38
Scheine FEIGENBAUM	14	Feige RECHTER	16	Israel CLEINER	40
Mirel FEIGENBAUM	10	Chanjne RECHTER	8	Moses CLEINER	16
Abraham FEIGENBAUM	6	Rachel RECHTER	38	Iacob CLEINER	14
Sisa FEIGENBAUM	4	Salomón RATER	38	Leibusch CLEINER	12
Sapse LASOWETZKY	35	Zipara RATER	32	Mendel CLEINER	7
Malie LASOWETZKY	30	Chaim RATER	22	Samuel CLEINER	6
Leib LASOWETZKY	10	Hirsch RATER	19	Leiser CLEINER	2
Hennioch LASOWETZKY	8	Sima RATER	18	Rachel CLEINER	6 1/2
Scheine LASOWETZKY	4	Wolf RATER	15	Iosif HOFFMAN	38
Chaika LASOWETZKY	2	Iechid RATER	10	Beyle HOFFMAN	28
Melij LASOWETZKY	9 1/2	Iosef RATER	7	Mendel HOFFMAN	8
Pinches GLASBERG	50	Abraham RATER	4	Sara HOFFMAN	6
Mariem GLASBERG	48	Salomón RATER	3 1/2	Divora HOFFMAN	4
Chaskel GLASBERG	25	Iosef BALLAN	40	María HOFFMAN	6 1/2
Pachel GLASBERG	17	Chaje BALLAN	24	Simón BOLCHOVER	38
Ioseph GLASBERG	15	Esther BALLAN	21	Chaye BOLCHOVER	36
Benjamín GLASBERG	13	Markus BALLAN	20	Perl BOLCHOVER	15

Hirsch Bolchover	7	Abraham Braunstein	32	Wolf Palatnik	20
Israel Bolchover	2	Baba Braunstein	28	Rosa Palatnik	17
Jane Bolchover	11 1/2	Ber Braunstein	7	Divora Palatnik	15
Baruch Roñis	28	Guitel Braunstein	4	Levin Palatnik	10
Zipora Roñis	26	Israel Braunstein	2	Rebeca Palatnik	2
Sara Roñis	2	Salomón Papitz	28	Abraham Palatnik	4 1/2
Chaye Roñis	6 1/2	María Papitz	25	Meyer Kilbarg	38
Hirsch Feinsilber	36	Czaine Papitz	4	Rachel Kilbarg	36
Michalla Feinsilber	26	Lea Papitz	3	Alter Kilbarg	8
Abraham Feinsilber	10	Salom Papitz	10 1/2	Iacob Kilbarg	4
Salomón Feinsilber	5	Simón Kaufman	46	Rosa Kilbarg	3
Moses Iegelnitzer	50	Leiser Kaufman	22	Isaak Kilbarg	43
Samuel Iegelnitzer	25	Sofie Kaufman	19	Idesh Josch	42
Chane Iegelnitzer	22	Chasie Kaufman	39	Samuel Josch	20
Isaak Iegelnitzer	24	Baba Kaufman	13	Godel Josch	16
Leybe Iegelnitzer	7	Ianke Kaufman	14	Chaim Josch	12
Manasse Iegelnitzer	3	Leyb Kaufman	10	Esther Josch	10
Divora Iegelnitzer	11 1/2	Guita Kaufman	8	Guittel Josch	5
Brania Iegelnitzer	11 1/2	Nisel Kaufman	6	Selde Josch	3
Fischel Iegelnitzer	23	Ita Kaufman	4	Leiser Braher	32
Keyle Iegelnitzer	20	Peretz Kaufman	2	Frometi Braher	30
Salomón Tisenbaum	46	Ischer Grinberg	33	Calman Braher	8
Slowa Tisenbaum	46	Braun Grinberg	28	Saul Braher	3
Isaak Tisenbaum	19	Chaje Grinberg	8	Hittel Braher	9 1/2
Scheiwe Tisenbaum	19	Naftule Grinberg	5	Israel Kaufman	18
Bela Tisenbaum	18	Daniel Grinberg	1 1/2	Gabriel Reich	25
Elías Tisenbaum	16	Scheine Grinberg	5 1/2	Esteher Reich	19
Moses Tisenbaum	12	Abraham Schechtman	28	Iochanan Malamud	40
David Tisenbaum	10	Charne Schechtman	26	Thomas Malamud	18
Leiser Cutenberg	37	Henne Schechtman	50	Hirsch Malamud	11
Rachel Cutenberg	30	Guittel Schechtman	18	Moses Malamud	20
Israel Cutenberg	4	Rebeca Schechtman	9	Pinkus Caufman	30
Osias Cutenberg	1	Moses Schechtman	7	Iacob Bar	15
Isaak Zagener	51	Ite Isacson	18	Nachim Fistel	34
Liwscha Zagener	49	Simón Schneiderman	28	Iosef Bar	22
Leyba Zagener	20	Rebeca Schneiderman	25	Ende Fistel	24
Moses Zagener	26	Esther Schneiderman	1 1/2	Life Fistel	8
Guite Zagener	25	Abraham Segal	31	Esther Fistel	4
Ioseph Zagener	4	Feige Segal	24	David Silberman	49
Chaye Zagener	2	Moses Segal	7	Iacob Silberman	30
Samuel Zagener	3 1/2	Salomón Segal	5	Lea Silberman	38
Israel Zagener	50	Ettel Segal	2 1/2	Gitya Silberman	28
Chacob Zagener	16	Marcos Palatnik	50	Abraham Silberman	19
Sima Zagener	9	Etke Palatnik	38	Sinka Silberman	20
Arón Zagener	24	Simón Palatnik	26	Shimshan Silberman	77
Heive Zagener	22	Leyba Palatnik	22	Taba Silberman	16

Beila SILBERMAN	14	Iosef KOHN	2 1/2	Ranie CARN	6 1/2
Moses SILBERMAN	2	Arón IWITZ	44	Haskel CARN	28
Buchlya SILBERMAN	6 1/2	Sure IWITZ	36	Chaie CARN	3
Hirsch MAKLER	37	Feige IWITZ	19	Basse CARN	11 1/2
Gillja MAKLER	36	Markus IWITZ	18	Ethi CARN	28
Malka MAKLER	16	Benit IWITZ	13	Schile CARN	4
Liba MAKLER	14	Leib IWITZ	7	Sore CARN	3
Fissel MAKLER	12	Nissen REDEL	22	Hirsch Leib CARN	46
Efraim MAKLER	10	Leie REDEL	22	Leie CARN	35
Berl MAKLER	9 1/2	Mirke REDEL	3	Menasche CARN	17
Mendel MALAMUD	42	Itzik REDEL	1 1/2	Ester CARN	10
Lea MALAMUD	40	Simón KAHN	1 1/2	David CARN	3
Inda MALAMUD	18	Hirsch REDEL	58	Isaak RAUSCH	40
Mordka MALAMUD	14	Feige REDEL	56	Leie RAUSCH	38
Kiva MALAMUD	10	Moses REDEL	18	Anschel RAUSCH	11 3/4
Israel GOTFRIED	38	Mirke REDEL	34	Golde RAUSCH	13
Wolf GOTFRIED	9	Sure REDEL	15	Mordke STERMAN	42
Arón GOTFRIED	5	Chaie REDEL	13	Chaie STERMAN	41
Perle GOTFRIED	2	Reise REDEL	5 3/4	María STERMAN	16
Abraham ROSENBERG	45	Machle REDEL	3	Rifke STERMAN	8
Szendla ROSENBERG	30	Haskel REDEL	30	Malke STERMAN	10
Szmaja ROSENBERG	8	Perle REDEL	28	Alter STERMAN	2
Shapsa ROSENBERG	2	Chaie REDEL	5 3/4	Leib STERMAN	25
Mordka SASULA	30	Basse REDEL	2 1/2	Charne STERMAN	22
Ita SASULA	39	Chaie REDEL	1 1/4	David STERMAN	8 1/2
Berko SASULA	5	Ekeivet REDEL	36	Moses FRIEDMAN	25
Iacob SASULA	16 1/2	Ioseph REDEL	16	Slotke FRIEDMAN	24
Burik SIEGEL	40	Menasche REDEL	10	Feige FRIEDMAN	6 1/2
Leib GLASS	26	Golde REDEL	2	Rachel FRIEDMAN	3
Sure GLASS	22	Markus REDEL	6	Israel FRIEDMAN	6 1/2
Chaie GLASS	50	David REDEL	8	Moses ROSENSTEIN	48
Leib KOHN	30	Rose GOLDMAN	35	Masche ROSENSTEIN	40
Feige KOHN	26	Arón GOLDMAN	36	Simón ROSENSTEIN	18
Iacob KOHN	3	Fischel GOLDMAN	13	Israel ROSENSTEIN	13
Nissen KOHN	9 1/2	Hirsch GOLDMAN	11	Markus ROSENSTEIN	10
Efraim KOHN	53	Rifke GOLDMAN	8	Schendel ROSENSTEIN	6 1/2
Reize KOHN	50	David GOLDMAN	7	María ROSENSTEIN	3 1/2
Ides KOHN	18	Iser GOLDMAN	3	Feige MONZC	38
Uhde KOHN	17	Safl GLASER	46	Iente MONZC	18
Malke KOHN	15	Basche GLASER	17	David MONZC	14
Ber KOHN	18	María GLASER	15	Salomón MONZC	13
Burck KOHN	10	Simón GLASER	12	Elje MONZC	10
Moses KOHN	9	Ranie GLASER	10	Scheine MONZC	6 1/2
Samuel KOHN	25	Gitel GLASER	5	Hirsch MONZC	4
Samuel KOHN	30	Hudel CARN	28	Ber SCHLIEMAN	40
Guitl KOHN	30	Sara CARN	27	Ber SCHLIEMAN	20

Shmelka SCHLIEMAN	18	Israel HOFFMAN	9	Charne VAINSHELBAUM	50
Moses SCHLIEMAN	22	Vitye HOFFMAN	4	A. VAINSHELBAUM	50
Shandel SCHLIEMAN	17	Iacob HOFFMAN	19	S. VAINSHELBAUM	25
Scheine SCHLIEMAN	15	Rachel HOFFMAN	19	Iente VAINSHELBAUM	25
Hirsch SCHLIEMAN	9 1/2	Schmul Leib HOFFMAN		Iacob VAINSHELBAUM	8
Abraham SCHLIEMAN	7	Devora HOFFMAN	26	Arón VAINSHELBAUM	8
Hirsch HOFFMAN	50	Iosef HOFFMAN	5 1/2	Isaak VAINSHELBAUM	24
Welge HOFFMAN	48	Hirsch ZIWEK	19	Iacob VAINSHELBAUM	2
Benzin HOFFMAN	16	Israel VAINSHELBAUM	50	A. VAINSHELBAUM	6 1/2
Salomón HOFFMAN	14				

NÓMINA DE LAS OCHO FAMILIAS ISRAELITAS LLEGADAS AL PAÍS EN EL AÑO 1888, ENVIADAS POR LA *ALLIANCE ISRAELITE UNIVERSELLE*

LAZARUS	SCHWARTZ	FELDMAN Simón
VOFSI Simón	GLUCKMAN Simón	MOSDEN Kusiel
VAISMAN Idel	OPINO	

APÉNDICE II*

CUADRO 21

Inmigración total neta e inmigración judía neta a la Argentina

AÑO	INMIGRACIÓN TOTAL NETA [A]	INMIGRACIÓN JUDÍA NETA [B]	POBLACIÓN JUDÍA TOTAL [B]	AÑO	INMIGRACIÓN TOTAL NETA [A]	INMIGRACIÓN JUDÍA NETA [B]	POBLACIÓN JUDÍA TOTAL [B]
1888	138.790	50	1.572	1910	211.246	6.680	
1889	220.260	1.000		1911	109.478	6.378	76.385
1890	30.375	200		1912	213.204	13.416	
1891	-29.835	2.850		1913	143.288	10.860	
1892	29.441	476		1914	-59.396	3.693	
1893	35.624	743		1915	-64.488	606	
1894	39.272	2.890		1916	-50.145	326	
1895	44.169	1.763		1917	-30.977	269	
1896	89.284	374		1918	-8.407	126	
1897	47.686	607		1919	12.170	280	
1898	41.654	1.230		1920	39.781	2.071	130.901
1899	48.842	562		1921	65.753	3.908	
1900	50.485	1.966	17.795	1922	103.393	6.484	
1901	45.700	1.885		1923	160.799	13.701	
1902	16.653	826		1924	114.053	7.799	
1903	37.895	334		1925	75.277	6.920	
1904	94.481	3.359		1926	90.462	7.534	
1905	138.850	7.516		1927	111.878	5.584	
1906	198.397	13.880		1928	86.182	6.812	
1907	119.861	4.301		1929	86.221	5.986	
1908	176.080	5.444		1930	73.417	7.805	229.605
1909	140.640	8.865					

FUENTES: [A] República Argentina, Dirección General de Estadística, varios años. Las cifras incluyen el tránsito a y de ultramar y Montevideo. Hasta 1909 sólo se incluyen los pasajeros de segunda y tercera clase. De 1910 en adelante se incluyen también los de primera clase.
[B] Simón Weill, *Población Israelita en la República Argentina*, Buenos Aires, 1936, págs. 28 y sig.

* Véase capítulo 4

APÉNDICE III*

CRONOLOGÍA DE LOS PRINCIPALES EVENTOS EN LA EDUCACIÓN JUDÍA EN BUENOS AIRES, 1891-1957

Elaborada por Efraim Zadoff

1891   Talmud Torá (T"T): escuela tradicional y religiosa con enseñanza de materias generales y judías, Asociación Poalei Tzedek. Luego Talmud Torá Horishono —ashkenazí.

1895   Escuela elemental de la Congregación Israelita de la República Argentina (CIRA).
Escuela en Moisesville establecida por los colonos. Luego con el apoyo de la Jewish Colonization Association (JCA).
Escuelas de la JCA en diversas colonias: Mauricio, Clara, San Antonio y luego en todas las otras.

1906   T"T Doctor Herzl.
T"T de la Asociación Sionista Doctor Herzl.

1908   T"T Linat Hatzedek

1911   Establecimiento de la red escolar Cursos Religiosos por la JCA y la CIRA.
T"T en el barrio de la Boca —oriundos de Siria.

1912   T"T Agudat Israel en el barrio de Paternal (entonces Bella Vista) —ashkenazí.

1914   T"T de la Asociación Comunidad Israelita Sefaradí (recién fundada).

1915   T"T Or Torá en el barrio de Barracas —oriundos de Damasco.
T"T Agudat Dodim en el barrio de Flores —oriundos de Damasco.

1916   La JCA cancela su apoyo a las escuelas en las colonias y cede sus edificios y todo el inventario al Estado.

1917   Formación del Comité Central para la Educación Hebrea en la Argentina que asimila a los Cursos Religiosos.
Establecimiento de las primeras dos escuelas laicas en Buenos Aires: de la Asociación Racionalista (anarquistas) y la escuela Moshe Hess de Poalei Sion.
Fundación de la Organización de Maestros Hebreos.

1920   Primera huelga de maestros en demanda de mejoras laborales y pedagógicas.
Organización de Escuelas Borojov, de Poalei Sion, —idishistas.
Folks Shul Rat de padres y maestros, que establece durante los años 20 más de cinco escuelas idishistas.
T"T Bene Zion —comunidad sefaradí y oriundos de Rodas, en la calle Maipú.

1922   T"T de la Comunidad Iesod Hadat del barrio del Once, recién establecida —oriundos de Alepo.
Organización de Escuelas Obreras (Arb-Shul-Org), establecida por simpatizantes del comunismo escindidos de Poalei Sion de izquierda.
La Chevra Kedusha (sociedad religiosa de entierros y asistencia) Ashkenazí apoya por primera vez a una escuela (T"T Max Nordau).

1923   La T"T de los Cursos Religiosos en Avellaneda se transforma en la escuela hebrea moderna Tarbut.

1924   Escuela Bildung un Arbet (Educación y Trabajo) del partido socialista Bund.
Jardín de infantes establecido por la Asociación de Mujeres Hebreas.

1928   Reorganización de la escuela hebrea en Avellaneda bajo el nombre J. N. Bialik.
Escuela idishista Zalman Reizen en Avellaneda.
Escuela y jardín de infantes hebreos en el barrio de Once, Casa Sionista de Buenos Aires.
Por vez primera utiliza una escuela los servi-

---

* Véase capítulo 7

cios de un ómnibus propio para transportar alumnos de diversos barrios.

T"T Hatikvá —religiosa sionista de la Comunidad Jerusalem de oriundos de Palestina.

Escuela J. N. Bialik —idish-hebrea y sionista en el barrio de Villa Crespo.

1929 Escuela secundaria integral Albert Einstein, se cierra a los pocos meses.

1931 Asociación de Escuelas Israelitas Laicas, establecida por simpatizantes del Bund —idishistas.

1932 Escuela I. L. Peretz idish-hebrea, establecida en Villa Crespo en forma particular por el maestro Iehoshúa Preide.

Julio: La Sección Especial de la Policía Federal clausura las escuelas del Arb-Shul-Org y las escuelas Borojov, por considerarlas comunistas.

1933 Enero: Primer encuentro de maestros de todo el país en Buenos Aires.

Abril: La Asociación de Escuelas Israelitas Laicas establece el primer jardín de infantes en idish.

1934 La Organización Central de Escuelas Laicas Israelitas —ZVISHO— fundada por Poalei Sion de izquierda y simpatizantes, establece las escuelas Sholem Aleijem, la primera en el Once y la segunda en Villa Crespo.

Organización de Escuelas Israelitas Populares, establecida por simpatizantes del comunismo.

1935 Organización Shul Kult para la Educación Nacional Judía en la Argentina, establecida por Poalei Sion de derecha y Tzeirei Zion.

Escisión en la Organización de Maestros entre hebraístas e idishistas de izquierda.

Abril: Primera escuela de la Organización de Escuelas Israelitas Populares.

Julio: Primera reunión del Consejo Central para la Educación Nacional Judía de la Chevra Kedusha (Vaad Hajinuj). Colaboran: Chevra Kedusha, Federación Sionista, Shul Kult, Organización de Maestros Hebreos.

1936 Publicación del primer reglamento del Vaad Hajinuj para las escuelas adscriptas.

Noviembre: En la red ZVISHO funcionan cinco escuelas.

Diciembre: Crisis financiera y huelga de maestros en ZVISHO por falta de pago de salarios.

1937 Abril: Se publica el primero de los diecisiete números aparecidos de *Dertziung*, vocero del Vaad Hajinuj.

Mayo: Clausura de siete escuelas de la Organización de Escuelas Israelitas Populares por la Sección Especial de la Policía Federal, por ser sospechosas de difundir ideología comunista.

1938 Formación del Consejo de Maestros para el Keren Kaiemet.

Setiembre: El gobierno argentino impone la inspección del Consejo Nacional de Educación sobre todas las escuelas de idioma y religión que no imparten la enseñanza obligatoria, entre ellas las judías. Muchas de estas escuelas son clausuradas; reinician su labor tras haber sido refaccionados sus edificios y adecuado su funcionamiento a las exigencias sanitarias y administrativas imperantes.

Octubre: ZVISHO se incorpora al Vaad Hajinuj aceptando sus exigencias programáticas y administrativas.

1939 Enero: Primera convención de la organización unificada de maestros.

T"T Haclalis, de religiosos ortodoxos.

La T"T Iesod Hadat pasa a un nuevo edificio. Fracasa el intento de ampliar los estudios más allá de la Biblia y los rezos, por oposición de los padres.

Noviembre: La escuela Zalman Reizen se incorpora al Vaad Hajinuj.

1940 Comienzos de la década: Nuevos estatutos del Vaad Hajinuj que reflejan la transformación de la Chevra Kedusha en la Asociación Mutual Israelita Argentina (AMIA), un reforzamiento en su posición dentro del Vaad Hajinuj y el debilitamiento de las escuelas. Se amplía el marco ideológico, para permitir el ingreso de las escuelas izquierdistas no sionistas.

Abril: Seminario para Maestros Hebreos

fundado por el Vaad Hajinuj con el apoyo de la Chevra Kedusha.

Se abren dos escuelas del ICUF —simpatizantes de los comunistas— en Villa Lynch (I. L. Peretz) y en el barrio de Villa del Parque (Jaim Zhitlowsky).

Escuela de la Asociación Religiosa Concordia Israelita —oriundos de Alemania—, de orientación religiosa ortodoxa.

1942   La escuela de la Asociación de Escuelas Laicas Israelitas del Once se incorpora al Vaad Hajinuj aceptando sus exigencias.

Inauguración del edificio de la escuela Sholem Aleijem de Villa Crespo, el primero construido expresamente para servir a una escuela ashkenazí.

Escuela primaria A. D. Gordon, establecida por el Vaad Hajinuj con el auspicio de la Chevra Kedusha, para servir como escuela modelo, al lado del Seminario para Maestros. Funcionó hasta 1945.

1943   Establecimiento de dos escuelas de la Nueva Comunidad Israelita —oriundos de Alemania—, de orientación religiosa liberal.

La escuela de la Asociación de Escuelas Laicas Israelitas de Paternal se incorpora al Vaad Hajinuj.

1944   Julio: El Consejo Nacional de Educación congela el trato de los expedientes de las escuelas judías, renovándolo en mayo de 1945.

La escuela Zhitlowsky del ICUF se incorpora al Vaad Hajinuj.

1945   Instituto Superior de Estudios Religiosos Judaicos, con el patrocinio de la CIRA, con internado, para alumnos del interior. Su objetivo es la capacitación de docentes y funcionarios para el culto.

Abril: Federación de Talmudei Torá y escuelas idish-hebreas.

Mayo: La escuela I. L. Peretz de Villa Lynch, del ICUF, se incorpora al Vaad Hajinuj.

1946   Febrero: Tras negociaciones entre el Vaad Hajinuj y la Organización de Maestros, se determina un escalafón para el salario de los docentes basado en la capacitación profesio-

nal, la experiencia de trabajo y la antigüedad. La AMIA decide cubrir un tercio de los gastos de las escuelas en el personal docente. Representantes del ICUF ingresan en las directivas de la AMIA y de la DAIA.

Junio: Inauguración de un nuevo edificio de la escuela Sholem Aleijem de Villa Crespo. En esta ocasión se reúnen dirigentes de ZVISHO, ICUF y la Asociación de Escuelas Israelitas Laicas para organizar una comisión conjunta de coordinación para el sector escolar de izquierda de Argentina y Uruguay, que fracasa.

Noviembre: Inauguración del nuevo edificio de la escuela I. L. Peretz, de la Asociación de Escuelas Israelitas Laicas, en el barrio del Once.

1947   Junio: La escuela idish-hebrea del barrio de Paternal (fundada en 1939) se transforma en la Escuela Tel Aviv, de ideología sionista, que durante los años 50 lidera a cuatro escuelas más.

Escisión en el sector religioso al separarse el movimiento sionista Mizraji del movimiento antisionista Agudat Israel y establecer escuelas separadas.

Noviembre: Sanción de la Ley 13.047 del Estatuto del Personal Docente de los Establecimientos de Enseñanza Privada, que influyó también sobre las escuelas judías.

Se considera que el Vaad Hajinuj obtenga personería jurídica y asuma la responsabilidad legal sobre todas las escuelas, haciéndose cargo en forma centralizada de todos los aspectos administrativos. Esta posibilidad fue rechazada por los representantes de las escuelas en el Vaad Hajinuj.

1948   Se inicia la enseñanza del hebreo como idioma nacional independiente en la escuela Sholem Aleijem de Villa Crespo.

Agosto: Primer encuentro del representante de la Agencia Judía para Eretz Israel con representantes de escuelas sionistas, para desarrollar un proyecto educativo comprehensivo conjunto.

Implementación experimental de un curso terciario de estudios judaicos, por inciativa del Instituto de Intercambio Cultural Argentino Israelí de la Embajada de Israel. Más adelante se llamará Hamidrashá Haivrit.
Diciembre: Primera visita de una delegación de maestros a Israel.

1949 La T"T Iesod Hadat abre una escuela incorporada a la enseñanza oficial, para evitar que los niños concurran los sábados a las escuelas oficiales, donde deben enfrentarse con la disyuntiva entre asistir a las clases de religión católica o de la materia "moral".
El Consejo Nacional de Educación congela la entrega de autorizaciones para el funcionamiento de escuelas privadas, renovándola sólo en 1953. Se determina que el cinco y medio por ciento de lo recaudado en la Campaña Unida sea destinado a las escuelas judías.

1951 Ieshivá (escuela superior religiosa) Rabi Itzjak Eljanán, de los movimientos Mizraji y Hapoel Hamizraji. Paralelamente funciona la Ieshivá Jafetz Jaim, de Agudat Israel.
Nuevo edificio de la escuela J. N. Bialik.
Nuevo edificio para las instituciones educativas de Agudat Israel agrupadas bajo el nombre de Heijal HaTorá.
Expulsión de las escuelas del Vaad Hajinuj por negarse a enarbolar la bandera de Israel y entonar el Hatikvá en actos oficiales. Se interrumpe el subsidio de la AMIA. La escuela I. L. Peretz del Once comienza a enseñar el hebreo con pronunciación "sefaradí".
Se inicia la enseñanza de la Biblia en hebreo.

1952 Enero: Primer viaje de capacitación de veinte maestros a Israel por dos meses. Siete de ellos se quedan a completar un año de estudios.
Llegan los primeros docentes enviados de Israel: doctor Moshé Babli —director de la escuela Bialik de Villa Crespo— y doctor Moshé Imanueli, director del Instituto Superior de Estudios Religiosos Judaicos.
Agudat Israel establece un nuevo cementerio en el partido de Berazategui, como represalia por la expulsión de sus escuelas del Vaad Hajinuj.
Setiembre: Federación de Comunidades Israelitas Argentinas (Vaad Hakehilot). Se decide establecer un marco organizativo único para todas las escuelas del país, que incluya al Vaad Hajinuj de Buenos Aires y al Vaad Hajinuj Haroshi del interior.
Diciembre: Expulsión del Vaad Hajinuj de cinco escuelas del ICUF, por negarse sus directivas a adherirse al repudio comunitario a los juicios antisemitas realizados en Praga. El ICUF es expulsado de la DAIA.

1953 Marzo: Cambio de la comisión directiva en la escuela Zalman Reizen, que corta sus relaciones con el ICUF.
Mayo: Seminario para Maestras Jardineras, organizado por Vaad Hajinuj, Vaad Hajinuj Haroshi e IICAI. Su primera directora es Miriam Eshkoli, de Israel.

1954 El Departamento de Educación y Cultura de la Organización Sionista Mundial (OSM) extiende su patrocinio a la Midrashá Ivrit.
Federación de Escuelas Israelitas Laicas Argentinas del ICUF, que agrupa a más de siete escuelas con aproximadamente 2.000 alumnos.
Noviembre: Primer viaje de egresados del Seminario para Maestros, del Instituto Superior de Estudios Religiosos Judaicos y del secundario de la escuela Sholem Aleijem, al Instituto de Capacitación de Maestros Haim Greenberg del Departamento de Educación —OSM—, en Jerusalem.

1955 La escuela T"T Horishono y Doctor Herzl se incorpora al régimen oficial de enseñanza, transfomándose en escuela integral.

1957 Marzo: Tercer Congreso del Vaad Hakehilot y Primer Congreso Territorial de la Educación Judía en la Argentina.
Setiembre: Consejo Central para la Educación Judía —Vaad Hajinuj Hamercazí—, que incluye a los comités existentes, con responsabilidad sobre todas las escuelas judías del país.

APÉNDICE IV*

NÓMINA DE PRESIDENTES DE INSTITUCIONES

Asociación Mutual Israelita Argentina (AMIA)

En 1885 comienzan las gestiones, que llevarían nueve años, para la construcción de la *Chevra Kedusha* (Piadosa Compañía), reconocida en 1894, con la presidencia del rabino Henry Joseph (honorario) y del capitán Luis H. Brie (efectivo). En 1940 se modifican los Estatutos, transformando a la *Chevra Kedusha* en *Kehilá* (Comunidad). El 31 de marzo de 1949 se inscribe formalmente a la institución como AMIA - Comunidad Judía de Bs. As.

1938/41	Sr. David CALLES
1941/42	Sr. Máximo LEWIN
1943/44	Sr. Moisés EDELMAN
1945/46	Sr. Marcos ROGOVSKY
1947/48	Sr. Simón LERNER
1949/51	Dr. Moisés SLININ
1952/53	Dr. Moisés GOLDMAN
1954/55	Sr. Samuel RABINOVICH
1956/57	Dr. Abraham MIBASHÁN
1957/60	Sr. Emilio GUTKIN
1961/63	Dr. Tobías KAMENSZAIN
1963/66	Sr. Gregorio FAINGUERSH
1966/69	Dr. Tobías KAMENSZAIN
1969/72	Sr. Gregorio FAINGUERSH
1972/75	Ing. Chaim RAJCHENBERG
1975/78	Dr. Mario GORENSTEIN
1978/81	Ing. Abraham GRUNBERG
1981/84	Dr. Alberto CRUPNICOFF
1984/87	Ing. Luis PERELMUTER
1987/90	Dr. Hugo OSTROWER
1991/93	Ing. Luis PERELMUTER
1993/96	Dr. Alberto CRUPNICOFF
1996/99	Sr. Oscar HANSMAN
1999	Dr. Hugo OSTROWER.

Delegación de Asociaciones Israelitas Argentinas (DAIA)

1948/54	Dr. Ricardo DUBROVSKY
1954	Sr. Israel NOCICK
1955/56	Dr. Moisés GOLDMAN
1957/58	Sr. José VENTURA
1959/60	Dr. Abraham MIBASHÁN
1960	Dr. Marcos DINER
1961/68	Dr. Isaac GOLDENBERG
1969/70	Ing. Gregorio FAIGÓN
1970/73	Dr. Sión COHEN-IMACH
1973/80	Dr. Nehemías RESNITZKY
1980/82	Dr. Mario GORENSTEIN
1982/84	Dr. Sión COHEN-IMACH
1984/91	Dr. David GOLBERG
1991/98	Dr. Rubén BERAJA
1998	Dr. Rogelio CICHOWOLSKI

Congregación Israelita de la República Argentina (CIRA)

1862/83	Sr. Segismundo AUERBACH
1883/85	Sr. Isaac KRAMER
1885/88	Sr. Achillie LEVI
1888/91	Sr. Simón KRAMER
1891/95	Sr. Achillie LEVI
1895/98	Sr. Luis H. BRIE
1898/99	Sr. Max RECHT
1899	Sr. Rodolfo ORENSTEIN
1899/1900	Sr. Morris GLASER
1900/02	Sr. Moisés SIGAL
1903/04	Sr. Morris GLASER
1904/15	Sr. Luis H. BRIE
1915/18	Sr. Gustavo GLASER
1918/22	Sr. Herman GOLDEMBERG
1922/46	Sr. Max GLUCKSMANN
1946/54	Sr. Roberto MIRELMAN
1954/60	Sr. Max MAZAR BARNET
1960/62	Sr. Adolfo WEIL
1962/64	Sr. Max MAZAR BARNET

1964/66	Sr. Israel ETLIS
1966/70	Sr. Jacobo FEUERMAN
1970/72	Esc. ROSEMBERG
1972/76	Ing. Alberto KLEIN
1976/82	Sr. Abraham NEMIROVSKY
1982/99	Ing. Guillermo POLACK

Seminario Rabínico Latinoamericano

1963/69	Sr. León MIRELMAN
1969/71	Ing. Enrique SCHÖEN
1971/73	Sr. Adolfo WEIL
1973/78	Sr. Rafael ZUCHOWICKI
1978/99	Sr. Mario RYNGLER

Comunidad Bet El

1962/65	Ing. Enrique SCHÖEN
1963/69	Sr. León BERNSTEIN
1969/71	Sr. Adolfo WEIL
1971/73	Sr. Alfredo GOLDSTEIN
1973/77	Sr. Alberto CABABIE
1977/81	Sr. Morris AZAR
1981/85	Cont. Dr. Saúl WEGMAN
1985/88	Sr. Morris AZAR
1988/91	Ing. Adolfo SUCARI
1991/94	Sr. Adolfo WEIL
1995/97	Sr. Daniel CABABIE
1997/99	Sra. Isabel BACHER

Organización Hebrea Macabi (OHM)

1930/32	Sr. José BORTMAN
1931	Sr. Carlos KOTLIAR
1931	Sr. Marcos DINER
1932/34	Sr. Louis DITISHEIM
1933	Sr. José MURMIS
1934/35/	
40/42/45	Sr. Moisés TOFF
1936	Sr. Aarón DUJAN
1938	Sr. Simón KOTLIAR
1946	Sr. Nicolás RAPOPORT

* Véase capítulo 7

1947/50/51 Sr. José Camji
1948/49 Sr. Moisés Goldman
1952   Sr. Felipe Gorenstein
1953   Sr. Salomón Mordcovich
1954/55 Sr. Antonio Klein
1956/57/58/
59/60/61 Sr. Ermindo Dobri
1964   Sr. Israel Nicemboim
1965/69 Sr. David Roizin
1974/75/
76/77/78 Sr. Simón Felenbox
1970/71/72/
73/80/82 Sr. José Furmansky
1984/86 Sr. Gilberto David Frid
1988/89/
80/86/90 Sr. Jacobo Nabel
1990/92 Dr. Bernardo Zabuski
1993/96 Sr. Jacobo Nabel
1996/99 Dr. Bernardo Zabuski

Sociedad Hebraica Argentina (SHA)

1926/27 Dr. Marcos Satanovsky
1927/28 Dr. Manuel Bronstein
1928/29 Dr. Marcos Satanovsky
1929/30 Ing. Delfín Rabinovich
1930/31 Dr. Nicolás Rapaport
1931/32 Dr. Manuel Bronstein
1932/33 Dr. Miguel Palant
1933/35 Dr. Nicolás Rapaport
1935/36 Dr. León Dujovne
1936/39 Dr. José Matusevich
1939/40 Dr. Manuel Bronstein
1940/42 Sr. Juan Winitzky
1942/44 Sr. Simón Mirelman
1944/45 Dr. José Matusevich
1945/46 Sr. Samuel Polack
1946/47 Sr. Juan Winitzky
1947/49 Ing. Israel Dujovne
1949/50 Dr. Eusebio Blinder
1950/56 Cont. Guillermo Cracovski
1956/58 Dr. Marcos Diner
1958/60 Cont. Guillermo Cracovski
1960/64 Dr. Jorge Bruetman
1964/68 Sr. Jacobo Kovadloff
1968/71 Dr. Mario Bendersky

1971/72 Dr. Rodolfo Levin
1976/80 Ing. Saúl Rochwerger
1980/84 Sr. David Fleischer
1984/90 Dr. Mario L. Trumper
1990/94 Dr. Pedro Weisstaub
1994/99 Sr. Gilbert Levy

Club Náutico Hacoaj

1935/39 Ing. Mauricio Schverlij (fundador)
1939/41
1943/45 Dr. David Rubinstein
1941/43 Sr. Bernardo Muller
1945/47 Sr. Juan Malamud
1947/51 Sr. Juan Winitzky
1951/55 Sr. Humberto Minces
1955/59 Sr. Jaime L. Scorofitz
1959/61 Ing. Isaac Glickman
1961/65
1965/67 Sr. Jaime Abramzon
1967/72 Sr. Tobías Morgenstern
1972/76
1976/78 Sr. Alberto Smulevich
1978/80
1984/88 Sr. Roberto Maliar
1988/90 Sr. Juan Ofman
1980/84 Sr. Mauricio Rubins
1984/88 Sr. Roberto Maliar
1990/94 Ing. Mario D. Goijman
1994/98 Sr. Juan Ofman
1998   Sr. Alejandro Filarent

Asociación Israelita Sefaradí Argentina de Beneficencia (AISA)

Reúne a los sectores sefaradíes de lengua árabe oriundos de Alepo, en Siria. Tiene su sede actual en calle Paso 493, barrio del Once, Bs. As.

1924/ 30 Sr. Ezra Teubal
1931/ 32 Sr. Nissim Teubal
1933/ 34 Sr. Elías Teubal
1935/ 36 Sr. Moisés Teubal
1937/ 38 Sr. Gabriel Ini
1939/ 40 Sr. Isaac Heffese

1941/ 42 Sr. Moisés Teubal
1943   Sr. Jacques Mizrahi
1944   Sr. José N. Tawil
1945/ 46 Sr. Gabriel Ini
1947/ 48 Sr. Moisés Teubal
1949/ 50 Sr. Moisés Tawil
1951/ 52 Sr. Ezra Rabih
1953/ 55 Sr. Isaac R. Heffesse
1956   Sr. Gabriel Ini
1957   Sr. Jacques Mizrahi
1958/ 60 Sr. Isaac Tosun
1961/ 62 Sr. Jacobo Touson
1963   Dr. Enrique Hodari
1964   Sr. Isaac Touson
1965/ 68 Dr. Enrique Hodari
1969/ 70 Sr. Jacobo Tosun
1971/ 74 Sr. Iván Betech
1975/ 78 Dr. Enrique Hodari
1979/ 84 Sr. Manuel Mizrahi
1985/ 92 Sr. Roberto Emsani
1993/ 99 Escr. Ricardo Alías Tobal

Asociación Comunidad Israelita Sefaradí de Buenos Aires (ASCISBA)

Reúne a los sefaradíes latino-parlantes oriundos de Turquía, Grecia y los Balcanes. El *Centro Israelita Sefaradí (CIS)* original se transforma a comienzos de la década de 1940, al reunirse con otras instituciones religiosas y asistenciales, en la institución-techo *ACISBA*. Incorpora contingentes de judíos de Yugoeslavia, Bulgaria e Italia. Su templo central funciona en Camargo 870, Buenos Aires.

1914/ 18 Sr. Salomón Guini
1918/ 26 Sr. Moisés Albala
1926/ 28 Sr. Aron Levy
1928/ 32 Sr. Moisés Albala
1932/ 34 Sr. Alberto Gomel
1934/ 36 Sr. Alberto Hazan
1936/ 40 Sr. Moisés Albala
1940/ 44 Sr. Alberto Hazan

1944/ 46 Sr. Elie MODAI
1946/ 52 Sr. José VENTURA
1952/ 58 Sr. Yontov SEMARIA
1958/ 62 Sr. Avram VENTURA
1962/ 64 Sr. Isaac BENSIGNOR
1964/ 66 Sr. José S. VENTURA
1966/ 70 Dr. Jacobo ALJADEFF
1970/ 74 Sr. Isaac HABIF
1974/ 78 Sr. León MODAI
1978/ 80 Sr. Mauricio YABES
1980/ 98 Sr. Osvaldo SULTANI

Asociación Comunidad Israelita Latina de Buenos Aires (ACILBA)

Reúne a los sectores sefaradíes oriundos de Marruecos. Originalmente se llamó *Hesed Veemet* , fundada en 1889 bajo la presidencia del Sr. José Elías Mamán.
La *Congregación Israelita Latina* se funda en 1891, pero recién en 1915 obtiene su personería jurídica. Hacia la década de 1960 la comunidad marroquí contaba con tres instituciones con personería jurídica: la *Congregación*, la *Guemilut Hasadim* y el *Club Alianza*. Se pone en marcha el "Plan Fusión" y recién se logra unificar las tres instituciones en 1976, conformándose de esa manera *ACILBA*. Su sinagoga principal, inaugurada en 1919, se erige en Piedras 1164, Buenos Aires; actualmente ha trasladado el grueso de sus actividades a Jorge Luis Borges 1932, en el barrio de Palermo, Buenos Aires.

1891/93 Sr. Moisés BENZAQUEN
1898/1900 Sr. Abraham BENCHETRIT
1901/02 Sr. José GARCÍA
1906/09 Sr. Salvador LEVY
1910/13 Sr. Salomón AUDAY
1913/14 Sr. Abraham BENCHETRIT
1914/15 Sr. Moisés AMAR
1915/16 Sr. Jacobo BENOLIEL
1916/20 Sr. Alberto BENARÓS
1920/22 Sr. Jacobo BENDAHAN
1922/27 Sr. Jacobo BENARROCH
1927/28 Sr. Jacobo CORIAT
1928/29 Sr. León ESSAYAG
1929/33 Sr. Jacobo BENDAHAN
1933/36 Sr. Vidal GABIZON
1936/37 Sr. Moisés CADOCHE
1937/38 Sr. Jacobo BENDAHAN
1938/50 Sr. Jacobo CORIAT
1950/54 Sr. Alberto BARUGEL
1954/56 Sr. León BENTOLILA
1957/59 Sr. Salomón BENTOLILA
1960/64 Sr. Moisés ABECASIS
          BENASSAYAG
1964/67 Sr. Jacobo ABECASIS
1972/75 Sr. Jacobo ABECASIS
1976/ 83 Sr. David MEHAUDY
1984/ 99 Arq. Joseph Hadida LAREDO

Asociación Israelita Sefaradí Bené Emet- Hijos de la Verdad

Reúne a los sectores sefaradíes de lengua árabe oriundos de Damasco, en Siria. Fundada en 1913. Su sede actual es en Lavalle 2559, barrio de Once, Buenos Aires.

1913/ 21 Salomón HALAC
1921/ 35 Mair Cohen ARAZI

1935/ 37 Efraim JINNO
1937/ 38 Moisés SCHOUA
1938/ 50 Isaac CHAUFAN
1950/ 85 Julio Alberto MASSRI
1985/ 92 Bejor MOHADEB
1993/ 99 Sr. Jacobo MUHAFRA

Federación Sefaradí Latinoamericana (FESELA)

Como su nombre lo indica, la Federación reúne los Comités Nacionales de las comunidades sefaradíes de los distintos países americanos: Argentina, Brasil, Colombia, Chile, Guatemala, México, Miami (EE.UU.), Panamá, Paraguay, Perú, Uruguay y Venezuela. El Dr. José Menascé preside su Comité Ejecutivo y Mario E. Cohen es el Director Ejecutivo de la entidad que, además, posee un Presidente por cada comunidad integrada.

Centro de Investigación y Difusión de la Cultura Sefaradí (CIDICSEF)

Es el "brazo cultural" de las comunidades sefaradíes argentinas, que convoca a los principales intelectuales preocupados por esta temática. Publica la revista *"Sefárdica"*, que tiene como Editor Responsable a Moisés Camji y ha realizado una buena cantidad de investigaciones, cursos y publicaciones sobre la historia y el presente de los sefaradíes en el continente americano.

APÉNDICE V*

ESCRITORES JUDEOARGENTINOS EN CASTELLANO

Esta lista incluye a los casi doscientos escritores estudiados en la *Bio-bibliografía de escritores judeo-argentinos en castellano 1900-1987,* realizada por el Centro de Documentación e Información

* Véase capítulo 9

sobre Judaísmo Argentino Marc Turkow, de la AMIA. Este trabajo fue dirigido por la licenciada Ana E. Weinstein y coordinado por la profesora Miryam Gover de Nasatsky con la colaboración de las investigadoras Susana Galak y Mónica Sifrim. Contó con el asesoramiento Saúl Sosnowski, de la Universidad de Maryland, Estados Unidos, y del doctor Leonardo Senkman, de la Universidad Hebrea de Jerusalem, y con el auspicio del Fondo Nacional de las Artes. En este libro se registra sistemáticamente la obra de dichos autores: biografía, libros publicados, colaboraciones en antologías, publicaciones y lo que se escribió sobre ellos. Constituye un valioso instrumento que permite tener una visión abarcadora y organizada de la variedad, riqueza y heterogeneidad de esta producción literaria.

(Algunos datos faltantes en esta lista han sido completados por Ricardo Feierstein.)

ABSATZ, Cecilia	n. 1943
AGUINIS, Marcos*	n. 1935
ALIBER, Bernardo	n. 1922
ALIBER, Alicia	n. 1926
ALMIRÓN, David	n. 1923
BAJARLÍA, Juan Jacobo	n. 1912
BALLA, Andrés	n. 1921
BALLA, Isabel	n. 1898 - f. 1980
BARNATAN, Marcos	n. 1946
BARYLKO, Jaime	n. 1936
BELSKY, Sara	n. 1936
BENARÓS, León	n. 1915
BENATAR, Asher	n. 1939
BIBBERMAN, José	n. 1901 - f. 1972
BLAISTEN, Isidoro*	n. 1933
BORTNIK, Aída*	n. 1938
BRAILOVSKY, Antonio*	n. 1946
BRONENBERG, Marcos	n. 1903
BUBLIK, Armando	n. 1930

BUDASSOFF, Natalio	n. 1903 - f. 1981
CAHN, Alfredo	n. 1902 - f. 1975
CALNY, Eugenia	n. 1929
CARLISKY, Mario	n. 1903 - f. 1978
CIESLER, Juana	n. 1941
COHEN, Marcelo	n. 1951
CONSTANTINI, Humberto*	n. 1924 - f. 1987
CUPIT, Aron	n. 1912 - f. 1987
CHAPONIK, Héctor A.	n. 1928
CHAS DE CRUZ, Isabel	n. 1904 - f. 1968
CHERNOVETSKY, Valentín	n. 1898 - f. 1971
CHILCHENITZKY, Salomón	n. (c) 1912-f. (c) 1978
CHIROM, Daniel	n. 1953
CHIROM, Perla*	n. 1937
CHUDNOVSKY, José*	n. 1915 - f. 1966
CHULAK, Armando	n. 1927 - f. 1975
DARDICK, Matilde	n. 1925
DI PAOLA LEVIN, Jorge	n. 1940
DIAMENT, Mario	n. 1942
DICKMAN, Enrique	n. 1874 - f. 1955
DICKMAN, Max	n. 1902 - f. 1991
DRAGUN, Osvaldo	n. 1929
DUJOVNE, León	n. 1899 - f. 1984
DUJOVNE ORTIZ, Alicia	n. 1939
EDELBERG, Bettina	n. 1921
EICHELBAUM, Samuel*	n. 1894 - f. 1967
ESEVICH, Aaron	n. 1910 - f. 1988
ESTERKIND, Beatriz	n. 1925 - f. 1977
FEIERSTEIN, Ricardo*	n. 1942
FIJMAN, Jacobo	n. 1898 - f. 1970
FINGUERET, Manuela	n. 1945
FINKEL, Berta	n. 1898
FREIDEMBERG, Daniel	n. 1945
FUTURONSKY, Luisa	n. 1939
GAVENSKY, Marta	n. 1930
GELMAN, Juan	n. 1930
GERCHUNOFF, Alberto*	n. 1884 - f. 1950
GLICKMAN, Nora*	n. 1944
GLUSBERG, Samuel*	n. 1897 - f. 1987
GOLDBERG, Mauricio	n. 1950
GOLDEMBERG, Jorge	n. 1941
GOLOBOFF, Gerardo Mario*	n. 1939
GOURINSKY, Celia	n. 1938
GOVER DE NASATSKY, Myriam E.	n.1937
GRAIVER, Bernardo	n. 1902 - f. 1983
GRIMANI, Santiago*	n. 1925 - f. 1988
GRINBERG, Miguel	n. 1937
GRUMBERG, Carlos*	n. 1903 - f. 1968
GRUSS, Irene	n. 1950

GUCOVSKY, Victoria	n. 1890 - f. 1969
GUTMAN, Daniel	n. 1954
HALAC, Ricardo	n. 1935
HEKER, Liliana	n. 1943
HUASI, Julio	n. 1935 - f. 1987
ISAACSON, José	n. 1922
JERUSALEM, Elsa	n. 1877 - f. ?
JITRIK, Noé	n. 1928
JOBSON, Bernardo	n. 1930
JOSCH DE LEVIN, Berta	n. 1916
KAHAN, Máximo José	n. 1897 - f. 1953
KAMENSZAIN, Tamara	n. 1947
KARDUNER, Luis	n. 1907 - f. 1978
KARGIERMAN, Simón	n. 1926
KARTUN, Mauricio	n. 1946
KIRSCHBAUM, Manuel	n. 1905
KISIELEVSKY, M. Sergio	n. 1957
KISNERMAN, Natalio	n. 1929
KLEIN, Laura	n. 1958
KORDON, Bernardo*	n. 1915
KOREMBLIT, B. Ezequiel*	n. 1926
KOCISE, Gyula	n. 1924
KOVADLOFF, Santiago	n. 1942
KURLAT, Ethel	n. 1914
LASKI, Sofía	n. 1928
LAZER, Natán	n. 1923 - f. 1987
LEONARDO, Sergio	n. 1921 - f. 1989
LIACHO, Lázaro*	n. 1897 - f. 1969
LIBERMAN, Arnoldo*	n. 1933
LIDA, María Rosa	n. 1910 - f. 1962
LIDA, Raimundo	n. 1908 - f. 1979
LIEBERMAN, José	n. 1897 - f. 1980
LIFCHITZ, Clara	n. 1918
LUKIN, Liliana	n. 1951
MACTAS, Rebeca	n. 1914
MALDAVSKY, David	n. 1941
MALINOW, Inés	n. 1922
MENASCHE, Marcelo	n. 1911 - f. 1959
MIRLAS, León	n. 1907 - f. 1990
MIZRAHI, Liliana	n. 1943
MOLEDO, Leonardo	n. 1947
NAROSKY, José	n. 1925
NIRENSTEIN, Mauricio	n. 1877 - f. 1935
ORGAMBIDE, Pedro*	n. 1929
OSTROV, León	n. 1909 - f. 1986
PALANT, Jorge	n. 1942
PALANT, Pablo	n. 1914 - f. 1975
PALCOS, Alberto	n. 1894 - f. 1965
PASAMANIK, Luisa	n. 1930

Pastalovsky, Rosa	n. 1918	
Pavlozky, José	n. 1906 - f. 1988	
Pecar, Samuel*	n. 1922	
Perednik, Gustavo	n. 1957	
Perednik, Jorge	n. 1952	
Perez, León S.	n. 1922	
Pizarnik, Alejandra	n. 1936 - f. 1972	
Plager, Silvia*	n. 1942	
Portnoy, Antonio	n. 1903 - f. 1958	
Rabinovich, José*	n. 1903 - f. 1978	
Ralesky, Arminda	n. 1924	
Rapoport, Nicolás	n. 1884 - f. 1961	
Raznovich, Diana	n. 1945	
Reches, Rubén	n. 1949	
Regen, Jacobo	n. 1935	
Resnick, Salomón	n. 1894 - f. 1946	
Rivera, Andrés	n. 1928	
Roffe, Reina	n. 1951	
Rosemberg, Fernando	n. 1925	
Rosenblat, Angel	n. 1904 - f. 1984	
Rosenfeld, Federica	n. 1914	
Rosenthal, Mauricio	n. 1910 - f. 1971	
Rossenvaser, Abraham	n. 1896 - f. 1983	
Rotzait, Perla	n. 1931	
Rovner, Eduardo	n. 1942	
Rozenmacher, Germán*	n. 1936 - f. 1971	
Samoilovich, Daniel	n. 1949	
Satz, Mario	n. 1944	
Schallman, Lázaro	n. 1905 - f. 1978	

Schapira Fridman, Flor	n. 1930 - f. 1978	
Scheines, Gregorio	n. 1911	
Schnitman, Sara	n. 1906 - f. 1988	
Schopflocher, Roberto	n. 1923	
Schvartzman, Pablo	n. 1927	
Seiguerman, Osvaldo	n. 1930 - f. 1988	
Senkman, Leonardo	n. 1941	
Serebrisky, Hebe	n. 1928 - f. 1985	
Shand, William	n. 1902	
Shua, Ana María*	n. 1951	
Sifrim, Mónica	n. 1958	
Silber, Marcos	n. 1934	
Silberstein, Enrique	n. 1920 - f. 1973	
Simpson, Máximo	n. 1929	
Sinay, Sergio	n. 1947	
Sneh, Simja*	n. 1909 - f. 1999	
Soboleosky, Marcos	n. 1917 - f. 1964	
Sofovich, Luisa	n. 1905 - f. 1970	
Sosnowski, Saúl	n. 1945	
Steimberg, Alicia*	n. 1933	
Stilman, Eduardo	n. 1938	
Sverdlik, Oded (Enrique)*	n. 1939	
Swann, Matilde Alba	n. 1912	
Szichman, Mario*	n. 1945	
Szpumberg, Alberto	n. 1940	
Szwarc, Susana	n. 1952	
Talesnik, Ricardo	n. 1935	
Tarnopolsky, Samuel*	n. 1908	
Tcherkasky, José	n. 1943	

Thenon, Susana	n. 1937 - f. 1990
Tiempo, César*	n. 1906 - f. 1980
Toker, Eliahu	n. 1934
Trilnick, Carina	n. 1944
Valentín, Fernando	n. 1921 - f. 1977
Verbitsky, Bernardo*	n. 1907 - f. 1979
Vinderman, Paulina	n. 1944
Viñas, David	n. 1929
Wainerman, Luis	n. 1945
Wapnir, Salomón	n. 1904 - f. ?
Warschaver, Fina	n. 1910 - f. 1989
Weinberg, Félix	n. 1927
Winderman, José	n. 1896 - f. 1976
Yagupsky, Máximo*	n. 1906 - f. 1996
Yanover, Héctor*	n. 1929
Yurkievich, Saúl	n. 1931
Zipris, Raquel	n. 1924

* Los autores señalados con un asterisco, conjuntamente con Mordejai ALPERSON (1860-1947), Ieoshúa FAIGÓN (1924) y Clara WEIL (1924-1985), integran la antología *Cien años de narrativa judeoargentina: 1889/1989,* Buenos Aires, Editorial Milá, 1990, pág. 416, editada en ocasión de celebrarse el centenario de la Colonización Judía en la Argentina.

APÉNDICE VI*

ESCRITORES JUDEOARGENTINOS EN IDISCH

Alperson, Mordejai*	n. 1860 - f. 1947	
Aisenstein, Iankev*	n. 1906 - f. 1946	
Botoshansky, Iankev*	n. 1895 - f. 1964	
Bisberg, Pinjas	n. 1899 - f. 1969	
Birenboim, Sore	n. 1910 - f. 1978	
Bloshtein, Hirsh	n. 1895 - f. 1987	
Blumshtein, Itzjak	n. 1897 - f. 1963	
Blitz, Tzalel	n. 1909 - f. 1986	
Belgorodsky, Leib	n. 1898 - f. 1959	
Bendersky, Baruj*	n. 1880 - f. 1953	
Brodsky, Aharon*	n. 1878 - f. 1925	
Farber, Jaim Itzjak	n. 1889 - f. 1968	
Farber, Kalmen*	n. 1877 - f. 1951	
Faigon, Bentzion	n. 1880 - f. 1934	

Fain, Jordana (Iardena)*	n. 1917 - f. 1967
Faierman, Aharon	n. 1896 - f. ?
Fiert, Schmuel	n. 1911 - f. 1968
Fisher, Abraham Eliezer	n. 1896 - f. 1983
Flapan, Iankev	n. 1897 - f. 1936
Freilaj, S.*	n. 1898 - f. 1946
Goldberg, Iosl	n. 1905 - f. 1967
Gold, Mari	n. 1914
Goldstein, Moishe, Z*	n. 1900 - f. 1943
Goldstraij, Jaim*	n. 1900
Guiser, Moishe, David	n. 1893 - f. 1952
Glazerman, Schmuel	n. 1898 - f. 1952
Granitschtein, Moishe	n. 1897 - f. 1956
Granievich, Simja*	n. 1906 - f.(c) 1936
Gruzman, Iehuda, Leib	n. 1902 - f. 1961
Grinberg, Berl*	n. 1906 - f. 1961

Gringlas, Schloime	n. 1885 - f. 1925
Hoijman, Baruj	n. 1888 - f. 1948
Helfman, Israel*	n. 1886 - f. 1935
Isaacson, Itzjak	n. 1897 - f. 1963
Katz, Pinie*	n. 1882 - f. 1959
Katz, Moishe	n. 1898 - f. 1955
Koval, Abraham	n. 1908
Konstantinovsky, Menashe	n. 1897 - f. 1958
Konstantinovsky, Moishe	n. 1898 - f. 1972
Koifman, Moishe	n. 1908
Kliguer, Aba	n. 1893 - f. 1961
Kliguer, Kehos	n. 1904 - f. 1985
Krimer-Gutman, Golde	n. 1906 - f. 1983
Lerner, Falik	n. 1903 - f. 1973
Lewin, Boleslao	n. 1908 - f. 1988
Liachovitzky, Iaacov S.*	n. 1874 - f. 1937

* Véase capítulo 9

Mass, Levi-Itzjak* n. 1880 - f. 1929
Margolin, Aharon n. 1892
Moshkovich, Abraham n. 1894 - f. 1968
Milleritzky, Nahon* n. 1900 - f. 1956
Maidanik, Mordje n. 1897 - f. 1973
Minces, Raquel n. 1910
Malaj, Leib n. 1894 - f. 1936
Malamud, Nejome n. 1916 - f. ?
Mendelsohn, Iosif n. 1891 - f. 1970
Merkin, Moishe n. 1888
Okrutni, Josef n. 1906 - f. 1991
Parishevsky, Marcus n. 1891 - f. 1970
Pinzón, Mimi* n. 1910 - f. 1975
Pinchevsky, Moisés n. 1894 - f. 1955
Pschepiurka, Mendel* n. 1895 - f. 1924
Rabinovich, Iosif n. 1903 - f. 1977
Rollansky, Samuel* n. 1902
Rubin, Moshe n. 1856 - f. 1940

Raskovan, David* n. 1881 - f. 1966
Regalsky, Marcos n. 1885 - f. 1959
Suskovich, Schloime n. 1906 - f. 1990
Shafer, Izy* n. 1905
Schtuker-Paiuk, Masha n. 1915 - f. ?
Schusheim, Aron, Leib n. 1878 - f. 1955
Schtraijer, Iankev n. 1885 - f. 1972
Schnaider, Zvi n. 1857 - f. 1933
Senderey, Moishe* n. 1891 - f. 1970
Schpritzer, Avigdor n. 1898 - f. 1952
Trotzky, Elihou n. 1884 - f. 1969
Tzesler, Schmuel n. 1904 - f. 1990
Tzuker, Nehemie n. 1896 - f. 1973
Verblum, Elías n. 1908 - f. 1982
Vital, Noaj (Noé)* n. 1892 - f. 1961
Waserman, Schneer n. 1889 - f. 1982
Wolf, H. n. 1904 - f. 1969
Wasertzug, Zalmen* n. 1904

Zaks, Mendl n. 1897 - f. ?
Zakuski, Aharón n. 1909
Zhitniyzky, Lázaro n. 1894 - f. 1967
Zaid, Abraham* n. 1890
Turkow, Mark* n. 1904 - f. 1983
Wald, Pinie* n. 1886 - f. 1966

Fuente: Mina Fridman Ruetter, en base a la *Antología de la nueva literatura judía en Argentina,* Buenos Aires, 1944, págs. 1-800, publicada por el diario *Di Presse,* y datos propios.
* Los autores señalados con un asterisco integran la antología *Crónicas judeo argentinas/1 (Los pioneros en idish: 1890/1944),* Buenos Aires, Editorial Milá, 1987, pág. 422.

APÉNDICE VII*

Ejecutantes destacados de tango

BANDONEONISTAS
Berstein, Arturo Herman ("El Alemán")
Chulman, Mauricio
Lipesker, Félix
Lipesker, Santos Salomón
Schumacher, José ("El Inglesito")
Spitalnik, Ismael

PIANISTAS
Medovoy, Julio (Jaime Meyer Medovoy)
Nijenson, Miguel (Miguel Nijensohn)
Soifer, Alberto
Sucher, Manuel (Bernardo Manuel Sucher)

VIOLINISTAS
Abramovich, Mario
Abramsky, David
Aszenmil, David
Bajour, Simon (Szymsia Bajour)
Blech, Simon
Broitman, Simon
Ceitlin, Julio
Chernusky, Alberto
Desprovan, Tito (Alberto Besprovan)
Dojman, Jacobo
Dojman, Milo (Samuel Dojman)
Drucarof, Carlos
Finkelstein, Natalio
Friedentahl, Samy

Garnik, Elías
Gisbert, Benjamín
Golfeder, Manuel
Kainosky, Bernardo
Kaplún, Raúl (Israel Kaplún)
Klotsman, Naum
Kutchevasky, Santiago
Leivinsohn, Abraham
Lipesker, Leo (León Lípesker)
Melman, Nathan
Michelson, Saúl
Mise, Mauricio (Mauricio Miseritsky)
Murstein, Elías
Neiburg, Abraham
Prusak, Bernardo
Reznik, Simón
Sapochnik, Pedro
Schiffrin, Leopoldo
Stalman, Bernardo
Stilman, José
Svidovsky, Mauricio
Trotzman, Naum
Tursky, Jaime ("El Chino")

VIOLINISTAS
Selenson, Abraham
Zlotnik, Simón

CONTRABAJISTAS
Baralis, Hugo

Berstein, Luis
Kraus, Adolfo
Kraus, Enrique
Lipesker, Freddy
Stalman, Manuel
Zuckerman, León

GUITARRISTAS
Berstein, Luis
Del Pino, Rafael (Rafael Serfaty)

FLAUTISTAS Y CLARINETISTAS
Lipesker, Santos Salomón
Schneider, Arturo
Slivskin, Jorge

BATERISTA
Munblat, Samuel

ARREGLADORES
Medovoy, Julio (Jaime Meyer Medovoy)
Nijenson, Miguel (Miguel Nijensohn)
Rosemberg, Julio
Spitalnik, Israel
Stalman, Bernardo

Lista confeccionada por Pedro Szylman, en base al libro de Luis Adolfo Sierra: *Historia de la orquesta típica,* Buenos Aires, Peña Lillo editor, 1966.

CRONOLOGÍA:

HISTORIA DE LOS JUDÍOS ARGENTINOS

1860-1900

1860: Primer matrimonio judío en Buenos Aires.

1862: Fundación de la Congregación Israelita, primera institución judía religiosa del país.

1881: Decreto Nº 12.011 del gobierno nacional, que nombra a José María Bustos agente especial para promover la inmigración israelita del Imperio ruso y dirigirla hacia la Argentina.

1882: Henry Joseph, primer rabino reconocido por el gobierno.

1888: Rabí Joseph solicita a Cranwell, intendente de la ciudad de Buenos Aires, terrenos en "los tablones números dos y tres de la sección 16a. del Cementerio General de la Chacarita, destinado a cultos no cristianos, para enterratorio de nuestro culto exclusivamente". Viven en la Argentina unos 1.500 judíos, en su mayoría representantes de las grandes casas comerciales europeas. Llegada de los primeros judíos desde Besarabia, en forma independiente, afincándose en Monigotes (provincia de Santa Fe).

1889: Llegada del vapor *Wesser*, con 120 familias (828 personas) oriundas de Podolia, Rusia: hito que se ubica como el inicio de la inmigración judía organizada a la Argentina. Fundación de Moisesville.

1891: Llegada de numerosos buques con inmigrantes (entre ellos, el más importante, el vapor *Pampa*). La *Jewish Colonization Association* (JCA) decide instalar inmigrantes judíos en la Argentina: las primeras tierras adquiridas son las de la futura Colonia Mauricio (Carlos Casares). Llega el doctor Noé Yarcho (1860-1912), primer médico contratado por la JCA para las colonias de Entre Ríos. Se crea la Congregación Israelita de Buenos Aires (judíos marroquíes). Se funda el *Talmud Torá Harishono* (templo de la calle Paso), primera escuela judía.

1892: Se otorga personería jurídica a la JCA en Buenos Aires. Fundación de las colonias agrícolas Clara y San Antonio, en la provincia de Entre Ríos. La Congregación Israelita de la República Argentina obtiene su personería jurídica, siendo su presidente Achille Lévy.

1894: Creación de la *Chevra Keduscha Ashkenazí* (para la ayuda de los judíos en sus últimos momentos), que luego se transformará en la actual AMIA (Asociación de Mutuales Israelitas Argentinas). Se instala la Colonia Lucienville (Entre Ríos).

1895: En las colonias de la JCA hay 1.222 colonos, según el Censo Nacional. En Moisesville se establece la primera escuela rural.

1896: Creación de la organización *Bikur Joilim* (Unión Obrera Israelita de Socorros Mutuos para Enfermos).

1897: Se funda en Buenos Aires la primera entidad sionista: su presidente, Henry Son, viaja como delegado argentino al II Congreso Sionista, en Basilea, al año siguiente. La Congregación Israelita coloca la piedra fundamental en su Templo de la calle Libertad 785 (20 de junio). Los judíos marroquíes crean la asociación *Guemilut Hasadim* y el cementerio de Avellaneda.

1898: Primeras publicaciones periódicas en idish: *Víder Kol* (El Eco), *Der Idisher Fonograph* (El

Fonógrafo Judío) y *Di Folks Shtime* (La Voz del Pueblo).

1899: La colectividad judía se compone de aproximadamente 16.000 individuos. La inmigración continúa abriéndose paso dentro del territorio.

1900: Creación de la Sociedad Israelita de Beneficencia Ezrah. Se funda la Sociedad Agrícola Lucienville, en Basavilbaso (Entre Ríos).

1901-1920

1901: Colonia Villa Alba, en La Pampa (independiente). La población judía en la Argentina asciende a 19.946 personas. Prosigue la inmigración individual de judíos marroquíes, primera comunidad sefaradita de la Argentina, a la que se irán incorporando judíos provenientes de Siria, Turquía, Rodas y Egipto. Aparece *El Sionista*, primera publicación judía en castellano (J. Liachovitzky).

1902: Se fundan la Sociedad Sionista Jovevei Sión Doctor Herzl y la Colonia Montefiore (Santa Fe), de la JCA.

1903: Se funda una *Kehilá* en Rosario, con el nombre de Comunidad Israelita.

1904: Comienzos del cultivo del girasol en las colonias judías (Mauricio, en Carlos Casares). En Colonia Clara (Entre Ríos) se crea la Cooperativa Agraria Fondo Comunal. Primer Encuentro Sionista Argentino.

1905: Colonia Barón Hirsch, de la JCA. Simón Ostwald, impresor, entrega a la Sociedad Unión Israelita Argentina la escritura de posesión del solar de Pasteur 633, actual sede de la AMIA. Se funda *Shomer Israel* (Sociedad de Protección a Inmigrantes Israelitas), cuyos objetivos son asistencia social y bolsa de trabajo para los recién llegados. La población judía ya asciende a 33.300 personas.

1906: Samuel Halphon es el nuevo rabino de la Congregación. Fundación de las colonias Médanos, en la provincia de Buenos Aires, y General Roca (o Colonia Rusa) en Río Negro (independientes). Judíos en la Argentina: 47.679.

1907: Fundación de la Colonia López y Berro, en la provincia de Entre Ríos (JCA). Se crea la Unión Israelita Argentina.

1908: Fundación de las colonias Curbelo-Moss y Santa Isabel (JCA), en la provincia de Entre Ríos. Se inaugura la primera *ieschivá*. Se edita *Juventud*, primera revista judía en castellano. Miguel Sajaroff (1872-1958), defensor del cooperativismo agrario argentino, es nombrado presidente del Fondo Comunal.

1909: Fundación de la Colonia Narcisse Leven, en la provincia de La Pampa. Se crean el Centro Juventud Israelita (origen de la actual Sociedad Hebraica Argentina, SHA) y el *Idisher Alguemeiner Farand* (Organización Coordinadora de Organismos Proletarios). La JCA funda la Escuela Primaria Nº 146 en la localidad de Rivera (será oficializada por el Ministerio de Educación en 1917).

1910: Aparece *Los gauchos judíos*, de Alberto Gerchunoff. La comunidad judía logra tener un cementerio propio en Liniers.

1911: Fundación de la Colonia Dora (de la JCA), en la provincia de Santiago del Estero. Establecimiento de la red escolar Cursos Religiosos (JCA y CIRA).

1912: Fundación de la Colonia Palmar-Yatay (JCA, en Entre Ríos). Se constituye la Asociación Israelita de Paraná.

1913: Federación Sionista Argentina (sionistas generales). Se crea la Agudath Israelita Sefaradí. Cementerio de judíos damasquinos en Lomas de Zamora.

1914: Aparece *El Diario Israelita* (en idish). Se crea la

Asociación Comunitaria Sefaradí de Buenos Aires (ACIS), de judíos de habla española (templo en calle Camargo 870).

1915: Creación del Asilo de Huérfanos y Ancianos Israelitas.

1916: Se inaugura el primer pabellón del Hospital Israelita y se crea la Liga Israelita Argentina contra la Tuberculosis.

1917: Aparece la publicación *Vida Nuestra*. Primer Banco Israelita Industrial. Formación del Comité Central para la Educación Hebrea en la Argentina. Aparecen las primeras escuelas laicas.

1918: Templo sefaradí en la Argentina (Piedras 1164, Buenos Aires). Aparece *Di Presse* (diario en idish).

1919: Encuesta de *Vida Nuestra* sobre la situación de los judíos en la Argentina, en relación a los sucesos de la Semana Trágica: contestan los más destacados intelectuales del país. La Sociedad de Damas funda el Asilo de Huérfanas Israelitas (calle Arévalo).

1920: Se crea la Sociedad Protectora de Inmigrantes (SOPROTIMIS) y el Comité Central de Ayuda Popular.

1921-1940

1921: Se inaugura el Hospital Israelita (29 de mayo).

1922: Se crean los Comedores Israelitas de Buenos Aires.

1923: Aparición de la publicación *Mundo Israelita* (8 de junio). La Compañía Israelita estrena, en el teatro Orfeón Español, *Tevie el lechero*, de Sholem Aleijem. Cementerio de judíos alepinos en Ciudadela, que cederá parcelas a los ashkenazíes y a los sefaradíes balcánicos y turcos de habla judeo-española.

1924: Aparece el periódico *Rosarier Lebn*, vocero de la colectividad judía de Rosario, fundado por Aarón Schallman.

1925: Albert Einstein visita la Argentina. Se establece La Fraternidad Agraria, entidad coordinadora central de las cooperativas agrícolas. Fundación de la Colonia Louis Oungre (de la JCA), en la provincia de Entre Ríos.

1926: Mitín público en protesta por los *pogroms* en Rumania. Primer Congreso Judío Argentino. Fundación de la Sociedad Hebraica Argentina (SHA).

1927: Fundación de la Organización Hebrea Macabi (que se refundará en 1930). Templo Doctor Herzl (calle Paso).

1928: Primer Congreso sobre Inmigración Judía en la Argentina. Se fundan el Hogar Infantil Israelita Argentino y el Instituto Científico Judío (IWO).

1930: Operativo que pone fin a las operaciones de la *Zwi Migdal* (trata de blancas) en el país. Se funda la *Bnei Berith* en la Argentina.

1931: Aparición del semanario *La Luz*. Se constituye la Organización de Escuelas Judías en la Argentina (Bund, idishistas).

1932: Se inaugura el nuevo templo de la Congregación Israelita de la República Argentina (calle Libertad).

1933: Aparición de la publicación *Judaica*.

1934: La Organización Central de Escuelas Laicas Judías (Zwisho) inaugura escuelas Sholem Aleijem en Once y Villa Crespo. La orquesta de Sam Liberman hace furor dentro de la colectividad.

1935: Creación de la DAIA (octubre), fusión de dos comités dedicados a la lucha contra el antisemitismo. Auge del cantor popular Jevel Katz ("el Gardel judío"). Fundación del Club Náutico Hacoaj (24 de diciembre). Se crea el *Vaad Hajinuj* (Consejo de Educación Judía, para las escuelas de Capital Federal y algunas del Gran Buenos Aires).

1936: Fundación de la Colonia Avigdor, en la provincia de Entre Ríos.

1937: Fundación de la Colonia Leonard Cohen, en la provincia de Entre Ríos. La Congregación Israelita de la República Argentina trae a un rabino conservador (G. Schlesinger) como guía espiritual. Se forma la Confederación Juvenil Sionista, la JKG (Sociedad Cultural Israelita, luego ACIBA) y la Unión de Mujeres Judías de la Argentina (luego CAMI: Consejo Argentino de Mujeres Israelitas).

1938: Primer Congreso Argentino contra el Racismo y el Antisemitismo, realizado en Buenos Aires. Se funda en Buenos Aires la Asociación Amigos de la Universidad Hebrea de Jerusalem.

1940: La *Chevra Kedusha* incluye al *Vaad Hajinuj* y se convierte en AMIA. Se crea el Seminario de Maestros Judíos. Constitución del Consejo Central Sionista Argentino. Se abren dos escuelas del ICUF (simpatizantes comunistas) en Villa Lynch y Villa del Parque.

1941-1960

1941: Fundación de la Colonia Julio Lewin en la provincia de Buenos Aires. Se crea la Escuela Técnica ORT. Se crea oficialmente la rama argentina del ICUF- *Idisher Cultur Farband* (Federación de Entidades Culturales Judías), comunistas.

1942: El gobierno argentino autoriza el ingreso al país de mil niños judíos. Se constituye una Comisión para construir el Asilo Israelita Argentino para Ancianos y Huérfanos; el filántropo José Iturrat dona un terreno, ubicado en Burzaco ("la presente donación me ha sido inspirada por la indignación que en mi espíritu ha provocado la constante y despiadada persecución de que son víctimas todos los israelitas en los territorios ocupados por los totalitarios y que no tiene precedentes en los anales de la historia...").

1943: Se coloca la piedra fundamental del Asilo de Burzaco.

1944: Se crea el Rabinato Central Ashkenazí. Constitución de la comunidad *Lamroth Hakol*, en el norte del Gran Buenos Aires.

1945: Se crea el *Majón Lelimudei Haiahadut* (Instituto de Estudios Religiosos, de la CIRA). Aparición de la revista *Davar*. Se inaugura la Liga Israelita Argentina contra la Tuberculosis.

1946: Atentados contra centros judíos y comunistas. Aparece *El Estado Judío,* semanario del "sionismo general" en la Argentina. Representantes del ICUF ingresan a las directivas de AMIA y DAIA.

1947: Se inaugura el Hogar de Burzaco. Fundación de la Organización Israelita Argentina (OIA), de tendencia peronista.

1948: Aparición del periódico *Nueva Sión*. Fundación del Instituto Judío Argentino de Cultura e Información y de la Cámara de Comercio Argentino-Israelí.

1949: El primer embajador del Estado Judío llega a la Argentina. Proscripción del racismo (art. 26) en la reforma constitucional. Se crea el Comité Pro-Instituto Weizmann. Comienzan las obras del cementerio de La Tablada (11 de diciembre).

1950: Muere Alberto Gerchunoff (n. 1883). Los conscriptos judíos tienen franco autorizado durante *Rosh Hashaná* e *Iom Kipur*. Atletas judeoargentinos participan de la Tercera Macabeada, en Israel (León Genuth, campeón de lucha). Se inaugura el edificio del cementerio de La Tablada. Se constituye la Asociación Amigos del Technión de Haifa.

1951: Aparece el periódico *Nueva Vida,* órgano de la *Gordonia Macabi Hatzair*. Golda Meir visita por primera vez Buenos Aires. A bordo del vapor *Río Santiago* sale para Haifa un importante embarque de la Fundación Eva Perón, destinado a ayudar a inmigrantes necesitados en

Israel. León Genuth es el primer luchador argentino, nacido en el país, que conquista el título de campeón panamericano (hazaña que repetirá en México, en 1953).

1952: La DAIA recuerda a los padres judíos el deber de evitar que sus hijos asistan a las clases de religión que se dictan en todos los establecimientos oficiales de enseñanza. Muere el político radical Moisés Lebensohn (12 de junio). Creación del *Vaad Hakehilot* (Federación de Comunidades Israelitas Argentinas). El ICUF es expulsado de la DAIA.

1953: Acuerdo cultural entre Argentina e Israel (29 de abril). Aparición de la revista *Comentario*. Se funda la Editorial Candelabro. Se inaugura el Instituto de Intercambio Cultural Argentino Israelí (IICAI). Hay audiciones radiales hebreas en Radio Rivadavia, Radio Antártida, Radio Porteña y Radio del Estado. Se construye el templo Max Nordau, en Villa Crespo. Se exhibe en Buenos Aires *Lágrimas de rebeldía*, la primera película totalmente producida en Israel. Censo escolar organizado por el *Vaad Hajinuj*. La Federación Sefaradí "Chalom" inaugura su sede social (Crámer 450, Buenos Aires). Se crea el curso de estudios hebraicos en la Facultad de Filosofía y Letras de la UBA.

1955: Se deroga la enseñanza religiosa obligatoria. Se inaugura en Ezeiza el Bosque Weizmann. Puesta en escena de *Las brujas de Salem*, de Arthur Miller, en idish (Teatro Astral).

1956: Se crea la Organización Sionista Argentina (OSA). Se inaugura la Asociación Pro-Cultura Judía, rama argentina del *Cultur-Congress*.

1957: El *Vaad Hajinuj Hamercazí* centraliza la red escolar judía.

1958: En las elecciones que consagran presidente al doctor Arturo Frondizi son electos los dos primeros gobernadores judíos, ambos en representación de la triunfante UCRI (Unión Cívica Radical Intransigente): el doctor Angel Edelman, como gobernador de Neuquén y el doctor Luis Gutnisky como gobernador de Formosa. Se transmite por Radio Belgrano el Certamen Bíblico. Convención sudamericana del Congreso Judío Mundial en Buenos Aires. Se inaugura el edificio de la escuela secundaria Sholem Aleijem (Serrano 338, Buenos Aires). Número de la revista *Sur* (dirigida por Victoria Ocampo) dedicado a las letras hebreas. Nueva sede de la Organización Sionista Femenina Argentina (Larrea 1225, Buenos Aires).

1959: David Blejer, ministro de Trabajo y Seguridad Social, es el primer judío que integra un gabinete nacional. Nueva sede del *Keren Kayemet LeIsrael* (Corrientes 2294, Buenos Aires). Se inaugura el *Bet Am David Wolfsohn*. La crisis socioeconómica provoca un rebrote antisemita: a las leyendas injuriosas y la propaganda escrita siguen actos de provocación y violencia. Hacia fines del año, una orquestada campaña de pintura de svásticas embadurna todo el país.

1960: El *Vaad HaKehilot* se incorpora al movimiento sionista. Se inaugura la escuela Medinath Israel. Se designa una calle de la Capital Federal con el nombre de Estado de Israel. Atentados e intimidación contra alumnos judíos del Colegio Nacional Sarmiento (es baleado Edgardo Trilnick). Se lleva a cabo en Buenos Aires el secuestro del criminal nazi Eichmann.

1961-1980

1961: Fundación del CASA (Club Atlético Sefaradí Argentino). Se inaugura el nuevo edificio de *Di Presse* (Castelli 330). Desde agosto comienzan nuevamente los atentados antisemitas en serie.

1962: Se crea la Escuela de Instructores y Técnicos

en Trabajo Institucional (EDITTI). Caso Graciela Sirota: una adolescente judía es secuestrada por un grupo nazi, que le graba una svástica en el pecho; la DAIA llama a un paro general de actividades del comercio judío —que obtiene adhesión unánime— contra la ola antisemita. Millares de judíos y no judíos ostentan en sus vidrieras un cartel que dice: "Cerrado como protesta contra las agresiones nazis en la Argentina". Se clausuran once instituciones culturales judías del ICUF, entre ellas el Teatro IFT.

1963: Se constituye en Buenos Aires el Movimiento Sefaradí Sionista. Se inauguran las nuevas oficinas de ZIM-Compañía Israelí de Navegación (Maipú 866). Comienza a publicarse la *Historia de la Literatura Judía*, editada por el *Cultur-Congress* (en idish). Se celebra el 75º aniversario de la colonización judía en el país. Fundación de *Bet-El* (tendencia religiosa conservadora), en el barrio de Belgrano.

1964: Grupos nacionalistas (Tacuara y otros) se embarcan en una "guerra anticomunista" que inician con el asesinato del joven judío Raúl Alterman, denunciando una "conspiración judeo-bolche" contra el país. Inauguración del Seminario Rabínico Latinoamericano en Buenos Aires (calle 11 de Setiembre 1069). Escuela Secundaria Tarbut (Rawson 2682, Olivos). Se crea HORIM (Federación de Clubes de Padres de Escuelas Hebreas). Escuela Mordejai Anilevich (Díaz Vélez 4268, Buenos Aires). Se realiza la Séptima Macabeada Argentina.

1965: Se inaugura la escuela Ramat Shalom. Macabi adquiere su quinta en San Miguel. Se habilita el colegio Talpiot. *Emanu-El* inaugura en Ciudad de la Paz 547, Buenos Aires, el templo de la congregación reformista.

1966: Audiciones dedicadas al mundo judío e Israel en las radios Antártida, América, Municipal y Colonia. Se habilitan las escuelas Natan Gesang (Cangallo 2467) y David Wolfsohn (Amenábar 2972). Casa del Estudiante Moshé Sharett (Córdoba 2524, Buenos Aires), para alojar a estudiantes del interior del país. Se impone el nombre "Estado de Israel" a la escuela primaria No. 6 del Distrito Escolar XVII (Calderón de la Barca 3073). Creación de la Asociación Casa Argentina en Israel-Tierra Santa.

1967: Cursan 2.600 alumnos en las escuelas integrales del *Vaad Hajinuj*, sobre un total de 15.500 estudiantes en la red escolar judía. En el interior del país funcionan 48 escuelas judías a las que concurren 4.000 estudiantes (11 de estas escuelas concentran el 70 por ciento de los alumnos). La primera escuela judía del noroeste argentino es fundada en San Miguel de Tucumán. En el Seminario de Maestros de Moisesville se capacitan muchos de los docentes del interior del país. Profesores y alumnos de la *Midrashá Haivrit* editan *Rimon*, un periódico en hebreo. Inauguración del Museo Judío de Buenos Aires, en la CIRA.

1968: Inauguración de la sala teatral de la Sociedad Hebraica Argentina. Escuela Integral Jerusalem (24 de noviembre 1434). Visita de Golda Meir a Buenos Aires y Semana del Turismo Israelí en Córdoba. Aparición de la revista *Raíces*. Exposición-Feria Israel 1968 (Ayacucho y Libertador). Levy Eshkol, primer ministro de Israel, visita oficialmente el país. La red escolar judía comprende ya a 16.000 alumnos, de los cuales 5.212 cursan en 52 jardines de infantes; 8.967 en 49 escuelas primarias y 2.000 alumnos en 14 colegios secundarios y cuatro academias rabínicas, en Capital Federal y Gran Buenos Aires.

1969: Ben Gurión visita a la República Argentina. El Centro de Estudios Sociales (CES) de la DAIA comienza la publicación de la revista *Indice.* Se inaugura el edificio de Ayacucho 632, Buenos Aires, centro educativo donde funcionarán el Seminario Docente, la *Midrashá*, el Colegio Rambam, el Instituto para la formación de maestras jardineras, la biblioteca central de la colectividad y un teatro. Se realiza Israexpo-69 en el Predio Municipal. Visitas de Itzjak Rabin y Uzi Narkiss. Comienza a publicarse *Semanario Israelita*, órgano bilingüe castellano-alemán. La Unión Mundial del Judaísmo Religioso Liberal inicia la publicación en castellano de *Teshuvá*, revista bimestral dirigida por el rabino León Klenicki.

1970:   Actúa en Buenos Aires la Filarmónica de Israel. Visitas de Shimon Peres y Albert Sabin al país. Según estimaciones del *American Jewish Committe*, en este año viven en el país algo menos de 500.000 judíos (cifra que será abruptamente reducida en estudios posteriores): las comunidades judías más importantes son las de Buenos Aires (380.000), Rosario (15.000), Córdoba (8.000) y Santa Fe (4.000), en su gran mayoría de origen ashkenazí. La población de judíos sefaraditas se estima, a su vez, en 55.000 personas, de las cuales 40.000 son de habla árabe y el resto de lengua española. Hay 36.000 familias asociadas a la AMIA, la institución central de la colectividad, en Buenos Aires. Hundimiento de las cooperativas de crédito (Devoto, Belgrano y otras). Se crea la Universidad Popular Iaacov Zerubabel (UPIZ), para enseñanza parasistemática de adultos, en el edificio central de la red Sholem Aleijem.

1971:   El confeso antisemita Walter Beveraggi Allende (profesor en la Facultad de Derecho) lanza la superchería del "Plan Andinia", una supuesta conspiración judía mundial para apoderarse de la Patagonia. Lo hace en una Carta Abierta a José I. Rucci, secretario gene-

ral de la CGT, que titula *Autodefensa argentina ante la agresión sionista*.

1972:   Se inauguran consultorios del Centro Médico Sefaradí (Tucumán 2667, Buenos Aires). Se establece un convenio para conexión aérea directa Argentina-Israel (entre Aerolíneas Argentinas y El-Al). Se funda el Ente Coordinador Sefaradí Argentino (ECSA), que reúne a todas las entidades sefaradíes del país.

1973:   Nuevo edificio de la Escuela Técnica ORT (Yatay 240). La comunidad Emanu-El comienza a funcionar en su nueva sede de Tronador 1455, Buenos Aires. Visita de Itzjak Navón al país. José Ber Gelbard asume como ministro de Economía de Perón; las calles se llenan de pintadas antisemitas que incluyen su nombre. Se inauguran cursos de idioma hebreo, historia judía y filosofía bíblica judía en la Escuela de Estudios Orientales de la Universidad del Salvador (Buenos Aires, jesuitas).

1974:   Secuestro y asesinato de David Kreiselburd, editor del diario *El Día* de La Plata, presidente de la agencia informativa Noticias Argentinas. Recrudecen los ataques contra Gelbard y contra Jacobo Timmerman por parte de los grupos lopezreguistas del peronismo, que acusan a ambos de formar parte de una "conspiración sinárquica" contra la Argentina.

1975:   El jefe de Prensa de la Universidad de Buenos Aires, bajo el rector fascista Alberto Ottalagano, predica abiertamente el antisemitismo. Creación del Plenario Permanente de Presidentes (PPP), que reúne a directivos de 65 entidades judías para enfrentar la crisis económica. Un artefacto explosivo causa grandes destrozos en el templo de la calle Paso.

1976:   Fundación del Centro de Estudios Judaicos (CEJ) y del Centro Informativo de Israel para América Latina (CIDIPAL). La editorial Acervo Cultural (Abraham Weiss) publica los cinco tomos de Filón de Alejandría y comienza la edición del Talmud en versión bilingüe castellano-hebreo.

1977: Formación de la Federación Argentina de Centros Comunitarios Macabeos (FACCMA), que reúne a centros comunitarios y clubes ashkenazíes y sefaradíes bajo un mismo techo. Creación del Seminario Judaico Sefaradí. Comienza a aparecer el semanario *Nueva Presencia* (H. Schiller), primero como suplemento de *Di Presse* y luego en forma independiente: jugará un destacado papel en el tema de los derechos humanos.

1978: Artefacto explosivo en la SHA.

1979: Aparece *Comunidad*, publicación de la AMIA para sus asociados. Plan de Acción Comunitaria Integral (ACI), para atraer nuevos socios, hasta 66 años, a la *kehilá*. La materia "Formación Moral y Cívica" incluye la necesidad confesional en todas las escuelas; la DAIA pide que se suprima el dictado de la misma (al año siguiente, se modificará el contenido).

1980: Se instituye el 4 de setiembre como el Día del Inmigrante en la Argentina. Primer Festival Juvenil de la Canción Jasídica.

1981-1992

1981: Se crea el Primer Hogar de Ancianos Sefaradí del país.

1982: Durante la Guerra de las Malvinas, los soldados judeoargentinos reciben asistencia religiosa de rabinos que viajan al sur del país.

1983: Festejos de la Primera Semana Sefaradí en la Argentina. Sectores de la comunidad adhieren públicamente a los reclamos por los "detenidos-desaparecidos" (30.000, de los cuales 1.500 eran judíos). El *Nunca más* revela un grado especial de atrocidad en el tratamiento y tortura de muchos ciudadanos judíos reprimidos

durante la dictadura militar. El conjunto de danzas *Darkeinu* festeja en el Obelisco, junto al pueblo argentino, el advenimiento de la democracia.

1984: El Centro de Investigación y Difusión de la Cultura Sefaradí (CIDICSEF) inicia la publicación de la revista *Sefárdica*. La presencia de algunos funcionarios judíos en el gobierno de Raúl Alfonsín da origen a una nueva campaña antisemita, que habla de la "sinagoga radical".

1985: Se impone el nombre de Maimónides a la plaza municipal situada en Córdoba y Uriburu, por votación unánime del Concejo Deliberante de la ciudad de Buenos Aires. La comunidad judía (por medio de sus dirigentes) convoca a representantes de todas las tendencias políticas para reprobar la Resolución 3379 de la Asamblea General de la UN, que equipara "sionismo con racismo".

1986: Manifestaciones antisemitas en una concentración pública de la CGT (marzo): el Consejo Directivo de la central obrera las repudia en un documento. La DAIA gestiona con éxito la modificación de una disposición que impedía a los deudos judíos honrar a sus muertos con la identificación de su credo (a través de la estrella de David) en las secciones necrológicas de los diarios argentinos. Encuentro de intelectuales sobre "Pluralismo e identidad: lo judío en la literatura latinoamericana", auspiciado por la AMIA y la Secretaría de Cultura de la Municipalidad de Buenos Aires. Las ponencias del encuentro constituyen el título inicial de la Editorial Milá, de la Comunidad Judía de Buenos Aires.

1987: Encuentro de los dirigentes comunitarios con el Papa Juan Pablo II. Atentados antijudíos contra la Congregación Sefaradí (Lavalle 2449) y el cementerio de la AISA, en Ciudadela. Acto público multitudinario de la comunidad en Plaza Houssay (noviembre) para reclamar la pronta sanción de una Ley Anti-discriminatoria que castigue toda expresión anti-semita; concurren los principales líderes políticos, gremiales y religiosos del país.

1988: Buenos Aires y Tel Aviv se afilian como "ciudades hermanas". La Editorial Milá publica una colección de cincuenta volúmenes de cultura judía, en tiradas masivas que aparecen semanalmente en los quioscos de todo el país. Congreso de la *Latin American Jewish Studies Association* (LAJSA).

1989: Se celebra el Centenario de la Colonización Judía en la Argentina (1889-1989), con diversos actos que culminan en Moisesville. El criminal de guerra nazi Joseph Schwamberger, comandante de un campo de concentración en Polonia (apresado en Córdoba en 1987) es extraditado a Alemania para ser juzgado. Visita el país el presidente israelí, Jaim Herzog.

1990: La AMIA inaugura la Escuela de Periodismo Nissim Elnecavé, a fin de formar periodistas

para los medios judíos. La *kehilá* de Buenos Aires se debate en una crisis estructural, sobre la que se polemiza en los periódicos comunitarios: ¿cuál será el perfil de la AMIA para los años que vendrán?

1991: Reaparece la revista *Raíces-Judaísmo Contemporáneo* (segunda época). El presidente Menem visita Israel. Primeros cien años de la llegada de inmigrantes a Colonia Mauricio.

1992: El diputado Fernando de la Rúa visita Israel. Apertura argentina de los archivos nazis. Un brutal atentado destruye la embajada de Israel en Buenos Aires, provocando una veintena de muertos y centenares de heridos entre vecinos y transeúntes. El ex presidente Alfonsín visita Israel. Congreso sobre Sefarad 92, en Buenos Aires, coincidiendo con las celebraciones del Quinto Centenario. Se profanan tumbas en el cementerio judío de Mar del Plata. Se crea la Fundación Tzedaká, para responder a la nueva composición socioeconómica de la comunidad judía.

1993- 1999

1993: La Corte Suprema toma en sus manos la investigación del atentado contra la Embajada de Israel, pero la "cajoneará" durante años y no avanzará un solo paso en ella. Organizado por la AMIA, el Vaad Hakehilot y las juventudes de la Organización Sionista Mundial y la Sociedad Hebraica Argentina, miles de adolescentes de todo el mundo realizan la Marcha por la Vida, en Polonia e Israel, recorriendo los lugares de los campos de concentración y terminando su viaje en Jerusalem. En mayo asume el nuevo presidente de AMIA, Dr. Alberto Crupnicoff, y comienza un proceso de reajuste económico.

1994: Fusión del IWO con el Cultur Congres (Asociación Pro Cultura Judía) para aunar esfuer-

zos, lo que incluye la integración de las respectivas bibliotecas. Se efectúan obras de remodelación en la sede de la AMIA, Pasteur 633. La *kehilá* celebra sus cien años de existencia con un acto multitudinario en el Teatro Opera. El 18 de julio, un terrible atentado con un coche-bomba derrumba el edificio y produce una masacre: 86 muertos y centenares de heridos. Como en el atentado a la embajada de Israel, se habla del origen iraní de la operación, pero surgen, también, evidencias de una fuerte "conexión local". Hay temor y confusión en la colectividad ante el ataque más terrible, desde la Segunda Guerra Mundial, contra una comunidad judía. Acto multitudinario de grandes sectores de la sociedad argentina, en repudio de la masacre y solidaridad con las víctimas.

1995: Modificación en la vida cotidiana de la comunidad: ante la posibilidad de nuevos atentados, las instituciones judías son rodeadas con pilotes de cemento y guardias permanentes, creando una difícil situación ante la ciudadanía. La inscripción en escuelas judías logra mantenerse relativamente estable. Se formaliza la creación de Memoria Activa, integrada por familiares y amigos de las víctimas de los atentados a la Embajada de Israel y la AMIA, que cada lunes realiza un acto de protesta y recordación frente a Tribunales. La investigación del juez Galeano avanza muy lentamente y sufre múltiples obstrucciones desde los mismos servicios policiales y de inteligencia. Surgen evidencias de colaboración de "bandas" de la Policía Bonaerense como apoyo logístico a la masacre de la AMIA. El nazi Erich Priebke es extraditado a Italia, donde se lo requiere como criminal de guerra, pero sus vecinos de Bariloche lo reivindican como "un buen vecino".

1996: Asume la nueva conducción de la AMIA, en una lista por consenso que suplanta el acto electoral. Figuran allí el Sr. Oscar Hansman (presidente, de Avodá), el Ing. David Filc (secretario, de *Menorá*, la alianza que responde a Beraja) y el Sr. Sergio Spolsky (tesorero, del partido *Merkaz*, con origen en el judaísmo conservador). Esta conducción colegiada incluye, así, al partido tradicionalmente mayoritario y a representantes de los dos grupos bancarios —Mayo y Patricios— que sostienen económicamente a buena parte de las instituciones. El presidente Menem no recibe a los familiares de las víctimas del atentado, pero sí a figuras de la farándula y el deporte. Comienzan las divergencias con Memoria Activa: en el acto recordatorio del 18 de Julio, Diana Malamud hace fuertes acusaciones a los responsables de la falta de resultados en la investigación. El gobierno nacional entrega a la comunidad un subsidio de 12.000.000 de pesos para ayudar a la reconstrucción; Beraja se opone a recibirlo, pero la AMIA lo acepta. Se denuncia que el ministro de Justicia, Rodolfo Barra, perteneció al grupo nazi Tacuara en su juventud.

1997: Divergencias intercomunitarias sobre la relación con el gobierno y los sectores de poder, en referencia a los atentados. En el acto del 18 de julio, el discurso de Laura Ginzberg es muy duro y provoca una fuerte silbatina de la concurrencia hacia las autoridades nacionales presentes —encabezadas por el ministro Corach— y contra el propio Beraja. División práctica entre ambas instancias: Memoria Activa contratará nuevos abogados para profundizar la querella por el atentado, donde aparecen comprometidos sectores afines al gobierno de Menem. La DAIA formaliza una presentación judicial donde detalla las obstrucciones a la investigación que ha detectado en las propias fuentes policiales y de inteligencia. Violaciones de tumbas en el Cementerio de Tablada.

1998: A comienzos del año se produce el cierre del Banco Patricios, por parte del Banco Central. Se conocen maniobras financieras poco claras y se "esfuman" parte de los fondos del subsidio gubernamental a la AMIA. El Banco Mayo se hace cargo del destruido Patricios pero, a su vez, será clausurado antes que termine el año. Caos financiero en la comunidad, que debe recomponer su estructura de apoyo a las instituciones. Beraja renuncia a la DAIA y, tras un complicado proceso, el Dr. Rogelio Chichowolski es elegido presidente, mientras Avodá y otras agrupaciones se retiran de la institución. Se realiza un Congreso Neonazi en el Colegio Lasalle, frente al edificio que ocupa la AMIA.

1999: El Banco Central cierra y obliga a transferir el Banco Israelita de Córdoba, al parecer sin demasiados elementos de juicio.

En marzo, el Banco Israelita de Rosario debe transferir sus activos al Banco Bisel y, de esta forma, colapsa el resto de la estructura comunitaria de apoyo financiero a instituciones, tal como se utilizó en los últimos años. Renovación de autoridades en AMIA: el Dr. Hugo Ostroner es elegido nuevo presidente. Se completa la construcción del nuevo edificio de Pasteur 633, que reemplaza al destruido por la bomba en 1994. Una Cámara de Casación, integrada entre otros por el juez Bisordi —que fue el responsable de la nula investigación del atentado contra la Embajada de Israel en los primeros años—, absuelve a tres *skinheads* condenados en primera instancia por golpear gravemente al joven Claudio Salgueiro al confundirlo con un judío: entre los fundamentos, señala que las exclamaciones de "muerte a los judíos" que proferían mientras intentaban asesinarlo son sólo un "canto de guerra" no punible. La DAIA solicita al Consejo de la Magistratura el juicio político a los integrantes de esa cámara. A su vez, Rubén Beraja demanda por antisemitismo a Pedro Pov, presidente del Banco Central.

© Daniel Sivak

1993- 1999: años decisivos

Contexto nacional e internacional: globalización
y menemismo. El postsionismo y los intentos
miméticos de la comunidad. Los dos atentados.
La crisis interna: nuevos factores de poder y
derrumbe estrepitoso. Lo que vendrá:
educación, demografía y vida cotidiana.

Epílogo

Es imposible entender la historia mientras se la está viviendo, como afirmaba Henri Lefevbre. Pero difícilmente alguien se equivoque al interpretar que los seis años transcurridos desde la primera edición de este libro (1993- 1999) marcan un cambio cualitativo y de consecuencias impredecibles para el presente y el futuro de los judíos en la Argentina.

En efecto: en ese lapso, no sólo se puso en claro la negligencia de los servicios de inteligencia y policiales, así como del Poder Judicial, para investigar seriamente el terrible atentado contra la sede de la embajada de Israel en la calle Arroyo 910, pleno centro de Buenos Aires, el 17 de marzo de 1992, con su secuela de 22 muertos y centenares de heridos. En los tiempos que siguieron, un nuevo ataque —el 18 de julio de 1994, contra la sede de la AMIA, la institución central comunitaria— dejó otros 86 muertos y más de 200 heridos, repitiendo modos de accionar, desprolijidades e impunidad del anterior atentado.

Nunca en la historia judía en el país —y por primera vez luego de finalizada la Segunda Guerra Mundial— una comunidad judía sufrió ataques de esta envergadura. La primera reacción gubernamental, luego del horror, trató de explicar las masacres (donde, curiosamente, murieron muchos más transeúntes desprevenidos y vecinos que los supuestos destinatarios directos de las bombas, todos inocentes) como producto de un terrorismo internacional ligado al conflicto del Medio Oriente, entre Israel y sus vecinos árabes, y ajeno a este "país de tolerancia" en el extremo del mundo.

Lamentablemente, el correr de las investigaciones puso en claro que a la "conexión local" (integrada por argentinos que posibilitaron y/o cometieron los atentados) se unieron importantes factores de poder para garantizar la impunidad de las personas comprometidas y, sobre todo, emergió en un sector de la ciudadanía un sentimiento prejuicioso hacia los judíos, que se creía enterrado hacía mucho en los túneles de la historia. A la vez, corresponde señalarlo, grandes sectores del pueblo y sus organizaciones repudiaron estos hechos criminales y se encolumnaron junto a la comunidad en la exigencia de esclarecimiento de las horribles masacres.

Los años que siguieron fueron muy complejos. Por una parte, aunque en menor escala, los ataques antijudíos —en especial, profanación de cementerios— se repitieron con especial impunidad, como una burla a las declaradas profesiones de fe pluralista de los encargados de velar por la tranquilidad pública. Por el otro, la "bomba" externa tuvo su correlato en una muy profunda crisis de las instituciones centrales.

Sectores judíos afines a la práctica y la ideología del gobierno de Menem llegaron a los puestos de mando y encaminaron el derrotero hacia un final abrupto y anunciado: la quiebra personal y empresarial de las empresas que representaban, en abierta contradicción con sus funciones públicas y a semejanza mimética del entorno nacional, llevaron a la comunidad a la situación de mayor incertidumbre que haya vivido a lo largo de su historia. Un signo de interrogación planea hoy sobre el futuro, pese a que los anhelos de reconstrucción ética anticipan, según algunos, una perspectiva más optimista para el futuro.

SE DESATA LA TORMENTA

En 1993 se produjo el recambio dirigencial en la institución central —la Asociación Mutual Israelita Argentina (AMIA)— y las nuevas autoridades presididas por Alberto Crupnicoff, del partido *Avodá* y en incipiente alianza con los sectores del judaísmo religioso conservador nucleados en *Merkaz*, comenzaron a aplicar el "reajuste económico" que ya se había implantado en el país, con el gobierno del doctor Carlos Menem, unos años antes. Reducida casi a la mitad la burocracia comunitaria, se efectuaron tareas de remodelación edilicia en la sede del barrio capitalino del Once, y se creó una comisión especial para celebrar el *Centenario de la Comunidad Judía de Buenos Aires*, fundada el 11 de febrero de 1894. A tal fin se organizaron distintas actividades para el curso del año 1994, entre las que se incluyeron:

* Concurso para el diseño del Logotipo del Centenario.
* Publicación de un Libro-Aniversario.
* Torneos deportivos.
* Congreso de Comunidades Judías Latinoamericanas.
* Visita de autoridades israelíes y personalidades judías.
* Programas educativos.

La AMIA invitó a toda la sociedad argentina a participar en estos festejos. En los primeros días de julio, en el Teatro Opera, se realizó el multitudinario acto central de celebración. Miles de emocionados espectadores asistieron al encendido tradicional de velas, la entrega de pergaminos recordatorios a los socios más antiguos, los discursos de rigor y una velada artística con invitados extranjeros (Mike Burstein) y voces locales (Mercedes Sosa). Muchos de los participantes en esa fiesta ignoraban que estaban viviendo sus últimas horas.

A las 9.53 horas de la mañana del 18 de julio de 1994, en el centro de Buenos Aires, una fuerte explosión seguida de un gigantesco hongo de humo y polvo anunciaban el estallido de un coche-bomba en el edificio de siete pisos de Pasteur 633, donde funcionaba la Asociación Mutual Israelita Argentina (AMIA), la Delegación de Asociaciones Israelitas Argentinas (DAIA) y el Instituto Científico Judío (IWO). En apenas segundos, y como resultado de la terrible explosión que afectó las columnas centrales, la parte delantera del edificio —repleto de personas que realizaban trámites de sepelio, buscaban un puesto en la Bolsa de Trabajo o consultaban la biblioteca— se derrumbó.

En medio del pánico, ambulancias, gente corriendo, vidrios rotos que seguían cayendo de las ventanas de los edificios y cubrían toda la calle, los gritos que surgían de la multitud mezclaban historias milagrosas de supervivencia y trágicas casualidades del destino:

"Yo salí de casualidad para hacer una fotocopia en la esquina y me quedé charlando un momento con el librero..."; "Yo tenía que llegar a las nueve y media pero me quedé dormida..."; "Yo me equivoqué al bajar en la estación de subte y por eso me demoré diez minutos..."; "Yo salía para Pasteur y el portero de mi casa comenzó a contarme una historia y me quedé un rato allí..."; "Yo trabajo habitualmente a esa hora en Ayacucho, pero esa mañana llegué a Pasteur y antes de sentarme en mi escritorio decidí ir a la sala de cómputos para verificar algo de mi computadora..."; "Yo estoy siempre a esa hora, pero el día anterior decidí viajar aprovechando las vacaciones de invierno..."

Y también: una madre que acompañó a su hija a la Bolsa de Trabajo, una mujer que salía de hacerse un análisis y pasaba caminando por la puerta, un joven que fue a pagar el entierro de su madre, los vecinos de enfrente, el mozo del bar que traía un café, un obrero que acababa de entrar, la estudiante que iba hacia la Facultad, varios transeúntes... El dolor, la angustia y las preguntas se mezclaban con el estupor.

La onda expansiva afecta a edificios vecinos. Gran cantidad de personas heridas —muchas de ellas de extrema gravedad— son llevadas a diversos centros asistenciales. Se produce el rescate de víctimas por parte de civiles, ambulancias, policías, médicos, socorristas, bomberos, miembros de la SAME (Servicio de Urgencia de la Municipalidad), de la Cruz Roja y de Defensa Civil. Un gran número de voluntarios contribuyen espontáneamente en la atención de los afectados.

El atentado se adjudica a grupos fundamentalistas islámicos, especialmente al *Hizbollá* ("Partido de Dios") del Líbano. El pre-

Pasteur 633: escenario del horror.

sidente Menem habla de pena de muerte para los autores del atentado y conversa telefónicamente con el premier israelí Itzjak Rabin prometiendo el esclarecimiento de los hechos.

El titular de la DAIA, Rubén Beraja, se reúne con el doctor Carlos Menem y le expresa que la impunidad en relación con el antecedente del cruento ataque cometido en marzo de 1992 contra la Embajada de Israel en Buenos Aires "pudo haber actuado como invitación para este nuevo ataque". El presidente dispone el cierre de las fronteras del país y el estado de alerta a todas las fuerzas de seguridad. El gobierno asume la "total responsabilidad" por el atentado y decreta tres días de duelo nacional con banderas a media asta.

Son recibidas decenas de manifestaciones de solidaridad internacional. El edificio de la calle Ayacucho 632 comienza a funcionar como centro de reunión e información sobre las víctimas del atentado, en el lugar donde posteriormente se constituirá la nueva sede de AMIA y DAIA.

El gobierno israelí envía dos aviones con equipo de rescate y personal especializado en tareas de salvamento ante terremotos y demoliciones (cuarenta personas, diez toneladas de equipo y dos perros entrenados en búsqueda de señales de vida bajo escombros). Trabajan día y noche entre las ruinas, buscando posibles sobrevivientes.

El terrible balance del atentado, que se va clarificando con el correr de los días, contabiliza casi un centenar de muertos (entre ellos, veinticinco empleados de la AMIA) y más de doscientos heridos de diversa gravedad. En la destrucción del edificio se incluye la biblioteca del IWO ubicada en el cuarto piso que —entre otros materiales— atesoraba setenta mil libros en idish y castellano, una colección de cien tomos de cultura idish y todo tipo de documentación sobre la presencia judía en la Argentina (con el correr de las semanas, equipos de jóvenes voluntarios lograrán rescatar una parte importante de la biblioteca de entre las ruinas, en la tarea de reconstruir la memoria comunitaria).

El jueves 21 de julio, las instancias centrales de la comunidad judía del país —AMIA, DAIA y OSA— convocan al pueblo argentino a una manifestación en la Plaza de los Dos Congresos, bajo la consigna: *"La auténtica solidaridad es hacer justicia"*.

Durante el acto hablaron el Dr. Alberto Crupnicoff, presidente de AMIA; el embajador de Israel, Itzjak Avirán y el Dr. Rubén Beraja, presidente de la DAIA. El Gran Rabino Shlomó Ben Hamú eleva una plegaria por las víctimas.

Junto a ellos se ubicaron el Presidente de la República Argentina, Dr. Carlos Saúl Menem, y el Cardenal Primado de la Argentina, monseñor Antonio Quarracino; miembros del Gabinete Nacional y de los poderes Legislativo y Judicial, así como dirigentes de partidos políticos y organizaciones sociales.

La concurrencia, bajo una fuerte lluvia, se estimó en ciento cincuenta mil personas. Fueron recibidas adhesiones de diversos puntos del país.

Finaliza la búsqueda de sobrevivientes y la remoción de escombros, pero el tremendo impacto del estallido seguirá conmocionando durante mucho tiempo a la sociedad argentina y a su comunidad judía en particular. En la investigación del hecho colaboran, por especial invitación del gobierno, los servicios secretos de Estados Unidos, Israel y España. No se descarta la posibilidad de que exista una célula de terroristas fundamentalistas con base en la Argentina que, con ayuda de colaboradores vernáculos, haya llevado a cabo el atentado contra civiles inocentes más sangriento, absurdo y aterrador de los últimos años.

Algo cambió en el país

Una *situación-límite* como la vivida en esas semanas permite emerger lo mejor y lo peor. De cada individuo y, por analogía, de la sociedad en la que está inmerso.

Así, junto a conmovedores mensajes y acciones de solidaridad concreta —del hombre de la calle, de instituciones humanitarias, de humildes bomberos o adolescentes sensibles que arriesgan su vida y futuro por un prójimo necesitado—, surgieron a la luz, también, los gérmenes de un prejuicio que se creía desterrado con la llegada de la democracia, un autoritarismo que parece haber calado más profundo de lo imaginado en algunos sectores concretos.

Puede ser el "comunicador televisivo" Bernardo Neudstat que reflexiona, con la sibilina confusión gramatical que caracteriza sus "frasesitas", sobre si no sería conveniente atender la sugerencia de mudar la AMIA hacia Puerto Madero (un sector de la ciudad donde podrían matarse judíos sin molestar al resto de los ciudadanos). O bien, en la pirueta dialéctica del periodista carapintada ("hijo de Neudstat" como lo llamara Fito Páez) que afirma en su programa: "el presidente Menem ya pidió perdón por el atentado. Ahora faltan otros dos perdones: el de la comu-

Los nombres de las víctimas, frente al destruido edificio de la AMIA, claman por "Justicia y memoria".

nidad judía —que, por estar dolida y enterrando a sus muertos, puede excusarse— y el del Estado de Israel, los otros responsables de este acto terrorista" (sic). Sin duda, en la época de Goebbels el señor Daniel Haddad hubiera hecho brillante carrera. Se sabe: los culpables de los atentados antijudíos son los propios judíos, como afirmaba muy seriamente el aparato de propaganda hitlerista.

Quizá por estas y otras anécdotas se ha escuchado a decenas de argentinos preguntarse, después del trágico atentado del lunes 18 de julio de 1994: *¿Dónde estamos viviendo?* ¿Cómo es posible hablar de víctimas "judías" e "inocentes"? ¿Cómo el presidente Menem presenta sus "condolencias" a Israel, por un ataque contra ciudadanos argentinos en pleno centro de Buenos Aires? ¿Es todavía admisible —cuando acaban de cumplirse cien años de presencia institucional judeoargentina— la confusión entre "nosotros y los otros", "judíos e israelíes", "extranjeros y no extranjeros" ciudadanos del mismo país?

LAS DOS ARGENTINAS

La Argentina actual se define como pluralista y multicultural, configuración que adquiere desde mediados del siglo pasado por una política de fronteras abiertas a la inmigración, *idea-fuerza* que posibilitó poblar y desarrollar grandes extensiones de un país rico y casi deshabitado.

Escenario de una confluencia de etnias, religiones y culturas, la "riqueza humana" de los argentinos reconoce, además de las facilidades de la tierra y el clima, las bondades de la mezcla, que han creado una identidad única y, quizá, privilegiada.

Somos protagonistas de un mestizaje cultural creativo y enriquecedor, naturalmente integrado en una experiencia única que araña los límites de la utopía: acumular sin perder particularidad. Ser plurales y, a la vez, rigurosamente contemporáneos.

Pero existe, también, una historia negra: la del prejuicio y la intolerancia, cuyo recorrido está puntuado por una larga serie de actos y declaraciones. Desde el ataque a judíos en 1909, el *pogrom* de la Semana Trágica de 1919, las fuerzas filofascistas del golpe de Estado de 1930 y los años posteriores; la permisividad para el ingreso de centenares, quizá miles, de criminales de guerra nazis al país, hasta las campañas antisemitas de Tacuara y Guardia Restauradora Nacionalista en los años sesenta, el especial ensañamiento contra disidentes de origen judío durante la dictadura militar, los ataques a la "sinagoga radical" de Alfonsín...

El ataque terrorista contra la AMIA parece haber sido concebido desde el exterior (fundamentalistas islámicos, iraníes o libaneses). Pero es prácticamente imposible de ser realizado —tal como sucediera algo más de dos años atrás, en el ataque a la embajada israelí en Buenos Aires— sin una red de apoyo argentina que proveyera logística, inteligencia, contactos, operativos de distracción, lugares para depositar explosivos o armar vehículos... Y no hace falta demasiada imaginación para percibir el accionar de esta red antijudía —invisible a veces, notoria otras— capaz, como lo ha sido en el pasado, de las peores atrocidades.

Un buen ejemplo del "doble discurso" de muchos factores de poder —mediáticos y políticos— lo simboliza la entrevista que el periodista televisivo Bernardo Neudstat le realizara al presidente de la AMIA, Oscar Hansman, electo en 1996, durante el transcurso de su programa *"Tiempo Nuevo"*. Se cumplían dos años del atentado a la mutual israelita argentina y, esa semana de julio, muchas expectativas se condensaron en el encuentro.

Oscar Hansman.

Sentado frente al dirigente comunitario y antes de cualquier otra palabra, Neudstat descerrajó su primera pregunta:

—*¿Usted no es argentino, verdad?*

Hansman, sorprendido, atinó a decir:

—*No, no... no soy argentino. Yo nací en Polonia.*

—*Y, sin embargo, usted ha llegado a posiciones expectantes en la sociedad...*

—*Y... sí.*

—*¿Qué tal lo trataron en este país? ¿Usted tuvo problemas por ser judío?*

—*No, no... Yo... debo decir que siempre he estado cómodo y muy bien en Argentina, pertenezco a este país.*

Después de esta introducción periodísticamente malintencionada, el resto de las apreciaciones sobre la falta de resultados en la investigación del atentado pasó a segundo plano. Y todavía, al finalizar, Neudstat volvió a decir, refiriéndose al reciente nombramiento del menemista de origen sefaradí Elías Jassan como ministro de Justicia:

—*Bueno... ahora ya tienen un ministro de Justicia judío para investigar el atentado. ¿Están conformes?*

La referencia era doblemente irritativa: la presión de la opinión pública había llevado a la renuncia de Rodolfo Barra, operador dilecto del presidente Menem y ex ministro de Justicia, al conocerse sus antecedentes juveniles como integrante de la UNES (Unión Nacionalista de Estudiantes Secundarios), una agrupación adscripta al grupo neonazi Tacuara que, en los años sesenta, asesinó al estudiante judío Raúl Alterman y cometió innumerables agresiones antisemitas. Contado tiempo después, a la luz de las múltiples evidencias que comprometen a sectores policiales y de inteligencia en la "conexión local" del atentado, este diálogo periodístico parece inverosímil. Pero así sucedió.

Hubo y hay dos Argentinas, aunque cueste admitirlo. La primera es mayoritaria, democrática, mestiza e integradora. La segunda es de corte reaccionario e integrista, autoritaria, fanática. País dual en sus expresiones políticas y culturales, una parte de él todavía señala al "otro" como distinto y hasta enemigo.

¿Esta Argentina es la que vivimos y soñamos o nos lo han cambiado? ¿La integración ejemplarizadora de una de las sociedades más libres y abiertas del mundo moderno fue realidad, ilusión, pesadilla...?

Sería más realista admitir la caída del ideal que asegura —para tranquilidad de las buenas conciencias— el triunfo del pluralismo mayoritario contra el integrismo fundamentalista. Habrá que acostumbrarse a convivir con el miedo.

Por eso, el cambio en la percepción del futuro podría resumirse así: *se ha pasado de una convicción a una esperanza.*

La absoluta seguridad sobre un mañana de pacífica integración y enriquecimiento mutuo de las diversas comunidades de origen en la Argentina que vivimos y soñamos se ha transformado, hoy, en una esperanza a realizar, que necesita de nuestra acción.

Confiamos en los años por venir. Pero nadie los asegura para siempre.

DE LO INTERNACIONAL A LO NACIONAL

En el plano de la política internacional, parece haberse iniciado la fase operativa de una guerra no declarada entre el mundo occidental (judeo-cristiano) y el fundamentalismo islámico, con base en Irán e influencias en varios países de Asia, Africa y Medio Oriente (los asesinatos indiscriminados de extranjeros a manos de integristas en Argelia o los turistas masacrados en Egipto son señales del tipo de combate que se espera).

El sistema bipolar Este-Oeste, vigente durante décadas, ha registrado un enorme cambio desde la caída del muro de Berlín. *Hoy vivimos en un mundo sin dos polos claramente opuestos, que convive con una organización económica también distinta: las teorías keynesianas han dejado su lugar a empresas altamente mecanizadas y un paisaje de masivo desempleo.* En este capitalismo salvaje, con su secuela inevitable de marginados del mercado y parias de la sociedad, resurgen los movimientos religiosos más toscos y fundamentalistas para proponerles una identidad posible a estas masas desplazadas.

Esta reorganización sobre bases religiosas, cruzada por los intereses de las empresas multinacionales —que reemplaza agresivamente a las antiguas opciones ideológicas—, lleva a una balcanización de las sociedades posmodernas, corroídas por enfrentamientos internos. En lugar del *melting pot*, la mezcla integradora de etnias y culturas, pretende imponerse la yuxtaposición —y lucha a muerte— entre grupos homogéneos, con base religiosa y en continua rivalidad, sin alternativas de coexistir pacíficamente. La apuesta es a todo o nada.

No hay aquí posibilidad de diálogo o neutralidad, pues los fanáticos van alegremente a la muerte —que les asegura estar sentados a la diestra de Alá en el cielo, según su creencia— y la conversión o modificación de ideas y religiones no es posible.

Trasladado a nuestro país, este conflicto se relativiza y transforma en una contradicción quizá más local, pero no menos trascendente: *la Argentina deberá optar entre la profundización del mestizaje cultural y el pluralismo integrador que le permitió crecer y afianzarse en el mundo; o bien la caída en una pretensión de homogeneidad fundamentalista*, prólogo de una ruta sin destino que, en países como la ex Yugoeslavia, expresa con horror y desgarramiento la elección de la muerte.

Convivir entre iguales, respetando las diferencias, o matarse entre hermanos hasta desaparecer. Ese es el dilema.

Recluir a los judíos argentinos en guetos fue el objetivo segundo (y más importante) de la bomba asesina. La aparente seguridad que brindarían un espacio delimitado y una guardia de seguridad propia no hacen sino repetir, ciegamente, la historia de reclusión y aislamiento de los guetos europeos, primera fase de la experiencia destructora del nazismo.

Los dirigentes comunitarios coincidieron en que la seguridad pública debe ser exigida al gobierno nacional, sin entrar en el juego de "supersecretarías" pensadas para reprimir eclosiones sociales internas, frente al agotamiento del plan económico y los (aún más) duros años de recesión y desocupación que se avecinan.

El antisemitismo no es un problema judío. Es un problema argentino. Aunque afecta especialmente a esta comunidad laboriosa e integrada, deberá ser enfrentado, en bloque, por aquellos ciudadanos que pretenden una Argentina pluralista. Por todos los que formamos el país mayoritario, ese que a veces demora en expresarse, pero que constituye el corazón de la esperanza.

LA CRISIS INTERNA

Alberto Crupnicoff.

Además de urgencias semanales o episodios puntuales de ofensores y humillados, habría que retomar entonces un debate que comenzó a darse hacia comienzos de la gestión Crupnicoff en la AMIA, sobre el contenido y formulación de las instituciones centrales para los años que vendrán.

Esto significa: ¿seguirá existiendo una *kehilá*, una institución centralizada que pueda unificar la idea de "comunidad" en su espíritu integral, con sus aspectos educativos, religiosos, culturales, sociales y de honras fúnebres? O bien: ¿la futura comunidad judeoargentina se dará centros separados, autogestionarios y autosuficientes al estilo congregacional norteamericano, que ofrecerán —en cada barrio, ciudad o provincia— un lugar de reunión y esparcimiento, de conferencias y deporte, para sus afiliados? O, como tercera opción: ¿la *kehilá* se descentralizará, se irá desprendiendo de actividades que podrían focalizarse en otras instituciones como clubes o ateneos (cultura, elenco teatral y coral, movimientos juveniles, incluso coordinación educativa) para convertirse en un modelo pequeño y ágil, acorde con sus posibilidades financieras y dedicado a la ayuda social y las pompas fúnebres según el rito judaico, como lo fue en ocasión de su fundación en 1894?

Son tres modelos. Tres maneras de imaginar la futura comunidad.

A estos planteos es posible, todavía, sumar otros puntos de reflexión: ¿cómo resolver la diversidad de movimientos religiosos (ortodoxo, conservador, reformista) y sus áreas de influencia en cuestiones centrales? ¿Cuál debe ser la relación con el movimiento sionista e Israel? ¿Cómo atraer nuevas generaciones a una vida comunitaria que sólo ofrece trámites de entierro y discursos culposos? En la capital del Brasil, sin ir más lejos, un dirigente institucional comentaba hace poco que su comunidad se "agota biológicamente", ante la ausencia de jóvenes y el natural aumento de las defunciones de los viejos socios. ¿Y aquí?

Las discusiones intercomunitarias —que adquirieron matices personales e ideológicos en el enfrentamiento Crupnicoff (AMIA)/ Beraja (DAIA) se procesaron sobre el telón de fondo de importantes movimientos de reacomodación interna. Desde la composición social de la comunidad —donde sucesivos planes de ajuste neoliberal pulverizaron y empobrecieron la amplia clase media judía, mientras un reducido sector, cercano al gobierno, se enriqueció rápidamente— hasta la actitud a adoptar frente a la inoperancia investigadora oficial y la falta de decisión política para encontrar a los autores de los atentados antijudíos.

Acto frente a Tribunales, a tres años del atentado contra la AMIA.

El surgimiento de Memoria Activa, una agrupación de familiares y amigos de las víctimas de ambas masacres (Embajada de Israel y AMIA), indicó un punto de inflexión. Las reuniones de cada lunes en la Plaza Lavalle, frente al Palacio de Tribunales, se convirtieron en tribuna militante y sin concesiones para exigir justicia, mientras que las autoridades oficiales de la comunidad debían mantener un contacto fluido con las autoridades argentinas. El fuerte discurso de Diana Malamud, de Memoria Activa, en el acto recordatorio del 18 de julio de 1996, señaló las contradicciones con las que chocaban los intentos de averiguar la verdad. Un año más tarde, en la misma fecha, el planteo de Laura Guinsberg, también de aquella agrupación, fue más directo aún y motivó una fuerte rechifla de los miles de asistentes al acto contra las autoridades nacionales que habían concurrido —encabezadas por el ministro de Interior, Carlos Corach— y contra el mismo Beraja. A partir de allí, las relaciones intercomunitarias se enfriaron y las demandas "oficiales" y de "familiares" se encarrilaron por caminos distintos, en una penosa división interjudía.

El punto clave que pudo percibirse, entonces, es que *la comunidad judía se fue menemizando, tanto en sus valores como en sus prácticas políticas.*

Esto implica el reemplazo de un modelo de *kehilá* (comunidad) responsable y preocupada uno por el otro, enfrentando de manera solidaria los problemas y ofreciendo un sentimiento de seguridad y pertenencia a sus integrantes, por otro donde, tras las justificaciones de los problemas económicos (sin duda ciertos), se ha filtrado la tendencia frívola y pragmática que se transmite desde el poder central y que, por mimetismo inconsciente o buscado, domina la cotidianeidad institucional de la vida judía.

La trágica masacre de julio de 1994 profundizó, de manera indirecta y en razón de la nueva situación planteada, esta forma de relacionar política y poder.

Algunos analistas sotienen que esto es tan inevitable como poco novedoso: tanto durante el peronismo como en la dictadura militar, con el alfonsinismo o los radicales de los años sesenta, siempre el *estilo* de la comunidad tendió a parecerse, inevitablemente, a su entorno. Mal podría ahora ser distinto.

Así, el predominio de la Forma sobre el Contenido, del discurso como mero palabrerío alejado de los verdaderos propósitos, corrió parejo con el predominio de nuevos sectores económicos en el panorama de las instituciones centrales, como correlato a la situación general del país.

Lo cierto es que aducidas razones pragmáticas —miméticas con las de orden nacional— llevaron a que individuos vinculados con los sectores financieros tomaran las riendas comunitarias. El proceso, iniciado con Rubén Beraja algunos años antes —presidente de la DAIA y de otra treintena de instituciones comunitarias, además de director del Banco Mayo— se completó con el acceso de Sergio Spolsky, funcionario del Banco Patricios, a la Tesorería de la AMIA, en 1996. La acción combinada de ambas líneas fue letal para las instituciones comunitarias.

En efecto: al mejor estilo desconsideradamente pragmático, Spolsky destruyó prácticamente toda la estructura comunitaria existente (Vaad Hajinuj, Editorial Milá, Contaduría, Personal, Inmuebles), reemplazándola por funcionarios afines. Eso fue posible a través de una sólida alianza con David Filc, secretario de la AMIA y representante del sector berajista, con quien dividió zonas de influencia. Mientras Filc permitió a Spolsky —representante también del partido *Merkaz*, expresión del judaísmo conservador y aliado a *Avodá*— una política de tierra arrasada en la *kehilá*, este último giró ciento ochenta grados su posición y postuló a Beraja para su re-reelección en DAIA.

Trasladado al plano general, esta alianza significó el desplazamiento de los Clubes de Padres de las escuelas judías —donde se reclutaron, tradicionalmente, los activistas comunitarios— y su reemplazo por una línea religiosa verticalista, donde el rabino de cada comunidad "baja línea" en cada lugar. Teniendo en cuenta que sectores del judaísmo ortodoxo, sobre todo sefaradí, apoyaron a Beraja, y que Spolsky provenía de un factor de poder esencialmente de origen religioso conservador, la progresiva "teocratización" comunitaria se transformó en un hecho cierto, tanto en la red escolar como en los medios de comunicación (una radio

Volante distribuido en el centro de Buenos Aires a mediados de 1998.

FM y un canal televisivo de cable, así como programas individuales de radio y TV abierta, de contenido judío, un fenómeno comunicacional sin antecedentes).

El sueño fue efímero. El despertar, violento. Se produce la abrupta caída del Banco Patricios a comienzos de 1998 y, el mismo año, la del Banco Mayo, que lo había absorbido. En esos cierres, así como en los posteriores del Banco Israelita de Córdoba y del Banco Israelita de Rosario en 1999, muchos creyeron advertir la especial inquina del presidente del Banco Central, Pedro Pou, hacia los "bancos étnicos" y contra los de clientela judía en especial, aunque en los dos primeros casos citados se detectaron irregularidades legales. En mayo de 1999, Rubén Beraja demandó por antisemitismo al funcionario Pov.

Rubén Beraja.

Esta sucesión de caídas derrumbó prácticamente todo el esquema de apoyo económico a instituciones del *ishuv*. También quedaron a la luz maniobras financieras, en los casos del Patricios y el Mayo, con depósitos fuera del país y fondos otorgados a amigos y familiares de los dueños del banco. Lo más grave, sin duda, fue la "evaporación" de buena parte de los doce millones de pesos que el gobierno argentino entregara como "subsidio especial" a la comunidad judía (contra la opinión de Beraja y motorizado por sus entonces opositores), para paliar las consecuencias del atentado contra el edificio de la AMIA. Oscuras maniobras del a estas alturas ex tesorero Spolsky licuaron esos fondos entre las obligaciones del Banco Patricios que nunca serían honradas. Para completar el panorama, el tradicional Hospital Israelita entró en una crisis financiera y operativa que amenaza ser terminal.

Este fue el final anunciado de una operación mimética que, de acuerdo con las más caras tradiciones menemistas del entorno, mezcló personajes y negocios públicos con privados, filantropía con fondos bancarios, responsabilidad política con presiones comerciales. Una sensación de indefensión pública e incertidumbre sobre el futuro se sumó, en la expectativa de los judíos argentinos, a la necesidad de reconstruir desde los escombros los cimientos de una nueva comunidad: más pequeña y ordenada, sin sueños de grandeza, acorde con sus posibilidades, las de una clase media golpeada y empobrecida por los sucesivos planes de ajuste del modelo neoliberal.

Embajador Itzjak Avirán.

LO QUE VENDRÁ

El 17 de marzo de 1999 se realizó, en el predio de la calle Arroyo 910 donde se levantara la Embajada de Israel destruida en el feroz atentado de siete años atrás, un acto de recordación. El único orador, el embajador israelí Itzjak Avirán, señaló entre otros conceptos:

* "Hemos tenido que luchar contra la desidia y la inoperancia. ¿Por qué se nos distrajo hablando de *implosión*, si el doctor Levene, presidente de la Corte Suprema de Justicia, enseguida después del atentado firmó un acta que decía lo contrario?"
* "¿Por qué la causa estuvo prácticamente paralizada durante seis años y sólo en este último período se produjeron avances?"
* "Supimos de las malas intenciones de tres supuestos expertos convocados por la Corte, que pretendieron convencer a la opinión pública de que había sucedido una implosión. Voces maliciosas sugirieron que podíamos haber sido nosotros mismos los culpables del atentado."
* "Se sabe que los agentes (de la Policía Federal) afectados a la custodia externa de la embajada no se encontraban en su lugar en el momento del atentado. El día del atentado un patrullero de la comisaría 15a. pasó por enfrente de la embajada segundos antes de la explosión, advirtiendo la ausencia de custodia. Pero no se detuvo ni dio aviso de esta circunstancia. Los policías de ese patrullero alegaron que no se detuvieron por haber sido trasladados por el comando radioeléctrico al Palacio San Martín, a causa de un hurto. Pero el comando radioeléctrico desmintió esa versión."
* "A pesar de estas contradicciones y de estas gravísimas faltas, la Policía Federal nunca realizó sumario administrativo alguno."

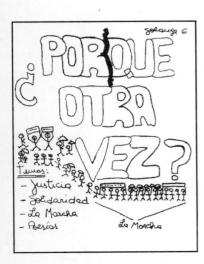

En esta página y las siguientes se reproducen dibujos de niños de la red escolar judía que reflejaron el impacto de la tragedia.

El lenguaje diplomático del embajador israelí redujo a términos concretos las sospechas, más que fundadas, de prácticamente todos los sectores de opinión, en el sentido de que ambos atentados —contra la Embajada de Israel y el edificio de la AMIA— fueron cometidos por una célula local que contó con amplísimos bolsones de complicidad en medios de la sociedad argentina y sus factores de poder. En función del avance del sumario en la Causa AMIA, la propia DAIA presentó ante el juez Galeano, que dirige la causa, una lista fundamentada de una veintena de falsificaciones, extravíos y maniobras para desviar la investigación, embrollarla y llevarla a un punto muerto, lo que originó la apertura de varias causas paralelas por esas denuncias. [1]

Los hechos recogidos por la prensa y los periodistas independientes, varios años después, son tan categóricos que no admiten lugar a dudas:

* La custodia de la Policía Federal fue "retirada" o "no se encontraba en su lugar" en ambas ocasiones, sin razones valederas, lo que posibilitó que no sufrieran daño alguno.

* El primer informe que la Policía Federal le entregó al entonces ministro de interior José Luis Manzano no sólo afirma que el atentado contra la embajada de Israel fue producto de una implosión, sino que además sostiene que todo ocurrió por el estallido de un arsenal existente dentro de la representación diplomática. Además, acusa a los israelíes de esconder víctimas y sugiere la existencia de un plan judío para colonizar el sur del país, un viejo y conocido recurso antisemita. Todo lo que firma ese sumario I número 1248 fue contradicho después por tres pericias distintas y por especialistas de todo el mundo, lo que revela de manera descarnada el más crudo neonazismo en los sectores de la Policía Federal —entonces dirigidos por el comisario Jorge Pássero— encargados de "investigar el hecho". [2]

* Más increíble todavía resulta que el agente de los servicios de inteligencia que redactó el "informe" para esta misma investigación fue Alejandro Sucksdorff, militante nazi detenido meses más tarde en una isla de Tigre en posesión de un arsenal, que había reunido para realizar atentados contra la colectividad judía.

* La situación de la policía de la provincia de Buenos Aires ("la Bonaerense") es todavía más comprometida: una banda de delincuentes y extorsionadores de sus propias filas, de las muchas que convivían en la repartición, está acusada de haber colaborado directamente con el atentado de la AMIA, proveyendo el vehículo utilizado como coche-bomba. El jefe de esta banda, comisario Juan José Ribelli, recibió (o dispuso de) dos millones y medio de dólares en la fecha de la masacre, de origen desconocido.

* Aunque con diferencia de matices, las investigaciones periodísticas sobre el tema coinciden en que hubo un "encubrimiento organizado" desde las más altas esferas del poder, para proteger a la "conexión local" que posibilitó y/o realizó ambos atentados. [3]

Gabriel Levinas apunta a varias de las pistas no investigadas por esa cobertura política:

* La empresa Santa Rita, que puso un volquete frente al edificio de Pasteur 633, pertenece a Nasssib Haddad, primo hermano de Said Muhamad Husein Fadlala, líder de la fracción libanesa del *Hizbollá* que seguramente estuvo detrás del atentado. El Haddad local compró sin necesidad una buena cantidad de explosivos poco antes, así como falsificó la firma del arquitecto Malamud, a cargo de las reformas del edificio en la época del atentado, en el papel de "recibo" de ese volquete.
* Los planos de la AMIA habían sido robados de la Dirección de Catastro de la Municipalidad —para estudiar el armado de la bomba y el lugar de la explosión que garantizara el derrumbe del edificio—, pero el ex comisario inspector Carlos Castañeda, jefe del Departamento de Protección del Orden Constitucional de la Policía Federal, sí los tenía.
* La decisión política de no investigar es una orden que emana del Poder Ejecutivo, incluyendo al presidente de la nación: "no digo que él haya puesto la bomba, sino que trabó la investigación."
* "La policía presionó a testigos y en el caso del brasileño Wilson Dos Santos (un *taxi-boy* que "anunció" el atentado de AMIA una semana antes, en los consulados de Roma y Brasil) eso es obvio. La declaración la tomó Castañeda, que está procesado por haber boicoteado la causa."

En una línea similar de denuncia, el investigador Juan José Salinas señala que:

"Los quiero mucho. Espero que la reconstrucción demore menos de lo que ustedes pensaban". Morán

* Los nombres no investigados de la "conexión local" tienen claros vínculos con el poder, además de tenerlos con altos oficiales de la Policía Federal, que teóricamente deberían haber investigado y, en realidad, se dedicaron a una destrucción sistemática de evidencias.
* Los ciudadanos sirios detenidos, pocas horas después del atentado a la AMIA, en el "barrio árabe" de Buenos Aires y por denuncia del brasileño Dos Santos, trabajaban en un negocio ligado al Grupo Yoma (cuñado del presidente Menem) y a un sobrino del presidente sirio Hafez al Assad, Yamal Nacrach, hijo de Delia Yoma e involucrado en el tráfico de armas argentinas a Bosnia y Croacia. Bastó esa declaración de vínculo familiar para que fueran liberados y nunca más se los molestó.

* Algo similar sucedió con las oficinas de los hermanos Yahía, allanadas al día siguiente del 18 de julio de 1994. Intimos de los Yoma y emparentados con el médico del presidente Menem, Alito Tfeli (primo lejano de Sobhi T'feli, jefe del grupo terrorista *Hizbollá* en el valle libanés de la Bekaá ocupado por tropas sirias, luego destronado), el departamento de su madre —sede legal— está en el mismo edificio donde Menem tenía su base porteña en los años ochenta, y donde solía reunirse con Alfredo Yabrán, Alberto Samid y otros "sponsors" suyos de la colectividad árabe. Obvio: la pista murió allí.

* Reitera que los Haddad (dueños de la empresa de volquetes) habían comprado trescientos kilos de explosivo amonal en octubre de 1993, cuando no tenían ningún pretexto para hacerlo.

* Otro árabe denunciado por Salinas es Alberto Edul, musulmán sunnita nacido en Yabrud —como los Yoma— e íntimo de Menem y de otro famoso yabrudense: Monzer Al-Kassar, traficante internacional de armas, amigo de Amira Yoma y dueño de un pasaporte argentino, a quien se supone implicado en el hecho. Los Edul, agrega, son íntimos de los Ahmed, espina dorsal de la "banda de los comisarios" que secuestró a Mauricio Macri y, en particular, de Ismael Ahmed, comisario retirado, uno de los fundadores de la Triple A y del que se sospecha fue el cerebro de la banda que secuestró, además de Macri, a una larga lista de empresarios judíos en los años de la dictadura.

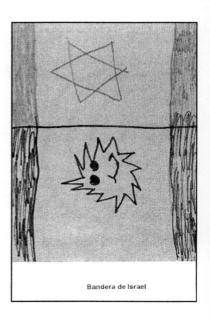

Bandera de Israel

La lista de detalles aportados por ambos periodistas es interminable. Al parecer, la colaboración de políticos, servicios de inteligencia, policías y jueces tuvo como misión esencial poner el acento en la pista internacional —la "conexión iraní"—, a la que resulta imposible perseguir con algo más que una mención, y dejar extinguir todo lo relacionado con las fuertes implicancias de la "conexión local" que posibilitó ambas masacres.

Si bien ello no sólo afecta a la comunidad judía —múltiples casos como el asesinato de los periodistas Mario Bonino y José Luis Cabezas, las desapariciones de jóvenes como Alejandro Bru y Sebastián Bordón y muchísimos otros desnudan la permanencia de grupos represivos con impunidad judicial—, el sentimiento de inseguridad alcanza picos nunca antes transitados por los judíos argentinos en su largo siglo de permanencia organizada en el país.

El difícil camino de la reconstrucción.

EL DIFÍCIL PRESENTE

Fuertes inversiones en seguridad —con pilares de cemento frente a cada edificio, cámaras de televisión, circuito cerrado, y guardias permanentes— han modificado el aspecto y la vida cotidiana de las actividades comunitarias. Según estadísticas del *Vaad Hajinuj* (Consejo Central de Educación Israelita), las cifras de educandos de la red escolar en los establecimientos integrales de la Capital Federal y el Gran Buenos Aires pudo mantenerse sin grandes variantes en estos últimos años. Así, en el año 1996 hubo 16.956 inscriptos, de los cuales 5.860 en 16 secundarios, 7.208 en 35 primarios y 3.889 en 45 iniciales. Mientras que en 1997 el total fue de 17.120 (5.945 en 16 secundarios, 7.180 en 35 primarios y 3.995 en 45 iniciales).

En tanto, en las escuelas del interior del país (cinco instituciones integrales y nueve complementarias) la cantidad de alumnos en 1996 fue de 2.963 (727 en el secundario, 1.612 en el primario y 624 en el nivel inicial). En 1997 fue de 2.912 (707 en el secundario, 1.600 en el primario y 605 en el nivel inicial).

Sumando a estas cifras las instituciones no formales y los institutos terciarios de formación docente, la cantidad de alumnos totales de la red escolar asciende a 21.257 en 1996 y a 21.549 en 1997. En ninguna de estas listas se incluyen los alumnos de instituciones religiosas como *ieshivot* y *Talmudei Torá* en edad escolar. Resulta interesante comparar estos números con las tendencias estudiadas por Iaacov Rubel para la educación judía en la Argentina entre los años 1985-1995, posiblemente la serie estadística más completa para el período considerado. [4]

Entre las principales líneas de desarrollo estudiadas, Rubel señala el avance de los sectores religiosos al indicar que en 1985 los jardines de infantes ortodoxos representaban el 16 por ciento del total de educandos de la zona metropolitana, mientras que en 1997 ese porcentaje había ascendido al 25,5 por ciento. En el nivel primario, la participación de las escuelas ortodoxas creció del 15,4 al 21,9 por ciento en el mismo lapso. Diferente fue en cambio la evolución en el nivel medio: las escuelas y *ieshivot* ortodoxas aglutinaban en 1985 al 20,5 por ciento del alumnado de ese nivel; en 1997, pese a haber aumentado el número de alumnos, este peso relativo se redujo al 12,4 por ciento.

En las distintas provincias argentinas, en tanto, se observó una declinación significativa en la cantidad de alumnos, tanto en el nivel inicial como en el primario, en esta última década. El número de niños que concurrían a jardines de infantes se redujo en un 33,4 por ciento, mientras que las escuelas primarias perdieron el 28,5 por ciento de sus alumnos. En cambio, los colegios secundarios crecieron en este período hasta 1993, en que comenzaron una lenta declinación. Todos estos fenómenos están estrechamente vinculados con los aspectos demográficos, las migraciones internas, los modos de integración a la sociedad mayoritaria y los procesos de asimilación. "Todas las evidencias existentes —concluye Rubel— indican que vastos sectores de la comunidad judía están inmersos en acelerados procesos de desocialización judía."

Desde las instituciones centrales, el optimismo a toda prueba hace ver las cosas de otra manera: la matrícula, afirman, se mantuvo prácticamente igual durante los ciclos escolares posteriores al terrible atentado contra la AMIA. No obstante, a partir de la caída de los Bancos Patricios y Mayo —que apoyaban a una buena cantidad de instituciones— se produjo una "corrida" que cul-

Jardines de Infantes Judíos del Gran Buenos Aires. Comparación entre los Ciclos Lectivos 1985 - 1995

Ciclo Lectivo N° de alumnos / Nombre del Establecimiento	1985	1995	Diferencias Positivas		Diferencias Negativas	
	N°	N°	N°	%	N°	%
Tarbut (Olivos)	122	113			9	7.4
Scholem Aleijem (Adrogué)	10				10	100.0
Bialik (San Fernando)	14				14	100.0
Scholem Aleijem (Florida)	72	56			16	22.2
Herzl (Lomas de Zamora)	33	13			20	60.6
Parparim (Quilmes)	23				23	100.0
Ramat Shalom (Ramos Mejía)	91	67			24	26.4
Bialik (Avellaneda)	58	34			24	41.4
Bialik (Lanús)	63	35			28	44.4
Jana Szenes (S. Martín)	85	20			65	75.5
Ben Gurion (Ramos Mejía)	92				92	100.0
Total	663	338			325	49.0

Diferencia global: 325 alumnos **menos** (49.0%).

Escuelas Primarias Judías del Gran Buenos Aires. Variaciones en el Número de Alumnos. Comparación entre los Ciclos Lectivos 1985 - 1995

Ciclo Lectivo N° de alumnos / Nombre del Establecimiento	1985	1995	Diferencias Positivas		Diferencias Negativas	
	N°	N°	N°	%	N°	%
Tarbut (Olivos)	569	581	12	2.1		
Bialik (Avellaneda)	109	94			15	13.8
Scholem Aleijem (Adrogué)	17				17	100.0
Herzl (Lomas de Zamora)	57	33			24	42.1
Bialik (San Fernando)	27				27	100.0
Bialik (Lanús)	131	92			39	29.8
Scholem Aleijem (Florida)	218	113			105	48.3
Ramat Shalom (Haedo)	299	159			140	46.8
Jana Szenes (S. Martín)	195	31			164	84.1
Ben Gurion (Ramos Mejía)	178				178	100.0
Total	1800	1103	12		709	

Diferencia global del período: 697 alumnos **menos** (-38.7%).

Fuente: Iaacov Rubel. Las escuelas judías argentinas (1985-1995). *Editorial Milá, Buenos Aires, 1997.*

Jardines de Infantes Judíos de la Capital Federal de Diferentes Ideologías Étnicas. Variacions en el Número de Alumnos. Comparación entre los Ciclos Lectivos 1985 - 1995

Ciclo Lectivo N° de alumnos / Nombre del Establecimiento	1985	1995	Diferencias Positivas		Diferencias Negativas	
	N°	N°	N°	%	N°	%
J.N. Bialik (Villa Devoto)	60	143	83	138.3		
Tarbut (Belgrano)	82	158	76	92.7		
Emanuel		53	53			
David Wolfson	134	173	39	29.1		
Beteinu		31	31			
Scholem Aleijem (Mataderos)	56	66	10	17.9		
Jerusalem	67	61			6	9.0
Gan Aviv	53	47			6	11.3
Gan Gani	80	70			10	12.5
Golda Meir	60	49			11	18.3
Martin Buber	172	155			17	9.9
I.L. Peretz	98	78			20	20.4
Tel Aviv/Bialik	111	82			29	26.1
Jaim Weizman	195	161			34	17.4
Chalom	64	26			38	59.4
Natan Guesang	212	173			39	18.4
Inst. Dr. Herzi	177	137			40	22.6
Herzlla	120	69			51	42.5
Iona (Herzl Allezer)	140	86			54	38.6
Marc Chagall	157	96			61	38.8
J.N. Bialik Central	143	76			67	46.8
Medinat Israel	212	103			109	51.4
Bet El	254	140			114	44.9
Scholem Aleijem Central	493	359			134	27.2
Total	3140	2592	292		840	

* No incluye jardines de orientación religiosa ortodoxa.
Diferencia global del período: 548 alumnos **menos** (17.496).

minó con el cierre de varias escuelas y, al parecer, una reducción en las cifras de escolares de la red judía del año 1999. Influyó en este proceso, también, el fuerte empobrecimiento promedio de las capas medias argentinas, donde se ubicaba buena parte de la población judía en los últimos años.

Si a esto se le suma la natural declinación demográfica de la comunidad, (donde ha cesado hace años la inmigración desde otros países), la tasa de crecimiento mínima o neutra y la emigración pequeña pero permanente (hacia Israel, Estados Unidos y Europa), parece válido suponer que los judíos argentinos se encaminan hacia una etapa de minoría numérica cada vez más acentuada, con importantes procesos de asimilación por un lado y resurgimiento religioso, en algunos sectores, por el otro.

Encontrar la manera de *transmitir* la continuidad judía a nuevas generaciones integradas al país resulta un complejo desafío. En especial, cuando las corrientes postsionistas despliegan la idea de una gradual separación de los intereses concretos —la "razón de Estado"— de Israel como país y de cada comunidad dispersa por el mundo. A veces esos intereses coinciden, a veces no tanto.

Los intentos de reforzar la ligazón entre Jerusalén y los judíos del mundo chocan, en ocasiones, con el declarado propósito de recrear el judaísmo local, en los lugares donde reside (Estados Unidos, Francia, Ucrania o Argentina). Del resultado de esta tensión dependerá el futuro de las próximas generaciones de judíos argentinos.

NOTAS

[1] *AMIA-DAIA: La denuncia.* Buenos Aires, Editorial Planeta, 1997, 140 páginas.

[2] Diario *Página-12,* 17 de marzo 1999, pág. 8.

[3] De entre los muchos trabajos sobre el tema, los últimos y más polémicos son: Gabriel Levinas: *La ley bajo los escombros,* Buenos Aires, Editorial Sudamericana, 1998 y Juan José Salinas: *AMIA: el atentado. Quiénes son los autores y por qué no están presos,* Buenos Aires, Editorial Planeta, 1997.

[4] Iaacov Rubel: *Las escuelas judías argentinas, 1985- 1995. Procesos de evolución e involución.* Editorial Milá, Buenos Aires, 1997.

El nuevo edificio de la AMIA en Pasteur 633, Buenos Aires, inaugurado en 1999. La apuesta al futuro y a la reconstrucción de la memoria como respuesta al terror.

Sumario